KB217797

종교학의 이해

Kɪᴍ Sung-Hye
UNDERSTANDING RELIGIONS
© Benedict Press, Waegwan, Korea 1986

종교학의 이해
1986년 4월 초판 | 2012년 10월 9쇄
엮은이 · 김승혜 | 펴낸이 · 이형우
ⓒ 분도출판사
등록 · 1962년 5월 7일 라15호
718-806 경북 칠곡군 왜관읍 왜관리 134의 1
왜관 본사 · 전화 054-970-2400 · 팩스 054-971-0179
서울 지사 · 전화 02-2266-3605 · 팩스 02-2271-3605
www.bundobook.co.kr
ISBN 89-419-8613-3 04200
ISBN 89-419-8651-6 (세트)
값 12,000원

종교학 총서 1

종교학의 이해

종교연구 방법론을 중심으로

김승혜 편저

분도출판사

머 리 말

오랜 역사 동안 불교·유교·그리스도교 등 다양한 종교전통들을 받아들여 온 우리들이 우리의 현실이 지닌 그러한 종교적 다원성多元性을 창조적 계기로 인식하기 시작한 것은 최근의 일입니다. 그런데 우리 사회와 인류 안에 발견되는 이러한 종교들의 공존이 분열과 파괴의 요소가 되지 않고 오히려 문화적 창조의 계기가 되게 하려면 대화를 가능케 하는 학문적 이해가 선행되어야 합니다. 또한 이러한 대화는 종교전통들 사이에서만 필요한 것이 아닙니다. 종교인들과 세속 지성인들이 만나 서로의 시야를 넓혀주고 깊이를 더해 줄 수 있는 것도 종교학이라는 학문을 통하여 이루어질 수 있는 것입니다. 따라서 오늘날 종교학의 확립이란 우리에게 가장 중요한 과제의 하나가 아닐 수 없습니다.

이러한 뜻에서 서강대학교 종교·신학연구소에서는 종교학 총서를 3년 전부터 계획하였고, 이제 그 첫권으로 종교연구 방법론을 중심으로 하여 종교학 전반에 대한 이해를 돕기 위한 기초적인 책을 내게 된 것입니다. 필자는 4년 전부터 서강대학교에서 종교학을 강의해 오면서 종교학이라는 학문을 전체적으로 이해시키는 데 필요한 책을 찾고 있었습니다. 처음에는 훌륭한 외국 서적 중에서 하나를 번역해 볼까 하는 생각도 하였습니다만, 어느 책도 우리의 목적에 적합한 것이 없었고 역시 한국 독자들을 위해서는 새롭게 편집해야 할 필요를 느꼈습니다. 따라서 이 책은 인간의 종교현상과 그 현상을 학문적으로 연구하기 위하여 약 100여 년 전에 시작된 종교학이라는 학문을 이해하고자 하는 사람들을 위한 길잡이가 될 것이며 대학 및 대학원 학생들의 교과서로 쓰일 수 있을 것입니다.

본서의 내용은 2부로 나누어져 있습니다. I부는 먼저 종교학의 역사를 소개한 후, 종교학의 확립에 중요한 역할을 하였던 학자들과 그들의 종교현상에 대한 접근방법 및 이론을 다룬 것입니다. II부는 종교학과 밀접한 관계를 맺고 있는 사회과학들, 곧 심리학·사회학·인류학에서 이루어 놓은 종교연구에 대한 이해를 도모하고 종교와 사회과학간의 관계를 밝히고자 한 것입니다. 끝으로 보이지 않는 실재實在를 보이는 상징象徵을 통하여 표현하고 전하며 구체화하는 종교의 상징적 성격을 묘사한 윌프레드 캔트웰 스미스 교수의 논문을 실은 다음, 종교학의 앞으로의 전망과 동아시아 문화권에서 취해져야 할 연구 방향을 결론 부분에서 제시하였습니다.

I부와 II부를 합하여 모두 13장으로 이루어졌는데, 그중 7편의 논문은 중요한 외국인 학자의 것으로 이 책을 편집한 필자가 번역한 것이고, 나머지 4편은 오늘날 종교연구 분야에서 활약하고 계시는 한국인 학자들이 본서를 위하여 써주신 것입니다.* 서론인 1장과 결론인 13장은 필자의 종교학 개론 강의실에서 정리된 것입니다. 각 논문의 저자들에 대한 소개가 장마다 각주로 실려 있으니 참조하시기 바랍니다.

여러 가지로 부족한 것을 알면서도 필요에 의해, 그리고 계속 수정판을 낼 수 있다는 희망을 가지고 이 책을 내놓습니다.

종교학의 이해가 인간 이해이며 인간의 깊이를 더해주는 것임을 보여주신 두 분의 스승, 칼만John B. Carman 교수와 스미스Wilfred Cantwell Smith 교수께 이 책을 바칩니다.

---

* 그중 9장과 11장은 "종교연구 방법론"이라는 서강대학교 종교학과 강의(1984년 1학기)중에 처음 강의되었던 것을 필자들이 다시 정리한 것이고, 7장은 서강대학교 종교·신학 연구소 월례 발표회(1984년 11월)에서 발표된 논문입니다.

또한 이 책을 쓰게 된 직접 동기가 된 서강대학교 종교학과 학생들과, 원고 전체를 읽고 유익한 조언을 해주신 길희성 교수님, 색인 등 편집 일에 많은 시간을 할애해 준 오지섭 군과 김명희 양, 원고 정리를 해준 오경숙 양에게 심심한 사의를 표하는 바입니다. 끝으로 이 총서의 발간을 가능케 해주신 분도출판사의 학문적 이해와 열의에 경의를 표합니다.

1985년 6월 1일
서강대학교 종교·신학 연구소에서

김승혜

차 례

머리말 ·· 5

I부

1장 서론 : 종교학의 역사 ······························· 김 승혜   13
2장 슐라이어마허의 「종교론」 소고 ······················ 루돌프 옷토   79
3장 루돌프 옷토와 「성스러움의 의미」 ···················· 요아킴 바흐   93
4장 종교의 보편적 요소들 ······························· 요아킴 바흐   115
5장 크리스텐센과 반 델 레에우의 종교현상학 ·············· 존 칼만   143
6장 엘리아데의 성현(聖顯)과 형태론에 대한 이해 ·········· 정 진홍   179
7장 윌프레드 캔트웰 스미스의 인격주의적 종교연구 ········ 길 희성   203

II부

8장 종교와 사회과학의 관계 ························· 로버트 벨라   221
9장 종교현상의 분석심리학적 접근 ······················· 이 부영   251
10장 종교사회학의 이론적 발전 ····················· 탈콧 파슨스   289
11장 인류학에서의 종교연구 ························· 조 옥라   307
12장 성사적(聖事的) 상징으로서의 종교 ··· 윌프레드 캔트웰 스미스   337
13장 결론 : 종교학적 연구와 동양적 시각 ····················· 김 승혜   349

참고문헌 ··· 363
종교학적 특수용어 ·· 372
종교학 관계 인명의 표준 음역 ··· 374
색인 ··· 376

I 부

1장

서 론

종교학의 역사

김 승혜 *

---

* 金勝惠 : 서강대학교 종교학과 교수로, 전공 분야는 중국 종교전통이다. 저서로
는 *The Righteous and the Sage* (Sogang University Press 1985)와 〈周易의 現代
的 意味 — 易의 宗敎史學的 고찰을 거쳐〉(「東亞硏究」 1, 1982) 등이 있다.

1. 종교학이란 무엇인가?
2. 현대학문으로서의 종교학의 시작 : 막스 뮐러
3. 종교학 확립 이전의 종교연구들
4. 종교학의 확립 : 쐬더블롬과 옷토, 크리스텐센과 네델란드학파
5. 종교학의 발전 : 반 델 레에우, 요아킴 바흐, 엘리아데
6. 종교현상학과 종교역사학 : 뻬따쪼니, 윌프레드 캔트웰 스미스

1. 종교학이란 무엇인가?

종교학(宗敎學)은 글자 그대로 종교에 대한 학문으로서[1] 인간 안에는 종교적 표현에서만 발견되는 그 무엇이 있다는 사실에서 시작된다.[2] 이러한 종교적 표현들, 곧 종교현상(宗敎現象)들은 모든 문화 속에서 보편적으로 발견되기 때문에 종교는 인류의 역사를 연구할 때에 필수불가결한 한 부분을 구성한다. 그런데 문화의 다른 부분에서는 찾아볼 수 없는 종교의 특이한 점은 종교가 한 개인이나 공동체의 궁극적(窮極的) 가치들을 표현하고 있다는 사실과 그에 따른 독특한 주장을 한다는 것이다. 다시 말해서 종교는 한 면으로는 문화의 한 부분에 불과하지만 또 한 면으로는 다른 모든 부분들을 규제하고 이끌며 그 바탕이 된다는 의미에서 한 문화 전체를 포용한다. 따라서 한 문화의 종교를 이해한다는 것은 그 문화권에 사는 사람들의 내면적 가치와 이상을 파악하는 것이다. 그러기에 종교학은 인간을 그 근원적 바탕에서 이해하려는 목적으로 시작된 학문이라고 하겠다.

종교현상 자체는 인류의 기원과 더불어 계속되어 온 것이고, 분화된 사회에서는 종교 전문가들이 형성되어 종교전통을 계승하며 신학적인 연구를 중시하여 왔던 것이 사실이다. 그러나 자신이 신봉하는 종교전통뿐만 아니라 인간의 모든 종교현상을 객관적인 연구의 대상으로서 체계적으로 다루기 시작한 것은 19세기 이후로 나타난 현대적 현상이라 하겠다. 곧 호교론적(護敎論的) 성격을 띠던 전통적인 종교연구와는 달리 자신의 종교적 실천과 믿음에서 우선 한 발자국 물러나 어떠한 신앙

---

1. 宗敎學이라는 용어는 19세기 말 일본에 이 학문이 소개되며 독일어 "Religionswissenschaft"가 漢字로 번역된 것이다. 영어로는 여러 가지 용어가 통용되어 와서 "The Science of Religion", "The Comparative Study of Religion", "The History of Religion" 등이 쓰이는데, 후자가 공식적으로 채택되고 있다.
2. Jan de Vries, *Perspectives in the History of Religions* (Kees W. Bolle 역) Harcourt: Brace and World 1967, 222면, 결어 참조.

적 전제도 없이 종교현상을 객관적 학문으로서 연구하려는 것은 인류 역사에서 새로운 태도인 것이다. 지리상의 발견 이후로 이루어진 인류 여러 문화권들의 밀접한 관계 형성과 그에 따른 다른 공동체들에 대한 자각, 18세기 서구 계몽주의 사상가들에 의해 시작된 이성적(理性的)이고 객관적인 인간연구에의 열의, 그리고 비교언어학과 신화 연구에서 밝혀진 새로운 결과 등, 이 모든 것이 인간공동체의 밑바탕을 이루는 종교적 가치와 현상들에 대한 학문적인 연구를 가능하게 하였던 것이다.

이와같이 종교학이 인간의 종교적 성격을 이해하기 위하여 시작된 학문이라면 보통 역사적 연구에서 보게 되는 체계화된 종교체계와 종교적 인간 (homo religiosus)이라는 기본적 사실과는 어떠한 관계가 있는 것일까? 우선 우리는 인간이 언제나 자신의 삶의 의미를 해석하려고 한다는 사실에서 시작하여야 할 것이다. 실제에 있어서 인간에게 중요한 것은 어떤 경험을 하느냐보다 그 경험을 어떻게 해석하느냐이다. 경험보다 해석이 더 중요한 이유는 해석을 통해 인간은 자기 경험 속에서 의미를 발견하며 다시 그것을 상징으로 표현하여 전달하려 하기 때문이다.

예를 들어 인간은 자연현상 속에서 길조(吉兆)나 흉조(凶兆)를 보려고 하고 자연의 리듬 속에서 질서를 파악한다. 삶의 고통이나 죽음 속에서 어떤 의미를 찾으려고 하고 불멸을 추구한다. 개인적 혼란이나 공동체 전체가 변동을 체험하는 전쟁과 같은 사건 속에서도 일어나는 사건들의 의미를 해석하려 하며 이러한 노력 속에서 일상적인 질서 속에서는 느끼지 못하던 새로운 의미를 발견하곤 한다. 그런데 이러한 해석 과정에서 가장 중요한 역할을 담당해 온 것이 종교이다. 상징체계로서의 종교는 인간이 체험하게 되는 혼란 속에서, 또 아무런 의미가 없는 것과 같은 인간의 일상적 삶 속에서도 의미와 가치를 보도록 하여 한 인간이나 인류의 역사 안에 위대한 목적, 혹은 섭리가 있음을 알려 주었던 것이다. 곧 종교적 상징을 통하여 인간성 안에 잠재된 종교성이 불러일으켜지는 것이다. 따라서 유대교·그리스도교·이슬람교·힌두교·불교·유교·도교, 기타 여러 민족의 무속신앙 등의 종교체계는 삶의 의미를 제공한다는 면에서 각기의 문화권 안에서 가장 완전한 해석체계가 되어 왔던 것이다.

그러면 종교학에서는 그 연구대상인 종교를 어떻게 정의(定義)하고 있는가? 우선 우리가 언급해야 할 점은 종교를 정의하는 일이 종교학의 목표는 아니라는 것이며 종교의 정의는 어떤 것이 종교현상인가를 분별하기 위한 하나의 수단에 불과하다는 것이다. 따라서 우리는 종교에 대한 작업 정의(working definition)를 세우고 사료의 다양성에 접하면서 우리의 정의를 항상 재정립할 수 있도록 하여야 한다. 우리가 쓰고 있는 종교(宗敎)라는 용어는 19세기 말 종교학이 일본에 소개되면서 서양언어인 "religion"의 번역어로 만들어진 것으로서, 근대화의 물결 속에서 중국, 우리나라 등 한자 문화권에 통용되게 되었다.[3] 그런데 "religion"이란 본래 라틴어 "religio"에서 유래한 단어로서 로마시대로부터 두 가지로 해석되었다. 곧 기원전 1세기의 키케로에 의하면 religio는 "다시 읽는다"라는 뜻을 지닌 "re-legere"에서 나온 단어로서, 반복되어 낭송되는 종교의식에 초점을 맞추어 초월자에 대한 경외심을 나타내는 말로 이해되었고, 4세기 그리스도교 저자인 락탄시우스에 의하면 "다시 묶는다"는 "re-ligāre"에서 나온 단어로서 신(神)과 인간의 관계에 초점을 맞추어 죄로 끊어진 관계를 재결합시켜 주는 뜻을 가진 말이라고 해석되었다.[4] 종교의 핵심을 유일신 전통에서처럼 절대신과 인간의 관계로 보든, 구극적(究極的) 실재를 향한 내성(內省)의 마음가짐으로 보든, 종교는 인간의 "궁극적 관심"(ultimate concern)을 다루는 것이라고 포괄적으로 정의할 수 있다.[5]

3. 漢字로 宗敎란 근본되는 가르침이란 뜻이다. 宗이라는 글자는 중국불교에서는 "siddhānta"의 번역으로 진리를 파악한 최고의 경지를 뜻하며, 敎는 그것을 말로 표현하여 가르치는 것을 지칭하였는데, 인류의 종교현상 전체를 가리키게 된 현대어 宗敎와 직접적인 연결은 없다(小口偉一, 堀一郎 監修「宗敎學辭典」東京大學出版會 1973, 255-6면).

4. Marcus Tullius Cicero(기원전 106-43)의 *De natura deorum* Ⅱ, 28 참조; Lucius C. F. Lactantius(기원후 260경-340)의 *Institutiones divinae* Ⅳ, 28 참조.

5. 궁극적 관심이라는 용어는 신학자 Paul Tillich가 제의한 것을 종교학자인

종교(religion)라는 용어가 서구 세계에서 어떻게 사용되어 왔는가에 대한 세밀한 역사적 고찰을 시도한 종교학자는 윌프레드 캔트웰 스미스였다. 그는 종교라는 단어가 가진 네 가지 용법을 지적하여 첫째는 개인적 신앙으로서, 둘째는 그 신앙의 공동적 조직화가 이루어져 형성된 이상적인 신학적 체계로서, 세째는 남이 바라보는 사회적이고 역사적인 현상으로서, 네째는 잠재적 가능성으로서 인간의 종교성을 지칭하여 예술, 경제 등과 구별하는 의미에서 쓰였음을 지적하였다.[6] 스미스 교수가 개인적 신앙(faith)과 축적적 전통(蓄積的傳統, cumulative tradition)을 구별하여, 17·18세기 이후로 종교를 외형적인 체계로만 보아 복수(religions)로 쓰기 시작한 것은 비인간화된 안목에 의한 것이며, 종교의 근원적인 의미는 인간 마음 안에 있는 신앙이라고 강조한 것은 잘 알려진 사실이다.[7] 결국 개념화되고 축적되어 온 외형적인 전통을 연구함으로써 종교학은 그 내부에 있는 궁극적 실재에 대한 인간의 궁극적 관심 곧 신앙이라는 현상을 이해하고자 하는 것이다.

이제 종교학의 성격을 더 분명히 하기 위하여 종교를 연구하는 다른 학문들과 비교하여 설명하자면, 종교를 인간현상으로 연구한다는 점에서 종교학은 신(神)의 계시를 진리의 원천으로 받아들여 그것을 해석하고 체계화하는 신학과 구별된다. 또한 종교현상 그 자체를 이해하기 위하여 종교를 연구하는 학문이라는 점에서는 사회의 형성이나 인간의 심리나 문화의 구조를 이해하기 위하여 그 한 요소로서 종교를 연구하는 사회학, 심리학, 인류학 등 사회과학에서의 종교연구와도 구별된다. 이러한 구별을 명백히 하는 것이 한 학문으로서의 종교학의 독자성을 확

Joachim Wach가 받아들여 종교의 가장 무난한 작업정의로 오늘날 받아들여지고 있다. Wach의 이론에 대하여는 本書 4장을 참조하기 바람.
6. Wilfred Cantwell Smith, *The Meaning and End of Religion*, Harper & Row 1962, 48-49면. 동양사회에서 종교의 뜻을 지닌 단어들이 어떻게 쓰였는가에 대한 연구는 아직 되어 있지 않다.
7. 같은 책 2장 참조. 우리말로 나온 종교학 서적에서 종교에 대한 정의가 소개된 것으로는 엘리아데 편 「종교학입문」(성균관대학교출판사 1982) 57면에 나오는 기다가와 교수의 종교 정의와 황 선명 교수의 「종교학개론」(종로서적 1982) 33-44면을 참조.

보하여 인간의 종교현상을 나타나는 그대로 순수하게 파악하고 그 의미를 밝히는 데에 필수적인 것임은 더 말할 필요도 없다. 그러나 종교학은 동시에 각기의 종교전통에서 발전되어 온 오랜 학문으로서의 신학은 물론 종교현상과 인간의 다른 현상과의 관계를 알려 주는 현대 학문으로서의 사회과학들의 연구 결과와 밀접한 연관을 맺고 있는 것도 사실이다. 또한 종교학은 인간의 본성과 세계의 구조를 연구하는 과정에서 종교의 본질과 핵심 등 진리의 문제를 인간의 이성(理性)에 기초를 두고 다루어 온 철학과 깊은 관계를 가지며 그 시대의 철학적 사조에서 상당한 영향을 받는다. 그러나 종교학이 철학과 구별되며 철학이 다루지 않는 그 이상을 다루게 되는 것은, 철학은 이성을 그 규범으로 삼아 논리적인 것만을 설명하는 데 비하여 종교학은 합리성을 초월하는 인간의 종교체험 전체를 연구의 대상으로 하며 따라서 소수의 지성인들뿐 아니라 대중의 종교적 현상에도 관심을 두고 있기 때문이다.

진리의 문제를 다룬다는 점에서 철학과 신학을 규범적(normative) 학문이라고 한다면, 종교학은 사회과학들과 마찬가지로 인간현상이라는 자료에 기초를 둔 실증적(empirical) 학문이라고 할 수 있다. 실증적 학문으로서의 종교학이 성립되기 위한 조건으로서 우리는 다양한 문화권에서 나온 역사적 사료에 대한 전문 지식의 축적, 축적된 사료들에 대한 비교 고찰의 세련, 그리고 믿는 자의 전제에서 종교전통의 구조와 의미를 파악할 수 있는 공감적 이해의 훈련 등을 들 수 있다.[8] 이제 우리는 종교학이 어떻게 이러한 여러 조건들을 충족시키면서 시작되고 발전하였는가에 대한 역사적 고찰을 시도하고자 한다.

---

8. 스트렝 저, 정 진홍 역 「종교학입문」 (현대신서 43, 대한기독교서회 1973) 94면 과, 엘리아데 편 「종교학입문」에서 기다가와의 〈미국에서의 종교학의 전망〉 41 면 참조.

2. 현대학문으로서의 종교학의 시작

종교학사를 쓴 대부분의 연구가들은 종교학이 하나의 학문으로 확립되어 현대적 종교연구가 시작된 시발점을 막스 뮐러(F. Max Müller, 1823-1900)에게서 잡는다.[9] 독일 출신으로 낭만주의의 영향을 받았으며 산스크리트어를 비롯한 고전 언어에 능통한 비교언어학자였던 막스 뮐러는 영국의 옥스포드 대학 교수로서 활약하면서 종교철학을 제대로 하기 위해서는 세계 모든 종교들을 우선 구체적으로 알아야 한다고 주장하였다. 1870년 런던 왕립 연구소에서 한 그의 연설은 처음으로 종교과학이라는 새로운 분야의 필요성을 역설한 것이었다. 우선 그는 그리스도교 신자인 청중들에게 종교의 과학적인 비교연구가 전통적 신앙을 위협하는 것이 아님을 강조하였다 : "종교과학(the Science of Religion)은 인간이 노력해야 되는 마지막 학문 분야일지도 모릅니다. 그러나 이것이 확립되기에 이르면 세상의 모습이 달라질 것이고 그리스도교에게도 새로운 생명력을 줄 것입니다. 교회의 교부들은 이교도들의 고대종교에 위험할 정도로 가까이 살고 있었지만 그리스도교와 다른 종교를 비교하는 것이 유용하다는 것을 인정했읍니다. … 종교과학은 세계 종교들 가운데서 그리스도교가 지닌 위치를 비로소 밝혀 줄 것이며 때가 찼다는 것이 무엇을 뜻하는지 참으로 보여 줄 것입니다."[10] 그는 자신이 믿는 종교를 역사적이며 비판적인 연구의 대상으로 하기를 두려워하는 사람들은 신앙이 약한 이들이라고 보았다. 선교사들을 보내는 것과 똑같은 용기와 신뢰로써 세계의 종교들을 함께 비교연구하여, 있는 그

---

9. 종교학사 중에서 대표적인 서적으로는 Eric E. Sharpe의 *Comparative Religion : A History* (Charles Scribner's 1975)와 Jan de Vries의 *Perspectives in the History of Religions* (Kees W. Bolle 역, Harcourt : Brace & World 1967)를 들 수 있다.

10. "Plea for a Science of Religion", *Classical Approaches to the Study of Religion*, Jacques Waardenburg 편, Mouton 1973, 86면.

대로의 모습을 객관적 연구방법을 통하여 볼 수 있도록 하여야 한다고 주장하였다. 결국 그에게 있어서 종교의 연구는 진리에 대해 신의(信義)를 지키는 것이었기 때문에 거룩한 것에 대한 참된 존경이 자유롭고 정직한 탐구와 상반되는 것이 아님을 확신하였던 것이다. 그래서 그는 이러한 객관적이고 비교적인 방법을 통하여 우리가 얻는 것이 잃는 것보다 훨씬 많다고 보았으며, 진리를 얻기 위한 연구에서 잃어버리는 것은 사실 그리 중요치 않은 것으로서 참된 종교의 본질적인 요소는 하나도 잃지 않을 것이라고 보았다.

뮐러가 즐겨 드는 비유는 비교언어학으로서, 그는 히브리어의 학문적 연구가 히브리어를 하늘로부터 계시된 인류 최초의 언어라고 하는 막연한 개념을 없어지게 하는 한편, 아랍어, 시리아어, 고대 메소포타미아의 언어들과의 비교연구를 통하여 오히려 히브리 텍스트를 더 정확하고 완전하게 해독하게 하였음을 예로 들었다. 결국 그에게 있어서 비판적 학문의 열쇠는 비교연구였고 괴테의 말을 빌려서 "하나만 아는 사람은 아무것도 모르는 사람이다"(He who knows one, knows none)라는 종교학적 원칙을 세웠던 것이다. 종교의 객관적인 연구는 인간의 사상과 체험의 최고봉을 연구하는 것이기 때문에 가장 중요하고 자랑스러운 것이며, 진리의 추구라는 목표 안에서 이제까지의 신학적 업적이 종교학적 연구를 통하여 오히려 확인되고 새로운 생명력을 얻을 것임을 확신하였다. 그의 연설 끝 부분에서 뮐러는 새로운 학문의 탄생을 다음과 같이 예고하고 있다 : "인류가 경험한 모든 사건 중에서 가장 중요시되어 온 종교들에 대한 공평하고 참으로 과학적인 비교연구에 기초를 둔 종교과학이 이제 머지않아 태어나게 될 것입니다. … 따라서 세계의 대종교들을 그 원어로 연구하고 계시며 그 형태가 어떠한가에 관계없이 종교 자체를 존중하여 그 가치를 높이 평가하시는 여러분들께서는 참된 학문의 이름으로 이 새로운 분야를 차지하셔야 합니다".[11] 막스 뮐러의 이 연설은 곧 종교학의 시작을 고하는 것이었다.

11. 같은 책 94-95면. 1870년에 한 이 연설은 3 년 후인 1873년에 출판된 그의 책 *Introduction to the Science of Religion*에 기재되었다.

뮐러는 각 종교의 시초가 그 종교의 가장 순수한 형태를 지니고 있고 따라서 자연적 종교성의 이상을 가장 선명히 보여 준다는 사실 때문에 모든 종교의 경전을 중시하였다. 따라서 그는 인도 최초의 경전인 리그 베다를 직접 번역하였고 친구들에게도 종교 경전들을 번역하라고 격려하여 종교연구의 붐을 일으켰다. 1875년에는 옥스포드 대학 교수직을 물러나고 「동양의 성전(聖典)들」(The Sacred Books of the East)이라는 50권에 달하는 방대한 번역 총서의 편집 일에 전심하였다. 이 총서는 인도에서 시작된 힌두교, 불교, 쟈이나교를 비롯한 중국, 페르시아, 이슬람교의 경전을 1880년대와 90년대에 영어로 번역해 놓은 대대적 작업이었다. 경전주의적 경향으로 종교연구의 불균형을 가져 왔다고 비판을 받기도 하지만, 경전의 번역이 인류의 종교감정을 되돌아볼 수 있는 지름길이라는 뮐러의 확신을 보여 준다. 또한 편찬사업을 통해 많은 학자들을 동원시켜서 종교학의 발단을 이룩하였다는 점에서는 이의가 있을 수 없다. 결국 막스 뮐러의 공헌은 체계적인 학문적 이론을 확립해 놓았다는 데 있는 것이 아니라 그의 통찰과 확신으로 종교학을 새로운 독자적 학문 분야로 확립하자고 주창하고 그것을 위하여 서구 학계에 분위기를 조성하여 놓았다는 데서 찾아야 할 것이다. 그는 비전을 제공한 종교학의 선구자였으며 그가 1883년 르낭(Renan)에게 보낸 편지에서 말했듯이 "비교하기 전에 우리는 비교하려고 하는 것을 철저히 알아야 합니다"라는 종교연구의 자세를 보여 주었다고 하겠다.

19세기 말부터는 북구라파의 대학들 안에 종교학 교수직이 설치되기 시작했다. 우선 1868년에 제네바 대학에서 일반종교사라는 강의가 개설된 후 1873년에 전임교수직이 신설된 것을 비롯하여, 네델란드의 레이든 대학과 암스텔담 대학에 종교학 교수직이 1877년과 1878년에 각기 신설되었고, 파리 대학에서는 1879년에 종교학 강의가 시작되었다. 특히 네델란드는 조그만 국가였지만 식민활동을 통하여 경험한 상업적이고 문화적인 교환으로 인도네시아, 일본, 중국 등의 전통을 더 잘 이해할 수 있는 입장에 있었고, 반(反)성직자적 성격이 강했던 파리 대학보다 종교를 더 긍정적으로 받아들이면서도 개방적인 분위기 속에서 종교

학을 연구하게 되어 네델란드 학파를 형성할 정도로 종교학 확립에 지
대한 역할을 하게 된다. 뮐러의 뒤를 이은 두 명의 네델란드 학자인 틸
레와 샹뜨삐 드 라 쏘쌔이에 대한 설명은 종교학의 확립 부분에서 계속
하기로 하고 먼저 역사적으로 거슬러올라가 종교학 확립 이전의 종교연
구 상황을 개관하여 보기로 하겠다.

3. 종교학 확립 이전의 종교연구들

우리는 1870년 이전까지의 종교연구를 크게 네 가지 시기로 분류할
수 있다. 첫째는 지리상의 발견 이전까지의 시기로, 이때는 희랍과 로
마의 철학자들과 역사가들에 의한 종교연구, 유대교와 그리스도교의 신
학자들 및 이슬람 세계의 역사가들에 의한 종교연구, 인도의 사상가들
과 중국의 여행가들 및 학자들에 의한 종교연구가 각기 단편적으로 이
루어진 시기이다. 둘째 시기는 르네상스를 계기로 해서 일어난 고전적
신화의 세계에 대한 관심이 특히 1453년 콘스탄티노플의 함락 이후로
확대되는 15・16・17세기를 가리킨다. 이때는 지리상의 발견과 그리스
도교 선교사업의 확장으로 여러 문화와 종교를 알게 되어서 종교연구에
대한 자료가 축적되는 준비시기이다. 세째 시기는 18세기의 계몽주의시
대로 합리성을 최고 규범으로 하여 초기 인류학자들이 종교의 기원을
추구하던 시기이다. 네째 시기는 19세기의 낭만주의 시대로 지나치게
이성(理性)을 절대화하는 계몽사상에 대한 반발로 종교 안에 있는 비이
성적 요소를 중시하여 종교 체험의 고유성을 철학적으로 설명하고, 세
계의 모든 종교들을 진화적으로 설명하던 시기였다. 이제 이 각 시기를
대표하는 학자들과 그들의 종교연구에 대한 특성을 묘사해 보고자 한
다.[12]

우선 지리상의 발견 이전까지의 제1 시기를 문화권별로 나누어서 보
면, 대부분의 사람들이 다른 민족의 종교에 대하여 무관심할 때 희랍과
로마의 철학자들과 역사가들은 자기들의 종교에 대한 비판 내지는 다른
종교와의 관계를 설명하려는 시도를 시작하였다. 기원전 6세기의 희랍
철학가들은 세계를 하나의 원리의 표현으로 보고 다신적인 민중종교의
부적당함을 느끼기 시작하였다. 크세노파네스(Xenophanes, c. 570-475

---

12. Eric Sharpe의 책 1장 "The Antecedents of Comparative Religion"; Jan de
    Vries의 1부와 2부; Streng의 「종교학입문」 36-55면 참조.

BC)는 대표적인 철학자로서 시인들이 묘사한 의인화되고 비도덕적인 신들의 개념을 비판하였다. 그는 아무도 신들의 참된 속성을 알 수 없다고 결론지음으로써 종교적 전제에 대한 철학적 도전을 제기하였다고 보겠다. 역사가 헤로도토스(Herodotus, c.484-425 BC)는 오시리스(Osiris) 밀교의 신봉자로서 희랍신들과 이집트신들을 비교하여 그 관계를 설명하였다. 또한 그는 여러 곳을 여행하여 이집트뿐만 아니라 바빌로니아와 페르시아의 종교들에 대한 기록을 남겼다. 그러나 종교에 대한 좀더 체계적인 분류와 종교의 정의를 시도한 것은 로마의 스토아 철학자들이었다. 기원전 1세기의 키케로(Cicero)와 바로(Marcus Varro)는 대표적인 학자들이었다. 키케로는 「신들의 속성에 관하여」(*De natura deorum*)와 「점술에 관하여」(*De divinatione*)라는 책에서 여러 종교의식을 분류하고 공통점을 파악하여 그것을 자연종교라고 불렀다. 또한 그는 종교를 신(神)에 대한 존경심이라고 정의하였다. 바로의 저술 「신적인 일들에 대한 고사(古事)」(*Antiquitates rerum divinarum*)는 부분적으로 아우구스티누스의 「신국」(神國) 안에 보존되어 있는데, 그는 종교현상의 합리적 해설을 시도하였다. 종교를 세 가지로 분류하여 시인들의 신화적(fabulous) 이야기는 인위적으로 꾸민 것이라고 비판하였으나 철학가들의 자연(natural)신학과 대중의 공식적(public) 종교 실천은 긍정적으로 평가하였다. 이상과 같은 희랍과 로마의 학자들은 적어도 여러 종교현상에 대한 호기심과 지적 탐구를 시도하였다는 점에서 단편적이기는 하나 종교연구의 전례들을 남겼다고 하겠다.

희랍이나 로마 및 헬레니즘 세계와는 대조적으로 유대교와 그리스도교의 신학자들은 타종교에 대하여 대체로 배타적이고 비관용적이었다. 이스라엘 민족은 구약시대로부터 야훼 신앙 이외의 종교는 모두 우상숭배로 단정하여 배척하는 원칙을 고수하였으나, 실제에 있어서는 메소포타미아와 이집트, 가나안의 종교현상에서 많은 것을 수용하였다.[13] 대

13. 구약학의 연구에 의하여 밝혀진 것 중에서도 대표적인 것을 몇개만 들자면, Hittite족의 계약사상, 바스카의 종교의식, 이집트의 지혜문학, 가나안의 神 엘로힘과 그 개념들의 수용과 변화 등을 말할 수 있겠다.

부분의 그리스도교 교부들은 타종교에서의 철학과 종교의식을 구별하여 다루었으며 종교의식에 대하여는 부정적 태도를 취했으나 철학은 계시의 준비단계로 보아 수용하는 태도를 취했다.[14] 그러나 유대교나 그리스도교의 신학자들이 타종교를 연구하던 목적은 호교론적인 것으로, 타종교의 종교현상을 그 자체로서 이해하기 위하여 한 것은 아니었다. 11·12세기의 이베리아 반도에서 이루어지던 이슬람교, 그리스도교, 유대교 간의 문화적 접촉과 아리스토텔레스의 철학을 매개로 한 신학적 대화도 근본적으로 호교론적 입장에 서 있었다는 데서는 그전과 다를 것이 없었다.

그 다음으로 이슬람 문화권에서 이루어진 종교연구를 살펴보면, 지중해 세계에서 문화적 주도권을 잡았던 중세기 동안에 이슬람은 상당한 수준에 이르는 종교에 대한 기록을 남기고 있다. 이러한 이슬람의 역사가들 중에서 대표될 만한 학자들의 연구를 들면, 타바리(Tabarī, 9-10세기)의 페르시아 종교에 대한 연구, 마수디(Maśudī, 10세기)의 유대교, 그리스도교, 인도의 종교에 대한 기록, 알베루니(Alberūnī, 10-11세기)의 인도와 페르시아의 종교연구, 샤라스타니(Shahrastānī, 12세기)의 「종교 제파와 철학파들」(*Religious Parties and Schools of Philosophy*)을 들 수 있다. 특히 샤라스타니의 책은 중국 국경에 이르기까지 그 당시 지중해 세계에 알려진 모든 종교를 체계적으로 묘사한 최초의 종교사학서라는 면에서 중시된다. 그러나 이슬람의 사학자들 역시 이슬람교가 마지막 종교이며 완성된 계시라는 정통신앙을 고수하는 입장에서 이러한 역사적 연구를 하였다.

그 다음 인도 문화권에서 이루어진 종교연구는 브라만으로 태어나 후에 불교에 귀의한 용수(龍樹, Nāgārjuna, 2세기)라든지 용수가 확립한

---

14. 유스티누스(Justinus, Justin the Martyr)는 플라톤 철학의 가장 고귀한 이상을 실현시킨 것이 그리스도교라고 보아서 그리이스 철학의 용어와 범주를 그리스도교 사상에 적용시키려 한 최초의 교부였고, 그의 뒤를 이어 Alexandria의 Clemens, Origenes, Augustinus 등은 철학은 신앙을 보조하는 데 유익하다고 보았다. 이에 반하여 헬레니즘 세계의 종교의식들은 우상숭배와 마귀의 일이라고 배척한 것이 이들 교부들의 공통된 의견이었다.

인식론적 이원론[15]을 힌두교의 정통신학인 불이론(不二論, Advaita)을 확립하는 데 이용한 샹카라(Śaṅkara, 8-9세기) 등을 대표로 들 수 있다. 특히 쟈이나교에서는 다른 종교에 대한 관용적인 견해를 피력한 사료를 지니고 있어서 현대 종교학자들의 관심을 끌고 있다.[16] 그러나 근본적으로는 이들의 연구 역시 호교론적 신학이었다는 데는 같은 시대의 다른 문화권과 다름이 없다. 이슬람 문화가 인도를 주도하던 무굴제국의 전성기(16-17세기)에 아크발(Akbar) 대제가 종교대화를 위하여 세운 예배의 집(Dini Alihi)이나 샤 자한(Shah Jahan)의 큰아들 다라 시코(Dārā Shikoh)가 지은 「두 바다의 합류」(Confluence of Two Oceans) 등은 종교대화를 시도하려는 초기의 노력이라고 하겠다. 「두 바다의 합류」는 제목 자체가 시사하듯이 그 당시 인도의 중요한 두 종교였던 이슬람교와 힌두교의 조화를 찾으려는 이론적 시도로서 다라 시코는 힌두교의 경전 우파니샤드 속에서 숨어 있는 유일신을 보았던 것이다. 그러나 이러한 조화를 위한 노력이나 대화의 시작은 아랑제브(Awrangzeb, 1658-1707) 대제를 비롯한 이슬람 정통파의 흥기로 꺾이고 만다. 민중적 수준에서 비슷한 노력을 하던 카비르나 나낙 등의 신비시인들의 영감은 오히려 시크교라는 또 하나의 새로운 종교를 탄생시켰다.[17]

중국 문화권에서 이루어진 종교연구로 특기할 만한 것은 현장(玄奘, 7세기)을 비롯한 불교 스님들이 서역과 인도에까지 순례여행을 하여 남겨 놓은 기행문들과 유교·도교·불교의 삼교(三敎) 관계에 관한 기록들이다. 기행문들은 힌두교와 마니교 등 그 당시 서역과 인도에 유행하

15. 진리에는 두 가지 수준이 있다는 이론으로, 곧 언어로 표현될 수 있고 일상사 (maya의 세계)에서 통용되는 상대적 진리로서의 俗諦와 사고와 표현을 초월하는 空(śūnyatā)으로 상징되는 절대적 진리로서의 眞諦로 구별하는 것이다.

16. Kendall Wayne Folkert, *Two Jaina Approaches to Non-Jainas: Patterns and Implications* (Harvard Dissertation 1975) 참조.

17. 현재 Punjab 지방 인구의 95%가 Sikh 교도로서 지난 500 년 동안 독자적 공동체를 형성하여 왔는데, *Granth*라는 6천 개의 찬미가를 모은 경전이 Guru의 역할까지 담당한다. Nānak, Kabīr 등은 힌두교와 이슬람교의 공통점을 내적 신심에서 발견하고 양쪽 제도로부터 자유로와지려고 하였는데, 이런 노력을 추종하는 신자들이 독립된 敎를 형성하고 정치적 박해로 인하여 처음부터 오늘에 이르기까지 전투적인 성격을 띠게 된 것은 역사의 아이러니라고 하겠다.

던 여러 종교들을 언급하고 있어서 역사적 사료로서의 가치가 높으나 힌두교는 물론 소승불교까지 외도(外道)로 비판하고 있다는 점에서는 역시 호교론적 입장을 취하고 있다. 삼교 교섭의 문제를 다루던 학자들은 대부분 공존을 지향하여 삼교를 제사에 쓰던 금속으로 만든 솥인 정(鼎)의 세 다리에 비유하기도 하지만, 때로는 정치적·경제적 이유가 끼어 박해를 빚기도 하였는데, 대체로는 자신의 종교를 최고의 경지에 놓고 다른 종교를 관용하는 입장을 취한 특색을 띤다.[18] 삼교관계가 이론적으로 체계화된 송대에 와서 신유학이 성립되고 결국 유학의 정통을 확립하게 되었다는 사실은 가장 관용적이라고 자처하는 중국 문화권에서도 종교간의 관계가 원만한 것만은 아니었다는 것을 보여 준다.[19]

결국 지리상의 발견 이전까지 이루어진 모든 문화권의 종교연구는 개인적 관심이나 여행, 역사적 환경에서 나온 필요에 응하여 자기의 종교적 위치를 확고히 하려던 기록으로 체계화된 객관적 학문으로 발전하지는 못하였다.

종교학의 준비시기라고 할 제2 시기는 15·16·17세기로서 지리상의 발견으로 새로운 다양한 문화와 종교에 대한 자료가 알려지기 시작하던 때이다. 흥미로운 것은 다른 종교에 대한 관심과 소개가 종교개혁의 주체가 되는 종교개혁가들에 의해서가 아니라 오히려 방위적 위치에 있으면서 새로운 선교지를 개척하던 가톨릭 선교사들을 중심으로 하여 이루어졌다는 사실이다. 종교개혁가들은 교회 안의 정화와 재조직에 정신이 집중되어 있어서 외부로 눈을 돌릴 겨를이 없었던 것 같다. 새로 일어난 수도회인 예수회를 중심으로 하여 가톨릭 교회는 지리상의 발견이 알려 준 다른 세계로 활발한 선교활동을 시작하였다. 특히 인도와 중국

18. 三教의 조화론은 사람에 따라 평가의 서열이 달라지는데, 예를 들어 唐代에 宗密 (8-9세기)의 「原人論」에서는 유교와 도교는 임시적이고 불교가 權과 實을 다 가졌다고 하였고, 明太祖의 「三教論」은 유교를 중심으로 하여 불교와 도교는 보조가 되도록 하였다. 大慧宗杲(1089-1163)는 깨달음이란 儒·佛·仙 모두가 지향하는 목적이라고 보아 세 가지 가르침이 형태는 다르지만 종국에는 하나에 귀착된다고 하였다.
19. 중국의 종교박해에 대한 연구로는 Jan Jakob Maria de Groot, *Sectarianism and Religious Persecution*, 1903-4(1976년 재판) 참조.

과 같이 고도의 문화를 지닌 곳에 들어간 예수회 선교사들은 그 언어와 문화를 배우고 적응하는 정책을 채택하였다. 이러한 선교방침에 따라 그들은 그 지역의 종교전통을 연구하게 되었는데, 그들 중 가장 대표적인 인물은 마테오 리치(Matteo Ricci, 1552-1610)였다. 그는 특히 중국의 정통사상이던 유교를 경전을 중심으로 연구한 후 유교의 가르침이 그리스도교 진리에 가까운 것이라고 높이 평가하였다.[20] 리치와 다른 예수회원들을 통하여 유교가 사제계급이나 계시사상이 없이 높은 도덕 이상을 제시한 종교로서 서구에 알려지자, 계몽사상가들은 유교를 자기들이 생각하는 이신론(理神論, deism)의 모범으로 간주하였다. 라이프니츠・괴테・볼테르 등 인간의 이성을 최고규범으로 보는 계몽주의자들은 자기들의 주장을 확증하기 위하여 중국 종교 등 다른 종교에 관심을 가지게 되었다.[21] 단 이들 계몽사상가들은 이성에 합치되지 않는 종교의 부분들은 무시해 버렸고, 각 종교를 그 문화 배경에서 이해하려는 노력이 결여되어 있었다. 따라서 아직 진정한 의미에서의 종교학이 성립되지는 못했으나, 이러한 계몽사상의 영향으로 세계에서 새로 발견된 종교적 자료들의 수집이 촉진되어 선교사들의 보고서와 함께 방대한 양을 이루게 되었다. 따라서 종교 전반에 대한 이론적 해석의 필요가 대두하게 된 것이다.

이와같은 필요에 응하여 종교연구의 제3 시기는 18세기 계몽사상을 배경으로 하는 초기 인류학자들의 종교이론으로 특징지어진다. 이 시기의 이론 형성에 가장 큰 역할을 한 것은 다윈의 진화론이었다. 인간의 육체뿐만 아니라 의식의 발전 및 인류역사 전체가 진화론적 과정을 따른다는 사고가 지성인들을 휩쓸고 있었다. 따라서 종교의 기원을 찾으면 종교의 본질을 밝힐 수 있으리라는 전제 아래서 초기 인류학자들은 원시종교 연구에 모든 관심을 쏟았던 것이다. 이제 그 당시에 발견되던 원시종교들을 연구대상으로 하여 나온 몇 가지 종교기원론을 살펴보기

---

20. 마테오 리치 저, 이 수웅 역 「天主實義」 분도출판사 1984, 29면.
21. David E. Mungello, *Leibniz and Confucianism: The Search for Accord,* The University Press of Hawaii 1977 참조.

로 한다. 프랑스의 인류학자 샤를르 드 브로쓰(Charles de Brosses)는 1760년 「서물숭배 의식」(*Du culte des dieux fétiches*)이라는 책을 써서 종교의 가장 낮은 단계는 나무나 돌 등 자연적이거나 만들어진 여러 대상을 예배하는 서물숭배(庶物崇拜, fetishism)[22]라고 결론내렸다. 즉 그는 종교의 기원은 원시인들이 초월적 힘을 지니고 있다고 믿은 자연적이거나 인공적인 여러 사물들을 숭배한 데서 시작한 것이라고 본 것이다. 드 브로쓰가 이 이론을 발표한 이후 거의 100 년간 서물숭배는 원시종교의 일반 명칭으로 사용되었다.

그런데 영국 옥스포드 대학의 인류학자 에드워드 타일러(Edward B. Tylor)는 1871년에 「원시문화」(*Primitive Culture*)라는 책을 발표하여 서물숭배보다 앞서서 강·나무·달·해 등에 정령(精靈, anima)이 있다고 믿는 정령숭배(精靈崇拜, animism)가 종교의 기원이었다고 주장하고 나섰다. 곧 인간은 잠을 자거나 꿈을 꾸는 경험을 통하여, 또는 죽음이나 귀신의 체험에서부터 모든 것 속에 정령이 있다고 믿게 되었는데 이것이 종교의 기원이라는 것이다. 정령신앙이 이루어진 후에 이런 영들이 복을 주거나 앙화를 가져 온다고 믿어서 그 신앙이 구체화될 때 비로소 서물숭배의 단계에 이르게 된다는 것이다. 서물숭배에서 더욱 진화하면 다신교(多神敎, polytheism)로, 그 다음에는 일신적(一神的)인 천신(天神, the sky god) 신앙으로, 그리고 진화의 절정 단계에 이르러서 유일신(唯一神) 신앙이 생기게 된다고 하였다.

타일러의 후계자로 역시 옥스포드 대학의 인류학 교수였던 로버트 마레트(Robert R. Marett)는 1899년 〈정령숭배 이전의 종교〉(Freanimistic Religion)라는 논문을 발표하여 정령이나 신들에 대한 신앙의 기원은 비인격적인 힘에 대한 두려움에서 유래한다는 마나론(Mana論)을 내놓았다. "마나"란 멜라네시아(Melanesia)말로 초자연적 힘을 가리키는데, 이미 1891년에 멜라네시아의 선교사로 일하던 코드링톤(Codrington)이

---

22. fetishism은 본래 feitico라는 포르투갈 말에서 유래한 것으로, 선원들이 서부 아프리카인들이 만든 예배 대상물들을 보고 재주 좋게 만든 것(skillfully made)이라고 이름지어 부른 데서 만들어진 용어이다.

멜라네시아인들은 이상한 모양의 돌이나 나무, 싸움에 승리한 용사 안에 마나가 있다고 믿는다는 것을 보고하였었다. 그러나 계속된 멜라네시아 종교에 대한 연구를 통하여 마나란 비인격적인 것이 아니라 오히려 신, 귀신, 특별한 사람 등 초자연적 존재와 연결된 힘으로서, 결국이 힘을 지닌 초자연적 존재를 두려워한 것이라는 사실이 밝혀졌다.[23] 여하튼 마레트의 마나설은 종교의 최초의 형태를 찾으려는 인류학자들의 끈질긴 추구에서 나온 하나의 가설로서, 종교의 기원론이 포기된 오늘날에도 "마나"라는 용어는 종교학적 전문용어로 정착되었다.

종교기원론으로 또 하나의 이론을 내놓은 학자는 캠브리지 대학 교수이며 이신론자였던 제임스 프레이저(James G. Frazer)였다. 그는 「황금의 가지」(The Golden Bough)라는 12권의 방대한 자료를 수집하여[24] 종교의 기원은 주술(magic)의 실패에서 나온 것이라는 주술론(呪術論)을 주창하였다. 그는 주술을, 물을 붓는 의식으로 비가 오게 하는 등 유사의 법칙에 따른 모방주술(模倣呪術, imitative magic)과 한 사람의 머리털이나 이빨을 불사름으로써 그에게 저주를 가져오게 하는 등 접촉의 법칙에 따른 감염주술(感染呪術, contagious magic)로 분류하였다. 그런데 그는 주술을 실패할 수밖에 없는 그릇된 과학이라고 정의했고,[25] 주술적인 방법으로 자기 환경을 지배하려는 노력에 실패하자 인간은 초월적 힘에 화해를 간청하게 되는 데서 종교가 발생했다고 주장하였다. 따라서 프레이저는 "주술은 인류역사에서 종교보다 오래되었다"[26]고 결론을 내렸는데, 그의 이러한 결론은 오류였음이 계속되는 연구에 의하여 알려졌다. 원시종교들도 주술 행위와 더불어 최고신 내지는 다

---

23. Eric Sharpe의 책 69면.
24. 「황금의 가지」는 처음 1890년에 2권으로 출판되었고, 1900년에는 3권으로 나왔는데, 결국 1936년에는 12권으로 출판되었다. 그는 자료의 수집을 제일 중요한 과제라고 보아서 인류학적으로 관찰된 모든 종교사실을 체계없이 사전식으로 모아 놓았다.
25. "Magic is a false science as well as an abortive art"라고 한 Frazer의 주술에 대한 정의는 후에 나타나는 Malinowski 등의 인류학자에 의하여 도전되고 재정의된다.
26. 김 상일 역 「黃金의 가지」 (세계사상교양전집 속6권) 을유문화사 1975, 93면.

신적 신앙을 가지고 있음이 밝혀졌기 때문이다.

서물숭배론, 정령숭배론, 마나론, 주술론 등의 진화적인 종교의 기원
론과 정반대로 맞서는 이론을 제시한 학자는 빌헬름 슈미트(Wilhelm
Schmidt)였다. 그는 1931년 「종교의 기원과 발전 : 사실과 이론」(*The
Origin and Growth of Religion: Facts and Theories*)이라는 책에서 원
(原)유일신론(Urmonotheismus)을 주창하였다. 곧 원래 인류 시초에는
원시적 최고신의 개념이 있었는데, 이 유일신 신앙이 퇴폐하여 다신적
으로 되었다는 가설이다. 진화적 발전 이론에 기초를 두었든 혹은 퇴보
적 이론을 제의하였든 종교의 기원을 찾으려는 초기 인류학자들의 추구
는 하나의 가설이었을 뿐만 아니라 그 추구 자체가 잘못된 것임이 오늘
날 지적되고 있다.[27] 우선 그들이 그 당시 살아 있는 원시인의 경험에
서 역사 이전의 상태를 알 수 있다고 믿은 전제부터에 오류가 있고, 또
한 믿는 자들이 말하듯이 종교를 궁극적 실재나 진리에 대한 체험에서
나온 것이라는 것을 부정하고 인간의 심리적 욕구에서 만들어진 인위적
인 것이라는, 역시 증명되지 않은 입장을 취하고 있었다는 것에도 문제
가 있다. 곧 종교란 종교가 아닌 혹은 그보다 저급한 데서 시작되었다
는 환원주의적(reductionistic) 입장[28] 그 자체가 하나의 편견에 불과하
다는 것이다. 따라서 오늘날의 종교학계에서는 종교의 기원을 찾으려는
추구는 포기되었고, 객관적 연구가 가능한 종교현상 그 자체를 학문적
으로 이해하려는 데 노력을 집중하고 있다. 단 초기 인류학자들의 이론

27. Streng 「종교학입문」 53면 등. 특히 Pettazzoni 는 최고신의 개념이 원시사회나
고대종교에 존재한다는 사실이 곧 원유일신교를 주장하는 근거가 될 수 없음을
지적했다(Eric Sharpe, 184-5면).
28. 還元이란 여러 가지 의미로 쓰여지고 있는데, 현상학적 환원은 사물에 대한 일상
적인 신념을 배제하여 그들의 의미구조, 즉 본질로의 환원을 의미하는 데 반하
여, Comte의 실증주의적 환원은 사회과학에 자연과학의 방법론을 적용하여 사회
과학의 대상을 경험적 대상으로 환원하려는 것이다. 따라서 우리가 고찰하는 모
든 대상을 분석하여 최종적이고 가장 단순한 요소로 환원하려는 것으로, 종교학
에서 비판하는 것은 이런 환원을 지칭한다(신 귀현 〈現象學的 還元과 그 哲學的
意義〉「현상학이란 무엇인가」 심설당 1983, 76면 참조). 곧 인간의 종교적 체험
을 비종교적 요소로 설명해 버리려는 두번째의 환원주의적 연구방법을 배격하는
것이다.

제시가 성급하기는 했으나 종교를 체계적으로 이해하려던 최초의 노력이라는 점에서, 그 시대적 중요성은 인정되어야 할 것이다.

종교연구의 네번째 시기에 해당하며 현대학문으로서의 종교학의 시작에 직접적 영향을 미친 것은 19세기 낭만주의의 발생이다. 이 시기에는 고대 근동에 대한 고고학적 발굴이 성황을 이루었고 고대 인도와 고대 유럽이 재발견되어 상상과 이상적인 열정을 북돋아 주고 있었다. 이런 분위기 속에서 서구의 지성인들은 합리성을 추구하는 이성(理性, reason) 대신에 인간의 감정과 통찰력을 중시하게 되었고, 따라서 종교 분야에서도 내적 체험과 느낌을 종교의 본질적인 요소로 간주하기에 이르렀다. 곧 18세기의 합리주의 영향 아래서는 종교의 지적 측면만을 강조하여 종교를 무지의 산물로 보려 하였고, 칸트철학의 영향 아래서는 종교의 본질을 윤리적 삶에서 찾으려는 경향을 떤 데 반하여 낭만주의자들은 인간의 감정적 차원에서 종교체험의 독자성을 보려 하였던 것이다. 이러한 종교이해의 기초를 놓은 학자는 슐라이어마허였는데, 그와 더불어 19세기 서구 사상계를 대표한다고 할 수 있는 헤겔의 종교에 대한 이론을 제시하여 그들이 각기 다른 입장에서 종교현상을 체계화하려한 시도를 살펴보겠다.[29]

헤겔(Georg Wilhelm Friedrich Hegel, 1770-1831)은 합리주의와 낭만주의를 문화라는 포괄적 범주 안에서 결합하려고 하였다. 그는 예술, 법, 종교, 철학 등은 우리가 그것을 풀 수 있는 열쇠만 있으면 비이성적일 것이 없다는 확신을 가지고 있었다. 종교 안에는 참된 문화적 가치가 있으나 종교인들 자신은 그 진리를 보지 못하기 때문에 철학가가 그 숨어 있는 진리를 벗겨서 철학적 용어로 해설하여야 한다고 그는 보았다. 이 숨어 있는 진리, 곧 정신(Geist)은 정신현상학의 대상으로서 신적 정신과 접촉되어 있는 인간 정신이며 인간 정신과 접촉되어 있는 신적 정신이라는 양면성을 띠면서 인류의 역사 안에 구체화되는 것이

---

29. 13 년 동안(1818-31) 같은 Berlin 대학교 교수로 일했던 이 두 학자의 관계 및 사상적 차이에 대하여는 Richard Crouter, "Hegel and Schleiermacher at Berlin", *Journal of Academy of Religion* 48(March 1980) 19-41면 참조.

다. 그는 「정신현상학」에서 의식의 조류는 일정한 방향을 향하여 흐르며, 이것이 바로 시대정신의 변증법적 자기실현의 전개임을 말하고 있다 : "결국 진리는 전체다. 그러나 이 전체는 오직 스스로의 전개과정을 통해서 자기완성을 기할 수 있는 그러한 성질을 지닌다. 이와 더불어 절대자에 대해서 얘기한다면 그것은 어디까지나 결과이며 종말에 가서야 비로소 그 참모습이 드러날 수 있는 것이다. 바로 여기에 현실적인 것, 주체 혹은 자기의 생성과 발전이라고 하는 절대자의 본성이 담겨 있는 것이다."[30] 따라서 이 정신이 인간문화에 어떻게 표현되었는가를 알기 위해서는 할 수 있는 한 우리는 널리 그물을 쳐서 구체적 사료들을 수집하고 그 가치에 따라 분류하여 추상적 언어로 진리를 표현하여야 된다고 하였다. 이러한 헤겔의 인류문화에 대한 포괄적 이해와 거대한 체계화는 세계의 모든 문화에서 자료를 모으도록 자극을 주었다는 점에서 종교연구에 공헌하였다고 보겠다.

슐라이어마허(Friedrich E. D. Schleiermacher, 1768-1834)는 그리스도교를 완전히 철학적으로 해석했던 헤겔보다는 더 전통적인 그리스도교적 해석에 가까이 머물기를 원하였다.

그러나 그는 그리스도교 신앙이 하늘로부터 그대로 내려온 것이 아니라 그리스도인들의 종교체험에서 유래한 것이라고 보았다. 또한 다른 모든 종교도 비록 각기의 범주는 다를지라도 믿는 자의 종교체험에서 나온 것이라고 보았다. 따라서 그는 종교연구에 있어서 종교체험과 신앙공동체의 느낌에 중점을 두어 특정 종교의 종교적 감정을 아는 것이 가장 중요한 것이라고 강조하였다. 19세기 종교연구의 아버지라고도 불리는 슐라이어마허의 「종교론」(*Über die Religion*)은 종교를 경멸하는 문화인들에게 한 강의로서 당대의 지성인들에게 종교에 대한 지적 호기심을 불러일으키고 종교가 인격 형성에 차지한 중요성을 다시 확인시켰

---

30. 임 석진 역 「精神現象學」 분도출판사 1980, 74면(문장을 약간 수정하여 인용함). Hegel은 역사의 변증법적 발전의 맨 위에 독일문화와 철학을 놓았다. 「정신현상학」의 원본은 *Phänomenologie des Geistes*, Leipzig : Dürr 1907.

다는 데 특별한 중요성을 지닌다.[31] 슐라이어마허는 1799년에 출판된 「종교론」에서 종교는 "무한자를 향한 감각이며 맛봄이다"라고 정의하였다. 22 년 후인 1821년에 출판되어 그의 성숙된 사상을 보여 주는 「그리스도교 신앙」(Der christiche Glaube)에서 그는 종교란 "절대적 의존 감정"으로서 종교적 직관과 감정이 분리되기 이전의 원초적 느낌이라고 하였다. 따라서 그는 종교체계 안에 발견되는 형이상학과 윤리는 어디까지나 부차적인 요소들이라고 보았다.

슐라이어마허는 이러한 종교적 감정이야말로 인간이 어떠한 존재인가를 알려주는 가장 중요한 특성이며, 종교적이라는 것은 모든 인간이 지니는 공통점임을 지적하였다. 단지 이 공통된 종교체험이 종교마다 다르게 표현되고 있는데 절대적 의존 감정이 가장 완전하고 순수하게 발전된 형태가 그리스도교라고 결론 내렸다.[32] 결국 그는 19세기의 특징이었던 위계적 체계 내지 진화적 발전단계를 가지고 종교현상들을 설명하려는 한계성을 보이나, 다른 종교들 역시 무한의 체험을 가지고 있다는 점을 인정하는 종교적 아량과 관용의 태도를 보임으로써 시대적으로 앞서 있었다고 하겠다. 그의 지속적인 영향은 인간 안에 느낌(feeling)과 앎(knowing)과 행위(action)의 세 가지 기능이 있으며, 종교를 지식적인 앎이나 혹은 외부적인 행위보다도 인간에게 가장 깊고 내면적인 느낌과 직관에서 찾았다는 점에서 보아야 할 것이다. 후에 나오는 루돌프 옷토는 물론, 윌리암 제임스 등의 종교체험에 대한 해석에서도 이 세 가지 분류와 느낌을 중시하는 것을 볼 수 있다.

이제까지 우리는 종교학 확립 이전의 종교연구들을 네 시기로 나누어 설명하였는데, 끝으로 종교학의 확립과정과 직접적인 관계없이 거의 같

31. 本書 2장 〈슐라이어마허의 「종교론」 소고〉에 이 책의 역사적 위치와 끼친 영향 등이 자세히 서술되어 있다.
32. H. R. Mackintosh 편, *The Christian Faith,* Fortress Press 1928, 37-38면. 그는 fetishism에서 다신교로, 다신교에서 일신교로 발전했으며, 유일신교 중에서도 그리스도교가 가장 완전히 발전된 종교라고 보고 있다. 곧 Schleiermacher의 접근태도는 모든 종교 형태를 인정하면서도 그 안에서 그리스도교의 특성을 밝히고자 했다는 점에서 신학적이었다고 하겠다.

은 시기에 개별적으로 이루어졌던 사회과학 분야에서의 초기 종교연구에 대하여 간단히 소개하고자 한다.[33] 우리는 이미 18·19세기의 초기 인류학자들이 제시한 종교기원론과 그 문제성을 지적하였다. 그외에도 현대 심리학의 아버지라 일컬어지는 프로이드의 종교이론이나 그에 대응한 융의 종교해석, 현대사회학을 확립시킨 뒤르껭의 종교론과 베버의 종교이해 등은 개인과 사회적 생활 속에서의 종교의 기능을 밝히고자 했던 것으로, 종교학적 이해에서 제외될 수 없는 중요성을 지니고 있기 때문이다. 곧 사회과학의 종교연구 결과는 종교학의 종교연구를 자극하며 풍부히 해 줄 수 있는 것이다.

　종교심리학은 종교가 인간 심리에 어떠한 영향을 주고 있는가에 관심을 두는 학문으로서 주로 임상적인 정신질환의 치료경험에서 유출되는 이론을 내놓았다. 종교에 대한 현대심리학적 해석을 시도한 프로이드 (Sigmund Freud, 1856-1939) 역시 그가 치료하던 환자들의 무의식의 세계를 들춰내면서 종교를 정의하게 된 것이다. 그는 노이로제 환자의 불안해소 방법이 죄의식을 씻기 위해 종교의식을 반복해야 되는 종교인의 강박관념과 유사하다는 점에 착안하여 종교를 "보편적 강박 노이로제"(universal obsessive neurosis)라고 단정하였다. 곧 종교란 외디푸스 콤플렉스(Oediphus complex)에서 시작한 것으로서 위로를 주며 무죄성을 회복시켜 줄 힘을 지닌 아버지에 대한 동경과 같은 어린 시절의 환상을 벗어나지 못하는 노이로제이기 때문에 인류의 지성이 발달되지 못한 시기에는 그대로의 유용성을 지니고 있었으나 현대에 와서는 인류의 성숙을 방해하는 가장 큰 원인이라고 보았다. 환상(幻像)이라는 단어로 종교를 지칭한 그의 저서 「환상의 미래」에서 프로이드는 성숙한 세계에서는 종교 대신에 합리주의와 예술적 과학이 인간의 삶을 지배해야 된다고 주장하였다.[34]

33. 사회과학적 종교연구에 대한 자세한 설명은 本書의 9장·10장·11장을 참조하고, 종교와 사회과학의 관계에 대하여는 8장을 참조하기 바람.
34. James Strachey 역, *The Future of an Illusion*, W. W. Norton 1961, 51-56면. Freud의 편지 속에서 "나는 언제나 비신자였다"라는 고백이 말해주듯이 그의 이러한 개인적 입장이 그가 종교에 대하여 부정적 결론에 도달하는 데 상당한 영향

역시 임상심리학자로서 인간의 내적 성숙에 끼치는 종교의 역할에 상당한 관심을 가진 학자는 융(Carl Gustav Jung, 1875-1961)이었다. 심리학자는 종교의 제도적 구조나 신경(信經), 신학체계에는 관심이 없고 근원적 종교체험에 관심을 두는 것이라고 심리학적 입장을 표명한 그는 인간의 내적 심층 속에서 나타나는 종교적 상징의 문제를 추구하여 힌두교의 요가 등 여러 문화권에서 발견되는 자료의 비교 연구를 시도하였다. 그리하여 융은 인간의 진정한 역사는 책 속에 있는 것이 아니라 인간의 심혼(心魂)에 살아 있다고 보았다. 곧 인간 안에는 자기가 의식하는 의식의 층이 외곽에 있고 그 밑에 개인적인 무의식의 층이 있으며, 내면의 가장 깊은 심층에는 집단적 무의식이 자리잡고 있는데, 이 집단적 무의식(collective unconsciousness)이야말로 태고로부터의 인류 경험의 총합으로서 모든 인간이 공유하는 선험적인 것이라고 하였다. 그리고 이 집단적 무의식 속에 저장되어 있는 것이 원형(原型, archetype)으로서 시공(時空)과 문화권을 초월하는 보편적이고 근원적인 유형(類型, pattern)을 낳게 하는 조건 내지 가능성인데, 원형은 그 자체로는 알 수가 없는 것이기 때문에 신화나 상징 등의 이미지(像, image)를 통하여 표현됨으로써 알게 된다는 것이다. 따라서 융은 다양한 문화권에서 근원적 의미를 지닌 공통되는 상징들이 발견되는 이유를 여기서 찾았으며, 무의식의 상(像)이 우리 의식의 상과 평행하기 때문에 종교가 제시하는 도덕체계나 상징체계를 파괴하는 것이 인간 성숙에 실제로 아무런 도움이 되지 않는다고 보았다. 따라서 프로이드의 결론과는 달리 융은 종교체험은 한 인간에게 생명과 의미를 전달해 주기 때문에 종교는 창조성의 원천으로서 인류의 위대한 자산이라고 결론 내렸던 것이다.[35]

임상적 경험을 통하여 종교를 이해하려 한 프로이드나 융과는 달리 종교체험의 자료를 수집하여 그 기록들을 분석함으로써 종교가 인간 성

을 주었을 것으로 보인다.
35. 이은봉 역 「宗敎와 心理學」 경문사 1980, 14, 52, 136면 참조. Jung의 분석심리학적 종교연구에 대한 접근방법에 대한 것은 本書 9장을 참조하기 바람.

숙에 끼치는 영향을 고찰한 대표적 심리학자는 윌리암 제임스(William James, 1842-1910)였다. 1901년에 깃퍼드(Gifford) 강의에 초대되어 행한 그의 유명한 강의가 「종교체험의 다양성」(*The Varieties of Religious Experience*)이라는 책으로 출판되었는데, 이 책은 오늘날까지 개인적 종교체험에 대한 고전적 해석으로 중요시되고 있다. 그는 종교전통들에서 가장 훌륭한 종교인들이라고 인정되는 사람들을 대상으로 하여 그들의 종교체험의 특성과 그 결과를 심리학적으로 분석하였던 것이다. 우선 그는 모든 제도적인 표현을 이차적인 것으로 보고 종교적 열정을 지닌 개인의 내부 속에 종교의 일차적 원천이 있다는 전제에서 시작했다. 그리고 그는 인간의 개성 안에서 사고(thought)와 행동(action)은 주변적인 것이며, 가장 자아에 가깝고 그러기에 남에게 완전히 전달될 수 없는 부분은 느낌(feeling)이라고 보았는데, 종교체험은 바로 이 느낌이라는 인간의 핵심 부분에 자리잡고 있다고 하였다.

우선 신(神)이라는 존재는 심리학적인 분석의 대상이 될 수 없으므로 신을 믿고 체험하는 종교적 인간이 심리학적 연구의 대상이 된다. 제임스는 종교체험의 기록들을 분석하여 종교체험의 특성을 다음 세 가지로 열거하였다. 첫째, 종교체험에서는 강렬한 힘(energy)이 외부로부터 자기에게 주어지는 것을 느끼게 되는데, 이 힘이 자기에게서 나오는 것이 아니라 밖으로부터 주도되고 인간은 그것을 받아들이는 수동적인 자세를 취한다는 것이다. 체험자는 광활한 신적 바다(divine ocean)에 들어가는 것과 같이 속해야 될 곳에 속하게 되었다는 깨달음을 갖게 되고 거기에 매혹되게 된다. 둘째로, 종교체험은 깊은 행복감과 안녕, 흥분과 자발적인 원의 및 정당화할 필요를 느끼지 않는 자유스러움을 준다. 이런 신뢰에 찬 기쁨은 윤리적인 준수에서 오는 차분하고 이지적이며 방위적인 자기통제적 자세와는 다른 것이다. 세째로, 종교체험은 장엄하면서도 심각해서 비극적인 요소를 포함하는 특징을 지니고 있다. 자기를 초월하는 존재로부터 오는 힘에 대한 반응이므로 잃어버릴 수 있다는 자각이 종교체험의 우발적인 성격(contingence)과 의존성을 강하게 느끼게 하기 때문이다. 그리고 이 면에서 삶을 보는 두 가지 시각에 따른 건강한 성품(healthy-minded)과 병든 영혼(sick-soul)이라는 제임스의 유명한 성격 구분이 나오게 된다.[36] 「종교체험의 다양성」의 결론 부분에서 그는 실용적인 각도에서 종교의 가치를 논하면서 종교를 그 기원에서가 아니라 그 결과를 보고 판단해야 한다고 전제한 후, 종교적 성인들(saints)은 인간들 중에 가장 성숙한 인간들이었다는 사실과 종교가 인간의 개인적 운명과 절대적 실재를 다루기 때문에 그 역할은 영원한 것이라고 결론 내렸다.[37]

종교사회학은 종교가 사회에 끼치는 영향과 기능을 분석하여 사회를 형성하는 하나의 요소로서 종교를 취급하는 학문이다. 오늘날의 사회학 분야에서 종교사회학이 차지하고 있는 위치는 변두리적인 것에 불과하다고 보겠으나 사회학의 고전적 시기에는 상당한 관심을 받았다. 종교사회학적 이론을 제기한 가장 중요한 두 인물은 에밀 뒤르껭(Emile Durkheim, 1853-1917)과 막스 베버(Max Weber, 1864-1920)이다.[38] 뒤르껭은 가장 원시적 상태인 호주 원주민의 토템 신앙에서 종교의 핵심을 보았고 결국 종교란 사회의 집합표상(集合表象, collective representation)이 개념화된 것이라고 결론 내렸다. 종교는 사회적 유대를 견고하게 하기 위하여 필요한 것으로 사회의 이상을 공유하게 함으로써 그 공동체와 구성원 각자에게 정체성(正體性, identity)을 부여한다는 것이다. 따라서 뒤르껭에 의하면 사회적이라는 것은 곧 종교적인 것과 같으며 모든 종교는 사회를 반영하고 있기 때문에 진리라고 하였다. 그의 사고체계에서 우리는 사회와 개인의 이원론(二元論)을 볼 수 있는

36. 健康한 성품은 고통이나 희생의 필요성을 더 큰 행복을 위한 조건으로 받아들이는 낙관적 성격의 소유자로, 惡的인 요소에 관심을 두지 않는 단순한 사람들을 가리킨다. 病든 영혼은 세상에 있는 악의 문제를 직시하여 위기를 체험하며 실패와 인간의 한계를 인식하여 더 깊은 진리를 추구하는 사람들로, 이들은 구원의 종교를 필요로 한다.
37. William James, *The Varieties of Religious Experience*, New American Library 1958, 379-381면. 聖人들은 그들의 종교체험으로 인하여 비교적 수동적이나 동시에 가장 강한 사람들보다 강인하다고 평하였다.
38. 두 사람은 동시대인이었으나 서로의 이름을 언급한 적이 없다. 이들의 종교사회학적 이론에 대한 자세한 설명은 本書 10장을 참조하기 바람.

데, 사회는 지속되고 절대적인 것이며 실재로서 규범적인 것인 데 비하여, 개인은 사라지는 것으로 안정성이 없고 변화되는 것이다. 그는 같은 원리로 종교와 주술을 구별하였다. 곧 종교는 공동체를 이루나 주술은 영속적인 유대가 없이 일시적 필요에 응하는 것이므로 공동체를 이룰 수 없다고 보아, 종교는 사회적인 데 비하여 주술은 개인적이라고 하였다.[39] 결국 사회가 규범성을 지니고 사회에서 종교가 시작되었다는 그의 종교의 사회기원론은 환원주의(reductionism)로 비판받고 있으나, 그가 지적한 종교의 통합적 기능은 오늘날에도 계속 종교의 사회학적 이론의 하나로 중요시되고 있다.

막스 베버는 뒤르껭과는 달리 개인과 예언자들의 카리스마적 역할을 중시하였고 역사와 사회적 변혁을 이해하는 데 종교에 대한 이해가 필수적이라고 보았다. 그는 각 종교에서 가장 독특한 것을 중요시하였기 때문에 뒤르껭과는 정반대로 가장 복합적인 세계 대종교들을 연구하였다. 그는 「프로테스탄 윤리와 자본주의」에서 보여 주는 바와같이, 왜 서양에서 근대 자본주의와 이성에 기초를 둔 합리주의가 일어났는가를 그리스도교, 특히 개신교의 영향에서 찾으려고 하였다. 따라서 왜 다른 사회에서는 이러한 발전이 이루어지지 못하였는가를 설명하려는 데 그의 관심의 초점이 모아졌다.[40] 따라서 그의 저서들을 보면 종교와 경제, 카리스마(charisma)와 관료제도(bureaucracy), 자유와 합리성 등 대비되는 개념들이 결합되어 있는데, 이러한 결합은 제도화한 카리스마만이 지속될 수 있다는 그의 지적에서 가장 잘 나타나고 있다.

베버의 종교연구가 종교공동체들의 이상적 교리에 기초를 둔 것이 아

---

39. 프랑스에 태어난 유대인으로서 Emile Durkheim이 비록 유대교를 실천하지는 않았으나 강한 공동체의식을 종교에서 발견하는 데는 그의 배경이 작용하였으리라고 본다. 1885년 파리에서 공부할 때 Frazer의 토템에 대한 논문을 읽고 원시종교의 역할에 관심을 갖게 된 그의 대표작은 1912년 초판이 나온 「종교생활의 기본형태」이다.
40. 「고대 유대교」에서는 예언자들의 역할이 강조되었고, 「인도의 종교」에서는 카스트 제도가 다루어졌으며, 「중국의 종교」에서는 유교의 사회적 기능이 연구되었는데, 모두 사회변혁 내지 자본주의적 근대화라는 각도에서 분석되는 특징을 지닌다.

니라 사회구조와 각 그룹의 경제활동 등을 분석하는 데서 시작한 것은 일반이 종교의 이상을 어떻게 매일의 생활 속에 받아들이고 변형시켰는가에 중점을 두었기 때문이다. 종교의 사회학적 기능에 대한 그의 결론은 종교적인 요소가 사회를 다르게 만들고 변혁을 일으킬 수 있다는 것으로서, 뒤르껭의 통합적 이론을 보완하였다고 하겠다.[41]

종교인류학의 특징은 종교를 문화의 한 현상으로 보기 때문에 그 문화공동체의 특수한 환경과 틀 및 다른 부분과의 관계구조 속에서 종교현상을 파악하려는 데 있다. 곧 실제적으로 실천되고 있는 대로의 종교를 소수의 전문가가 아닌 일반 참여자의 입장으로부터 연구하려는 것이다. 예를 들어 옥스포드 대학교의 사회인류학자인 에반스-프리챠드(Evans-Prichard)는 종교를 한 사회의 구성원이 공유하는 사고체계의 일부인 믿음체계로 파악하였다. 따라서 어느 종교를 연구하려면 그 사회적 구조와 신념적인 합리성 및 개개인 신자의 종교체험을 전체적으로 이해해야 한다고 보았다. 아프리카 나일강 하류에서 방목하는 유목민들인 누어(Nuer)인들에 대한 현지조사를 통한 그의 종교연구는 종교체험에서 나온 신념체계가 사회현실과 상호 영향을 주고받으면서도 동시에 어떻게 그것을 초월하는가를 보여 준 좋은 예였다. 또한 영국의 사회인류학파를 계승한 빅터 터너(Victor Turner)는 사회를 이해하는 열쇠로서 의례와 그 안에 나타나는 상징을 연구하였다. 그는 멕시코의 과달루페(Guadalupe) 성모가 일반 신자들에게 지닌 의미를 추구하고 종교적 의례가 일상생활을 영위하게 하는 데 어떠한 구조적 역할을 하는가를 설명하였다. 종교적 의례의 한 형태인 순례(巡禮, pilgrimage)는 모든 종교의례의 첫 과정에서 일어나는 일상생활로부터의 분리를 가장 눈에 띄게 나타내주고 순례중에는 반(反)구조적이라고까지 말할 수 있는 평

---

41. 이 두 사람의 고전적 시대가 지난 후 60 여 년간의 종교사회학은 Robert Bellah 나 Peter Berger 등의 사회학자들이 나오고는 있으나, 대체적으로 일종의 대중적 침체기를 맞고 있다고 평해진다. 곧 교회의 출석률, 교리에 대한 질의서 등 수량적 자료(quantitative data)를 수집하여 분석하는 과정에서 자연과학적 모델을 따르고 있기 때문이다. 종교에 고유한 의미있는 행동 대신에 계산할 수 있는 종교적 실천행위를 연구하는 데 치중하는 경향을 띠고 있다고 하겠다.

등한 공동체를 체험하게 하는데, 바로 이러한 체험이 일상생활로 돌아가 구조 속에 융합될 수 있는 힘을 준다는 것이다.[42]

우리가 앞에서 보았던 주술은 잘못된 과학이라는 프레이저의 주술론은 폴란드 출신의 인류학자 말리놉스키(Bronislaw Malinowski, 1884-1942)의 현지조사 결과로 배격되었다. 트로브리안 군도의 원주민은 추수를 수확하기 위해서 밭을 경작해야 된다는 것을 잘 알고 있지만 기대와 결과 사이에 있는 예기할 수 없는 틈, 곧 불안을 받아들이는 방법으로 주술을 쓰고 있다는 것이다. 또 내해에서 고기잡이를 하는 경우보다 먼 바다에 나가는 어부들이 주술을 더 많이 쓰고 있는 것을 보았다. 따라서 그는 주술이란 불안을 받아들여 자신감을 갖게 하는 심리적 기능을 갖고 있으며 기대와 결과와의 차이에서 오는 불안도가 클수록 주술의 실천도가 높다는 것을 밝혔다. 말리놉스키는 주술은 특정 목적을 위한 특정 행위인 데 반하여 종교는 사상체계 전체를 가리키는 것이라고 주술과 종교를 구별하였다.[43]

최근에 이르러 세계 대종교들에 대한 인류학적 연구가 시도되고 있기는 하지만[44] 이제까지 인류학적 연구의 대상은 경전연구보다는 구두로 전승되는 원시신앙이나 민간신앙 등 일반대중의 종교 실천을 연구하는 데 주력하여 왔다고 하겠다.

결국 인류학·사회학·심리학 등의 사회과학에서 추구하여 온 종교연구는 종교가 문화·사회·개인 심리의 형성과 어떤 관계에 서서 어떠한

---

42. Turner의 separation — liminality — incorporation의 과정은 의례의 보편적인 과정적 유형을 이룬다는 유용성을 지니지만, 거의 모든 것에 적용될 수 있다는 문제성이 동시에 지적되고 있다. van Gennep의 *The Rites of Passage*(1909) 참조.

43. Malinowski의 기능적 이론에서부터 Lévi-Strauss의 구조적 개념과 Geertz의 현상학적 접근 등 여러 가지 인류학적 종교연구와 이론이 나와서 약 4,000개로 추정되는 문화를 연구하는 인류학자들에게 상당한 영향을 주었다. 이들 인류학자들의 자세한 이론에 대한 것은 本書 11장을 참조하기 바람.

44. S. J. Tambiah, *World Conqueror and World Renouncer: A Study of Buddhism and Polity in Tailand against a Historical Background*, Cambridge University Press 1976. Tambiah는 타일랜드의 불교를 주제로 문화적 특수성과 보편적 구조의 양면성을 종합하려는 시도를 하고 있는 인류학자이다.

기능을 하고 있는가를 밝혀 준다는 데서 의의를 지닌다. 그러나 이들은 종교현상을 단편적으로 이해할 수밖에 없고, 종교를 종교가 아닌 다른 현상에서 나온 부수적 결과로 보려는 환원주의적 위험을 내포하고 있다. 따라서 종교를 종교현상으로서 이해하고 그 고유한 범주를 존중하는 독자적인 학문의 확립이 필요하였다. 이제부터 우리는 각 종교전통의 역사적 사료를 연구하는 종교역사학과 그 자료들의 전체적 구조와 의미를 파악하는 종교현상학을 주축으로 하는 종교학의 확립과 발전사를 개관하고자 한다.

4. 종교학의 확립

우리는 막스 뮐러를 종교학의 시발점으로 보았는데, 이제 그의 뒤를 이어 종교학의 확립에 선구자적 역할을 한 네델란드의 학자 두 사람을 우선 소개하여야 하겠다. 코르넬리우스 틸레(Cornelius P. Tiele, 1830-1902)는 자유주의적 경향을 띤 개신교의 목사로서 먼저 신학을 공부한 후 종교학에 투신한 학자였다. 그는 아베스타어 · 아카디아어 · 이집트어 등을 배우고 전공 분야였던 조로아스터교를 비롯하여 메소포타미아와 이집트의 종교를 널리 연구하였다. 1877년 네델란드의 레이든(Leiden) 대학에 종교학 교수직이 신설되면서 최초의 종교학 교수로 임명되었는데, 20 년 뒤에 출판된 「종교학의 요소들」(*Elements of the Science of Religion*)이라는 그의 저서를 통해 우리는 종교학을 하나의 학문으로 확립하려던 그의 노력을 살펴볼 수 있다. 종교학의 대상은 초자연 그 자체가 아니라 초자연에 대한 인간의 신앙에서 우러나는 종교이기 때문에 종교를 역사적이고 심리적이며 사회적인 인간현상으로 연구하는 일은 분명히 학문의 영역에 속한다고 그는 보았다. 그런데 어느 한 분야가 독립된 학문으로 성립되기 위한 조건으로 그는 언어학의 독자성을 주장한 위트니(Whitney)의 말을 빌려 다음 네 가지 사항을 열거하였다. 첫째, 다루어져야 될 범위가 충분히 넓을 것, 둘째, 이 분야에 소속된 다양한 사실들을 포용할 수 있는 통일성이 존재할 것, 세째, 이 사실들 간에 내적 연결이 분명해서 조심스런 분류와 그 분류로부터 결실있는 결론이 나올 가능성이 있을 것, 네째, 이런 사실로부터 알려진 결과가 인류에게 중요성을 지니고 있고 진리에의 탐구에 이바지할 것 등이다. 이 네 가지 조건을 종교학은 모두 충족시킬 수 있다고 틸레는 답변한다. 종교학의 연구 범위는 광대해서 원시세계와 문화권의 모든 종교들, 고금의 모든 종교현상이 관찰의 대상이 된다. 또한 이런 현상의 다양성을 결합시킬 수 있는 일치점은 종교를 체험하는 인간의 마음 자체이며 따라서 종교의 학문적인 분류와 연구가 가능하다고 보았다. 종교연구의 결과가 인류에게 가지는 중요성은 인간연구에서 어느 것보다도 크다는 것은 재론할 여지가 없다고 그는 보았다.[45] 이렇게 틸레는 언어학의 예를 들어 종교학이 독자적 학문으로 되어야 함을 주장하였고, 종교학자의 태도는 종교간의 우열을 따지는 것이 아니라 진리를 찾는 객관적 입장이어야 함을 역설하였다. 그는 헤겔이 종교역사를 철학의 하녀로 만들려고 노력했지만 실제로 헤겔이 알고 있던 종교역사의 내용은 별로 없었다는 사실을 비판적으로 지적한다. 막스 뮐러가 주장했던 역사적 연구의 절대적 필요성에 동조하면서도, 틸레는 역사적 사실을 아는 것만으로는 부족하며 종교학의 우선적 임무는 진화적 관점에서 종교의 진화과정을 밝히는 것이라고 하였다. 인류가 진보함에 따라 종교도 진보하여 개별적인 종교 형태 중에서는 없어지거나 변화되는 것도 있지만 종교 자체는 남아서 진화되고 있다고 그는 믿었던 것이다.[46] 그의 이러한 진화적 입장은 그의 후계자인 크리스텐센에 의하여 비판을 받게 되지만 19세기의 진화론적인 사조를 대변하는 것이라고 하겠다. 틸레의 공헌은 종교학을 독자적 학문으로 확립시키려는 그의 노력에 있었고, 종교학자는 적어도 두 가지 이상의 종교전통을 원문으로 연구할 수 있어야 한다는 그의 주장은 아직도 상당히 많은 종교학자들에 의해 받아들여지고 있다.

틸레와 더불어 네델란드의 신학대학의 분위기 속에서 종교학을 하나의 학문으로 정착시키는 데 기여한 또 하나의 학자는 삐에르 샹뜨삐 드라 쏘쎄이(Pierre D. Chantepie de la Saussaye, 1848-1920)였다. 그역시 먼저 신학을 공부한 후에 희랍과 독일의 종교를 연구하였는데, 1878년 암스텔담(Amsterdam) 대학에 종교학 교수직이 신설되면서 그직을 맡았다. 그의 저서 「종교학 독본」[47]을 보면 그는 종교연구를 종교

---

45. *Classical Approaches to the Study of Religion*, 97-98면.
46. 같은 책 100면. 그는 종교학이 변하는 다양한 표현을 연구하는 형태학적 연구와 변치 않는 공통점을 연구하는 본체론적 연구로 두 가지의 방법을 가진다고 보았다.
47. *Lehrbuch der Religionsgeschichte*(1887)는 Max Müller의 딸에 의해 영어로 번역되

철학과 종교역사로 크게 두 가지로 분류하고 있다. 종교철학은 본질적인 것을 취급하므로 종교연구의 기본적 바탕을 이루는데, 그는 그 안에 심리학적인 주관적 연구와 형이상학적인 객관적 연구가 포함되어 있다고 보았다. 두번째 부류인 종교역사는 나타난 표현들을 연구하는 것이므로 자료를 수집하고 그것을 체계화하는 시도로서, 그 안에 기록이 없는 전통을 다루는 민속학적 연구와 기록을 가지고 있어서 발전사를 살필 수 있는 역사학적 연구를 포함한다. 그는 역사적 기록들을 통해서는 종교의 기원을 찾아낼 수 없다는 사실을 인정하고 있었기 때문에 모든 종교 형태를 진화적인 이론으로 설명하려는 데 있어서 틸레보다 더 조심스러웠다.

샹뜨삐 드 라 쏘쌔이가 종교학의 확립에 기여한 바는 처음으로 "종교현상학"(phenomenology of religion)이라는 용어를 소개하여 종교연구의 한 특수 분야로서 종교현상학의 필요성을 지적한 것이다. 그는 종교역사가 제공하는 여러 자료들을 분류하여 밖으로 나타나는 인간의 내적 의식인 종교현상을 이해하고 체계화시킬 수 있는 중간 지점이 있어야 되겠다고 보았다. 곧 종교현상학은 종교역사와 종교철학 사이의 중간 단계 내지는 경계적 학문(border discipline)이라고 하였다.[48] 그의 관심이 조직신학 쪽으로 기울어지면서 종교현상학에 대한 그 이상의 연구를 이루어 놓지는 않았으나, 그가 지적한 현상학적 연구의 가능성은 후에 종교학에서 가장 중요한 부분으로 발전하게 된다. 샹뜨삐 드 라 쏘쌔이는 신학과 종교학의 관계에도 관심을 두어 종교학과 신학은 독립적으로 발전되어야 할 학문이지만 서로 돕는 위치에 있으며, 특히 신학을 제대로 하기 위해서는 종교학적인 소양이 필수적임을 지적하였다. 이러한 신학과 종교학의 대화적 분위기 속에서 종교학의 기본적 범주가 되는 "성스러움"이라는 개념이[49] 확립되기에 이른다.

어 *Manual of the Science of Religion*(1891)으로 출판되었다. 그 일부가 *Classical Approaches* 108-113면에 소개되어 있다.
48. 「종교학독본」 재판과 3판에 "종교현상학" 부분이 빠지고 후에 따로 취급하겠다던 그의 약속은 실현을 보지 못하였다. 本書 5장 참조.
49. "성스러움"은 원래 독일어로는 "das Heilige"라고 쓰이는데, 이 용어의 정확한

종교현상학이 방대한 역사적 사료들을 분류하고 체계화하는 작업을 하기 위해서는 다양한 자료를 묶고 구별할 수 있는 기본적이고 보편적인 범주가 필요하다. 따라서 종교현상학적 연구가 종교학의 가장 중요한 접근방법으로 확립되는 과정을 설명하기에 앞서서 "성스러움"이라는 개념이 어떻게 종교학계에 소개되고 확립되었는가를 고찰할 필요가 있을 것이다. 철학이나 신학과 같이 규범적인 관점에서가 아니라 현상학적 관점에서 종교를 다루게 될 때에 어느 특정 종교에 한정되지 않으며 모든 종교현상이 지닌 특성을 지칭할 수 있는 보편적인 개념을 찾아야 했다. 그런데 "거룩함" 또는 "성스러움"이란 그리스도교의 하느님(God) 보다는 중립적이고 더 보편화된 개념으로 그리스도교적인 용어인 동시에 다른 종교들도 포함할 수 있기 때문에 인류의 공통적인 종교성을 설명하는 기초 범주로 채택된 것이다.

종교학계에 "성스러움"이라는 개념을 확립시키는 데 가장 큰 역할을 한 종교학자들은 쇠더블롬과 옷토와 엘리아데이다. 쇠더블롬과 옷토는 성스러움의 체험이야말로 종교의 독자성을 가장 분명히 해 준다는 사실을 확인한 선구적인 인물들이고, 엘리아데는 이것을 발전시켜 성스러움과 속됨, 혹은 성(聖)과 속(俗)이라는 대조개념을 기초로 종교학을 대중화시킨 인물이다. 나탄 쇠더블롬(Nathan Söderblom, 1866-1931)은 신학과 조로아스터교를 전공한 스웨덴의 학자로서 1901년부터 14 년 동안 웁살라(Uppsala) 대학에서 종교학을 강의하였다. 1913년 「종교와 윤리 백과사전」(*Encyclopedia of Religion and Ethics*)에 〈성스러움〉(Holiness)이라는 논문을 기재했는데, 이 논문에서 그는 종교 안에서 신(神)의 개념보다도 더 본질적인 단어는 성스러움이라고 소개하였다. 신관이 없는 종교는 있을 수 있으나 성스러움과 속됨의 분리가 없는 종교는 있을 수

번역이 어려운 과제이다. 직역을 하면 "성스러운 것" "성스러운 개념" 등의 뜻을 지니는데, 우리말로 "성스러운 것" 하면 그 뜻이 너무 개체화되어 추상적인 의미가 전달되지 않으므로 대체로 "성스러움"으로 번역하였다. "聖"은 이 책에서는 聖과 俗의 대비되는 개념으로 나올 때에 쓰기로 하였다. "거룩함"은 "성스러움"과 유사한 의미를 전달하나 도덕성이 좀더 강하므로 "성스러움"을 표준어로 채택하였다.

없기 때문이다. 첫째, 성스러움은 신의 원초적 성격을 형성하기 때문에, 경외감을 불러일으키는 성스러움이라는 개념이 결여된 신은 종교적이라고 할 수 없다는 것이다. 둘째, 성스러움은 일상적인 것에서 구별되고 분리되어야 하는 금기(禁忌, tabu)적인 성격을 지닌다. 세째, 성스러움은 생명과 풍요함의 원천이 되는 신비로운 힘(mana)을 나타낸다. 인류의 종교역사 초기에는 이 신적인 힘의 성격이 거룩하면서도 위협적인 요소를 지닌 부정(不淨, unclean)한 것으로 인식되었는데, 후에 오면서 죽음이나 성행위 등은 의례상 부정한 것으로 규정되고 종교의식과 연결된 모든 사물은 거룩하고 정결한 것으로 규정되었다. 고대 이스라엘 민족은 "거룩하다"(holy)라는 개념에 치중하여 그 안에서도 점점 도덕적 의미가 큰 비중을 차지하게 된 데 비하여, 조로아스터교와 힌두교에서는 "거룩하다"보다는 "정결하다"(pure)라는 개념이 중심을 이루게 되었다. 결국 쇠더블롬은 종교의 유일한 기준은 성스러움이라는 개념의 유무(有無)라고 단정하였다. 또한 원시인들 역시 비록 개인적으로는 아니더라도 공동체적으로 성스러움을 체험하였으며, 뒤르껭이 이야기한 것처럼 개인을 초월하는 사회적 공동체 그 자체를 이상화하여 "거룩하다"고 한 것은 아니었음을 강조하였다.[50]

　　종교학사를 쓴 에릭 샤프(Eric Sharpe)는 쇠더블롬이 종교학의 확립에 기여한 바는 성스러움이라는 개념을 소개한 데 그칠 뿐만 아니라 사료를 접근하는 그의 태도에 있었다고 평하였다.[51] 쇠더블롬은 종교를 종교로 대하는 심각성을 지니고 있었다는 것이다. 종교현상을 조직신학적으로 접근하려고 하지도 않았고 단순한 과학적 대상으로 다루려고도 하지 않았다. 다시 말해서 그는 그러한 용어를 사용하지는 않았으나 현상학적 태도를 지니고 있었다고 하겠다. 그리스도인으로서 쇠더블롬은 역사적 과정을 통해 하느님이 자신을 나타내보이시며 그리스도 안에서 그 과정이 절정에 달한다고 확신했지만 동시에 종교에 대한 모든 참된 연구는 우리를 진리로 이끄는 것이라고 보았던 것이다. 그러기에 스웨

50.　*ERE*, 732면.
51.　Eric Sharpe, *Comparative Religion*, 159면.

덴 루터교회의 대감독이었던 그의 유언은 "나는 하느님이 살아계심을 압니다. 그리고 나는 그것을 종교역사를 통해서 증명할 수 있읍니다"라는 것이었다. 그의 가르침과 삶을 통해서 그는 비교종교학과 신학을 조화시킨 좋은 모범이 되었는데, 후에 반 델 레에우가 가장 존경하는 스승으로서 쇠더블롬을 들고 있는 것도 이런 사실에 기인한 것이었을 것이다.

쇠더블롬의 논문이 발표된 지 4 년 후인 1917년에 출판된 루돌프 옷토(Rudolf Otto, 1869-1937)의 「성스러움의 의미」(Das Heilige)는 인간 이성의 한계를 느끼게 된 1차대전의 불안한 시기에 나와 서구학계에 잘 받아들여졌을 뿐 아니라 이 시기에 쐬어진 가장 중요한 책으로서 종교학과 신학에 상당한 영향을 미치게 되었다. 쇠더블롬과 옷토는 같은 시기에 논리적 합리성을 초월하는 종교의 성격을 성스러움에서 확인하고자 시도하고 있었으며 서로의 도움을 환영하였다. 두 사람 다 슐라이어마허의 영향을 받았고 종교의 기원을 주술이나 정령숭배 등으로 돌리려는 초기 인류학자들의 이론에 문제점이 있음을 인식하고 있었기 때문이다. 이들은 인간성 안에는 원초적으로 종교적 경외를 느낄 수 있는 능력이 있으며 이런 경외감이야말로 종교 안에만 있는 독특한 요소라고 보았다. 독일 출신인 옷토는 처음에는 말틴 루터의 연구 등 신학자로서 활동하였으나 슐라이어마허의 연구를 거쳐,[52] 1911년부터 1912년까지 인도를 방문하고 범어(Sanskrit)를 배우면서 새로운 학문의 길을 시작하였다. 비교종교학자로서 그는 힌두교와 그리스도교의 비교연구에 초점을 맞추고 있었으며 「성스러움의 의미」는 모든 종교를 이해하기 위한 보편적 범주를 확립하기 위하여 이 시기에 쐬어진 것이다.[53]

52. Otto의 Schleiermacher에 대한 연구 및 「종교론」에 대한 평가는 本書 2장을 참조. Otto의 개인적 성품이나 그의 학문의 특성에 관한 묘사는 本書 3장을 참조.
53. Otto가 비교연구를 시도하여 쐬어진 대표적 저서로는 1926년에 나온 West-Östliche Mystik: Vergleich und Unterscheidung zur Wesensdeutung Mysticism (East and West: A Comparative Analysis of the Nature of Mysticism)과 1930년에 나온 Die Gnadenreligion Indiens und das Christentum (India's Religion of Grace and Christianity Compared and Contrasted)를 들 수 있다.

루돌프 옷토는 종교의 중심을 이루는 현상은 성스러움을 체험하는 것으로 보았기 때문에 「성스러움의 의미」의 책 부제가 말해 주는 것과 같이, 그는 종교 안에 있는 비합리적인 요소를 긍정적으로 탐구하고 비합리적인 요소와 합리적 요소와의 관계를 밝혀 보려고 하였다. 이런 면에서 그는 인간의 개념적 인식의 수준에서는 실재를 참으로 알 수 없다는 칸트 철학의 입장을 근본적으로 받아들였다고 하겠으나 칸트의 지나친 명확성에 대해서는 반발을 느꼈다. 특히 개념적 명확성을 중시해 온 그리스도교 전통에서 유추적(類推的, analogical) 방법으로 인간적 가치를 확대하여 신을 이해하여 온 긍정신학(positive theology)의 한계성과 일면성을 그의 저서 초두에서 논하고 있다. 합리적인 해설이 신을 다 알려 준다고 믿는 그 자체에 문제가 있음을 지적하면서, 신 안에는 비합리적(non-rational) 내지 초합리적(super-rational)인 성격이 가장 근본적인 것이며 이러한 초월적인 면은 개념화 이전의 종교체험 안에서만 느껴질 수 있는 것임을 주장했다. 곧 종교의 비합리적 요소는 경험할 수는 있으나 개념으로 정의할 수는 없는 것으로서 상징으로만 제시할 수 있을 뿐이라는 것이다.[54]

따라서 옷토는 성스러움이란 종교의 영역에만 있는 고유한 가치와 범주로서, 보통 "거룩하다"는 말을 도덕적 완전성을 뜻하는 것으로 사용하고 있지만 실상 도덕적 선은 부차적인 것이라고 하였다. 오히려 성스러움이라는 개념에서 도덕적인 선을 뺀 부분(X라고 명명함)이야말로 이름지을 수 없는 그 무엇, 곧 합리성을 초월하며 독자적인(sui generis) 것으로서, 종교체험의 본질이라고 보았다. 그래서 이 X를 옷토는 라틴어 누멘(numen, 神, 神적인 것, 神性)을 사용하여 "누멘적인 것"(das numinöse, the numinous)[55]이라고 불렀다. 이 "누멘적인 것"

54. Rudolf Otto, *The Idea of the Holy: An Inquiry into the non-rational factor in the idea of the divine and its relation to the rational* (John W. Harvey 역) Oxford University Press 1923, 59면.
55. Otto가 numen을 독일어로 형용사화하여 "numinöse"라고 하였고, 이것이 영어로 번역될 때에는 어미가 영어식으로 되어 "numinous"로 되어야 하는 것과같이 우리말로 번역될 때에는 "누멘적인 것"으로 되어야 할 것이다.

은 말로 표현될 수 없는(in-effable) 것이지만 모든 종교 안에 살아 있는 내적인 핵심이다. "누멘적인 것"은 명확히 정의할 수는 없으나 체험을 통해서만 알 수 있는 것이기 때문에 경험해 보지 않은 사람에게 가르칠 수는 없고 각자의 마음속에서 자신의 경험을 되살려 스스로 깨닫도록 일깨우는 방법이 있을 뿐이라고 하였다.[56]

옷토는 누멘적인 경험의 요소들을 묘사하기 위하여 최대의 노력을 기울였다. 그는 슐라이어마허의 "절대적 의존 감정"이라는 종교성의 정의가 유추적 방법에 의하여 상대적 의존 감정을 확대시킨 것으로, 인간이 결과적으로 느끼는 감정만을 이야기했을 뿐 종교 감정의 독자적이고 원초적인 성격 그 자체를 묘사하지는 못했다고 보았다. 따라서 그는 창세기 18장 27절에 아브라함이 야훼 앞에 서서 "저는 먼지와 재에 불과합니다" 하고 표현했던 말을 인용하면서, 누멘적인 체험은 모든 것을 초월하는 절대타자[57] 앞에 자신이 아무것도 아님을 절감하는 "피조물 감정"(creature feeling)이라고 하였다. 또한 윌리암 제임스의 「종교체험의 다양성」을 언급하면서, 비록 심리학자로서 그가 실증적인 입장에 서 있었기 때문에 인간 정신 안에 부여된 깨달을 수 있는 천부적인 가능성을 인정하지는 못했으나 그가 다룬 종교체험의 사료들이 저기에 무엇인가가 존재한다는 "실재의 느낌"(a sense of reality)을 강하게 지니고 있음을 지적한 사실을 긍정적으로 평가하였다. 이 실재의 느낌이야말로 누멘적인 것에 대한 느낌을 객관화한 것이며 슐라이어마허의 절대적 의존 감정보다 본원적인 것이라고 하였다.[58]

누멘적인 체험에서 나오는 피조물 감정을 분석하여 옷토는 말할 수 없이 위대한 존재 앞에서 느끼는 신비감(mysterium)이라 했으며, 그 안에는 떨리고 위압되며, 위급함을 체험하게 하는 두려움(tremendum)의 요소와 다른 어느 것보다도 매력적이며 행복을 체험하게 하는 매혹

---

56. Otto는 그러기에 종교체험이 전혀 없는 사람은 자기 책을 읽지 말라고 경고하였다 : 같은 책 8면. 그외 10, 13, 25면 참조.
57. 같은 책 10면. 絶對他者는 독일어로는 "das ganz andere"로, 영어로는 "the wholly other"로 번역되었는데, 우리와는 전혀 다른 신비를 지칭하였다.
58. 같은 책 10-11면 주 1.

적인(fascinans) 요소가 동시에 존재한다는 사실을 묘사하였다. 누멘의 매혹적인 요소는 모든 종교의 구원체험 안에 있는 것으로서 영적 체험에서만 오는 독특한 것이며 인간의 추구와 열망의 대상이 되는 것임을 인정하면서도, 옷토가 특히 심혈을 기울여 설명하려 했던 것은 누멘의 두려운 요소, 곧 전혀 다른 초월적 존재 앞에서 느끼는 신비의 체험이었다. 그런데 신비란 우리의 지적 이해와 개념화를 초월하기 때문에 개념적으로는 부정적으로 표현될 수밖에 없지만 그 내용은 절대적인 것으로 지극히 긍정적인 것이라고 하였다. 인간에게 극도의 두려움과 위압감을 느끼게 하면서도 활력을 불어넣는 이 신비는 그 이름을 무어라고 부르든[59] 근본적으로 우리와는 전혀 다른 존재이다. 그런데 일상적으로 우리가 체험하는 모든 것과 완전히 다르면서도, 동시에 생생하게 살아있기 때문에 논리적인 개념으로는 명확히 표현할 수 없지만 느낄 수는 있다는 것이다.

끝으로 옷토는 비이성적이고 누멘적인 체험들이 합리적인 개념에 의하여 체계화되면서 비이성적 요소와 이성적 요소가 종횡으로 침투되어 성스러움의 완전한 범주가 이루어진다고 설명하였다.[60] 따라서 신학은 종교체험에 기초를 두고 나온 합리적 체계화의 작업이라고 보겠다.

루돌프 옷토는 종교체험의 본질을 규명하기 위하여 전력을 기울인 학자였기에, 종교적 사회조직이나 교계(敎階)제도 등에는 거의 관심이 없었다는 것은 충분히 이해될 수 있다. 성스러움의 체험 안에 있는 특성을 파헤친 그의 공로를 인정하면서 오늘날의 시각에서 밝혀져야 할 몇 가지 문제점을 제기하겠다. 첫째, 옷토 자신도 인정한 것처럼 성스러움이라는 개념은 셈족의 종교에서 가장 뚜렷이 나타나고 있는데, 이런 성스러움의 개념을 종교학의 보편적 범주로 채택하는 데 무리가 없을까의 문제이다. 성스러움이라는 용어보다도 오히려 옷토가 X로써 제시한 우리 말로는 "신령한 것"이라고 표현할 수 있는 합리성을 초월하는 "누멘

---

59. Otto는 이런 신비를 불교에서는 空이라고, 신비가들은 無라고 불렀는데 자신은 누멘적인 것이라는 表意語(ideogram)로 표현한다고 하였다(같은 책 30면).
60. 같은 책 45면.

적인 것" 혹은 단순히 누멘이라는 용어가 더 보편성을 지니는 것이 아 닐까 하는 문제이다. 만일 성스러움이라는 용어를 그대로 쓴다면, 옷토 가 묘사한 이상으로 그 개념이 확대되어서 참으로 보편성을 띤 종교학 의 기초범주로 정착되기 위하여 모든 종교전통에 적용시켜 보는 학자들 의 노력이 필요할 것이다. 둘째는 두렵고 매혹적인 신비의 성격이 인격 적 신 개념에서 유출된 것인가, 아니면 비인격적인 궁극성을 지향하는 전통에도 적용될 수 있는가의 문제이다. 적어도 이 두 전통간에 있는 표현상의 현저한 차이를 훨씬 더 고려할 필요가 있을 것이다. 세째는 "전혀 다르다"는 누멘의 개념 문제로, 인격적 신관을 가진 종교전통에 는 그대로 적용될 수 있어서 그 앞에서 인간은 자기가 아무것도 아니라 는 피조물 감정을 느끼게 된다고 하는 데 무리가 없다. 그러나 문제는 불교의 공(空)이나 힌두교의 브라흐만(Brahman), 중국 전통의 천도(天 道) 등에서는 우리와 "전혀 다르다"는 개념이 다르게 표현된다는 점이 다. 그 안에는 인간에게 피조물 감정이나 깊은 죄의식을 불러일으킬 만 한 누멘과 인간의 상반성이 강조되고 있지 않다. 이 문제를 풀기 위해 서는 무(無)의 감정 내지 원초적인 질서나 신의 뜻에 어긋났다고 느끼 는 데서 오는 죄의식이 참으로 얼마나 보편적인가의 연구가 이루어져야 할 것이다. 루돌프 옷토의 공적은 도덕적 인간과 구별되는 종교적 인간 의 독특한 면을 직시하도록 하였다는 데 있으며, 모든 인간 안에 누멘 의 인식, 곧 종교적 깨달음의 능력이 선험적으로(a priori) 있어서 전혀 다른 신비 앞에서 자신과 현상세계가 무(無)라는 것을 느낄 수 있는 뿌 리가 있다는 사실을 밝힌 것이라 하겠다. 인간정신 안에 깊이 숨어 있 는 이 잠재력이 경험에 의하여 일깨워지고 자라게 되며, 이것이 곧 시 공을 초월하여 인간에게 종교적 추구를 하게 하는 원동력이 된다는 것 이다.[61]

---

61. Sharpe는 Otto의 약점이 역사적 사료에서 시작하기보다 신앙적 전제 내지는 종 교심리학적 개념에서 시작하였다는 점이라고 지적하였다(같은 책 166면). 이러 한 비판은 이미 Kristensen이 한 바 있으며, Otto의 신학자로서의 배경을 기억하 면 이해될 수 있을 것이다.

쇠더블롬과 웃토에 의하여 확립된 성스러움의 개념을 발전시킨 엘리아데의 이론 전개는 시대적으로 늦으므로 종교학의 발전 부분에서 설명하기로 하고 우선 종교학 확립에 가장 크게 기여한 브레데 크리스텐센(W. Brede Kristensen, 1867-1953)의 종교현상학을 설명하고자 한다. 노르웨이에서 루터교회 목사의 아들로 태어난 크리스텐센은 역시 먼저 신학을 공부한 후 이집트어, 아베스타어, 범어 등을 연구하여 틸레 교수 밑에서 이집트 종교에 있어서의 죽음의 개념에 대하여 박사 논문을 썼다. 틸레의 후계자로 지명되어 1901년부터 1937년에 은퇴할 때까지 36년 동안 레이든 대학에서 가르친 그는 스승인 틸레의 진화론적 관점을 배격하고, 자기가 직접 그 언어를 읽을 수 있었던 고대 지중해 세계라는 제한된 지역의 종교들을 깊이 연구하였다. 그의 은수적 경향 때문에 국제적으로는 많이 알려지지 않았으나 많은 제자를 양성하여 존경받는 스승으로서 네델란드 학파를 형성하였으며, 생생한 강의를 통해 학생들에게 고대인의 신앙체험을 공감하도록 유도하였다.[62] 그는 모든 인간이 생에 대해 근본적으로 같은 감정을 가지고 있기 때문에 현대인이라도 5천 년 전에 같은 종교적 추구를 했던 사람들을 이해할 수 있다고 보았다. 말하는 자와 듣는 자를 일치시키는 그 무엇이 인간 정신 안에 있다고 보았으므로 그는 직관을 중요시하였고, 결국 모든 종교의 주제는 생명을 주는 신비, 곧 죽음을 통해 얻어지는 생명이라고 결론 내렸다. 크리스텐센은 희랍의 철학에서 시작되는 합리적 이론화의 과정은 실제로는 생의 무한한 국면을 잃게 한 것이라고 판단했기 때문에 희랍 철학의 영향으로 발전된 현대 종교들의 합리적 경향을 부정적으로 보았다. 따라서 종교학의 임무는 이런 합리화된 표현 뒤에 감춰져 있는 신비를 찾는 것이라고 하였다.

크리스텐센은 고대인의 종교를 높이 평가하였고 우리는 그들을 원시

---

62. Kristensen의 대표적 저서인 *The Meaning of Religion* (John B. Carman 역, The Hague : Martinus Nijhoff 1960)과 *Introduction to the History of Religions* (1946년의 Oslo 강의, 1955년 출판)는 둘 다 그의 강의록을 편찬한 것이다. 더 자세한 것은 本書 5장 참조.

적이었다고 경시해서는 안되며 오히려 유한과 무한의 결합을 파악하고 있던 그들의 안목이 유기적인 전체를 이루었다는 사실을 알아야 한다고 하였다. 곧 우리가 그들이 본 것과 같이 삶을 쳐다보고 그 속의 의미를 이해하기 위하여는 문화적 거리가 극복되어야 한다는 것이다. 문화적 거리란 시간적인 차이뿐만 아니라 언어적 장애와 사고적 장애까지를 포함한다. 따라서 믿는 자의 신앙을 이해하려면 그들의 언어를 배워서 우리가 직접 그들의 기록을 연구할 수 있어야 된다는 것을 강조하였다. 크리스텐센은 신앙의 직접적인 사료만을 사용할 것을 주장하여 남이 조사해 온 자료나 인류학자들의 설문지, 질의응답을 통한 간접적 자료들이 지닌 문제점을 지적하였다. 곧 어떤 질문을 던지는가는 이미 답이 나올 수 있는 한계를 규정하고 있다는 것이다. 위와 같은 전제에 기초를 두고 그가 제시한 종교연구의 과정을 나열해 보면 다음과 같다. 첫째, 종교연구가는 자기가 연구하려는 종교전통의 언어를 배워야 하고, 둘째, 그 전통 안에서 발견되는 가능한 모든 사료를 통달하도록 해야 하며, 세째, 사료 자체가 말하도록 귀를 기울여서 그 안에서 어떤 것이 필수적이고 어떤 것이 부수적인가를 판별하고, 끝으로는 여러 자료를 연결시켜서 전체로 볼 수 있는 통찰력 내지 직관력이 필요하다고 보았다. 결국 한 연구의 성패는 그 작품을 보아야 판정할 수 있는 것으로 모든 연구를 성공시킬 수 있는 방법론이 따로 있는 것은 아니라고 하였다.

  그의 주저 「종교의 의미」(The Meaning of Religion) 서론 부분에서 그는 "종교현상학은 종교역사를 체계적으로 다루는 것이다"라고 정의하고 있다. 곧 종교현상학(宗敎現象學, phenomenology of religion)이란 종교적 연구가 제공하는 여러 잡다한 자료들을 구분하고 분류하여 유기적인 관계에 따라 체계화함으로써 종교 내용과 그 가치가 전체적 안목에서 보여지도록 하는 것이다. 종교역사가 각 종교의 특수성을 알려 주고 한 종교에 대한 전체적인 역사적 안목을 주는 데 비해, 종교현상학은 다양한 전통에서 수집된 여러 종교현상을 비교하고 체계화하여 인류의 공통된 종교성을 이해함과 동시에 그러한 이해에 힘입어 각기의 종교 안에 애매한 바를 더 잘 이해하도록 하려는 것이다. 단 1880년대 이후로 "비교종교"(comparative religion)라는 용어가 종교 형태들의 가치의 우열을 가려서 진화적 유형 안에 집어넣으려는 경향을 띠었으므로 크리스텐센은 현상학이라는 말로 자신의 연구를 표현하고자 하였다. 곧 여러 종교에서 발견되는 비슷한 현상들을 함께 모아서 비교연구함으로써 종교적 주제들을 더 깊고 정확하게 파악할 수 있다고 본 것이다. 예를 들어 거의 모든 종교에서 나타나는 제사, 기도, 정화의식, 신탁, 왕권사상, 질서 개념 등에 대한 사료를 할 수 있는 만큼 많이 여러 종교에서 수집하여 부수적인 것을 버리고 각 종교 행위나 사상이 지니는 공통된 의미를 찾으려고 하였다. 더우기 역사적인 연관성을 지니고 있는 종교들 사이에서는 한 종교의 자료가 다른 종교 안에서 발견되는 비슷한 자료의 뜻을 더 분명히 밝혀 줄 수 있다.

우리는 보통 제사(祭祀, sacrifice)는 신들에게 드리는 선물로서 존경과 예배의 표시라고 생각하는데, 희랍, 로마, 이집트 종교의 제사 개념을 분석해 보면, 제사는 사람들에게 주는 선물과는 다르게 제물은 곧 신의 상징이며 이미지로 여겨졌다. 제사를 통해서 인간은 자신의 존재 바탕인 절대적 생명과 접촉하는 것으로서, 생명은 죽음 안에서만 완성될 수 있으므로 제사의 희생물은 죽어야만 한다고 믿어졌던 것이다. 동물은 희생되어야 하고, 물은 쏟아지며 빵은 쪼개어져야 하였다. 소마(soma)나 호마(hauma)가 신이요 사제요 희생물로서 마셔져야 되었던 것도 이런 배경에서 이해될 수 있다. 결국, 이러한 제사의 공통적 의미야말로 개별적인 제사의식에서는 분명히 드러나지 않는 의미를 밝혀 줄 수 있는 것이다.

크리스텐센은 밖으로 드러나지 않는 공통된 의미를 파악하기 위한 직관의 역할을 중요시하면서도 동시에 종교현상학은 어디까지나 역사적 학문으로 남아 있어야 함을 명백히 하였다. 곧 현상학적 비교연구와 각 종교를 독자적 입장에서 연구하는 역사적 연구는 보충적인 것으로 결합되어야 한다고 보았다. 역사학은 각 종교의 가장 핵심적 요소가 무엇인가를 알려 주고 현상학은 보편적인 유형을 찾기 때문에, 역사학은 현상학적 연구를 위한 사료를 제공하며 현상학은 이런 사료를 체계화한다. 크리스텐센은 여기에 종교철학까지 포함시켜서 다양한 종교연구는 상호 의존적인 성격을 가진다고 하였다. 종교철학은 어떤 것이 종교적 현상이냐 하는 전제로부터 시작하여 종교의 본질을 규명함으로써 현상학 연구에 길잡이를 제공하고, 반대로 종교철학은 현상학이 제공하는 구체적이고 체계화된 종교체험을 바탕으로 이론을 전개하게 된다. 따라서 역사와 철학은 각기의 영역과 방법론을 지키면서도 함께 일해야 된다고 하였다. 크리스텐센은 상당수의 종교역사가들은 종교적인 예민성을 결여하고 있고, 상당수의 철학자들은 역사적 사료에 대한 지식이 결여되어 있음을 통탄하였다.

크리스텐센의 현상학적 종교연구 접근 태도를 특징짓는 가장 중요한 말은 "믿는 자의 입장"에서 그들의 신앙을 본다는 것일 것이다. 그는 종교학자는 자기자신의 종교관을 자기가 연구하는 종교에 강요하지 않도록 조심해야 하며, 믿는 자들 자신이 자기들의 신앙에 부여한 의미와 가치를 이해하려는 노력을 기울여야 한다고 하였다.[63] 어느 종교의 신자든지 자신이 믿는 종교를 진화적 발전의 한 단계로 보지는 않는다는 사실에 기초를 두고 크리스텐센은 진화론적 관점을 강경히 배격한 것이다. 따라서 그는 종교현상학자는 자신을 잊을 수 있어야 하고 신자들 자신이 그들의 언어로 이야기하도록 해야 한다고 주장하였다. 현상학적으로 볼 때 종교적 실재란 곧 믿는 자의 신앙 이외의 다른 것이 아니기 때문이다. 크리스텐센이 "신자들은 완전히 옳았던 것이다"[64]라고 말한 것은 믿는 자의 입장에서 모든 종교현상을 이해해야 한다는 그의 종교현상학적 전제에서 나온 말이다. 이와같이 믿는 자의 신앙을 절대화하면서도 그는 다양한 종교전통 중에서 한 민족 전체의 종교적 의식(意

---

63. *The Meaning of Religion* 13면. Kristensen이 Otto의 "성스러움"이라는 개념을 선험적이고 독자적인 종교원리로 받아들이면서도 Otto의 접근방법을 비평한 것도 Otto가 한 것처럼 "거룩하다"는 개념에서 시작할 것이 아니라 신자들은 어떤 현상을 거룩하다고 부르느냐는 데서부터 시작해야 된다고 하는 그의 기본입장 때문이었다.
64. 같은 책 14면 : "The believers were completely right."

識)을 대표하여 문화적 열매를 맺으며 역사 속에 오래동안 지속된 종교 형태들에 종교학적 연구의 중점을 두어야 한다는 기준을 첨가하였다.

크리스텐센이 종교학의 확립에 기여한 가장 중요한 공헌은 종교현상에 대한 가치판단을 보류하게 함으로써 종교연구에 객관성을 확보할 수 있는 전제적 입장을 확립하였다는 것이다.[65] 또한 신자들의 신앙을 있는 그대로 이해하려는 노력을 기울여서 강요되거나 보여 주기 위하여 만들어진 자료의 위험성을 지적하고 순수하게 기록된 문헌의 가치를 중시한 점이다. 또한 그는 종교역사학과 종교현상학의 보완성을 분명히 하여 종교학의 학문적 발전을 견고히 하였다. 크리스텐센의 이론적인 약점으로 지적될 수 있는 것은 그가 역사적 연구를 중시하면서도 시간성을 초월하는 생명성에서 종교의 핵심을 보았기 때문에 한 종교 안에 일어나는 역사적 변화와 발전에 별로 관심을 두지 않았고, 결과적으로 종교에 대한 정체된 안목을 보여 준다는 것이다.[66] 현상학적 이해에서 통찰력이 가지는 위치를 중시한 것은 실천적으로는 그의 장점이었지만, 방법론적으로 객관화될 수 없는 약점이 된다고 지적되기도 한다. 또한 크리스텐센의 종교연구 안에는 해석학적 이론이 결여되어 있었다는 점 등이 그의 제자인 반 델 레에우로 하여금 철학적 해석학 및 현상학의 이론과 용어를 빌려 오게 하는 배경이 되었다고 하겠다.

65. Eric Sharpe의 책 227-9면 참조.
66. Kristensen의 이상적 유형의 추구와 종교 속의 애매성의 문제 및 진리에 대한 추구가 결여되었다는 문제 등은 本書 5장을 참조하기 바람.

5. 종교학의 발전

우리는 지금까지 막스 뮐러에 의하여 주창된 종교학이 하나의 학문으로 확립된 시기는 20세기 전반기로서, 이때에 성스러움이라는 개념이 종교학의 독자적인 기초 범주로 받아들여지고, 네델란드 학파에 의하여 종교현상학적 연구와 이론이 확립된 것을 살펴보았다. 그 뒤를 이어서 20세기 중엽부터 후엽에 이르는 시기에 종교학은 장족의 발전을 이룩했다. 이 시기를 대표할 수 있는 학자들로서는 종교현상학을 대표하는 반 델 레에우, 종교해석학에 관심을 두었던 요아킴 바흐, 여러 이론을 종합하여 종교학을 대중화시킨 엘리아데를 들 수 있겠다.

게라르두스 반 델 레에우(Gerardus van der Leeuw, 1890-1950)는 네델란드의 칼빈교인으로 태어나 레이든 대학에서 크리스텐센 밑에서 종교학을 공부한 후, 1918년부터 1950년까지 크로닝겐 대학에서 종교학을 강의하였다. 그는 종교현상학의 이론을 좀더 체계화하려는 의도에서 훗설(Edmund Husserl)의 철학적 현상학의 전문용어들을 빌려왔을 뿐 아니라 종교현상학과 신학과의 관계에 대하여도 관심을 가지고 있었다.[67] 우선 그는 자기가 가장 존경하던 쒸더블롬과 루돌프 옷토가 확립시킨 성스러움의 범주를 받아들이고 그 기초 위에서 종교현상의 심리학적 해석을 시도하였다. 인간 정신의 일치성에 전제를 두고 그는 감정이입(感情移入, empathy)을 통하여 종교적 의미를 재체험하는 과정을 가장 중요시하였다.[68] 따라서 그는 종교연구가 자신도 종교적이어야 한다고 보았다. 곧 주관성의 줄이 맞아야 하므로 연구가는 남의 종교체험을 이해

---

67. 그가 Groningen 대학 취임강의를 "신학적 연구에 있어서의 종교학의 위치와 임무."(The Place and Task of the History of Religion in the Theological Scholarship)로 택한 사실도 이러한 그의 관심을 보여준다.
68. 그의 스승이던 Kristensen은 van der Leeuw가 자신의 경험에 너무나 중점을 둔다고 보았는데, 이것은 Kristensen의 신자들의 입장을 가능한 한 고수한다는 것과 van der Leeuw의 입장 사이에 어느 정도의 차이가 있음을 보여주는 것이다.

하기 위하여 자신의 신앙체험을 다리를 놓는 매개체로 써야 한다는 것
이다.

반 델 레에우의 종교학적 이론은 1925년에서 1950년 사이의 종교학적
발전을 대표하는 책이라는 평을 받는 그의 대작「종교현상학」[69] 끝부분
(Epilegomena)에 소개되어 있다. 그는 "현상학은 나타나는 그대로의
현상을 찾는다"라고 전제한 후, 현상이란 나타나는 것과 나타나는 것을
보는 관찰자 양쪽을 다 포괄하므로 단순한 대상도 주체도 아니며, 주체
에 연결된 대상이요 대상에 연결된 주체라고 하였다. 곧 관찰자가 자기
에게 나타나는 것을 논하기 시작할 때 현상학이 이루어지는 것이다. 다
시 말해서 반 델 레에우의 입장은 믿는 공동체의 중심교리에서부터 종
교현상을 보려는 것이 아니라, 관찰자로서 외부에 서서 나타나는 그대
로를 보려는 현상학적 입장을 표명한 것이다. 그런데 현상의 나타남에
는 세 단계의 과정이 있다. 첫 단계는 그 의미가 나타나지 않은 채 숨
겨져 있는 상태로서 체험으로만 느껴지는 때이다. 다음 단계는 점차적
으로 그 모습이 드러나기 시작하는 때로서 여기서 비로소 이해가 가능
해진다. 세째 단계는 그 현상의 윤곽이 투명하게 나타난 상태를 말하는
데, 이때 현상학자는 자기가 파악한 것을 재구성함으로써 증언하게 된
다. 이러한 현상학적 파악의 과정은 마치 현상이 우리에게 떠올라오는
것(dawns upon us)과도 같아서 주관성과 객관성 양면을 포괄하는 제3
의 영역이라고 하겠다. 이와같이 체험한 것을 이해하고 증거하는 일은
우리의 일상적인 삶에서도 일어나는 일로서, 이해한다는 것은 사건의
전체적 구조를 파악하여 재구성(reconstruct)하는 것을 말한다. 이렇게
파악된 구조적 관계(structural relation)를 반 델 레에우는 "이상적 유
형"(ideal type)이라고 불렀는데, 이것은 실재 자체도 아니요 실재의 그
림자도 아니며, 역사 안에 그대로 일어나지 않을 수도 있는 종교의 근
본적 사상이나 태도를 표상하는 것이다.

---

69. 독일어 원본은 1933년 *Phänomenologie der Religion*으로 출판되었고, 영어번역은
    1948년 *Religion in Essence and Manifestation* 이라는 제목으로 출판되었다. van
    der Leeuw에 대한 평으로는 Eric Sharpe의 책 229-235면 참조.

반 델 레에우는 종교현상에 대한 순수한 이해에 도달하기 위한 현상학적 연구 방법을 몇 가지 작업으로 나누어 설명하였다.[70] 첫째 작업은 나타난 현상에 이름을 주는(assigning names) 것으로, 각기의 이상적 유형에 따라서, 제사, 기도, 신화 등으로 분류하는 일이다. 그러나 이름을 붙인 것만으로 그 현상을 대상화하여 이해했다는 피상적인 만족을 피하기 위하여 그 다음 작업에 들어가야 한다. 둘째 작업은 자신의 내면 속에서 그 종교현상을 다시 체험하도록 감정이입(感情移入, empathy)을 시도하는 일이다. 곧 공감적(共感的, sympathetic) 체험에 의하여 그 종교현상과의 연결점을 내 의식 속에서 발견하려는 것이다. 따라서 현상학적인 이해는 과학이라기보다는 예술에 가까운 것이며, 남의 것을 자기 것으로 체험할 수 있는 능력을 계속 배양하기 위한 힘든 노력을 수반한다. 어떤 때 반 델 레에우는 현상학적 이해에 도달하는 것을 훌륭한 연극배우의 역할에 비유하기도 하고, 사랑하는 사람을 바라보는 사랑에 찬 눈길에 비하기도 하면서, 사랑하지 않는 자에게는 아무 것도 보여지지 않는다고까지 말하였다. 물론 이러한 공감적 체험에는 한계가 있는 것이 사실이지만 근본적으로 인간적인 모든 것은 인간에게 이해될 수 있다는 전제에서 출발하는 것이다.

현상학자가 해야 될 세째 작업은 편견을 배제하기 위하여 판단을 중지 내지 보류하는 것(restraint)으로서, 반 델 레에우는 판단 중지를 해명하기 위하여 철학적 현상학의 특수 용어인 에포케(ἐποχη, epochē)라는 용어를 받아들였다. 에포케란 나타나는 현상 그대로를 이해하기 위하여 어떠한 형이상학적 전제나 주관적인 판단이나 가치평가를 괄호 안에 넣는 것으로서 하나의 방법적인 기술이라기보다는 실재를 대하는 인간의 전체적인 태도와 그 특성을 가리킨다. 그런데 반 델 레에우는 편견의 개입을 막기 위해 지적인 판단 보류가 방법론적으로 필요하고 유익하지만 동시에 관찰만으로는 종교생활의 내면성을 파악할 수 없으

70. 같은 책 674-78면과 688면. 다섯 단계로 구별할 수 있으나 실제로는 순서적 단계라기보다는 대부분 동시에 상호 관계 속에 일어나는 것이므로 작업이라는 말로 번역하여 오해를 피하고자 하였다.

므로 남의 신앙을 이해하기 위하여 자기의 신앙을 매개체로 쓰는 것이 필요하다고 보았다. 곧 종교현상학적 이해에서 둘째 작업과 세째 작업은 동시에 이루어지는 것으로 관찰자의 주관성이 지니는 긍정성과 부정성을 지적하는 것이다.

현상학자가 해야 될 네째 작업은 해명(解明, clarification)이라는 것이다. 해명이란 현상의 전체 구조를 파악하여 분명하게 하는 일로서 처음의 작업에서 이름을 붙인 일을 다시 확인하고 심화하는 일이다. 따라서 여기서는 파악된 구체적 현상을 보편적 전체 속에 배치할 수 있게 되어 이상적이고 유형적인 상호연관성을 알게 된다. 이렇게 전체를 파악하는 일을 형상직관(形相直觀, eidetic vision)이라고 부르는데, 형상직관으로써 연구가는 구체적인 현상과 보편적인 개념을 동시에 파악하게 된다. 위의 네 가지 작업이 다 이루어졌을 때 비로소 현상에 대한 진정한 이해(understanding)에 도달하는데, 혼란 속에 경험된 실재가 이렇게 전체적으로 파악될 때에 하나의 나타남(manifestation)으로 표현된다. 반 델 레에우는 남을 이해하는 문제는 시기적 또는 문화적인 거리에 상관 없이 근본적으로 같은 것이며 해석학적 문제라고 보았다.

현상학적 종교연구의 마지막 작업은 아직 해석되지 않은 새로운 체험이나 사료를 통하여 이미 확인된 결론들을 계속적으로 수정할 수 있도록 개방된 자세를 취하는 것이다. 언어학과 고고학적 연구 등을 통해 알려지는 새로운 사료들을 접하게 될 때마다 위에 언급한 작업과정을 통하여 이미 이해된 것을 확인하거나 수정해야 한다. 이런 모든 과정을 통해서 현상학자는 각 사건을 그 자체의 가치에서 순수하게 보고 나타나는 그대로의 의미를 증언(testify)하는 것이다. 반 델 레에우는 의미파악이라는 면에서 종교현상학의 가치를 높게 평가하면서도 현상학적 방법은 얼굴을 직접 대할 수는 없고 거울을 통해서만 볼 수 있는 것과 같은 간접적인 접근이라는 점에서 그 한계성을 인정하였다.[71]

반 델 레에우는 옷토의 "성스러움"을 성스러운 것의 능력, 곧 삶을

---

71. 같은 책 678면.

고귀하게 하고 그 안에 가치와 의미를 부여하는 "힘"(power)으로 보고, 인간에게 경외감을 일으키는 이 힘이야말로 모든 종교의 기초를 이룬다고 했다.[72] 종교적 인간은 이 힘을 통하여 더 풍부하고, 폭넓은 삶을 살기를 추구하며 생을 의미있는 전체로 만들기를 원한다. 모든 종교는 주어진 삶 자체에 만족하지 않고 새로운 삶을 의미하는 구원을 향하는 것으로, 결국 모든 종교는 구원의 종교라고 반 델 레에우는 결론 내렸다.[73]

크리스텐센과 반 델 레에우를 주축으로 하여 종교현상학을 주도한 네델란드 학파의 특성은 학자 자신들도 신학적 소양을 지니고 있었고, 개방적인 신학대학 내에서 종교학을 강의하였으므로 종교 자체에 대하여 긍정적이고 인문주의적 성격을 띠고 있었다는 것이다. 크리스텐센의 후계자인 헨드릭 크레머(Hendrik Kraemer, 1885-1965)에 이르러서는 신학적 경향이 더욱 짙어져서, 그는 종교학자인 동시에 선교신학자로서 교회일치운동에 적극적으로 참여하였다. 그는 종교연구가 모두 현상학적으로만 된다면 판단 보류라는 방법론적 전제 때문에 진리의 문제가 소홀히 될 것을 우려했던 것이다.[74] 종교연구의 마지막 단계는 신학적 문제로써만 해결될 수 있는 것으로 종교간의 대화가 절실하다고 크레머는 주장하였다. 20세기 중엽에 이르기까지 네델란드 학파를 중심으로 하여 일어나던 종교학적 연구가 독일을 비롯한 구라파 전역 내지는 미대륙으로 확장되는데, 20세기 중엽의 이러한 변화를 보여 주는 상징적인 인물이 요아킴 바흐였다.

72. 같은 책 48면 참조.
73. 같은 책 682면 참조. Eric Sharpe는 van der Leeuw의 섬세한 방법적 원리를 존경하는 사람은 많았지만 그대로 따르려고 나서는 사람은 거의 없었다고 평하였다 (234면).
74. Kristensen과 van der Leeuw의 현상학적 방법론과 진리의 문제에 대하여는 本書 5장을 참조하기 바람. Jacques Waardenburg는 네델란드학파의 100 년간의 역사를 3 시기로 나누어, 1880-1919년을 확립기로, 1919-1945년을 확장기로, 1945년부터 현재까지를 침체기로 평하였다(*Numen* 19, Aug.-Dec. 1972, 128-203면 참조). 제3기를 대표하는 학자로는 Bleeker, Hidding, van Baaren 등을 들고 있다.

요아킴 바흐(Joachim Mendelssohn-Bartholdy Wach, 1898-1955)는 독일 유대계의 계몽사상가 모세 멘델스존(Moses Mendelssohn)의 후손으로 집안이 모두 루터교의 그리스도인으로 되었지만 멘델스존의 기억을 존중하고 종교적 관용을 지닌 가정의 분위기 속에서 자라났다. 라이프찌히(Leipzig) 대학에서 종교학을 전공하며 철학과 동양학을 부전공으로 공부하였는데, 박사 논문을 〈구원사상과 그 해석〉으로 택하여 해석학에 대한 그의 관심을 드러냈다. 1924년부터 1935년까지 라이프찌히 대학에서 강의를 하다가 나치의 압력 속에서 독일을 떠나 미국으로 건너갔다. 처음에는 브라운(Brown) 대학의 인문대학 분위기에서 강의를 하다가 1945년부터 1955년까지 마지막 10 년간은 시카고(Chicago) 대학교의 신학대학 내에서 종교학 주임교수로 있으며 미국 내의 종교학을 확고히 하는 데 큰 공헌을 하였다. 그는 종교학적 연구의 시발점이 종교적 사료에서 시작하는 실증적 연구라는 것을 강조하였지만 해석학적 문제에 주된 관심을 가졌었기 때문에 그의 저서 대부분은 이론적이고 방법론적인 것이다.[75] 그가 이론에 치중하여 실제로 종교적 텍스트를 해석하고 자신의 이론에 따라 체계화해서 내놓은 작품이 별로 없다는 것이 종교학자로서의 바흐의 약점으로 지적되기도 한다.

바흐의 제자였던 기다가와 교수의 해설에 의하면 바흐는 우선 루돌프 옷토가 제시한 성스러움의 개념을 받아들였다. 그 기초 위에서 역사적 사료를 광범위하게 수집하여, 그 수집된 자료에서부터 고전적인 개념을 유출하는 유형적인 방법(typological method)에 의하여 나온 결과를 묘사하는 일이 종교역사가의 과제라고 하였다. 한 가지 바흐가 크리스텐센이나 반 델 레에우보다도 적극적으로 주장한 것은 종교학자도 규범적인 전제로는 아니나 현상학적 방법을 통하여 진리의 문제에 접근할 수 있다고 본 것이다. 곧 한 종교를 절대화하지 않으면서도 현상학적으로

---

75. 그의 대표적인 저서는 *Types of Religious Experience* (1951), *Sociology of Religion* (1944), *Comparative Study of Religion* (1958, Kitagawa가 편찬)으로 모두 이론적인 내용들이고, 종교적 텍스트를 다룬 것으로는 *The Lotus Sutura* (1925) 정도를 들 수 있을 뿐이다.

종교체험의 공통성을 유출함으로써 종교학적 연구가 진리에의 추구에 공헌할 수 있다고 본 것이다.

1952년 인도에 초청되어 강의할 때 자신이 밝힌 것과 같이 바흐의 관심은 세 가지 면의 합조(合調)였다고 하겠다.[76] 첫째는 가장 기초적인 해석학적 추구로서 어떻게 우리가 남의 종교를 이해할 수 있는가의 문제이다. 둘째는 종교의 특성을 파악하려는 것으로, 종교체험의 본질과 그 표현들을 연구하여 체험의 성격을 밝히려는 것이다. 세째로 그는 종교의 기능에 관심을 가져서 특히 종교사회학적 고찰을 통해 종교공동체와 사회와의 관계 및 상호간의 영향을 밝히려고 하였다. 우선 바흐는 종교사회학의 강점과 위험성 내지 한계성을 분명히 할 필요가 있다고 보았다. 곧 종교사회학의 위험성은 종교현상의 모든 답을 혼자서 풀 수 있다고 믿는 오류를 범하기 쉽다는 것이다. 종교공동체의 사회적 기원, 조직, 영향력 등은 종교사회학적 연구를 통해 밝혀낼 수 있으나, 종교적 의미, 가치, 진리의 문제를 사회학적 접근을 통해 이해할 수는 없다는 종교사회학의 한계성을 그는 지적하였다. 동시에 종교사회학이 종교연구에 기여하는 점은 종교의 공동체적 중요성을 알려주기 때문에 지적 표현만이 전부라는 착각에서 벗어나게 하며 의례의 중요성을 재확인한다는 것이다. 누멘(numen)과의 통교는 종교사회학의 시발점으로서 종교공동체를 형성하는 기초가 된다는 것을 그는 강조하였다. 따라서 각 인간은 종교공동체 형성에 2차적 성격을 지니는 문화 배경에 얽매이지 말고 자신의 종교를 확신에 따라 택하여야 한다고 주장하였다. 그는 문화적 결정론을 배척한 것이다.

「종교체험의 유형들」[77]에서 요아킴 바흐는 종교연구에서 개인적 접근을 택했던 윌리암 제임스의 「종교체험의 다양성」이 씌어진 지가 50 년이 지났음을 상기시키면서 그의 뒤를 잇는다는 것을 암시하고 있다. 또

---

76. Joachim Wach, *The Comparative Study of Religion* 앞에 기재된 Kitagawa의 서론 참조.
77. Joachim Wach, *Types of Religious Experience: Christian and Non-Christian*, The University of Chicago Press 1951, Introduction 부분에 그의 방법론적 소개가 있음.

한 「종교의 비교연구」에서는 루돌프 옷토가 보편적 종교체험 안에서 그리스도교를 이해하려 한 것과 같이 이제 자기도 보편적 종교체험 안에서 종교의 전모를 보려는 시도를 하고 있음을 밝힌다.[78] 우선 그는 "종교는 과연 문화의 한 면, 혹은 한 기능에 불과한 것인가?"하는 질문을 던진다. 종교 안에 있는 외형적인 것들은 사실 그러하지만, 종교체험 자체는 문화적인 옷과 관습을 뛰어넘는 것이기 때문에 종교체험 자체와 그 표현들을 조심스럽게 구별할 것을 그는 역설하였다. 곧 표현은 문화적 다양성을 지니지만, 종교체험 자체는 종교 안에만 있는 독특하고 고유한 특성을 가진다는 것이다.

바흐는 종교체험의 보편적 특성을 네 가지로 열거하였다. 첫째, 궁극적 실재로서 체험된 것에 대한 인간의 반응으로서 우리 존재 안에 있는 궁극성(ultimacy)에 대한 요구에 응한 것이라는 것, 둘째, 인간 전체(totality)의 완전한 응답으로 마음, 정신, 감정, 의지 등이 모두 포함된 체험이라는 것, 셋째, 인간에게 가능한 가장 강렬(intensity)한 체험으로 다른 모든 헌신을 능가할 수 있다는 것, 넷째, 삶과 행동(action)으로 인도한다는 것 등을 제시하였다.[79] 모든 종교체험 안에 발견되는 보편적 특성인 이 네 가지 요소는 종교현상을 판정하는 규범이 될 수 있으리라고 보았다. 그런데 바흐에 의하면 종교체험은 크게 분류하여 세 가지의 표현 형태로 나타나게 된다. 지적으로 종교체험을 표현하게 될 때에는 최초의 지적 설명인 신화나 상징에서 시작하여 신조가 형성되고 결국에는 체계화된 교리가 발전되는데, 그 안에도 신론, 우주론, 인간론 등이 있다. 종교체험이 행동으로 표현될 때에는 실천적인 것으로서 예배와 종교의식, 기도, 봉사 행위 등이 나온다. 종교체험이 사회적으로 표현될 때에는 의례나 서원을 통한 계약이 이루어져서 종교적 공동체가 형성된다.

종교학적 연구의 대상이 되는 것은 이러한 종교체험의 표현들인데,

78. *The Comparative Study of Religion*, 28면.
79. 이런 주제를 다루는 Joachim Wach의 논문 전체가 本書 4장에 번역·소개되어 있으니 참조하기 바람.

그는 자료를 선택함에 있어서는 무엇보다도 고전적 중요성을 지닌 의미가 있는 사료를 선택하도록 해야 된다고 하였다. 곧 숫자적으로 우세한 세계 대종교의 종교현상이 더 큰 중요성을 갖게 되고, 형태적으로 특수하거나 가장 뚜렷한 유형(Polynesia의 taboo 개념, 동북 아시아의 shamanism, 페르시아 종교의 천사 등)을 보여 주는 예들이 중요하며, 특수종교 전통 안에서 발견되는 사료의 중요성을 결정할 때에는 그 공동체 안에서 어떤 사료가 고전적인 것으로 인정되는가를 기준(Śankara, al-Ghazzali, 朱子 등)으로 쓰게 된다는 것이다. 바흐는 이런 고전적 예를 중시하는 유형적 연구가 역사적 현상을 이해하는 데 도움이 되도록 역사적 개체성을 동시에 존중해야 된다고 하였다.

종교의 기능, 종교체험의 특성과 더불어 바흐의 관심을 끌던 문제는 해석학으로서 사실 그가 가장 심혈을 기울인 부분이었다.[80] 종교학을 규범적인 학문인 철학과 신학으로부터 독립시켜서 종교현상에 대한 전체적인 이해를 가능케 하고 또 새로이 발전되고 있던 심리학의 환원주의적 종교이론과 투쟁하기 위하여 그는 해석학적 이론을 확립시켜야만 될 필요성을 절감했던 것이다. 물론 우리가 다양한 종교적 사료를 모으고 종교들에 대한 역사적 사실을 알 수 있다는 것은 확실한 것이지만, 참으로 남의 종교를 이해한다는 것이 가능한 일인가가 문제가 되는 것이다.

바흐는 종교현상을 이해하는 데에는 여러 가지 수준이 있다고 보았다. 크게 부분적 이해와 통합적 이해로 구분할 수 있는데, 통합적 이해(integral understanding)야말로 모든 이해의 목표로서 비록 근사치(近似値)이기는 하지만 종교현상의 의미를 전체적으로 파악하는 것이다. 통합적 이해에 도달하기 위한 준비로 바흐는 사료에 대한 정확한 지식과 관심, 인간성에 참여한다는 마음가짐, 이해하려는 의지, 그리고 종교적

---

80. *Comparative Study of Religions*의 1장과 *Das Verstehen, Understanding and Believing* 등을 참조하기 바람. Charles M. Wood, *Theory and Religious Understanding: A Critique of the Hermeneutics of Joachim Wach* (AAR Dissertation Series, No. 12) American Academy of Religion 1975, 21면 이하에는 Wach의 이론형성의 배경이 서술되어 있다.

인 데는 여러 가지 길이 있다는 것을 아는 넓은 체험 등을 들고 있다. 그리고 구체적 종교현상을 대하는 직접적 접근방법으로는 종교라는 가장 인격적인 주제에 맞도록 객관적 연구와 주관적 통찰력이 결합된 통합적 이해의 길을 제시한다. 곧 객관적 연구로는 텍스트의 문법적 분석에서부터 역사적·사회적 이해를 통한 전체적 묘사가 있어야 된다고 보고, 주관적인 면으로는 종교에 대한 감각과 훈련된 예민성이 결합되어 여러 사실들이 제자리에 들어맞도록 하는 것이다. 이렇게 객관적 연구와 주관적 통찰력을 통하여 전체적 파악에 도달하는 직관의 순간에 이를 때, 이해의 과정은 그 절정에 이르게 된다. 따라서 종교현상의 해석은 융통성과 예민성이 필요한 예술이라고 하였다. 바흐의 종교연구 방법론은 종합적인 것으로서 역사학적·심리학적·사회학적 연구를 우선 필요한 것으로 인정하고, 이 세 접근방법에 보충적 역할을 하는 현상학적 연구를 통해 의미파악의 단계에까지 이르러야 한다고 하는 것이다. 바흐가 서양학자들은 동양에서 배울 것이 많다고 한 것도 서양의 논리적 방법론의 한계성을 인식하여 직관적 깨달음을 통해서만 가장 높은 지식인 진리의 자각에 도달할 수 있다고 보아온 동양인의 직관의 중시를 그의 해석학적 노력에서 동감했기 때문일 것이다.[81]

요아킴 바흐의 사후 시카고 대학의 종교학 교수직을 계승한 멀치아 엘리아데(Mircea Eliade, 1907-) 역시 옷토의 성스러움의 범주, 융의 원형론, 프레이저의 비교종교학적 자료 수집 등의 여러 가지 이론을 종합한 학자였다.[82] 루마니아 출신인 그는 어려서부터 일기를 써서 사랑, 황홀, 발견의 순간들을 포착하여 재현하려고 하였고, 신화, 우표, 동식물을 수집하여 분류하는 취미를 가졌다. 철학을 전공으로 부카레스트(Bucharest) 대학을 졸업한 후 그는 1928년부터 1932년까지 인도에 건너가 칼카타 대학의 다스굽타(Dasgupta) 밑에서 범어와 인도철학을 공부하고 마지막 6 개월간은 히말라야에 있는 아쉬람에서 요가의 이론과 실천을 배웠다. 그후 부카레스트 대학, 솔본느 대학, 로마 등에서 가르

81. *Comparative Study of Religions* 20면 참조.
82. Eric Sharpe의 책 215-217면 참조.

치다가 1957년 시카고 대학에 초대되어 거기서 은퇴하기까지 요가와 샤마니즘 등에 대한 많은 저서를 냈다.[83]

엘리아데의 종교연구에서 핵을 이룬다고 볼 수 있는 요가나 샤마니즘은 엑스타시(ecstasy)에 들어가서 시간이 폐지되고 역사가 의미를 잃어 영원한 삶이 현존케 하는 종교 유형으로서, 이러한 고대의 영적 기술 훈련의 연구로 엘리아데는 현대 서구의 지나친 역사주의를 수정하려고 하였다. 다시 말해서 그는 샤만(shaman)이나 요긴(yogin)들의 초역사적 체험, 축제와 종교의례의 주기적 반복으로 영원에의 회귀를 추구하는 것이 종교의 핵심이라고 본 것이다. 시간에 대한 그의 사상을 대표하는 저서라고 할 수 있는 「우주와 역사」에서 엘리아데는 "원시적 존재론은 플라톤적인 구조를 가지고 있다고 할 수 있다. 그리고 이와같은 사실을 인정할 경우, 우리는 플라톤이야말로 원시심성에 관한 가장 탁월한 철학자, 다시 말하면 고대 인간의 행위 및 삶의 양태에다 철학적인 통용성과 타당성을 부여하는 데 성공한 사상가라고 하지 않을 수 없다"[84]라고 하였다. 엘리아데가 고대 종교 심성을 종교의 원형으로 보았고, 다시 플라톤의 사상 구조를 고대 종교의 철학적 표현이라고 보았으므로, 우리는 엘리아데의 사상 근저에는 플라톤적 구조가 그 규범을 이룬다고 말할 수 있을 것이다.

그의 종교학적 이론을 소개한 「성과 속」(*The Sacred and the Profane*)의 책머리에서 엘리아데는 루돌프 옷토의 「성스러움의 의미」가 쒸어진 지 40 년이 지났음을 지적하면서 아직도 그 책의 가치가 없어진 것은 아니지만 자신은 새로운 관점에서 성스러움의 성격을 묘사하여 비합리성뿐만 아니라 성스러움이 지닌 모든 복합성 전체를 있는 그대로 설명해 보고자 한다고 자신의 의도를 밝히고 있다. 곧 그는 옷토가 끝난 데서 시작하겠다고 말하고 있으나, 옷토와는 상당히 다른 입장과 결론을

83. Eliade의 가장 중요한 저서로 꼽히는 것은 *Yoga: Immortality and Freedom* (1958); *Patanjali and Yoga* (1969); *Shamanism: Archaic Techniques of Ecstasy* (1964) 등이다. Eric Sharpe의 책 213-217면 참조.
84. 엘리아데 저, 정 진홍 역 「우주와 역사 — 永遠回歸의 神話」 현대사상사 1976, 59면 참조.

내리고 있다. 우선 옷토는 개인의 종교체험을 중시한 데 비해 엘리아데는 공동체의 종교의례 연구에 집중하였다. 또한 옷토에서는 크게 대두되지 않는 성(聖)과 속(俗)의 대비가 엘리아데의 사상 전체의 골격을 이루고 있다. "우선 성스러움은 속된 것의 반대되는 것으로서 서술·정의될 수 있다"[85]라고 엘리아데는 성을 속과 대비하여 정의하였다. 곧 성과 속은 상반되는 개념으로 성은 실재이고 존재이며 영원하고 공동체적인 것인 데 반하여, 속은 비실재이고 변하는 우연적인 것이며, 잠정적이고 개인적인 것이다. 성만이 실재이기 때문에 속은 성에 의하여 의미와 질서를 부여받는다. 따라서 시간도 의미가 없는 속의 시간과 의미에 찬 성의 시간으로 구별되고, 공간도 방향감각이 없는 속의 공간과 실재가 나타나 중심이 된 성의 공간으로 구별된다.

그런데 종교의례는 세계가 처음 출현한 아득한 옛날의 바로 그 시간(illud tempus)에 있었던 신의 원초적 행위를 재현하는 것으로서, 인간은 한 번의 계시만으로는 살 수 없기 때문에 반복해서 종교의례를 행하게 된다. 엘리아데는 모든 종교행위는 신의 출현을 재현하는 것이라고 보았으며, 여기에 엘리아데의 특수용어인 성현(聖顯, hierophany)의 중요성이 있다. 성현, 곧 히에로파니란 글자 그대로 성스러움이 자신을 나타낸다는 뜻으로 우리의 자연적인 속된 세상의 한 부분, 예를 들어 돌이나 나무 등에 그 자체와는 완전히 다른 수준의 그 무엇, 곧 성스러움이 자신을 드러낸다는 것이다. 그리고 성스러움이 그 힘을 드러낸 장소와 시간은 거룩한 것이 되어 종교의례의 반복을 통하여 그 힘을 다시 체험할 수 있게 되고 질서가 확립된다는 것이다.[86] 또한 이 히에로파니

---

85. 엘리아데 저, 이 동하 역「聖과 俗 : 종교의 본질」학민사 1983, 10-11면 참조. 이 책의 원명은 *Das Heilige und das Profane*로서 1957년에 출판되었다. 또한 *Eliade*의 聖과 俗의 대비에 대한 문제를 논한 Ninian Smart의 논문 "Beyond Eliade: The Future of Theory in Religion" (*Numen* 25, Fasc. 2, August 1978) 175-176면을 참조하기 바람.
86. Eliade는 hierophany를 힘의 출현인 kratophany 혹은 신의 출현인 theophany와 동일시하기도 하고, 때에 따라 kratophany는 그 聖性이 아직 증명되지 않은 것이라고 약간의 구별을 두기도 한다.

에 의하여 성스러움이 속된 사물 속에 나타나기 때문에 성과 속이 결합됨으로써 한 면으로는 절대가 제한되지만 다른 면으로 성의 영역이 점점 확대되어 우주 전체에 미치게 된다고 하였다. 엘리아데는 이러한 히에로파니의 보편적 구조를 성현의 변증법이라고 불렀다.[87]

엘리아데가 종교학사에서 이루어 놓은 가장 큰 공헌은 개인의 종교체험의 가장 원초적 성격을 다루었던 루돌프 옷토의 성스러움의 범주를 더 발전시켜서 종교의례를 통한 공동체의 기억 및 체험을 분석할 수 있는 방법론을 제시했다는 것이다. 곧 성속의 구별을 통해서는 종교의례를 중심으로 한 종교현상의 대부분을 해석할 수 있는 구조를 제공하고, 성속의 합일(合一)을 통해서는 우주 전체를 포괄할 수 있는 종교이론을 시도했다고 하겠다. 그러나 엘리아데의 이론이 가진 문제점으로 지적되고 있는 것은 그가 아마도 플라톤적 존재론 때문에 영원한 유형, 반복과 회귀만을 강조하여 변화 속에 있는 인간의 역사성과 각 종교의 특이성을 소홀히하였다는 점이다. 시간성을 지니며 지역적인 자연 속에 살아 있는 나비가 아니라 정연하게 분류되어 있는 죽어 있는 나비만을 보여 주려고 한 것과 같다는 말이다. 과연 종교적 연구가 회귀하는 신화적 시간만을 말하고 시간의 흐름은 포용할 수 없는가가 문제로 제기되는 것이다. 또한 엘리아데가 히에로파니의 구조로 모든 것을 보려고 하기 때문에 이미 확정된 틀 안에 종교현상들을 억지로 맞추려고 한다는 평을 받기도 한다.

엘리아데는 그의 활발한 저술활동을 통하여 종교학을 널리 보급시키는 데 가장 큰 역할을 한 종교학자였을 것이다. 그리고 수많은 종교현상을 유형화(類型化)하여 공통성과 보편성을 찾는 데 치중하면서, 주제별로 모든 것을 분류하는 유형적 연구(typology) 경향의 절정을 이루었

---

87. 聖과 俗의 대립에서 聖은 俗的인 영역을 끊임없이 축소시켜 마침내 그것을 폐지하여 우주 전체와 동일시하는 최고의 종교경험에 이르게 하는데, Eliade는 Logos의 受肉을 그 예로 들고 있다(이 은봉 역 「종교형태론」 형성출판사 1981, 493면). 本書 6장 참조.

다고도 하겠다.[88] 그런데 이런 유형화에는 강점과 동시에 약점이 있어서 역사 속에 살아 움직이는 종교 그 자체를 있는 그대로 이해하기에는 너무나 정체된 모습만을 보여주기 쉽다. 이 때문에 종교역사학적 연구를 종교현상학적 연구와 하나로 합칠 것을 주창한 뻬따쪼니의 주장에 종교학계가 귀를 기울이게 되었고, 더 나아가 윌프레드 캔트웰 스미스 같은 종교역사가는 방법론에 대한 지나친 강조가 종교연구를 비인격화시킨다는 점을 지적하여 종교학의 인격적 접근을 주창하게 된 것이다.

88. 종교학에서는 계속 두 가지 안목을 유지하여 왔는데, 하나는 변화 속에도 남아 있는 영원한 형태를 찾는 현상학적 연구방법이고, 또 하나는 이 형태가 한 문화에서 다른 문화로, 한 시대에서 다른 시대로 발전해 가는 독특성을 다루는 역사학적 연구방법이다.

6. 종교현상학과 종교역사학

라파엘로 뻬따쪼니(Raffaelo Pettazzoni, 1883-1959)는 이태리 출신으로 볼로냐(Bologna) 대학에서 종교학을 전공하고 로마 대학과 볼로냐 대학에서 가르쳤다. 세계 종교학회 회장을 지내기도 한 그는 종교현상학과 종교역사학의 결합을 호소하여 이 둘이 하나가 되었을 때에 종교학의 활로가 열릴 것이라고 하였다. 종교역사가들은 특정 종교의 역사적 사실들을 분석하는 일에만 전념하고 있기 때문에 객관적이고 과학적인 사료 확정에는 발전하고 있지만 이러한 사료의 과학적 연구만으로는 종교의 성격 그 자체 때문에 종교현상을 제대로 이해할 수가 없다는 것이다. 반면에 종교현상학자들은 종교현상의 구조에만 관심을 두어 시간과 공간 내지는 주어진 문화적 환경은 별로 고려하지 않고 보편성만을 추구하면서 특정 종교에 대한 연구는 역사가들에게만 맡기고 있다. 따라서 이 두 분야의 연구가 분리되어 있는 현실이며, 종교학자들은 종교학의 독자성을 강조하여 "종교현상학은 종교역사학이 아니다"라고 한 반 델 레에우의 말을 반복하고만 있다는 것이다.[89] 이러한 현실을 통탄한 뻬따쪼니는 종교학을 이렇게 두 개의 학문으로 분리시키지 말 것을 호소하였다. 종교현상을 현상학적으로 해석하기 위해서도 그 현상의 역사적 발전을 소홀히할 수 없기 때문이다. 사실 현상학은 역사적 연구에 의존하고 있으며 새로운 사실이 발견되면 현상학적 이론을 수정해야 됨을 인정하고 있다. 따라서 뻬따쪼니는 다음과 같은 질문을 던졌다 : "종교현상이라는 같은 대상을 가지고 이렇게 가까이 협조하는 두 학문 사이의 진정한 관계는 어떤 것이어야 할까? 이 둘을 두 개의 다른 학문이라고 하여야 할 것인가? 오히려 그들은 실제로는 같은 학문의 두 가지 상호의존하는 도구 내지 종교학의 두 가지 형태로서 이 둘의 일치 속에서 종교라는 주제의 그 내적 체험과 외적 표현이라는 두 면을 온전

89. *Classical Approaches to the Study of Religion*, 641면.

하게 이해할 수 있는 것이 아닐까?"[90] 따라서 삐따쪼니는 종교현상학과 종교역사학은 종교학이라는 한 학문의 발전 단계에서 하나는 근원적이고 보편적인 기초를 다루고 또 하나는 다양한 형태를 다룸으로써 두 면이 결합되는 과정 속에 있는 것이라고 보았다. 그의 이러한 바람은 오늘날의 종교학계에서 이미 상당히 이루어지고 있어서, 종교현상학과 종교역사학이 학자에 따라 치중하는 정도의 차이는 있을지라도 종교학이라는 학문의 골격을 이루게 된 것이다.[91]

삐따쪼니가 현상학적 접근과 역사학적 접근의 결합을 호소한 것과는 달리 윌프레드 캔트웰 스미스(Wilfred Cantwell Smith, 1916-)는 종교 역사학이라는 의미를 넓혀 사료의 수집과 분석은 물론 사회적 연구, 해석 문제, 비교연구를 통한 일반화의 과정까지를 역사학이라는 이름 아래 포괄하고 있다. 스미스는 캐나다 출신으로 토론토(Toronto) 대학에서 공부를 마친 후 영국 캠브리지(Cambridge) 대학으로 건너가 하밀톤 깁브(Hamilton Gibb) 밑에서 아랍어와 이슬람교를 연구하였다. 프린스톤(Princeton) 대학에서 박사학위를 취득한 후 1차대전중 인도의 라홀(Lahore) 대학에서 가르쳤고, 그후 캐나다 맥길(McGill) 대학과 미국 하바드(Harvard) 대학에서 이슬람교와 종교학을 강의하였다. 그는 맥길 대학교의 이슬람 연구소와 하바드 세계 종교연구 센타에서 대화를 통한 종교 이해의 길을 시도하였다. 그의 저서가 보여 주듯이 스미스의 강점은 그의 전공 분야인 이슬람교의 전문가로서 인정된 후 종교학적 이론과 접근에 대한 새로운 면을 개척하였다는 데 있다.[92]

90. 같은 책 642면.
91. 사실 이러한 결합을 종교학을 확립한 Kristensen이 일찌기 주장했었다는 점이 다시 일깨워져야 할 것이다. Dhavamony(1973), Smart(1973), Ugo Bianchi(1979) 등은 이 두 접근방법의 결합을 "a comparative-historical study"라고 부르기도 하고 "a historical phenomenology"라고 명명하기도 해서 역사비판적 연구에 기초를 둔 현상학적 이해를 시도한다(Frank Whaling 편, *Contemporary Approaches to the Study of Religion*, Mouton 1983, 1권 88면).
92. 그의 대표적 저서로는 *Modern Islam in India* (1943); *Islam in Modern History* (1957); *The Faith of Other Men* (1962); *The Meaning and End of Religion* (1963); *Faith and Belief* (1979); *Toward a World Theology* (1981) 등이 있다.

그의 종교학적 이론을 대표하는 저서는 종교학계에서 이미 고전으로 인정되고 있는 「종교의 의미와 목적」(*The Meaning and End of Religion*) 으로서, 거기서 스미스는 종교를 축적적 전통(蓄積的傳統, cumulative tradition)과 신앙(faith)으로 구분하였다. 우선 축적적 전통이란 한 세대에서 다른 세대로 전승되는 외부에서 볼 수 있는 모든 것을 지칭하는 말로 한 종교의 종교의례, 신조, 경전, 신학, 제도, 관습, 법, 문화적 유산 전체를 가리키는데, 상징의 역할을 한다. 곧 보이지 않는 것을 표상하고 있기 때문에 신앙을 불러일으킬 수 있는 힘을 소유하고 있다. 신앙이란 종교생활의 내면을 지칭하는 말로서 초월자에 대한 개인의 신앙, 곧 누멘의 느낌, 사랑과 경외, 예배, 봉사하려는 헌신, 가치관 등 실존성을 포함하는 종교체험을 말한다. 이러한 종교체험은 인간의 의식·무의식·감정 안에서 가장 인간적인 것을 드러내고 고양시킨다. 따라서 스미스는 신앙을 "보편적인 인간적 자질"(universal human quality)이라고 정의하여 개별적인 종교체계나 상징제도를 초월한다고 보았다. 우리는 전승되는 전통 안에서 초월적 신앙을 경험하게 되는 발판을 얻으나 동시에 전통은 다시 개인의 신앙에 의하여 새롭게 되어야 한다는 것이다. 그래서 스미스는 종교역사의 특성을 다음과 같이 묘사하였다 : "축적되는 전통은 온전히 역사적이지만, 그 안에 주인공으로 서 있는 인간의 정신은 초월에 개방되어 있기 때문에 역사는 폐쇄되어 있는 제도가 아니다."[93] 따라서 스미스는 인류의 종교역사를 축적되어 온 전통으로서 상징의 역사로만 보는 것은 피상적이라고 판정하였다. 오히려 그 상징이 믿는 사람들에게 가지는 의미를 파악하여 개인적으로나 공동체적으로 믿는 사람들의 신앙을 이해할 수 있어야 한다는 것이다.

예를 들어 이슬람교의 대표적 순례인 하지(Hajj)를 이해하려면 우선 하지에 대해 가능한 모든 것을 배워야 한다. 곧 하지의 사회학적 배경, 언어학적 연구, 역사적인 발전, 심리적 영향을 연구하여 현상학적 종합

---

93. W. C. Smith, *The Meaning and End of Religion : A New Approach to the Religious Traditions of Mankind,* New York : Macmillan 1963 (Harper & Row 재발행) 161면.

을 시도해야 한다. 그러고 나서 신앙인과의 대화를 통해서 무슬림들 자신에게 하지가 지닌 의미를 파악해야 한다. 이렇게 하였을 때 실제로 실천되고 있는 하지에 대한 전체적인 이해를 확립하게 되는 것이다. 다시 말해서 스미스는 방법은 연구되는 구체적 문제에서 발전되어야 하며 주제에 종속되어야 한다고 주장한다.[94] 종교연구에서 방법론보다 사실상 더 중요한 것은 개념적인 시발점으로서 연구가는 자신의 입장과 선입견을 충분히 인식하고 있어야 한다. 그리고 사료의 연구가 진행되며 자신의 전제를 수정할 수 있는 개방성과 예민성 및 창조적으로 응답할 수 있는 준비가 되어 있어야 한다는 것이다. 그런데 여기서 말하는 개방성은 각 종교전통이 표현하고 체계화한 초월에 대한 개념에 대하여 가지는 개방성을 말하는 것이 아니라 표현 뒤에 있는 초월적 실재 그 자체에 대한 개방성임을 분명히 하였다. 따라서 스미스는 종교의 역사를 개별적 전통에 따라 구분되어지는 것이 아니라 계속되는 하나의 흐름이라고 보는 것이다.

종교연구 방법론을 절대화하려는 사회과학적 경향에 대해서는 부정적이면서도 스미스는 체계적인 종교학적 연구과정을 제시하였다. 그는 비교종교 연구의 단계를 크게 세 가지로 나누었는데, 첫 단계에서는 언어를 습득하고 텍스트의 연대 측정 및 정확한 본문을 확정하며 종교의례와 사회구조를 연구하는 등 많은 자료를 수집하고 분석하여 전체를 보는 역사적 연구이다.[95] 그 다음 단계는 위의 사실들이 믿는 자에게 가지는 의미를 이해하는 과정으로, 그들이 보는 것과 같이 세상을 볼 수 있도록 상상적인 공감력을 동원하여 내적 신앙을 알아듣는 작업이다. 마지막 단계는 위의 두 가지 이해에 기초를 두고 비교연구를 통해 일반화(generalization)하는 일이다. 곧 그 형태는 다양하지만 놀랍게도 여러 곳에서 지속되는 요소를 찾아서 인간의 종교성이 지니는 보편적 자

94. W. C. Smith, "Methodology and the Study of Religion: Some Misgivings", *Methodological Issues in Religious Studies*, Robert D. Baird 편, 1975.
95. W. C. Smith, *Religious Diversity*, 102-114면과 *The Faith of Other Men* 서론 참조.

질을 추구하는 작업이다.

그러나 이러한 학문적 방법론은 일단 배워서 익힌 다음에는 잊어야 하는 것이 정상이라고 스미스는 주장한다. 지난 몇십 년 동안의 학문적 연구가 주제에서 방법론으로 바뀌어진 문제점을 지적하면서 방법론에 대한 지나친 강조는 오히려 종교연구를 저해한다고 우려를 표명한다. 따라서 우리는 왜 스미스가 종교학의 시기 구분을 둘로 나누어서 제1기를 지리상의 발견 이후, 특히 19세기로부터 1차대전이 끝난 1920년대까지로 잡고 이 시기를 원시문화를 중심으로 한 다른 민족의 종교에 대한 광범한 지식의 축적이 이루어진 때로 보고, 제2기를 축적된 지식을 통하여 그러한 민족 자신이 표출됨으로써 신앙의 소유자들에게로 관심이 쏠린 시기로 묘사하는가를 알 수 있다.[96] 곧 그는 종교연구의 참된 지표는 신앙을 지닌 인간을 이해하려는 관심이라고 보기 때문이다. 특히 2차대전 이후로 종교학자들의 관심이 원시종교에서 살아 있는 세계 대종교로 바뀌면서 이제 연구가는 일종의 보고자 내지 친구의 입장에서 세계를 청중으로 마음에 두고 말하는 입장에 서게 되었다는 것이다. 비교연구의 인간화는 종교학의 질을 높이고 있고, 끝에는 인류 모두가 우리들의 신앙의 다양한 표현으로 여러 종교를 이해하게 되리라고 전망하고 있는 것이다.[97]

종교학의 활로를 개척하기 위하여 종교현상학과 종교역사학을 결합시킬 것을 주장한 뻬따쪼니의 이상과 종교연구를 인간화하여 모든 믿는 자들의 신앙을 우리 인류의 신앙의 일부로 이해하자는 스미스의 비전을 소개하는 데서 종교학사를 끝마치고자 한다. 앞으로 소개되는 Ⅰ부(2장—7장)는 모두 이 종교학사 서론에서 언급된 중요한 학자들의 종교학적 이론을 더 깊이 이해하기에 도움이 될 만한 논문들을 모은 것이다. 그

---

96. 윌프레드 캔트웰 스미스 〈비교종교학의 장래와 그 원인〉「종교학입문」엘리아데
    外篇 72면.
97. 같은 책 99-101면 참조. *Smith* 교수의 인격주의적 종교연구에 대해서는 本書 7
    장을 참조하고, 종교전통을 聖事的인 상징으로 보는 그의 입장은 本書 12장을
    참조하기 바람.

리고 Ⅱ부(8장－11장)는 종교와 사회과학과의 관계를 다루었고, 끝으로 12장에 다시 스미스 교수의 상징으로서의 종교의 의미를 설명한 짧은 논문을 실었으며, 13장에는 종교학의 미래를 바라보며 종합하는 편저자의 결론을 실었다.

2장

슐라이어마허의
「종교론」
소고[*]

루돌프 옷토

[*] 이 논문은 1926년에 Rudolf Otto가 쐬어진 지 100 여 년이 되는 Friedrich Schleiermacher의 「宗敎論」(1799)이 종교사상에 지닌 중요성을 소개하기 위하여 서문에 써 놓은 것을 편저자가 번역한 것이다.

슐라이어마허의 「종교론」[1]이 우리의 관심을 끄는 이유는 이 책이 지닌 다음 네 가지의 중요성 때문이다. 첫째로, 우리가 슐라이어마허의 방법론과 그의 종교이론에 대하여 어떠한 의견을 가지고 있든간에, 종교에 싫증이 나서 종교적인 것에 대한 관심을 잃어버렸던 시대에 그의 독창적이고도 용단있는 시도로 종교 문제를 다시 원천적인 위치로 이끌어올렸다는 사실에는 재삼 감탄을 금할 수가 없다. 곧 그는 망각의 세계로 잊혀져 가던 종교를 근대 지성인들의 그 어느 때보다도 찬란한 정신생활이라는 옷감 속에 다시 짜 넣었던 것이다.

그의 이러한 노력은 근대 서구의 정신생활이 꽃봉오리를 맺고 만발하게 되는 18세기 말에 이루어졌다. 시(詩)와 문학은 창조적 발전의 절정에 달해 있었고 고전적인 독일 철학은 첫 단계를 마무리짓고 다음 단계의 새롭고 더 큰 발전을 준비하고 있었다. 새로운 연구방법과 발견들에 의하여 풍부해졌을 뿐만 아니라 그 양상이 완전히 달라져 혁신적 단계에 오른 자연과학과 인문과학들은 반중세적(半中世的)인 형태를 벗어나서 근세적 표현으로 성숙하고 있었다. 막대한 힘과 재능, 인간 정신의 추구가 물밀듯이 쏟아져 나오고 있었다. 거의 모든 분야에서 이러한 흥분과 업적이 이루어지고 있는 중에 옛날에는 그렇게도 오래동안 가장 중요시되어 왔고 거의 유일한 위치를 차지하던 종교라는 한 분야만이 낙후되어 있는 듯하였다. 그 당시 사회의 지성을 이끌어 나가고 대표한다는 지식층과 문화인들 사이에서 종교가 차지한 위치는 지극히 낮은

---

1. 「종교론」의 독일어 原名은 *Über die Religion: Reden an die Gebildeten unter ihren Verächtern* (Berlin: Johann Friedrich 1799)이며, 영어 번역문은 *On Religion: Speeches to its Cultured Despisers* (Harper and Brothers 1958)이다. Otto 의 서론에 대한 우리말 번역은 이 영어판과 1967년 Göttingen의 Vandenhoeck & Ruprecht에서 출판된 독일어판을 함께 참조하여 하였다. 서론의 마지막 부분은 편집에 대한 해설로, 영어판의 전례에 따라 생략하였다.

것이었다. 종교는 쇠퇴하여 그 시대가 이미 지나간 것 같았고 더 활기에 찬 새로운 정신적 힘에 밀려난 것처럼 보였다.

그렇다고 해서 그 당시 독일의 교양인들 사이에 종교에 대한 공개적인 적대감이 있었다는 말은 아니다. 독일 주위에 있는 다른 여러 나라의 지성인들 사이에 퍼져 있던 물질주의적인 사고 경향과 그로 인한 종교에 대한 일종의 반감을 독일에서는 뚜렷이 볼 수가 없었다. 프랑스의 물질주의를 대표하는 「자연의 체계」나 「인간 기계」와 같은 저서는[2] 오래 동안 관념주의적 사고와 감정에 젖어 온 독일인들에게는 깊은 반응을 일으키지 못하였다. 오히려 그 시대를 풍미하던 칸트(Kant)·헤르더 (Herder)·괴테(Goethe) 등이 일으킨 이상적 관념론에 큰 기대를 걸고 있었다. 괴테가 불러일으킨 시적 관찰과 환상과 자연의 경험 등은 막대한 영향을 구사하게 되어 독일인들 사이에서는 오히려 모든 물질적 사고 형태를 멸시하는 공통적인 시대적 분위기를 형성하게 하였던 것이다. 헤르더는 인류의 이상에 대한 신앙과 열의를 불러일으켰다. 그는 때가 되면 나타나게 될 완전하고 성숙한 인류의 출현에 대한 기대에 부풀게 하였고, 이것이 곧 자연의 모든 형태와 사물들 및 역사 운동 자체의 목적이라고 선언하였던 것이다. 그리고 칸트는 전에 볼 수 없었던 힘을 가지고 인간에게 있는 도덕의식과 자아의식, 곧 정신과 도덕의지의 존엄성을 일깨웠다. 따라서 그의 제자들은 물리적 세계의 기계적인 관계에서 정신적 사고가 나왔다고 보기보다는 세계와 그 조화를 정신과 도덕률의 형태로 설명하려 하였다. 이와같이 한편으로는 미학적 예민성을 지니고 있었고 다른 한편으로는 도덕적 가르침에 귀를 기울이면서도 종교는 한 귀퉁이에 밀린 상태에 놓여 있었다. 종교는 군더더기와 같았고 시대에 뒤떨어진 것으로 보였다. 종교가 박해를 받는 것은 아니었지만, 이미 쓸 데 없어진 것과 같이 무시되는 상태였다. 인간다운 인간은 교양이 있고 이상에 차 있으며 미학적이고 도덕적이라고 생각되었으나

2. 「자연의 체계」(*Système de la Nature*, 1770)는 프랑스인 무신론자 Baron d'Holbach(1723-89)에 의하여, 「인간 기계」(*L'Homme Machine*, 1748)는 유물론적 심리학을 주장한 철학자 De la Mettrie(1705-51)에 의하여 씌어졌다.

종교적일 필요는 없다고 여겨졌던 것이다.

그런데 1799년 여름 갑자기 무명(無名)의 저자에 의하여 쐬어진 「종교론 : 종교를 경멸하는 교양인들에게」라는 책이 한 권 발간되었다. 그 책의 의도는 명백하였다. 바야흐로 완전히 망각될 위기에 놓인 종교에 종교가 그 전에 지성계에서 차지하고 있던 그 위치를 회복시켜 주려는 것이었다. 종교를 한구석에서 다시 끌어내서 교양이 없고 인생의 이상을 결여한 낙후된 사람들에게만 필요한 그 무엇이 아니라 참으로 교양 있고 인간답고 조화된 인격자에게 필수적임을, 아니 더 나아가 종교가 없다면 인류의 지적 생활은 그 가장 고귀한 요소를 잃어버리리라는 것을 보여 주려고 하였다. 곧 그 책은 근대적 성장과 계속되는 발전에 종교가 자극제와 원동력이 될 수 있도록 그 본래의 중요성을 회복시킬 목적을 가지고 쐬어진 것이었다.

이와같이 대담한 시도를 한 저자는 별로 세상에 알려지지 않은 베를린 병원의 원목인 프리드리히 슐라이어마허였다. 그는 이 책을 쓰며 자기가 의도한 바의 목적을 달성하였다. 얼마 지나지 않아서 모든 사람들이 그와 그의 책에 대하여 말하고 있었다. 슐라이어마허는 개신교 신학의 중요한 개혁자가 되기에 이르렀고, 결국 복음교회의 가장 위대한 신학자의 하나가 되었다. 또한 교사요, 설교사요, 상담자로서의 생활을 통하여 그는 많은 사람들을 종교적 신앙의 삶으로 일깨웠다.

그의 최초의 저서인 「종교론」은 그가 앞으로 이루려고 하는 바의 사명을 우선 성공적으로 시작하게 했다. 그 책은 즉시 활발한 토론과, 종교와 종교적인 것에 대한 관심을 불러일으켰다. 그 책은 쉴러(Schiller) 한테서는 별다른 주목을 받지 못하였고 괴테 쪽에서도 부정적 반응을 받았지만, 젊은 시인들과 지성인들과 철학자들 사이에 종교적인 관심을 불러일으키는 데 성공했던 것이다. 쉘링(Schelling)은 처음에는 반대 의견을 표명했으나 후에는 모방하기에 이르렀다. 피히테(Fichte)의 종교적 회심에도 「종교론」은 중요한 역할을 담당하였던 것으로, 그의 「복된 삶으로의 안내」(1806)와 「독일 국민에게 드리는 연설」(1808) 속에서 그 영향을 볼 수 있다. 한편으로는 「종교론」을 읽고 경건한 시를 쓰도록 감명을 받은 하르덴베르크(Hardenberg)와 같은 열광자가 있는가 하면, 클라우스 하름스(Klaus Harms)에게서와 같이 분개하여 "영원한 운동을 거스르는 반동(反動)적이고 미련한 작품"이라고 혹평을 받은 경우도 있었다.

사실 「종교론」은 역사상에 기록되고 보존된 가장 유명한 책의 하나가 되었다. 비록 그 책이 불완전하고 아직 사상적으로 성숙되지 않은 면을 보이고 있어서 후에 나오는 슐라이어마허의 걸작품들에서 더 완숙한 사상을 보게 됨에도 불구하고, 「종교론」은 그 자체로서 성공적인 저서임에 틀림이 없다. 이 책은 슐라이어마허 자신에 의하여 1806년, 1821년, 1831년에 걸쳐 3 번이나 수정되었고 그 후로도 계속 재판이 나왔다. 「종교론」은 보통 종교에 대한 책을 읽을 마음이 전혀 없는 사람에게 하나의 입문서와 같은 역할을 하게 된 것이다. 따라서 고전적인 신학서적으로 되었을 뿐만 아니라 독일 문학의 고전으로도 인정되었다.

이제부터 「종교론」이 지닌 두번째의 중요성을 문학적이고 지성사적인 면에서 고찰하여 보겠다. 1800년대의 정신을 이 책만큼이나 광범위하고 다양하게 집중적으로 표현한 글은 없을 것이다. 거기에는 풍부한 자극과 추구와 발견들, 새롭게 제기된 질문들과 새로이 제시된 목표들, 그 당시 사람들이 느끼던 공감(共感)과 부정적인 반응들, 극복되어야 될 옛 것들, 철학·종교·윤리·시·삶의 풍조와 세계를 보는 시각에 있어서 앞으로 주장되어야 할 새로운 주제들이 모두 포함되어 있었던 것이다.

또한 그 책은 공식적 신학과 교회가 제시한 삶의 지침이나 철학이 지녔던 권위가 사회에서 사라져가고 있거나 이미 사라져버렸다는 사실을 반영하고 있다. 그 대신에 계몽사상의 세계가 지니는 자기 확신과 기쁨을 나타내고 있고 새로운 과학에 기초를 둔 세계관과 자립적인 문화와 윤리, 플라톤 사상의 부활과 함께 재발견된 고대 세계와 새로운 철학, 위대한 시와 예술문화, 관념철학과 피히테의 낙관주의, 자유와 진리를 추구하는 자아의식, 새로운 심리학과 생기에 찬 자연철학, 스피노자에 대한 논쟁, 정치의 새로운 형태, 프랑스 혁명과 그것이 젊은 세대에 지니는 영향, 모라비안주의의 여파, 자유주의적 경건주의와 태동하는 신비사상 등 이 시대의 모든 경향을 나타내고 있다.

그러나 무엇보다도 이 저서는 새로 일어나고 있던 낭만주의 학파의 기념탑과 같은 위치를 가진다. 그것은 이 학파와 그 분위기 속에서 곧바로 나온 것으로서 사실 낭만주의자들의 자연관과 역사관에 대한 선언문과도 같은 것이었다. 그 당시에 국가·정부·학교·사회에 군림하던 합리주의의 독재에 대항하여 인간의 환상과 감정, 예감과 신비주의를 중시하는 그들의 입장을 선언한 것이다. 또한 "자연적인 것"에 대조되는 역사적 생성(生成)과 경험적인 것을 택하고, "보편적 이성"에 대조되는 기이하고 특이한 것을 중요시하려 했으며 개인의 권리를 옹호하였다. 낭만주의자들은 때로는 기존의 것에 대하여 반대를 위한 반대를 일으키기도 하면서 학교의 철저한 훈련을 부정하였다. 엄격한 방법론과 개념과 확증들 대신에 본연적인 인간의 통찰과 비유적 방법과 상상을 통하여 인간을 이해하려 했던 것이다.

문체나 문학적 표현에 있어서 「종교론」은 낭만주의 산문의 모델이 되었다. 슐레겔(Schlegel)적인 분위기가 그 시대의 문체에 영향을 주었는데, 곧 리듬에 맞는 운율과 때때로 꾸민다고 느껴질 정도의 고대적 어구의 사용, 신화적 이미지와 인용구들, 고양된 정열 때문에 과장에까지 이르게 되는 어조 등이 그 책 전체를 특징짓고 있다.

「종교론」이 지닌 세째 중요성은 이 책이 특별히 신학자들을 마음에 두고 씌어진 저술로서, 개신교 전통에서 발전된 자유주의 신학의 지적 세계로 들어가는 입문이라는 점이다. 물론 「종교론」은 젊은 지성의 초보적 작품으로서 뒤에 나오는 슐라이어마허의 대작들에 비하면 그 방법론에서나 논리면에서 떨어지는 것이 사실이다. 특히 22년 뒤에 나오는 그의 「신앙론」(Glaubenslehre)과 같이 19세기 독일 개신교 신학을 대표할 만한 저서와 비교하면 그 미숙성이 잘 드러난다. 그러나 후에 나오는 신학적으로 세련되고 전통에 기초를 두며 교리적 체계화를 이룬 기본적 개념들이 이미 「종교론」속에서 발견된다. 「종교론」이 없이는 슐라이어마허의 후기 저서들을 정확하게 해석할 수가 없다. 많은 경우에 이 후

루돌프 옷토 85

기 작품들은 그 체계성 때문에 본래의 풍부한 의미와 독자에게 줄 수 있는 충격을 상실하고 있다. 그리고 기본적 내용면으로만 보면 「신앙론」은 실제로 「종교론」보다 더 빈약하다고 하겠다.

「종교론」이 지닌 네째 중요성은 오늘에 이르기까지 「종교론」에 대한 관심이 주로 종교철학과 연관되어 있었다는 사실에서 볼 수 있다. 「종교론」은 새로운 각도에서 종교의 본질을 연구함으로써 종교를 옹호하고 종교의 중요성을 확인하고자 하였다. 그렇기 때문에 그 책은 서사적 서술형태에도 불구하고 종교철학의 논문으로서 이 분야의 연구에서는 빼놓을 수 없을 만큼 중요한 위치를 차지하게 된 것이다.

「종교론」이 제기한 문제들은 결정적인 것이었다. 곧 종교란 무엇인가? 종교는 인간의 어떤 정신적 성향(性向)에 뿌리를 박고 있는가? 종교는 어떻게 일어나는가? 역사 속에서 어떻게 발전되었는가? 다종교(多宗敎) 현상은 어떻게 해석되어야 하는가? 그리스도교란 그 안에서 어떤 위치에 있는가? 자연적이고 실증적인 의미에서 종교가 지닌 타당성은 과연 무엇인가? 종교공동체의 의미는 무엇인가? 더 나아가서 종교와 도덕 행위의 관계 및 종교와 지식과의 관계는 어떤 것인가? 종교적 개념들과 가르침은 무엇이며 그들이 어느 정도의 타당성을 지니고 있는가?

위의 질문들에 못지않게 중요한 문제는 종교 분야에서 과학적 연구방법의 가능성이 제기되었다는 것이다. 종교의 본질은 어떻게 발견될 수 있는가? 곧 일반적 개념상으로뿐만 아니라 구체적이고 개별적인 형태 안에서 종교의 본질을 볼 수 있는가의 문제였다.

이러한 질문을 던지고 그에 대답을 하는 데 있어서 슐라이어마허가 아주 새로운 면을 개척한 것은 아니었다. 오히려 계몽사상시대 이후로 축적된 종교철학에 의하여 알려지고 발전된 지식들을 전달하고 발전시킨 것이었다. 그렇게 함으로써 그는 당시대인들에게 의미심장한 질문을 던질 수 있었고, 따라서 「종교론」에서 진정한 지식을 얻을 수 있다고 보든 그 안에서 심각한 오류를 본다고 느끼든간에 종교철학의 문제에 관심을 가진 이들의 주목을 끄는 데 성공할 수 있었던 것이다. 「종교론」은 특히 이러한 종교철학적 문제에 대한 슐라이어마허의 대답을 알려 주고 있다고 하겠다. 이제 「종교론」의 이해를 돕기 위하여 그 책이 씌어지게 된 배경을 소개하기로 한다.

바르비(Barby) 신학교에서 젊은 슐라이어마허는 신앙적 위기를 경험하였다. 그의 「종교론」과 아버지나 친구들에게 보낸 편지에 의하면 이때 그는 "조상들의 신앙을 재고하면서 그의 마음을 지난 세대의 쓰레기로부터 정화하기" 시작하였던 것이다. 우선 하느님과 불멸에 대한 신앙이 그의 의심에 찬 눈앞에서 사라지게 되었다. 그래서 그는 아버지로부터 할레(Halle) 대학교로 전학할 허락을 받았고 거기서 새로운 학문과 당시의 철학을 본격적으로 공부하기 시작하였다. 또한 그의 삼촌인 스투벤라우흐(Stubenrauch) 교수의 합리적 사고의 영향 아래서 신앙과 실천에 대한 합리적인 접근을 배웠던 것이다. 도나(Dohna) 백작 집안의 가정교사로 있으면서 이 집의 특이한 분위기 속에서 워낙 다감한 성격을 지녔던 슐라이어마허는 행복한 공동생활과 자유, 그리고 인간 사이에 있어야 할 다정하고 친밀한 사랑에 대한 꿈을 키웠다. 또한 여기서 그는 자기의 독특한 성품을 이해하게 되었고 자신의 운명을 형성해 나가려는 강한 자아의식을 성숙시켰던 것이다.

그러나 슐라이어마허의 사상 발전이라는 면에서 볼 때, 이때까지는 아직 독자적인 사상을 확립한 것은 아니었다. 그의 설교 초안들을 보면 당시를 풍미하던 합리주의적인 성격을 띠고 있고 그의 편지들에서도 후에 나타나는 사상을 엿볼 수가 없기 때문이다. 그의 안목이 참으로 넓어진 것은 베를린에 있는 샤리메(Charité) 병원의 원목이 되고 헨리에테 헤르츠(Henriette Herz) 부인의 영향을 받게 되면서부터였다. 그는 헤르츠 부인을 중심으로 한 지성인 그룹과 교제하게 되고 그 당시 베를린의 활발한 문화활동에 접하게 된 것이다. 슐라이어마허는 베를린의 이런 상황을 "세상에 있을 수 있는 논쟁이란 논쟁은 모두 일어나고 있는 곳"이라고 과장해서 묘사하고 있다.

거기서 그는 1797년 가을에 프리드리히 슐레겔(Friedrich Schlegel)을 만나 친구가 되었고, 매일 담화를 나누는 사이가 되었다. 이들 젊은 낭만주의자들은 「아테내움」(*Athenaeum*)이라는 잡지를 내고 있었는데 이 잡지는 미학적·문학적·철학적 주제를 비판적으로 다루어 옛 질서와 합리주의의 옹호자들에 대항하여 투쟁하는 젊은 학파의 무기 역할을 하고 있었다. 친구 슐레겔의 간청으로 슐라이어마허도 이 잡지에 기고를 하게 되었는데, 짧은 논문과 비평을 써서 그의 문학적 재질을 드러내게 되었다. 이 그룹 속에서 서로 영향을 주고받으며 발전하게 된 그의 문체는 자연히 낭만주의적 특색을 띠고 있는 것이다. 1797년 29세의 생일을 맞을 때까지 별로 글을 써 본 일이 없던 그가 친구들의 격려를 받으면서 1798년 여름부터는 후에 「종교론」을 형성하게 될 사상들을 기록하기 시작하였다. 그 해 11월부터 1799년 3월까지 그는 포츠담(Potsdam)으로 긴 여행을 하게 되었다. 그동안 그는 친구들과 떨어져 혼자 있으면서 모든 정열을 기울여 자기의 사상을 글로 옮길 수 있었고, 1799년 4월 15일, 정확하게 오천 9시 반에 우리가 알고 있는 「종교론」을 끝마쳤던 것이다.

이 시기에 슐라이어마허가 주고받은 편지가 보존되어 있어서 「종교론」의 점차적인 발전과 그때의 상황을 선명하게 알려 준다. 이 책은 저자의 이름을 밝히지 않고 무명으로 출판되었으나 곧 그의 이름은 모든 이들의 입에 오르내리게 되었다. 「종교론」의 내용과 가치를 제대로 이해하려면 슐라이어마허가 이 글을 쓰게 된 역사적 배경과 어떤 독자들을 마음에 두고 있었는가를 어느 정도 알아야 한다. 그는 독자들을 일반적으로 일컬어서 "종교를 경멸하는 교양인들에게"라고 부제를 붙이고 있다. 제1장 처음과 그 후에도 몇 번 그가 "교양"이라는 말로 무엇을 의미하고 있는가를 정확히 말하고 있다. 그 당시 문화적 소양있는 교양인들이라는 말은 근대적인 과학지식과 회의주의의 소유자들을 지칭하기보다는 시대를 풍미하던 시와 철학, 그리고 거기서 흘러나온 높은 이상주의와 정신적 능력을 회구하는 사람들을 지칭했다. 그리고 슐라이어마허 자신도 사실 그들 속에 들어 있었다. 다시 말해서 그가 염두에 둔 「종교론」의 독자들은 너무나 아는 것이 많아서 지식과 신앙의 알력 속에 피곤해져 버린 회의주의자들이거나 세상과 정신적 추구에 실망해 버린 이들이 아니었다. 오히려 헤르더와 괴테, 칸트와 특히 피히테의 제자들을 향해서 이 글을 썼던 것이다. 회의주의나 무신론을 극복하려 하기보다는 자기를 영웅화하려는 분위기와 그러한 마음상태를 극복하려 한 것이다. 낙관적이고 강한 자아의식을 가진 당시의 이상주의를 배경으로 하여 피히테가 주창한 세계의 주인으로서의 "나"를 극단적으로 주장하는 당시의 자아 군림주의에 대항하여 슐라이어마허는 상당히 다른 것을 제의한 것이었다. 「종교론」에는 조용한 겸허함과 이 세상과 모든 것을 — 그 안에 나와 우리까지도 포함하여 — 포용하고 받아들이는 신(神)을 향한 굴복의 자세가 있다.

슐라이어마허는 이러한 겸허함이 없이는 당시의 문화와 교양은 그 모든 고귀한 영감에도 불구하고 자만심으로 끝나고 말 것이며, "구하면서 조용한 신뢰 속에 기다릴 수 있던 것을 몰래 훔치는 프로메테우스의 교만심"으로밖에 될 수 없다고 보았던 것이다. 그가 피히테의 정신을 반대하고 있다는 사실이 충분히 인식되고 있지 않지만, 「종교론」을 이해하기 위해서 이 점은 가장 중요한 것이다. 그리고 이러한 관점은 슐라이어마허의 종교철학에서 지속되는 사상으로서 그의 「신앙론」에 제일 깊게 나타나게 된다. 그 책에서 그는 종교란 "절대적 의존 감정"이라고 가장 분명하게 종교를 정의하였다. 「종교론」에서는 하나의 전제로서 다른 여러 사상과 더불어 나타났던 그의 이런 자세가 「신앙론」에 와서는 종합되어 종교의 단정적인 개념 정의로 결론지어졌던 것이다.

그러나 「종교론」은 차분하고 조용하게 종교의 본질적 개념을 소개하려고 쓰어진 것이 아니라 훨씬 더 전투적인 논문이었다는 사실을 의식할 필요가 있다. 종교가 교양인들에게 멸시받는 것은 종교가 올바로 이해되지 않았기 때문이라는 확신에서 시작하여 슐라이어마허의 주된 노력은 종교가 무엇인가를 올바로 이해하게 하여 이제까지의 곡해되고 찌그러진 상태에서 종교를 회복시키려는 데 있었다. 이 일을 수행함에 있어서 슐라이어마허는 한편으로는 계몽사상에 의하여 이루어진 이성적 종교철학에 힘입으면서도, 그 시대의 지성만능주의와 도덕만능주의에 반기를 들었던 것이다. 합리주의는 종교를 오해하여 형이상학이나 윤리와 혼동케 하는 오류를 범함으로써 종교를 격하시켰다고 그는 비난하였다. 곧 계몽사상은 종교의 고유하고 독자적인 본질을 모호하게 만듦으로써 종교를 가치없게 만들었고, 사라지게 될 지경으로까지 끌어왔다고 지적하였다. 이런 오류 때문에 슐라이어마허는 종교와 형이상학, 그리고 종교와 윤리는 분명하게 구별되어야만 한다는 것을 계속해서 주장하고 있다. 그는 「종교론」에서 많은 적들을 공격하고 있다. 교리적 체계를 세우는 데 급급한 전통 신학자들, 새로운 세속적 과학의 한 부분으로서 종교를 다루려는 종교과학자들, 이신론(理神論, deism)자들, 6년 전에 출판된 칸트의 「이성의 한계 안에 있는 종교」를 비롯한 합리주의적 신학자들을 포함하고 있었다. 그리고 슐라이어마허의 이러한 공격은 그 일방적 성격과 과장된 면을 눈감아 준다면 정당화될 수 있는 것이었다.

슐라이어마허에서 비롯한 새로운 종교연구의 출발점이 그 본질을 찾으려는 것으로서 다양한 현상 안에 있는 타당하고 규범적일 수 있는 것의 추구라고 한다면, 이러한 추구는 신학적 전통에 무의식적으로 의존하여 이루어진 것이었다. 곧 그의 종교적 확신의 형이상학적이고 이론적인 구조에 있어서나 모든 종교 안에 있는 도덕적 원리에 대한 설명에 있어서나 신학적 전통에 의존하였던 것이다. 마치 칸트가 겉으로는 이제까지 존재했던 신(神)과 영혼과 불멸에 대한 교리를 비판하여 없애버린 것처럼 보일지 모르지만, 사실은 도덕적 공리(公理)의 형태 안에서 그 본질적 내용을 보존하려고 했던 것과 같다고 하겠다. 칸트의 새로운 철학체계에서 종교적인 것으로 허용된 것은 영혼, 세상, 신(神)과 같은 존재와 실재에 관계되는 지고(至高)하고 궁극적인 문제들에 대한 단정적인 발언에 불과한 것이었는데, 이것도 한 면으로는 고도의 형이상학적 이론에서, 또 한 면으로는 도덕률의 구조 안에서 재구성되었던 것이다. 도덕률은 형이상학적 확신에 기초를 두고 이루어질 수 있는 것이기에, 둘은 서로 밀접히 연결되고 일치되는 것으로서 이 둘의 결합이야말로 곧 "종교"라고 결론 내렸다. 따라서 이러한 철학적 해석에 의하면 종교적 삶과 특성, 곧 느낌과 분위기, 헌신·봉헌·제사 등 체험을 통하여 영원을 경험하고 거기에 참여하는 모든 것이 종교에서 삭제되었거나 적어도 제외되었던 것이다.

바로 이러한 시대적 분위기 때문에 「종교론」은 투쟁적인 어조로 계속될 필요가 있었던 것이다. 물론 과장되었기는 하지만 이 점 때문에 슐라이어마허는 지식과 행동을 포함하는 종교에 대한 서술에서 형이상학과 윤리를 완전히 배격하려 한 것이다. 인간의 지식과 행위라는 두 가지 분야와 더불어 종교는 영적인 인간 존재의 새롭고 독자적인 제3의 분야라는 것과 그러기에 종교는 그 자체로서 특별한 가치를 가지며 지식과 행위와의 관계에서 중요한 위치를 소유하고 있음을 슐라이어마허는 증명하고자 하였다. 따라서 그는 제3의 필요 요소인 종교가 성숙되지 않으면 인간의 지식과 행위도 그 성숙이 저해된다는 사실을 지적하였다. 종교야말로 진정한 인간됨을 완성시키는 것이기 때문에 지식과 행위에 그 참된 가치·의의·내용·깊이를 제공하는 것이라고 역설하였다. 슐라이어마허는 일상적인 의미와 형태로 호교론을 쓰기는 원하지 않았다. 곧 영국의 호교론자 록크(Locke)나 페일리(Paley)처럼 증명을 시도하거나 합리적 신학에서처럼 신(神)의 존재를 이론적으로 증명하려 하지 않았다. 슐라이어마허는 「종교론」에서 신(神)의 존재나 영혼의 독자성과 불멸성을 확실히 하기 위한 새로운 증거를 내놓으려 한 것도 아니다. 그가 목적하는 바는 달랐기 때문에 그는 주제를 완전히 다른 방향으로 이끌어 나간 것이다. 그는 인간이란 지식과 행위에만 한정된 존재가 아니기 때문에 세상·사물·인간·사건 등 환경과의 관계가 인간이 그 환경을 파악하고 만들어가는 데에서 전부를 말해 주는 것이 아니라는 것을 보여 주려 하였다. 만일 인간이 자기를 둘러싼 세상을 체험하는 데서 직관과 느낌 등 깊은 감정의 상태에 놓이게 됨으로 그 안에서 영원하고 지속적인 본질을 깨닫게 되어 경탄과 외경의 감정을 느끼도록 감동을 받게 된다면, 이러한 사랑의 상태는 지식과 행위를 다 합친 것보다도 더 가치가 있는 것이라는 것을 그는 증명하려고 하였다. 그리고 바로 이 점이야말로 교양인들이 처음부터 배워야만 하는 것이라고 호소하였던 것이다.

1806년에 이미 「종교론」의 재판이 나올 때부터 시작하여 1821년과 1831년에 3 판과 4판이 나오면서 슐라이어마허는 「종교론」의 본래 형태를 놀라울 정도로 재편집하고 수정하였다. 결과적으로 신선하고 젊고 직접적 효과를 분출하던 것과 같은 최초의 어조는 찾아볼 수 없게 되었다. 물론 이러한 변화의 중요성과 정도를 지나치게 과장하여 범신론적이고 스피노자적인 초판의 성격을 그리스도교적인 해석으로 바꾸었다고 보는 것은 옳지 않을 것이다. 슐라이어마허가 비록 그러한 시도를 하려고 했다고 하더라도 그것은 완전히 실패로 그쳤을 것이다. 「종교론」의 마지막 수정판에도 위에 언급한 것과 같은 특성으로 이해될 수 있는 요소들을 그대로 지니고 있기 때문이다. 몇 번의 수정을 거쳐 이루어진 「종교론」의 마지막 형태도 종교적인 사고를 깊이 해 본 적이 없고 이론적인 토론을 거치지 않은 일반 그리스도인에게는 이상하게 들릴 것이다. 이 책이 처음 나왔을 때나 마찬가지로 전통적인 교리 방법을 고수하는 사람에게는 이 책이 "비그리스도교적"으로 보일 수도 있을 것이다. 1822년, 두 번의 수정을 거친 「종교론」을 어느 친구에게 보내면서 슐라이어마허는 다음과 같이 쓰고 있다 : "사람들은 자기들이 생각하는 것보다도 내가 별로 변하지 않았다는 것을 알게 될 것이다."

3장

루돌프 옷토와
「성스러움의 의미」

요아킴 바흐*

＊　Joachim Wach(1898-1955)는 독일의 종교학자로, 후에 미국 Chicago 대학의 종교학과 주임교수를 지냈다. 종교현상을 이해하기 위한 해석학의 문제에 많은 관심을 지녔던 학자로서, Otto의 "성스러움"의 범주를 종교학 연구의 기초로 받아들였던 그의 논문이 Otto에 대하여 긍정적일 수밖에 없다. Wach의 논문집 *Types of Religious Experience: Christian and Non-Christian* (The University of Chicago Press 1951)에 기재된 열번째 논문 "Rudolf Otto and the Idea of the Holy"를 편저자가 번역한 것이다.

제1차 세계대전 이후로 독일 대학생들에게 가장 깊은 인상을 남긴 신학적인 저서 두 권을 들라고 하면 그것은 칼 바르트(Karl Barth)의 「로마서 주해」와 루돌프 옷토(Rudolf Otto)의 「성스러움의 의미」(독일어 : *Das Heilige*; 영어 : *The Idea of the Holy*)일 것이다. 흥미로운 것은 이 두 권의 책이 모두 읽기 어려운 저서로서 독자들에게 많은 것을 요구한다는 사실이다. 바르트의 주석서는 선풍적인 반응을 일으켰다고 평할 수 있을 정도로 널리 읽혀졌을 뿐만 아니라 30여 년 동안을 계속해서 지대한 영향을 준 책이었다. 이 책이 출판되어 나온 지 얼마 되지 않아서부터 "바르트 학파"라는 말이 떠돌기 시작하여 바르트 정통주의가 형성되기 시작한 데 반하여(바르트 자신이 그 현상을 반드시 긍정적으로 본 것은 아니었지만), "옷토 학파"라는 것이 이루어진 적은 없었다. 그럼에도 불구하고 신학자이건, 비신학자이건, 또 어느 교파나 학파의 학자이건간에 옷토의 책을 읽은 사람은 모두 큰 감명을 받았음을 지난 30년 동안 계속 고백하고 있다. 바르트와 옷토의 영향은 독일에 한정된 것이 아니라 영미 계통의 나라를 비롯한 더 넓은 지역에 미치고 있다.

그렇다면 왜 그렇게 빨리 바르트 학파가 이루어진 데 반하여 옷토의 사상은 신학계에 큰 영향을 주었음에도 불구하고 하나의 학파를 형성하지 않게 되었을까? 이 질문에 대하여는 여러 가지 다른 답이 나올 수 있겠지만, 우선 두 학자의 관심과 목적하는 바 내지 그 목적을 달성하기 위한 방법상의 차이가 있었고, 더우기 두 사람의 성격상의 차이가 컸음을 지적해야 될 것이다. 또한 바르트와 그의 신학에 대해서는 셀 수도 없을 만큼의 책들과 논문들과 논평들이 쐬어졌지만, 루돌프 옷토와 그의 학문에 대한 책들은 매우 드물다. 그에 대한 최초의 포괄적인 연구는 1947년 미국에서 출판된 것을 들 수 있다.[1]

1. Robert F. Davidson, *Rudolf Otto's Interpretation of Religion*, Princeton Univer-

「성스러움의 의미」의 저자인 루돌프 옷토를 개인적으로 모르는 사람에게 그의 특이한 성격을 묘사하는 일은 쉬운 일이 아니다. 그는 당당한 모습을 지니고 있었고 언제나 똑바른 자세로 정확하게 움직였다. 그의 엄숙한 모습은 웃을 때에도 위엄있는 인상을 그대로 지니고 있었다. 창백한 그의 혈색은 인도를 방문했을 때 걸린 열대성 질병의 결과로 그의 건강이 좋지 않음을 보여 주었다. 백발의 머리는 보통 짧게 잘려 있었지만 노년에 가서는 그의 높은 이마를 덮고 있었다. 윗 입술에 흰 수염을 짧게 기르고 있었다. 조용한 푸른 눈이 환상적이기까지 하였는데 그의 눈길에는 엄격함이 엿보였고 보통 사람이 가까이 할 수 없는 무엇인가를 보고 있는 듯한 인상을 주었다. 연구실의 긴 의자에 기대어 앉아서 감기에 걸리지 않도록 넓은 목도리로 어깨를 감싸고 있던 그의 모습을 나는 생생하게 떠올릴 수가 있다. 수코양이 한 마리가 그 옆에 앉아 있었는데, 고양이가 소란을 피울 때에는 때때로 야단을 치면서 대화를 계속하였다. 수많은 책들이 사방에 쌓여 있는 그의 연구실 외에 다른 배경에서 그를 상상할 수가 없다. 그러나 그의 조용한 연구실 못지않게 그에게 잘 어울리는 또 다른 장소에서 그를 본 기억이 있다. 소매없는 어깨 망토로 몸을 싸고 마르부르크(Marburg) 대학 주위를 산보할 때에 그의 눈은 멀리 언덕을 응시하고 있어서 피곤할 줄 모르는 여행자(viator indefessus)와 같아 보였다. 그를 아는 사람이라면 「성스러움의 의미」의 저자에 대한 전기가 쐬어지리라고 기대하지 않을 것이며, 만일 누가 쓴다 하더라도 그 주인공을 사람들에게 가까이 느끼게 할 수 있으리라고는 생각하지 않을 것이다. 옷토 주위에는 순수한 신비감이 감돌

sity Press 1949. 이 책은 Otto의 사상에 대한 매우 조심스럽고 균형잡힌 소개를 하면서 Otto의 비판자들에 대해서도 논평하고 있다. 또한 Otto에게 바쳐진 특집으로서 *Zeitschrift für Theologie und Kirche* (1938) 1-162면이 있다. 그 외에도 John M. Moore의 *Theories of Religious Experience with Special Reference to James, Otto, and Bergson* (New York: Round Table 1938)과 Werner Shillings의 논문 "Das Phänomen des Heiligen" (*Zeitschrift für Religion und Geistesgeschichte*, 1949-50, 206면 이하)과 W. Bätke의 *Das Heilige im Germanischen* (Tübingen 1942) 등이 있다.

고 있었다. 이 위대한 학자를 찾는 방문객은 그에게서 친밀감을 기대할 수는 없었고, 그 자신도 그러한 노력을 하려 하지 않았다. 그의 강의를 긴장해서 따라가던 학생들은 그를 "성인"(聖人)이라고 불렀는데, 이 칭호는 그의 대작을 직역한 "성스러운 것"(Das Heilige)에서 "성스러운 분"(Der Heilige)으로 고쳐진 것이다. 오늘날 흔히 쓰는 감상적이거나 도덕적인 의미가 아니라 옷토 자신이 이 단어를 쓰던 그 본래의 뜻으로는 이 칭호는 그에게 잘 맞는 것이었다. 나는 옷토에게서처럼 진정한 신비가를 만났다는 순수한 인상을 주는 사람을 다시 만나본 적이 없다. 그에게는 신(神)에게로 가까이 불리운 사람들만이 가지는 그러한 고독이 있었다. 루돌프 옷토의 장례식 때에 그의 마르부르크 동료 교수였던 테오돌 지그프리트(Theodor Siegfried)는 다음과 같이 옷토를 묘사하였다 : "결국 그는 왕과 같은 사람이었는데, 단 겸허함을 지닌 왕이었다. 다른 이의 말을 빌린다면 그는 신(神)의 예언자로서 신의 방문을 받았었고 이제 신에게로 돌아간 것이다. 결국 신의 사랑의 무한함은 옷토에게는 모든 계시 중에서도 최종의 것이었고 모든 신비 중의 신비로 남아 있었다. "

그의 생애에서 가장 중요했던 사건들을 간단히 언급하여 보겠다. 1869년 9월 25일에 그는 하노버 파이네(Peine)에서 태어났다. 1904년부터 괴팅겐(Göttingen) 대학의 조직신학 교수로 가르치기 시작하여, 1914년에는 브레스라우(Breslau) 대학에서, 1917년부터는 마르부르크(Marburg) 대학에서 가르쳤다. 1928년 은퇴할 때까지 깊은 신학적 전통을 지닌 그 대학에서 가장 뛰어난 신학자로서 존경을 받았다. 1913년에서 1918년까지는 프러시아 국회의원직을 지낸 적도 있었으며, 이슬람 국가들과 인도, 미국 등 여러 나라로 여행을 하였다. 오버린(Oberlin) 대학에 초청 교수로 간 적이 있었고, 그의 명성이 퍼지면서 세계 각처에서 많은 교수와 학생들이 그에게서 배우려고 마르부르크 대학에 모여 들었다.

옷토의 첫번째 저서는 1898년에 출판되었는데, 이제 거의 50 년이 지난 오늘날에 우리는 그 당시 독일의 지성계를 풍미하던 경향을 더 잘 파악할 수가 있게 되었다. 세 가지의 강력한 운동, 곧 계몽주의, 낭만주의, 자연적 유물론이 계속해서 독일 문화 전역에 영향을 미치고 있었다. 계몽주의가 가져온 여파의 역사와 이에 대한 철학적 분석을 시도한 에른스트 트뢸취(Ernst Troeltsch)의 유명한 논문은 아직 씌어지지 않고 있었다. 19세기 후반기에 이르러 합리주의적인 사조는 더욱 단순화된 형태로 대중의 사상 속에 침투하게 되어 자연적 유물론 철학의 보급을 준비하는 역할을 하였다. 계몽주의에 대항하여 19세기 초에 일어난 낭만주의는 독일의 지성인들 사이에 퍼져서 적어도 두 세대 동안 지식층의 분위기를 이루며 창조적인 저술을 내게 하였지만 소수 지성인들에게 국한되어 있던 상태였다. 낭만주의는 19세기 말에 가서는 힘을 잃고 있었고 20세기 전반기에 들어서서 신낭만주의와 청년운동에 의해서야 비로소 다시 영향력을 되찾게 된다. 따라서 1850년대부터 19세기 말까지의 서구세계에서는 발전을 거듭하는 자연과학과 마르크스주의적 사회이론의 철학적 신조인 유물론이 대중의 마음을 사로잡고 있었다. 최근에 와서야 우리는 계몽사상이 독일 개신교의 신학자들에게 얼마나 큰 영향을 주었는지를 이해하게 되었다. 대학을 중심으로 한 신학자들은 계몽주의 철학에 복음을 적응시키기 위해서 전력을 다하고 있을 때, 교회 지도자들은 개신교 전통에 따른 그리스도 신앙의 종교적 핵심을 보존하려 하고 있었다. 낭만주의 학파는 심미적 성격이 강한 운동으로서 처음부터 종교를 긍정적으로 보고 있었으며, 그리스도교에 대한 새로운 이해, 특히 그리스도교적 이상들을 낭만주의적 전제에서 발전시키려고 하였다. 19세기 전반기의 위대한 개신교 신학자인 슐라이어마허와 키에르케고르(Kierkegaard)는 둘 다 낭만주의적 영감에 힘입은 바 크다. 공동생활을 통한 경건주의와 낭만주의 및 칸트의 철학은 비록 그 기본 자세에는 상당한 차이점을 가지고 있었으나, 슐라이어마허의 세계관과 그의 유명한 「종교론」 형성에 결정적 역할을 하였다. 종교를 경멸하는 교양인들에게 하는 강의였던 슐라이어마허의 「종교론」이 바로 1928년 은퇴기념 고별강의에서 자기 자신을 "경건한 루터교인"이라고 불렀던 루돌프 옷토에 의하여 재편집되었던 것이다.

그런데 옷토는 과연 어떤 의미에서 루터교인이었는가? 〈루터에 있어서의 성령의 개념〉이라는 그의 첫번째 논문이 우리에게 실마리를 제공해 준다. 옷토는 루터의 가르침이 제대로 해석되기 위해서는 그것이 가톨릭의 성사주의(sacramentalism)나 재세례파(Anabaptists)와의 투쟁이었다는 관점에서 이해되어야 한다고 보았다. 가톨릭의 성사주의에 반대하여 성령의 내적 가르침(intus docere)이 강조되었고, 재세례파에 반대하여 성서적 말씀의 객관성과 형제적 질책으로서의 설교가 강조되었다. 곧 단순한 역사적 신앙(fides historica)이나 주관적 영감은 배척되어야 한다고 루터는 본 것이다. 옷토는 루터의 다음 말을 인용하고 있다 : "하느님은 먼저 성령을 통하여 그의 아들을 가르치셔야 했다. 곧 복음이 우리 귀에 들려올 때 우리 마음속까지 깊이 들어가게 되어 우리가 들음으로써 믿게 하려고 하셨던 것이다." 그러나 「성스러움의 의미」를 쓴 옷토는 일상적이고 전통적인 의미에서의 루터의 추종자는 아니었다. 루터의 신적 체험과 숨어 계시지만 자비로이 자신을 나타내시는 하느님을 선포하였던 위대한 예언자로서의 루터의 인격이 옷토의 전생애를 통해 그를 매혹하였고 깊은 영향을 미쳤다. 그는 홀라츠(Hollaz)·크벤스테트(Quenstedt)·켐니츠(Chemnitz) 등의 학자들이 그러했던 것과 같이 루터에 대한 단순한 역사적 관심만을 가진 것이 아니었다. 이 점에 대해서는 옷토의 장례식 때에도 별로 언급이 없었으나, 옷토가 느끼고 경모하던 것은 개신교의 신학적 체계보다도 그 신학 속에 나타나는 종교개혁적인 신앙이었다고 나는 생각한다. 이러한 사실이야말로 그가 좁은 교파주의자가 아니었고 오히려 진정한 의미에서 개방적인 신학자였음을 말해 주는 것이다. 그는 그 당시의 합리주의적 신학과 이성에 기초를 두고 종교와 그리스도교의 본질을 정의하려는 피상성에 반발하였다. 당시대 신학자들의 지나친 지성주의에 대항하여 문자는 사람을 죽이지만 성령은 생명을 주신다는 사도 바울로의 말씀을 지키려 했던 것이다. 그 당시의 신학계에서 성령론이 소홀히 취급되었다는 것은 우연이 아니었을 것이다.

루터 다음으로 옷토의 사상에 깊은 영향을 준 사람은 칸트였다. 칸트는 계몽사상에 뿌리를 박고 과학적으로 탐구가 가능한 분야에서 형이상학과 종교를 제외시켰으나 종교적 판단의 신빙성을 다른 면에서 보여줌으로써 인간의 요구를 만족시켰던 것이다. 칸트는 자신의 고유한 방법으로 종교체험의 영역을 보호하기는 하였으나 종교체험의 본질을 만족할 만큼 해명하지는 못하였다. 칸트의 영향을 받아 그러한 해결을 시도했던 네 사람의 사상가가 옷토의 종교이론을 이해하는 데 중요하다. 이미 언급한 슐라이어마허 이외에 철학자 프리스(Fries), 신학자 알프레히트 리츨(Albrecht Ritschl), 신학자이며 철학자였던 에른스트 트뢸취(Ernst Troeltsch)가 그들이다. 프리스는 직관(Ahndung, intuition)이라는 성능(性能)을 전제로 하여 직관에 의하여 우리는 누멘(numen, the divine power)을 깨닫게 된다고 하였다. 옷토는 프리스를 높게 평가하였고 1904년 옷토가 칸트와 프리스의 철학에 대한 논문을 쓴 것을 읽어보면 그 당시 괴팅겐 대학의 교수였던 레오나드 넬손(Leonard Nelson)이 프리스의 사상을 열렬히 전파하고 있었다는 사실을 알 수 있다. 19세기 후반기에 개신교 신학자들 중에서 가장 큰 영향을 끼쳤던 알프레히트 리츨은 칸트와 슐라이어마허의 노력을 계속하여, 특징적인 가치평가에 의하여 구성되어 있다고 생각한 종교체험이라는 영역의 존재를 증명해 보이려고 하였다. 이렇게 해서 칸트가 제의한 종교의 윤리적 개념과 감정에 기초를 둔 슐라이어마허의 종교의 심리학적 기초가 수정될 수 있다고 보았기 때문이다. 그리스도교의 의화나 화해의 교리에 대한 포괄적인 연구를 통하여 리츨은 그리스도인의 의식을 분석하면서 그리스도교 구원체험의 특수한 성격을 특별히 강조하였다. 종교를 그리스도교와 완전히 일치시키다시피 한 리츨의 배타성은 그의 제자인 에른스트 트뢸취의 항의를 유발시켰다. 트뢸취는 리츨의 해결책이 그리스도교의 절대성을 주장해 오던 전통적 호교론과 다를 것이 없다고 보았다. 종교적 선험성(a priori)이라는 문제는 1895년 이후 트뢸취의 마음을 사로잡고 있었으므로 옷토를 비롯한 괴팅겐 대학의 동료 교수들과의 토론 주제가 되었으리라고 짐작해도 틀리지 않을 것이다. 종교체험을 구성하고 있는 것은 무엇인가? 트뢸취는 그의 논문집 제2권에 인식론적이고 철학적인 광범위한 연구를 발표하면서 종교의 본질을 규명해 보려는 시도를 하였지만 자신에게나 남에게나 만족할 만한 결과에 도달하지는 못하였다. 반면에 옷토는 몇 년 동안 침묵을 지키고 있다가 1917년에 「성스러움의 의미」를 출판하여 종교적 선험성의 문제에 대한 새로운 해결을 제시하였다. 당대 어느 신학자보다도 신학연구를 위하여 비그리스도교적 종교들의 연구가 중요하다고 분명히 인정하고 있던 트뢸취가 비그리스도교적 신앙에 대하여 실제로는 아는 바가 거의 없었다는 사실은 이 두 학자의 차이를 이해하는 데 주목해야 할 점일 것이다.

루돌프 옷토가 언제 어떠한 방법으로 인도의 거룩한 언어인 산스크리트(범)어를 배우게 되었으며 여러 세계 대종교 전통을 깊이 이해하게 되었는지를 알아보아야 하겠다. 신학자로서 그는 히브리어와 초기 그리스도교 사상을 잘 알고 있었다. 그러나 개신교 조직신학자로서는 예외라고 할 만큼 교부학을 철저히 알고 있어서 교부들의 저서를 능숙하게 인용할 수 있을 정도였다. 비그리스도교 종교 중에서 옷토에게 가장 큰 매력을 주었던 것은 힌두교였다. 그래서 힌두교의 연구를 위하여 중요한 번역을 시도했을 뿐만 아니라 기초적이고 어떤 면에서는 선구자적인 노력을 기울였다. 1916년에 그는 "힌두교의 구원론"이라는 부제를 붙여서 「니바사의 등불」(*Dīpikā des Nivasa*)을 번역하여 출판하였다. 1923년에는 힌두교 신비사상에서 중요한 텍스트인 「마하바라타」의 나라연천장(那羅延天章)(*Vishnu-Nārāyana*)을 번역하였다. 같은 해에 힌두교 중세기의 위대한 신학자인 라마누자(Rāmānuja)가 쓴 「브라흐마 경성소(經聖疏)」(*Siddhānta*)의 최초 독일어 번역판을 출판하였다. 1926년에는 「동서의 신비사상」(*West-Östliche Mystik*)이라는 제목으로 인도 베단타 학파의 가장 위대한 학자로 간주되는 샹카라(Śankara)와 중세 그리스도교의 신비가 엑카르트(Meister Eckhardt)의 사상을 비교하였는데 그 내용은 물론 방법론적으로도 중요한 저서로 인정되었다. 1930년에는 「힌두교와 그리스도교의 은총론」(*Die Gnadenreligion Indiens und das Christentum*)을 써서 두 전통이 가진 은총론의 유사성과 차이점을 비교한 연구를 냈으며, 1932년에는 「인도-유럽 계통의 신관」(*Gottheit und Gottheiten der*

Arier)에 대한 연구도 출판하였다. 그 후에 옷토는 인도의 경전에 관심을 쏟아 바가바드기타와 짧지만 철학적 논문 형식을 띠고 있는 카타 우파니샤드(Katha-Upanisad)를 독일어로 번역하여 번역의 모델을 남기기도 하였다.

옷토의 이런 연구들은 그가 힌두교를 제대로 해석하기 위한 조건을 갖추고 있었다는 것을 보여 준다. 곧 그는 텍스트들을 잘 알고 있었고 언어학적 문제들도 숙달했었을 뿐만 아니라 인도의 신학적이고 철학적인 체계와 대표적인 학자들의 사상을 포괄적으로 파악하고 있었으며 인도인의 신앙까지도 깊이 이해하고 있었다. 독일의 인도학 학자들 대부분은 힌두교의 고대 형태에 더 큰 관심을 가지고 있었는 데 반하여, 옷토는 경전뿐만 아니라 그 전에는 별로 연구되지 않던 중세기의 신앙표현에 특별한 관심을 지녔다. 옷토의 마지막 저서인 「하느님의 나라와 사람의 아들」(Reich Gottes und Meschensohn)에서는 그가 고대 페르시아의 종교들도 상당히 잘 알고 있었음이 드러났다. 북아프리카를 위시한 이슬람 국가들로도 여행을 하여 그는 이슬람교를 직접 연구할 기회를 가졌다. 동아시아의 종교들에 대하여 가장 잘 모르고 있었다고 하겠지만 중국과 일본의 신비사상에는 특히 관심을 가지고 있어서 「성스러움의 의미」에서 여러번 이들을 언급하고 있다. 그 자신이 인류학자는 아니었으나 원시종교에 나타나는 환상, 초월적인 힘, 성스러움의 개념을 분석함으로써 로버트 마레트(Robert Marett)와 나탄 쐬더블롬(Nathan Söderblom) 등이 이루어 놓은 일을 계속하였다.

옷토의 학문적 공적을 세세하게 들여다보고 있노라면 그의 이런 저서들에서 나오게 된 방법론적 반성과 신학적 원리를 소홀히할 수도 있다. 따라서 여기서 그의 연구가 종교연구에 미친 중요한 결과를 요약할 필요가 있을 것이다. 그의 초기 논문인 「자연주의적 관점과 종교적 관점」(Naturalistische und religiöse Weltansicht, 1904)에서도 옷토는 벌써 자연주의적 세계관을 비난하고 있다. 빌헬름 분트(Wilhelm Wundt)의 「사회심리학」에 대한 중요한 논평을 쓰면서 옷토는 분트의 체계화된 발전 이론에 이의를 표명하고 자연의 생활과 인간의 의식생활 사이에 있는 질적인 변화가 물량적인 차이에서 나온다는 이론은 불가능함을 보이고 있다. 종교는 종교가 아닌 다른 어떤 것에서 스스로 "발전"하여 나온 것이 아니며 고등종교의 깊은 통찰이 단순히 점차적 진화의 결과가 아니라는 것이다. 진화주의뿐만 아니라 심리주의 역시 옷토의 공격을 받았다. 포이에르바흐(Feuerbach)와 프로이드(Freud)는 슐라이어마허의 종교이론에 깔려 있던 심리적 원리에서 주관적인 결론을 끌어내어 종교를 인간이 만든 환상이라고 선언하였다. 마르크스적인 해석도 비슷한 경과를 거쳐서 나온 것이다. 이러한 잘못된 설명에 대한 오류를 지적하기 위하여 옷토는 그들의 방법론적 약점을 철학적으로 지적하는 것으로만 만족하지를 않았다. 사실 이러한 철학적 지적은 훗설(Husserl)의 「논리 연구」(*Logische Untersuchungen*)와 오스트리아의 가치 철학자들에 의해서도 동시에 이루어지고 있었고 좀 후에는 쉘러(Scheler)의 칸트 비판에서도 볼 수 있다.

옷토는 이러한 이론적 논쟁을 넘어서 종교의 의미, 곧 종교의 객관적 성격을 보여 주기 위하여 종교체험에 대한 가장 깊이있는 분석을 시도한 것이다. 누멘적인(신령한) 체험에서 인간은 일상적인 것과는 "전혀 다른"것을 대한다. 옷토에 의하면 누멘적 체험은 환상이나 아편으로 자기를 속이는 것이 아니라 오히려 가장 확실한 궁극적 실재를 의식하는 것이다. 19세기 말에서 20세기 초에 이르는 동안에 인류학자들과 종교사학자들은 세계 여러 지역과 다른 문화권 안에서 일어나고 있는 유사한 종교 개념들과 관습들을 어떻게 설명하면 좋을 것인가에 고심하고 있었다. 한 학파는 동시적 기원 이론을 말하고 있었고, 다른 학파는 역사적 해석을 시도하여 그들이 확산되기 이전에 하나의 중심되는 원초적 문화 내지 종교가 있어서 이것이 이집트, 바빌로니아, 중아시아, 중국, 유럽 등 다른 지역으로 퍼진 것이라고 보고 있었다. 옷토는 〈종교사에 있어서의 병행의 법칙〉(The Law of Parallels in the History of Religions)이라는 논문을 써서 이 문제에 대한 해결을 제시하고 방법론적으로 모범적인 예를 남겼다. 그의 이론은 유형(類型)들의 수렴(收斂)이라는 개념 속에서 절정을 이룬다. 다양한 지역에서 뽑은 예들은 여러 다른 장소에서 이루어진 종교체험들이 얼마나 유사한 표현을 지니고 있는 가를 설득력있게 보여 줌과 동시에 병행하는 각기의 형태들이 그 종교의 천재성을 얼마나 잘 나타내고 있는가를 보여 주었다. 따라서 종교사가의 사명을 다하기 위해서는 특별한 예민성이 요구되며 유사점과 더불어 차이점을 조심스럽게 살펴야 할 것을 옷토는 경고하였다.

옷토의 전임자들을 괴롭히던 종교적 선험성의 문제와 그리스도교와 비그리스도교의 관계에 대한 루돌프 옷토의 해답을 논의하기 위해서 우리는 먼저 옷토의 사상을 대표하는 두 권의 저서인 「성스러움의 의미」와 「하느님의 나라와 사람의 아들」을 자세히 들여다볼 필요가 있다.

「성스러움의 의미」는 1917년에 처음 출판된 후 판이 거듭되어 1936년 까지 25 판이 나왔다. 이 책이 끼친 영향에 대해서는 이미 언급한 바 있거니와 다양한 언어로 번역되어 1934년에 이미 영어, 스웨덴어, 스페인어, 이태리어, 프랑스어, 일본어 등 7 개 국어로 출판되었다. 신학책이 보통 누리지 못하던 이런 놀랄 만한 인기는 그 문체의 화려함이나 뛰어난 문장에 기인한 것이 아님은 두말할 필요도 없다. 옷토의 문체는 매우 정확하고 힘이 있으며 언제나 독창적이다. 머리말에서나 다른 어디서도 쓸 데 없는 말은 전혀 찾아볼 수가 없다. 「성스러움의 의미」를 비롯한 그가 쓴 여러 권의 책은 비교적 독립적인 논문들이 수집된 형태를 취하고 있다. 그 중에는 대문자를 안 쓴다든지 특별한 글자체를 그려서 특이한 철자법을 사용하고 있는 것도 있다. 특별히 주목을 끄는 것은 옷토가 인용하고 있는 인용문들로서, 옷토의 박학한 지식을 알려 줄 뿐만 아니라 그의 고상한 취미를 보여 준다. 인간 경험에서 특별히 종교적인 요소를 이해하기 위하여 전력을 기울였던 이 위대한 학자에게 미학적인 고려도 중요했으리라는 것은 의심할 여지가 없다. 종교체계와 신학적 사상을 예민하게 파고들었던 옷토는 동시에 많은 이들이 지나쳐 버리던 예배 안에서 종교의 핵심을 볼 수 있는 눈을 지니고 있었다. 그가 연구한 모든 종교에서 그는 종교의식에 가장 큰 관심을 쏟았고, 그 당시 개신교의 예배체계의 개혁을 절실한 문제로 여기고 있었다.

이런 모든 면을 종합하여 볼 때 루돌프 옷토는 종교체험의 본질을 분석하려는 그의 계획을 수행하기 위하여 신학적으로 준비가 잘 되어 있었음을 볼 수 있다. 철학적 전통으로 보더라도 그는 무엇이 경험을 구성하는가에 대한 인식론적 해결을 할 수 있는 입장에 서 있었다. 그의 스승들과 더불어 그는 자기가 정의하려고 하는 종교체험의 성격이 독특한 범주를 이루고 있음을 확신하고 있었다. 또한 이 일을 수행하기 위하여 그는 개념적 분석능력뿐만 아니라 비상한 종교적 감정의 깊이와 강렬함을 지니고 있었다. 만일 옷토가 역사가와 조직적 사상가로서의 재능을 소유하고 있지 않았다고 하더라도 그는 자신의 개인적 종교체험을 표현함으로써 영성사에 큰 공헌을 할 수 있었을 것이다. 우리가 종교역사를 바라보면서 결국 매우 신비스럽게 느끼는 사실은 한두 인물이 나타나서 동시대의 사람들과 똑같은 상황과 영향을 받으면서도 공통된 전통을 수동적으로 받아들일 뿐만 아니라 독창적으로 반응을 함으로써 그 받은 유산을 더 깊고 새롭게 체험하고 창조적으로 해석한다는 일이다. 사람들이 보통 상식적이고 관습적인 것과 다른 것에는 이름 붙이기를 좋아해서인지 이 책이 출판되자 루돌프 옷토는 "신비가"라는 별명을 받게 되었다. 그런데 우리는 이 애매한 단어를 어떤 뜻으로 쓰는가에 따라 옷토가 참으로 신비가인가를 판정할 수 있을 것이다. 신비가라는 말로 만일 종교심리학 교과서들에서 종교체험의 유형이라는 주제 아래 보통 취급하곤 하는 이상하고 환상적인 현상에 빠진 이들을 지칭한다면 그를 신비가라 부를 수 없을 것이다. 그러나 만일 모든 순수하고 깊이 있는 종교는 그 안에 신비적 요소를 포함하고 있다고 생각한다면, 그는 참으로 신비가라 불릴 수 있을 것이다. 우리가 그를 어떻게 부르든간에 「성스러움의 의미」의 저자는 종교적인 개념, 용어, 제도 등을 그 바탕이 되는 원리를 지적함으로써 의미있게 해석하였을 뿐 아니라 종교적 정신의 모든 표현들 속에 자리잡고 있는 체험을 분명히 해명하는 데 성공하였던 것이다. 옷토가 종교체험의 해석에 성공할 수 있었던 세째 이유는 인류의 종교생활이 표현된 다양한 형태, 곧 세계 종교들의 역사를 친숙하게 잘 알고 있었기 때문이다.

「성스러움의 의미」에 나오는 여러 가지 깊이있는 분석들에 대한 세부적인 토론을 하기보다 여기서는 그 책의 중요한 결과를 요약하려고 한다. 우선 옷토가 증명한 것은 종교체험은 비록 윤리적 체험이나 미적 체험 등 다른 체험들과 연결되어 나타나기는 하지만 근본적으로 다른 것이라는 점이다. 종교체험은 독자적 "평가범주"(Bewertungskategorie)를 이루고 있는데, 이것을 라틴어에서 신성(神性) 내지 신적 힘이라는 뜻을 지닌 "누멘"(numen)이라는 용어를 빌려서 특수 용어를 만들어 "누멘적인 것"[2]이라고 묘사하였다. 종교적 영역은 "성스러운 것"의 영역인 것이다. 이 말은 같은 내용을 중복하여 되풀이하는 것이 아니다. 만일 옷토가 이 책에 서술한 것보다도 좀더 단정적으로 종교체험에서 깨닫게 되는 실재의 객관적 성격을 보여 주었더라면 이 책을 읽으면서 생기는 오해가 적었으리라 본다. 비판자들은 옷토가 피조물 감정이라든지 죄의식 등 주관적인 심리적 반응의 분석에서부터 시작했다는 사실을 비난하였다. 그러나 옷토 자신의 강의를 들은 사람은 그의 조직신학이 언제나 신(神)의 실재로부터 시작했다는 것을 기억할 것이다. 「성스러움의 의미」의 첫째 명제(命題)는, 성스러움[3]은 신비(mysterium)라는 객관적 성격을 지닌다는 것이다. 거기에다가 성스러움을 체험하는 주관적인 인간 마음의 상태에서 성스러움을 분석하게 될 때에는 경외감을 일으키는(tremendum) 성격과 매혹시키는(fascinosum) 성격이 여기에 첨가된다. 여기서 중요한 점은 경외감을 느끼는 인간의 주관적인 느낌이 객

2. 라틴어 numen을 형용사化하면서 그 앞에 정관사를 붙여 새로운 용어를 만들어 낼 때, 독일어로는 das Numinöse가 되고, 그것이 영어로 번역될 때에는 the numinous로 된다. 따라서 이 용어를 우리말로 번역할 때 독일어를 그대로 音譯하여 "누미뇌제"로 하는 것은 본래의 의도에 어긋난 것이며, 우리말 어법에 따라 형용사化하여 "누멘的인 것"이라고 해야 할 것이다(편집자 주).

3. 독일어의 "das Heilige"를 정확히 번역하기는 무척 어렵다. 저자 자신으로부터 탁월한 번역이라고 칭찬을 받은 영어 번역의 제목 자체가 "the Idea of the Holy"로 된 것은 "the Holy"로만 直譯해서는 모든 의미가 다 전달되지 않기 때문이었을 것이다. 우리말로 번역할 때 직역을 하면 "성스러운 것"이지만, 그 안에는 神性을 지칭하는 "성스러운 자"라는 의미와 추상적 범주 내지 개념으로서의 "성스러움"이라는 의미가 모두 포함되어 있어서 그 문장 전체 내용에 따라 어느 정도의 변형이 필요하다. 책의 제목으로는 영어 번역의 전례를 고려하여 본래의 뜻을 우리말로 가능한 한 정확하게 전달하기 위해서 「성스러움의 의미」로 번역하였다(편집자 주).

관적인 실재의 무서운 힘에 대한 반응이며 매혹을 느끼게 되는 것 역시 현상세계에서 경험되는 모든 반대 개념에 조화를 이루는 궁극적 실재의 위대함을 체험하는 데서 오는 것이라는 점이다. 신(神)의 "분노"와 "은 총"이라는 양면성은 그리스도교를 비롯한 여러 종교가 지니고 있는 신학적 정의임을 우리는 알고 있다. 신을 대하였을 때 인간은 자기가 피조물임을 깨닫게 된다. 죄라는 것은 절대자 앞에서 인간이 느끼는 자신의 허무함이라고 옷토는 보았다. "죄란 무엇인가?"라는 질문을 옷토는 「성스러움의 의미」가 나온 이후로도 계속 추구해 나가고 있었음을 우리는 여러 논문들을 통해 볼 수 있다. 누멘적인 체험에서 우리는 무한한 가치를 보게 됨으로써 자신의 허무함(가치의 결여)을 절실히 깨닫게 되어 "당신만이 홀로 거룩하십니다" 하는 고백에서와 같이 성스러움이 무엇이라는 것을 참으로 알게 된다는 것이다. 그의 말년에 루돌프 옷토는 윤리적 문제를 탐구하면서 가치이론의 체계화를 시도하였는데, 1931년 「가치·품위·정의」(Wert, Würde, Recht)라는 책을 내서 현상학적 가치론을 발전시켰다.

이와같이 근본적 범주의 특성을 지니고 있는 종교적 체험을 우리는 어떻게 설명해야 할 것인가? 「성스러움의 의미」가 출판될 때에 ― 지금도 상당히 그런 상태이지만 ― 종교를 연구하던 인류학이나 종교사학은 대체로 진화론에 근거를 둔 환원주의적(reductionist) 전제를 가지고 있었다. 더 높은 단계는 더 낮은 것에 의하여 설명되어야 한다고 믿었고 이러한 무조건적인 진화주의에서 창조적 직관이나 자발성 등은 문제가 될 수 없었다. 분트와의 토론에서 옷토는 유모어를 섞으며 우유가 치즈로 될 수도 있기 때문에 우유와 치즈가 동일한 것이냐고 물은 적이 있다. 인간에게 있는 종교적 추구는 없어질 수도 없으며 다른 것으로 바꿔질 수도 없는 것이라고 옷토는 확신하였다. 이러한 종교적 경향은 인간 안에 새겨진 것이어서 인간이 절대자 안에 쉴 때까지 안식할 수 없는 종교적 갈증으로 나타나기도 한다. 「성스러움의 의미」에서 옷토는 인간의 종교역사 전체를 통해 여러 다른 문화와 종교권에서 이루어진 누멘적인 체험을 우리에게 보여 준다. 여기서 옷토가 종교체험을 다른 종류의 체험적 가치에서 분리시키고 있다는 점이 비평가들에 의해 지적되어 왔다. 물론 그가 종교체험의 특수한 성격을 부각시키려고 노력하고 있는 것은 사실이지만 합리성을 초월한다고 정의하는 누멘적인 체험과 다른 종류의 체험 사이에 있는 관계를 전혀 무시하고 있는 것은 아니다. 끝에 가서 종교적 체험은 다시 이성적인 것과 합치를 보게 된다. 순수한 종교성은 극단적 합리주의나 광신주의의 두 극단을 피한 데서 발견될 수 있다고 하였다.

끝으로 종교적인 주제들을 종합하는 옷토의 또 한 가지 방법, 곧 신학적인 접근에 대하여 간단히 언급할 필요가 있을 것이다. 물론 옷토는 "종교의 핵심이라고 할 성스러움 그 자체만이, 그리고 어느 역사적 종교든지 그 거룩함에 얼마만큼 충실하게 살고 있는가에 따라서 그 종교의 가치를 측정할 수 있는 척도가 될 수 있다"고 말하였다. 따라서 모든 인간에게 공통적으로 주어진 종교적 유산이 예언자와 성인들 안에서 발전되고 구체화된다고 보았다. 이러한 구체화의 과정이 최고 상태에 오른 것을 옷토는 성령의 충만함 그 자체인 그리스도의 모습 안에서 보았다. 그리스도 안에서 우리는 성스러움을 가장 정확히 볼 수 있다는 그의 그리스도교적 신앙 때문에 그 책의 마지막 문장은 "하느님의 아들"을 가리키는 데서 끝나고 있다.

루돌프 옷토는 그의 생애의 마지막 20 년을 두 개의 어려운 문제를 가지고 고심하였다. 하나는 철학적인 문제로서 종교와 윤리의 관계에 관한 것이고, 또 하나는 신학적인 성격의 문제로 그리스도의 정체를 이해하기 위한 것이었는데, 이 둘 다 인간의 삶과 역사 안에서 성스러움이 어떻게 나타나는가를 알려는 추구에서 나온 문제들이었다. 종교와 윤리 문제는 누멘적 체험과 그외의 다른 체험과의 관계라는 더 일반적인 문제 안에 포함된다고 하였다. 그러나 특별히 종교와 윤리의 관계는 윤리의 기초가 되기 때문에 이 중에서도 가장 근본적인 문제라고 보았고, 따라서 이 문제에 가장 큰 관심을 쏟았다. 그의 사고체계에서 미학적인 고려도 상당한 부분을 차지했다는 것은 이미 언급한 바 있지만, 미학적인 문제보다는 윤리적 문제에 대한 추구가 정언적(定言的) 명령을 중시하는 그의 성격에 더 끌리는 것이었는지도 모른다. 옷토의 종교적 체험에 대한 분석에서 가장 약한 점은 그가 칸트에게서 물려받아 의미를 바꾼 감정의 연계(Gefühlsgesellung)에 대한 그의 개념이라는 데에 거의 모든 비판자들은 일치한다. 종교적 체험은 다른 종류의 체험이나 판단과의 관계 안에서 체계화된다. 성스러움의 의미는 물론, 종교의 중심되는 개념인 죄와 구원의 문제도 도덕적인 요소와 연결되어 있다. 따라서 모든 도덕적 가치들의 기초를 현상학적으로 증명하려는 것이 루돌프 옷토의 마지막 목표였던 것이다. 그의 서거로 실현되지는 못했지만 깃퍼드(Gifford) 강의에 초대되자 그는 그 강의에 「도덕률과 하느님의 뜻」(Moral Law and the Will of God)이라는 책으로 후에 나오게 되는 다섯 개의 논문을 이 주제로 쓰려고 계획하였다.

처음의 두 논문인 〈가치·품위·정의〉와 〈가치의 법칙과 자율〉(Wertgesetz und Autonomie)에서 우리는 가치의 객관적 유효성을 보여 주려 했던 오스트리아 학파의 영향과 막스 쉘러 및 니콜라이 하르트만(Nicolai Hartmann)의 현상학의 영향을 볼 수 있다. 칸트적인 출발점이 포기된 것은 아니었지만 전보다 훨씬 그 영향이 감소되고 있다. 누멘적 체험을 묘사하던 그러한 능숙한 솜씨로 도덕적 가치에 대한 주관적 반응을 분석하고 있다. 「성스러움의 의미」에서 서술되었던 것보다 훨씬 분명하게 도덕성의 지울 수 없는 요구와 특별한 본질이 묘사되고 있다. "도덕률은 정언적이라는 면에서 법(Gesetz)이라기보다는 명령(Gebot)이다"라고 옷토는 결론 내렸다. 도덕률은 인위적인 것이 전승되는 것이 아니라, 발견되는 것으로서 인간의 본질적 가치와 정의(正義)에 기초를 둔다. 따라서 도덕률에 맞게 행동한다는 것은 인간에게 존엄성을 부여한다. 〈책임성에 관하여〉라는 논문에서 옷토는 자유에 대한 기본적인 도덕적 가치를 분석하여 "창조적 시원(始原)"(schöpferisches Urheben)이라는 개념으로 종교와 형이상학의 영역으로 되돌아간다. 곧 책임감 안에서 우리는 필연성과 우연성의 일치를 신비스럽게 깨닫게 된다는 것이다.

루돌프 옷토가 말년에 고심하던 둘째 문제는 이미 「성스러움의 의미」

에서도 나왔던 "우리는 그리스도를 어떻게 생각해야 할 것인가" 하는 신학적인 문제였다. 옷토가 「예수의 생애와 활동」이라는 대중적인 소책자를 낸 같은 해인 1902년 에른스트 트뢸취는 「그리스도교의 절대성」 (*Die Absolutheit des Christentums*)이라는 유명한 논문에서 비그리스도교에 대한 우리의 지식이 놀랄 정도로 증가되고 있는 현실적 관점에서 그리스도교의 절대성이 어떻게 유지될 수 있는가에 질문을 던졌다. 트뢸취의 대답은 그리스도교를 포함한 어느 종교도 절대적 진리를 가지고 있지 않다는 것이었다. 오직 하느님만이 절대적이며 그와의 관계에서 인간은 구원을 찾게 되어 있다고 하였다. 그리스도교는 다른 종교들과 마찬가지로 역사적 현상이라고 보았다. 그러나 이러한 이해가 진리의 상대화를 말하는 것은 아니며, 인간이 역사 안에 절대적 규범을 찾아왔다는 사실이야말로 위대한 발견이라고 보았다. 따라서 그리스도인은 실망할 필요가 없으며, 절대성을 주장하는 몇 개의 세계 대종교들에 대한 평가의 기준은 미리 정해질 수 없고 사상적으로 자유롭게 경쟁하게 함으로써만 나올 수 있게 될 것이라고 하였다. 그러나 개인적으로 트뢸취 자신은 예수의 비할 수 없는 품격에 대하여 사랑과 확신을 가지고 말하곤 하였다.

옷토의 〈예수의 생애와 활동〉이라는 논문은 내용상 특기할 만한 것은 없지만 구약적 신심(信心)과 예수의 새로운 신심을 대조하여 묘사하는 방법에서 그의 신학적 경향의 특성을 보이고 있다. "여기서도 하느님은 거룩하신 분이며 우리에게 의무를 지우는 도덕률의 시원(始原) 그 자체인 것이다"라고 옷토는 쓰고 있다. "예수의 새로운 종교는 반성이나 사고, 명상이나 철학에서 나온 것이 아니었다. 인위적으로 만들어지거나 증명된 것도 아니었다. 오히려 이 종교적 천재의 개성의 신비로운 깊이에서부터 터져나온 것이다." 예수의 가르침은 하느님의 나라에 중심을 두고 있었고 바로 이 개념을 주제로 하여 루돌프 옷토의 둘째 대작이 씌어지게 된다. 우리는 이미 성령의 충만함이신 하느님의 아들 안에서 성스러움의 최고의 모습을 볼 수 있다고 하는 결론으로 그의 첫째 책인 「성스러움의 의미」를 마치고 있다는 사실을 지적한 바 있다.

「하느님의 나라와 사람의 아들」이라는 제목을 가진 옷토의 둘째 저서는 널리 알려지지 않은 책으로 "종교역사 안에서의 한 논문"이라는 부제는 이 책을 씀으로써 옷토가 시도한 바가 무엇이라는 것을 분명하게 한다. 그는 신약성서나 그리스도론에 대한 논평을 하려는 것이 아니라 종교사 안에서의 예수의 정체를 밝히고자 하였다. 옷토는 위에 언급한 트뢸취의 논문을 이미 잘 알고 있었고 괴팅겐 대학에서 빌헬름 부쎄 (Wihelm Bousset)를 비롯한 종교사학파의 지도자들과의 접촉을 통해서 얻은 종교사적 결론을 내리고자 하였던 것이다. 그 당시의 학자들이 그리스도교의 형성에 있어서 유대교・헬레니즘・이집트・메소포타미아・시리아의 종교들이 끼친 영향을 밝히려고 한 데 반하여 옷토는 예수의 설교의 중심을 이루던 하느님의 나라라는 개념에서 무엇보다도 페르시아의 영향이 가장 크다고 보았다. 그러나 그리스도의 복음이 또 하나의 외적 영향을 받았다는 단순한 해명에 옷토가 만족한 것은 아니었다. 이런 결론은 옷토의 방법론적 원칙과도 위배되었을 것이다. 20세기 초 종교사학파 이외에도 신약성서 학자들에게 상당한 영향을 주고 있던 것은 알베르트 슈바이처(Albert Schweitzer)의 종말론적 해석이었다. 옷토 역시 예수 안에서 종말론적 모습을 보았으나 "하느님의 나라가 가까왔다"는 예수의 설교는 "심판날이 다가왔다"라는 세례자 요한의 설교와는 다르다고 보았다. 요한의 물의 세례라는 종말론적 성사의 위치는 왕국이 이미 여기에 왔다라는 영적 힘의 도래로 대치된 것이다. 따라서 우리가 "그리스도의 의미"를 참으로 이해하고자 한다면 하느님의 나라가 끝날에 올 미래의 모습이라는 그의 확신에도 불구하고 그리스도가 그의 영광과 능력 안에서 그를 따르던 사람들에게 말과 행위로써 "초월의 기적"을 베풀 수 있는 카리스마를 지녔다는 사실을 파악해야 한다고 보았다.

따라서 그는 이 책을 「하느님의 나라와 사람의 아들」이라고 불렀던 것이다. Ⅱ부 시작에서 옷토는 예수의 메시아적 칭호에 대한 문제를 논하면서 신학자요 종교사학자로서 그의 사상의 특징을 이루는 주제를 제시하고 있다. 예수 그리스도는 하느님으로부터 보내어지신 분인가 하는 질문에 대한 답은 신앙으로만 결정될 수 있기 때문에 역사의 범위 안에 들어가지는 않는다. 이것은 누멘적인 실재에 대한 종교적 판단에 속한 것으로 「성스러움의 의미」에서 분석한 것과 같은 종류의 판단인 것이다. 그러나 예수의 메시아적인 의식은 이미지(image)들을 통해· 표현되었으므로 그 표현의 의미에 대한 역사는 종교사가의 연구로 밝혀질 수 있다. 옷토는 후기 유대교의 메시아 개념을 비롯한 이러한 표현들을 훌륭하게 분석하였다. 그는 그리스도 자신의 말씀으로부터 그가 하느님과 유일하고 고유한 관계를 의식하고 있었다는 사실을 보여 줄 수 있다고 믿었다. 그리스도의 죽음과 영광은 예레미야 53장을 해석한 예수에 의하여 하느님 나라가 도래하기 위해서 필요한 단계로서 기대되었던 것이라고 보았다. 여기서 우리는 최후의 만찬이야말로 예수가 제자들을 하느님 나라로 들어오게 하는 입회식(initiation)이었다고 해석한 옷토의 설명을 자세히 소개할 수는 없다. 성만찬의 본질에 대한 옷토의 설명은 그가 본문 해석과 역사 연구에 숙달되어 있었다는 것과 그리스도의 메시아 의식의 상징적 표현으로 성사를 종말론적으로 해석할 때에 풍부한 결실을 얻을 수 있다는 사실을 보여 준다. 옷토는 이미 〈성스러움의 현현(顯現)으로서의 성사(聖事)〉와 〈주님의 최후만찬〉이라는 두 개의 논문을 써서 성찬의식에 대하여 논한 적이 있었다.

「하느님의 나라와 사람의 아들」 마지막 부분은 그 책머리에서 제기된 질문으로 되돌아간다 : "너는 그리스도를 누구라고 여기느냐?" 여기에 신학자의 관심과 종교학자의 관심이 하나가 된다. 옷토에 따르면, 우리는 예수를 카리스마와 카리스마적 힘이라는 개념 안에서 보아야 한다. "만일 누가 그리스도가 어떤 분이었는가를 말하려고 한다면 그를 귀신 쫓아내는 사람, 카리스마적 능력자로 생각하게 될 것이다." "오직 그리스도의 인격과 그 의미로부터만이 하느님의 나라에 대한 그의 복음의 의미를 이해할 수 있을 것이다." 신학자로서 예수의 카리스마를 이해하는 것은 필수적인 것이다. 루돌프 옷토의 말을 빌리면 그리스도는 "스스로 나자렛 사람 예수를 따르는 교회라고 의식하는 공동체의 기초가 된 기대하던 메시아이다."

이제까지 우리는 학자로서, 사상가로서의 옷토를 소개하였다. 이제 시인이며 사회의 지도자로서, 더 나아가서 세계인으로서의 옷토에 대하여 몇 마디만 더 붙이고자 한다. 그의 마르부르크 대학 학장 취임연설인 〈현대 대학의 의미와 사명〉(1927)을 보면 대학은 가르치는 사람들과 배우는 사람들의 공동체라는 의미에서 계속 변하고 계속 성숙하는 곳으로서 진리를 탐구하기에 전심을 다하는 곳이라고 대학을 정의하고 있다. 옷토는 조화된 전체(universitas)라는 뜻을 가진 대학의 본래의 의미에 따라서 그 시대에 계속되고 있던 세 가지 운동인 이상주의·사실주의·근대 생철학으로부터 진리의 요소들을 모아서 종합하는 것이 필요하다고 호소하였다. 옷토는 훌륭한 독일인이었고, 바로 그 때문에 진정한 세계인이 될 수 있었다. 그의 학문적 연구와 개신교 교파의 연합이라는 에큐메니즘의 개념을 훨씬 넘는 인류의 종교연맹이라는 그의 계획 속에서 우리는 이 양면성을 볼 수 있다. 진정한 그리스도인, 진정한 유대인, 진정한 이슬람교도, 진정한 힌두교도는 공통되는 무엇을 가지고 있기 때문에 그는 그 당시 많은 이들에게는 환상적인 이야기였고 웃음거리가 될 수도 있던 그런 종교연맹의 가능성을 믿었던 것이다. 「성스러움의 의미」를 쓴 옷토가 세계의 위대한 종교공동체들간에 있는 차이점들을 무시하고 무차별한 통일을 주장할 리는 없었다. 그의 이상주의에도 불구하고, 아니 어쩌면 바로 그 때문에 옷토는 위대한 현실주의자였다. 이제 종교에 반감을 지닌 세력들이 세계 각처에 퍼져 있는 오늘과 같은 현실에서 종교공동체들은 미지근한 상태를 벗어나야만 한다는 자각이 보편화되기 시작하였다. 모든 종교전통들은 각기의 교리와 예배 안에 들어 있는 핵심적 신앙에 대한 더 깊은 이해를 추구하고 있다. 옛날에 이루어진 종교공동체간의 분리상태가 새로운 국면으로 바뀌어지고 있는 것이다. 성스러움의 공통된 체험으로부터 영적 양식을 얻어 서로 이해하기를 원하고 또 이러한 이해를 시도하는 조그만 그룹들이 여기저기서 형성되기 시작하고 있다. 이러한 징표들 속에서 옷토는 그리스도교의 미래는 물론 종교와 세계의 미래를 위한 희망을 보았다.

4장

종교의
보편적 요소들[*]

요아킴 바흐

[*] Joachim Wach 자신이 자기 사상의 핵심이라고 말한 "Universals in Religion" (*Types of Religious Experience* 2장에 기재된 논문)을 편저자가 번역한 것이다. 이 논문의 註에 나오는 서적들은 이제는 몇십 년 전의 것으로 최근의 이 방면의 연구를 보여 주는 것은 아니나(本書 9장, 11장 참조) 20세기 중엽의 종교학 연구 상태를 엿보게 하므로 전체를 그대로 번역하였다.

Ⅰ. 종교체험을 특징짓는 보편적 요소들
Ⅱ. 종교체험의 표현형태를 특징짓는 보편적 요소들

I
종교체험을 특징짓는
보편적 요소들

지난 몇 세기 동안 학자들의 조심스러운 연구를 통해서 또 탐험가들, 선교사들, 우리와 개인적인 친분을 가지고 있는 여행가들을 통해서 우리 모두는 얼마나 다양한 종교적 개념과 실천들이 세상에 존재하고 있는가를 깨닫게 되었다. 이러한 종교적 다양성을 의식하게 되면서 많은 이들은 마음속에 놀라움과 혼란을 느끼게 되었다. 이 상황에 처해서 갖게 되는 반응을 주로 세 가지 유형으로 나눌 수 있다. 첫째는 회의주의로서, 모든 종교적 개념과 관습 안에서 무지와 어리석음의 표현 이상을 보려 하지 않기 때문에 결국 종교를 인류의 문학적·종교적 낙후의 표시로 규정하는 태도이다. 둘째는 상대주의적 반응으로서, 진리의 문제를 상관하지 않고, 있는 대로의 사실들을 상대적인 것으로 받아들이는 태도인데, 요즈음의 학자들과 지성인들은 개인적 헌신이 결여된 이런 반응을 많이 보이고 있다. 세째로 가질 수 있는 반응은 종교적이라고 불리어지는 다양한 현상들을 연구해보려는 자세로서, 서로간의 비교와 현상학적 분석을 시도하여 표현된 형태 속에서 어떤 구조를 발견하려고 노력하는 것이다. 곧 여러 가지 다양한 표현들을 내면적 경험의 나타남이라고 보기 때문에, 이런 경험에 일치되는 실재란 과연 무엇일까를 이해하려는 것이다. 이상의 세 가지 반응 중에서 마지막 것만이 바람직한 것이며 결실을 맺을 가능성을 가졌다. 따라서 우리는 여기서 이 세째 입장에 서서 종교의 문제를 다루고자 한다.

이제까지 지리학·인류학·사회학·고고학·언어학·역사학·종교사학 등이 우리에게 알려 준 놀랄 정도로 많은 자료들을 정리하여 어떤 체계를 세우려 할 때, 우선 우리는 어떤 것이 종교적이고 어떤 것이 그렇지 않다는 것을 구별할 수 있는 규범이 필요하다. 여기서 우리는 군

소 학자들에 의하여 최근에 제의된 수없이 다양한 종교의 정의를 논할
여유는 없다. 그리고 그리스도교 등 세계 대종교 공동체에서 이루어진
고전적 종교 정의를 우리의 규범으로 삼을 수도 없다. 보통 그리스도
교·유대교·힌두교라고 알려진 특정 종교와 종교라는 일반적 개념을
완전히 일치시킬 수 없을 뿐 아니라 이들 중 어느 전통의 종교 정의를
택할 것이냐에 대해서도 학자들 간에 일치를 보기가 어렵기 때문이다.
어떤 이들은 처음에는 무엇이 종교적이고 무엇이 종교가 아닌가를 결정
하는 일이 그리 어려운 것이 아니라고 생각할지도 모른다. 그들은 사회
문화사, 고대사, 현대사 등의 교과서들에서 볼 수 있듯이 정치·경제·
예술·종교 등에 대한 개별적 장(章)이 나누어져서 한 부족이나 국가의
사회조직·경제·법제도·예술·과학·도덕생활·종교 등이 분명하게
분류될 수 있는 것이라고 일상적으로 생각하기 때문이다. 그러나 좀더
깊이 고찰해 보면 이러한 부분화가 가진 단점들이 분명해지고, 구분하
는 과정 속에서 반복이나 삭제 등을 피할 수 없다는 사실을 알게 된다.
이런 이유로 해서 일부의 인류학자·철학자·신학자들을 포함하는 종교
연구가들 중에서는 종교란 그 자체로 독자적(sui generis)인 것이 아니
라 인간의 내적 열망이나 한 민족의 문화적 총체를 지칭하기 위하여 붙
인 이름에 불과한 것이라고 보기도 한다. 우리가 그들의 결론을 배격하
는 것은 종교를 한 인간과 사회의 다른 경험이나 활동들과 분리하려는
이유에서가 아니다. 오히려 인간의 다양한 관심과 태도 및 활동의 상호
관계를 깊이 이해하고 파악하기 위해서 인간의 기호(嗜好)와 욕구·행
동과 반응의 본질을 매우 조심스럽게 조사해야 되기 때문이다. 윌리암
제임스의 말이 참으로 옳았다고 생각된다 : "결국 그에 따라 판단해야
하는 종교체험의 본질은 우리가 다른 데서는 만날 수 없는 그러한 요소
와 성격이어야 한다."[1] 따라서 종교를 인간의 내적 실존을 구성하는 한
부분을 이루는 느낌·의지·사고 등과 일치시키려는 사람들에게 나는
동의할 수 없다. 무엇이 종교적인가를 결정하는 명확한 기준을 세우기

---

1. William James, *The Varieties of Religious Experience*, New York / London:
   Long Green 1902.

위해서는 개념적으로 체계화된 인식활동만으로도 되지 않고 감정과 애정의 표현만을 고찰하는 것만으로도 불충분하다. 따라서 나는 다음의 네 가지 점을 종교체험을 정의하기 위한 공식적 기준으로 제의하는 것이다.

첫째, 종교체험이란 궁극적 실재(ultimate reality)로 체험된 것에 대한 인간의 반응(response)이다. 곧 종교적 체험에서 우리는 물질적이거나 비물질적인 어떤 유한한 현상에 반응하는 것이 아니고, 우리 경험세계를 구성할 뿐 아니라 그 밑바탕을 이루고 있다고 깨달아지는 그 무엇에 대하여 응답하는 것이다. 나는 우리 존재구조 안에 "궁극성"(窮極性, ultimacy)을 요구하는 면이 있다는 사실이 곧 종교체험의 기초가 된다고 말한 폴 틸리히[2]에게 동의한다. 그런데 틸리히가 이 말을 하기 전에 이미 윌리암 제임스는 「종교체험의 다양성」[3]에서 같은 의미의 말을 했는데, 그것이 폴 존슨의 「종교심리학」[4]에 인용되고 있다 : "인간의 의식 안에는 실재에 대한 느낌, 곧 객관적인 그 무엇이 현존한다는 감정이 있어서, 이 느낌은 현대 심리학이 발견해 낸 인간의 어떤 감각이나 느낌보다도 더 깊고 전체적인 '그 무엇'이라고 부를 수 있는 것을 파악한다."[5] 최근에 종교심리학에 대한 책을 쓴 저자의 말을 인용하겠다 : "종교체험이란 신적이거나 가치를 부여하는 원천이라고 보여지는 능동적 실재를 표상하는 그 무엇에서 오는 자극에 대한 반응을 말한다."[6] 그런데 이러한 반응은 지속하려는 경향을 띠고 있어서, 일단 생

---

2. Paul Tillich, "The Problem of Theological Method", *Journal of Religion* 27(1947) 23면.
3. W. James의 책 58면.
4. Paul E. Johnson, *Psychology of Religion*, New York : Abingdon Cokesbury Press, 36면.
5. Emile Durkheim은 William James에게 이 점에서 동의하였다 : "종교적 믿음은 과학적 실험과 다른 종류이기는 하지만 절대로 그에 떨어지지 않는 지식적 가치를 가진 특별한 경험에 기초를 둔다"(*The Elementary Forms of Religious Life*, J. W. Swain 역 [1915] Glencoe : Free Press 1947, 417면). 또한 그는 다음과 같은 사실을 첨가했다 : "종교체험은 존재하며 일정한 기초를 지니고 있으나, 그 기초가 되는 실재가 신봉자가 가지는 개념과 객관적으로 일치한다는 말은 아니다."

명과 가치의 근원과의 통교가 확립되고 나면 인간은 이런 통교를 계속 확보할 수 있을 때까지 안정을 얻지 못한다.

둘째로, 종교체험은 궁극적 실재로 파악된 것에 대한 인간 전존재의 전체적 응답(total response)이다. 곧 우리의 사고력·감정·의지력 등 한 가지의 인간적인 성능만이 관여하는 것이 아니라 총체적 인격체(integral person)로서 전체적으로 반응한다는 말이다.[7]

세째로, 종교체험은 인간에게 가능한 모든 체험 중에서 가장 강렬한 경험(intense experience)이다. 종교체험의 모든 표현들이 이러한 강도(intensity)를 나타내고 있는 것은 아니나, 순수한 종교적 체험은 가능적으로나마 이러한 강도를 지니고 있다는 것이다. 보통 이러한 강도는 종교적 욕구가 인간의 다른 기초적 충동이나 동기들과 알력을 일으킬 때에 가장 잘 볼 수 있다. 종교적 충성은 그것이 참으로 종교적 성격을 띨 때에는 다른 모든 가치에 대한 충성을 극복한다. "실존적"이라는 현대 용어로 우리는 종교체험의 깊은 헌신과 철저한 심각성을 가리킬 수 있는 것이다.

네째로, 종교체험은 실천적(practical)이어서 인간을 행동하게 움직이는 힘, 곧 헌신하게 하는 명령과 규범성을 가지고 있다. 이러한 행동적 특성은 체험적 강도에서는 그와 유사한 미학적 체험으로부터 종교적 체험을 구별케 하고 도덕적 체험과 비슷하게 한다. 그러나 도덕적 판단은 궁극적 실재에 대한 반응에서 필연적으로 나오는 것만은 아니므로 역시 종교적 체험과 구별된다.

위의 네 가지 기준 중에서 한 가지나 두 가지 혹은 세 가지 요소만 있으면, 그 체험을 종교적이라고 하기에 충분하지 않다. 네 가지 기준이 모두 충족되어야만 한다. 이 네 가지 조건이 다 채워졌을 때에는 종

---

6. Johnson의 책 47면. John M. Moore는 Rudolf Otto가 누멘적 감각에 지적 본질이 있다고 전제한 것을 비판하였다(*Theories of Religious Experience,* New York: Round Table Press 1938, 86, 95면 이하). 우리는 여기서 파악(apprehension)하는 자체와 지적인 표현을 구별하고 있다.

7. 이 점은 Canon B. Streeter, *The Buddha and the Christ,* London: Macmillan 1932, 157면 이하에 잘 묘사되었다.

교적인 체험과 비종교적인 체험을 구별하기가 어렵지 않을 것이다. 여기서 문제가 되는 것이 유사종교(pseudo-religious) 체험과 반(半)종교(semi-religious) 체험들이다. 유사(類似) 체험은 비종교적인 것이기 때문에 종교 고유의 표현형태를 이용하여 종교인인 체하는 사람들 자신은 유사의 사실을 분명히 알고 있다. 반(半)종교적 체험은 종교체험의 둘째 · 세째 · 네째의 특성을 가지고 있을지 모르지만 가장 중요한 첫째 요소인 궁극성을 지니지 못하고 유한한 어떤 실재에 대한 반응이다. "숭배"하다시피 하는 자기의 애인이나 민족 · 사회계급 · 국가 등에 대해 강렬하고 희생적인 헌신을 쏟는 사람의 경우가 반(半)종교적 체험의 예라고 하겠다. 그러나 절대적인 충성이 유한한 가치에 주어졌을 때 그것은 종교적이라기보다는 우상으로 되고 마는 것이다.

위에 언급한 이러한 네 가지 기준에 의하여 정의한 종교체험은 "보편적"(universal)이라는 것이 이 논문의 첫째 명제이다. 이 주장의 실증적 근거는 인류문화를 조사했던 탐구가들과 연구자들의 증언에서 발견될 수 있다 : "아무리 원시적이라 할지라도 종교와 주술이 없는 종족은 없다"라는 말이 말리놉스키의 유명한 논문의 시작이다.[8] 이 결론을 부정하려는 시도가 몇 번 있기는 했으나 그럴 때마다 더 조심스러운 연구에 의하여 종교가 없는 사회가 있다는 결론은 성급하게 내려진 오류였다는 것이 밝혀졌다.

우리의 둘째 명제는 종교체험은 표현(expression)되기 마련이라는 것으로, 종교체험을 한 사람들은 그 체험한 바를 나타내려는 경향을 띠고 있는데, 이 경향 역시 보편적이라는 것이다. 표현됨으로써, 그리고 표현을 통해서만 다른 분야에서의 우리의 체험 역시 남에게 알려지는 것과 마찬가지로 표현된 종교적 체험만이 종교역사를 공부하는 우리들에게 존재하는 것이다. 다른 사람의 종교체험 그 자체는 직접적 관찰대상이 될 수가 없다. 이 사실을 인정할 때 몇 가지 중요한 해석학적 결론이 나오게 된다.

8. Bronislaw Malinowski, *Magic, Science, and Other Essays*, Glencoe Ill. : Free Press 1948, 1면.

이제까지 종교체험의 보편성과 그 표현의 보편성을 말하였는데 이제 종교의 보편적 요소들의 세째 명제로 표현구조상에 나타나는 보편성을 말하고자 한다. 세계 각처에서 발견된 종교체험의 표현형태(forms)들을 비교연구하여 보면 그 구조에 놀랄 만큼의 유사성이 있음을 발견한다. 이러한 비교연구의 결과를 요약하여 보면, 이론적 표현(theoretical expression), 실천적 표현(practical expression), 사회적 표현(social expression) 등 세 가지 종류로 종교적 표현을 분류할 수 있다.[9] 때와 장소의 구별이 없이 인간은 그의 종교체험을 개념적으로나 행동 내지 사회적인 계약을 맺는 방법을 통해서 구체적으로 표현하고 싶은 필요를 느꼈다는 것이다. 어느 종교든지 이 세 가지 표현을 다 가지고 있어서 그 중 하나라도 완전히 결여된 경우는 없다. 물론 정도의 차이나 발전의 속도는 각기 달랐다. 또한 이론적·실천적·사회적 표현형태 중에서 어느 하나가 더 우선적이라는 학설을 확립하려고 노력한 학자들도 있었지만, 신화(神話)가 종교의식(宗敎儀式)을 앞선다든지 이 두 가지가 모두 공동체 형성을 앞선다는 식의 토론은 불필요한 것으로 보인다. 종교역사를 보면 이 세 가지 면이 서로 깊이 영향을 미치면서 종교생활의 원동력을 구성했다는 것을 알 수 있기 때문이다.

이러한 종교체험의 표현구조와 무수히 다양한 형태로 발견되는 공통점을 고찰하기 전에 이 고찰에 도움이 되기 위하여 인간체험과 그 표현에 대한 일반적인 사실들을 먼저 간단히 살펴보아야 하겠다. 인간은 자신이 언제나 환경적으로 제한을 받고 있다는 것을 안다. 무엇을 경험하든 시간과 공간 안에서 체험하게 되기 때문이다. 시공(時空)의 제한성을 초월하는 것처럼 느끼는 종교체험 안에서도 그가 보고 느끼는 것을 표현하려 할 때 자기가 알고 있는 친숙한 것을 유추적으로 사용할 수밖에 없는 것이다. 엑카르트(Eckhart)가 "시간은 우리가 빛에 도달하는 것을 막고 있다. 하느님에게 가는 데 시간보다 더 큰 방해물은 없다"[10]

9. Joachim Wach의 방법론적인 이론은 그의 *Sociology of Religion* (London : Kegan Paul 1947) 서문과 1부의 참고서들을 참조.
10. Aldous Huxley, *The Perennial Philosophy* (London : Chatto and Windus 1945)의

라고 말한 것처럼 모든 종교의 신비가들은 이런 느낌을 생생하게 보통 모순적인 표현을 통해서 말하였다. 따라서 부정의 길(the way of negation)은 모든 종교언어에서 사용되는 것으로서, 이제까지 자기에게 알려지고 친숙한 데서 시작되는 유추법을 일단 부정함으로써만이 자기가 보고 느낀 신비를 표현할 수 있게 된다.[11] 모든 종교적 사상과 종교행위가 이루어지는 윤곽이 되는 거룩한 시간과 거룩한 공간이라는 개념은 보편적 개념이라는 것을 우선 분명히 할 필요가 있다. 왜냐하면 이 개념이 없는 신화나 교리, 종교의식이나 종교공동체는 발견되지 않기 때문이다.[12] 거룩한 시공의 범주와 밀접히 연관되어 있는 것은 개인과 공동체의 삶이 의존하고 있는 우주적 질서(cosmic order)라는 개념이다. 널리 알려져 있는 중국의 도(道)의 개념, 힌두교의 리타(ṛta), 페르시아의 진리(asha), 그리이스의 정의(dikē) 등은 인간과 사회가 존재하기 위해 그에 의존하는 질서를 지칭한다.[13] 아메리칸 인디안의 종교,

2장 "Time and Eternity" 참조.

11. 감각기능에서 나온 것을 비유로 쓰기 때문에 체험된 것을 빛이라고 묘사하기도 하고 목소리가 들리고 향기를 맡는다는 등으로 표현되기도 한다. 먹고 출산하는 등의 육체적 현상과 전쟁·농사·목축 등 인간의 여러 행위도 종교적 비유로 사용되며, 여행과 인간관계들도 비유로 쓰인다. Bevan 교수는 특히 시간과 공간의 개념이 상징적으로 쓰인 예들을 연구하였다 : "태양은 강렬한 햇빛과 그 따뜻함, 빛과 생명을 주는 성품으로 창조하고 이끌어내는 힘의 자연적 상징이 되었다" (*Languages*, 589면). 인간의 性 역시 상징으로 쓰였다 : "性的 사랑의 높이와 깊이, 무서운 어두움과 눈을 멀게 하는 밝음 때문에 그리스도교 신학자들과 철학자들은 물론 Platon의 「대화」에서도 성적 사랑이 창조적 사랑에서 멀지 않은 것으로 간주되었다"(Urban의 책 591면). M. A. Ewer는 신비적 상징언어에서 감각의 비유들을 분석하였다(*A Survey of Mystical Symbolism*, London: S. P. C. K. 1933). Underhill은 神的 초월을 향하는 상징적 순례 개념에 중점을 두었고 사랑과 변화를 중시하였다(*Mysticism*, London: Methuen, 12판 1930, 6장).

12. Gerardus van der Leeuw, *Religion in Essence and Manifestation*, London: Allen & Unwin 1938, 655-7면 ; Mircea Eliade, *Traité d'histoire des religions*, Paris: Payot 1949, 10, 11장.

13. Otto Franke, "Der kosmische Gedanke in der Philosophie und dem Staat der Chinesen", *Vorträge der Bibliothek Warburg*, Leipzig: Teubner 1928 ; Wach, *Sociology of Religion*, 49면 이하 ; T. W. Rhys Davids, "Cosmic Law in Ancient Thought", *Proceedings of British Academy*, Oxford: University Press 1917, 18, 279면 이하 ; Roger Caillois, "L'homme et le sacré", *Mythes et religions*, Paris:

아프리카와 오세아니아의 종교들도 방향·계절·천체·빛깔·사회조직 등을 이해함에 있어서 모든 존재가 물리적·정신적·영적 생활에서 복종해야만 할 우주적 법칙을 따르도록 되어 있다고 보았다.[14] 자연과 자연의 리듬, 문화와 문화적인 활동들, 국가와 국가적 구조들은 모두 이 질서의 단면들로서 절대적 질서야말로 모든 윤리의 기초라고 생각되었던 것이다.

종교체험은 궁극적 실재로 파악된 것에 대한 인간 전존재의 전체적 응답이라고 이미 정의한 바 있다. 이러한 체험에서 인간은 자기의 지혜나 능력으로 조절할 수 없는 더욱 위대한 힘을 대한다. 나는 여기서 두 가지 점을 강조하고 싶다. 종교체험이 우선적으로 지적 추리나 이론적 논리에 의한 결론이 아닌 것이 분명한 것은 원시종교에서는 이러한 이론적 발전을 거의 찾아볼 수 없기 때문이다.[15] 다시 말해서 종교는 미성숙한 과학이나 철학과 같은 것이 아니라는 것이다. 이 점을 다시 강조하는 이유는 지성만능주의적 계몽주의 사상으로부터 시작된 불행한 종교에 대한 오해가 아직까지도 잔존하고 있기 때문이다. 우리가 "종교"라고 부르는 체험은 지적인 면이 결여된 것은 아니나 지적 활동으로 정의될 수는 없는 실재의 파악과 깨달음, 혹은 무한한 힘으로 체험된 그 무엇에 대한 반응인 것이다. 루돌프 옷토는 이런 인간적 반응을 누멘적 감각(sensus numinis, 경외감)이라고 불렀는데,[16] 이 용어는 아주

Leroux 1939, 9면 이하; Eliade, *Traité*, 10, 11장.

14. "동서남북 사방과 위아래를 포함한 六位라는 세계의 상징성을 아메리칸 인디안 중에서 Pueblos보다 더 발전시킨 곳은 없다. 이런 비유는 색깔·식물·동물·의례적 대상·종교적 개념들뿐만 아니라 인간사회의 구조에까지 적용되어, 결국 인간을 우주의 극적인 중심 및 그 형태의 세부적 이미지로서 보려 한다"(Hartley Alexander, "North American Mythology", *The Mythology of All Races*, Archeological Institute of America 1936, 10권 185면.

15. "원시인은 여기저기 어디서나 神的 자극을 만나는데, 그 경험의 내용에서 볼 때 개념보다는 감각으로 얻는 것이 훨씬 더 중요성을 가지고 있다"(Marett, *Faith, Hope and Charity in Primitive Religion*, Oxford: Clarendon Press 1932, 144면). Frankfurt 外, *Intellectual Adventure of Ancient Man*, Chicago: University Press 1946, 130면 이하도 참조.

16. *Types of Religious Experience* 10장 참조.

적절한 지칭인 것 같다. 이제는 종교를 어느 교활하고 상상이 풍부한 사람이 자신의 주관적 필요를 충족시키기 위하여 만들어낸 환상이라고 보는, 종교에 대한 그릇된 이론은 완전히 배격되어야만 한다. 종교체험에 대한 증언들을 보면 그 안에는 종교체험이 자신의 오랜 추구와 노력의 결과로 온 것으로 보이는 것도 있으나, 더 많은 경우에는 생각지 않던 때에 종교체험을 가지게 되는 것을 볼 수 있다. 곧 종교체험은 필연성의 이론을 따르기보다는 임의성을 띤 자유에 따라 주어지는 성격이 더 강하다는 것이다. 그래서 우리는 인간 안에는 종교체험을 통하여 활성화될 수 있는 성향(性向, propensity), 곧 누멘적 감각을 본래적으로 지니고 있다고 결론 내릴 수 있는 것이다.[17]

최근에 종교의 비교연구의 결과로 "힘"(power)이라는 개념이야말로 여러 민족과 사회에 퍼져 있는 종교들의 중심되는 개념임이 밝혀졌다. 이 힘이라는 개념은 종교체험과 일상적 생활이 만나는 접촉점, 곧 "초월의 내재성(內在性)"을 제시하였다고 볼 수 있다. 힘의 드러남이 현상세계 안에서 어떻게, 어디서, 언제 일어나는가에 대해서는 종교에 따라서 각기 다른 개념들을 지니고 있지만, 이 힘이 체험될 수 있는 형태로 드러난다는 사실을 인정하는 점에서는 보편성을 띤다. 그 힘이 얼마나 확산되는가의 정도에 따라서 원시종교나 고등종교의 예배의식에서 알려진 힘의 중심들(power-centres)을 말하게 된다.[18] 스웨덴의 종교사가 마틴 닐손은 힘을 상징하는 용어들이 마나(mana), 오렌다(orenda) 등으로 형용사의 형태를 지니고 있음을 강조하였다.[19] 곧 이 힘이 드러나는 현상이나 대상이나 사람 자체가 아니라 그들을 초월하는 힘 그 자체가 인간의 경외의 대상이라는 것이다. 이 힘이 도덕적이거나 미학적 성격을 초월하는 원초적인 힘으로 파악된다는 것은 매우 중요한 일이다. 그러기에 이 힘은 "신비로운"(mysterious) 것이다. 「성스러움의 의미」를

17. Rudolf Otto의 감각 또는 느낌이라는 개념에 대한 J. M. Moore의 비평(*Theories* 91면 이하, 103면 이하)은 우리의 이론에는 적용되지 않는다.
18. Van der Leeuw의 책 1부; Eliade의 책.
19. Martin P. Nisson, "Letter to Professor A. D. Nock", *Havard Theological Review* 42(1949) 91면.

쓴 루돌프 옷토가, 위대한 신비란 한 면으로는 멀리게 하면서 다른 한 면으로는 매혹시키는 양면성을 지니고 있다고 지적한 것은 참으로 위대한 통찰이었다. 이러한 성스러움의 양면성은 모든 종교의 신학자들에게는 신(神)의 분노와 신의 사랑 혹은 은총으로 알려져 왔다. 이 두 가지 면이 가지는 본래의 역할과 관계는 종교에 따라 각기 다르게 파악되고 있지만 절대적인 힘이 양면성을 지니고 있다는 사실은 보편적으로 인정된다. 또한 종교체험의 보편적 요소들을 분석함에 있어서 한 가지 더 언급해야 할 것은 누멘적인 힘을 파악하게 된 인간은 언제 어디서나 다음 두 가지 중의 한 가지 반응을 보인다는 것이다. 그는 그 앞에 굴복하여 절하거나 또는 알게 된 신비로운 힘을 통제해 보려고 시도한다. 첫째 반응은 종교적인 길로서 경배라는 최고의 종교 행위에로 이끄는 반면에, 둘째 반응은 주술적인 길로서 힘을 정복하여 할 수 있는 만큼 자기가 원하는 대로 그 힘을 유용하려고 한다. 이 두 가지 길을 시기적으로 구분하거나 진보하는 연쇄과정으로 생각할 필요는 없다. 주술적인 요소는 항상 우리 안에 존재하고 있는가 하면, 원시적 의식에서도 누멘적인 것에 대한 순수한 종교적 반응을 볼 수 있기 때문이다. 따라서 두 가지의 가능한 길은 모든 종교 안에서 발견되는 보편적인 것이다. 종교를 주술적 행위와 분리시키는 것은 그 안에 내포된 의도의 차이뿐이다. 대단히 복합적인 종교의 기원의 문제, 자연과학의 발전 과정, 과학이 주술과 종교와 가지는 관계 등은 지식의 본질과[20] 인간의 심리적 동기에[21] 대한 우리의 학문적 연구가 더 발전되었을 때에야 답할 수 있게 될 것이다. 아마도 지식 사회학이 앞으로 발전된다면 이런 면에서 우리를 도울 것이다.

20. Marett, *Faith, Hope and Charity*의 8장 "Curiosity" 참조. 또 V. Gordon Childe, *Magic, Craftsmanship and Science*, Liverpool : University Press 1950도 참조.
21. Malinowski, "Myth in Primitive Society", 앞의 책 72면 이하, 76면, 93면 이하. Malinowski의 신화 연구에서 사회학적 이론이라는 해결은 종교적·주술적 행위의 실용적인 면만을 다루고 있기 때문에 만족스럽지 못하다. 그는 의미·구조·동기의 문제를 소홀히한다. 더 바람직해 보이는 접근은 Ernesto de Martino, *Il Mondo Magico*, Firenze : Giulio Einaudi 1948로서, 그는 주술적 사고와 행위가 지시하는 실재의 본질을 추구한다.

II

종교체험의 표현형태를 특징짓는
보편적 요소들

이제까지는 종교체험이 가지는 보편적 특성들을 분명히 부각시켰는데, 앞으로는 이런 체험의 표현형태에서 보이는 보편적 요소들을 고찰하겠다.[22] 종교체험은 체험한 바를 표현하려는 경향을 지닌다는 그 사실 자체에 있어서 보편적이라는 사실을 이미 지적하였다. 그렇다면 인간에게 체험한 바를 표현하게 만드는 동기는 무엇인지를 물어야겠다. 종교적이 아닌 다른 친숙한 모든 종류의 체험으로부터 시작해보면, 우선 표출적(demonstrative) 종류의 표현이 있다. 깊은 감정을 증언하는 기쁨이나 고통의 외침은 경외나 사랑의 감탄에 찬 표현과 비교될 수 있다. 그 다음은 전달적(communicative) 동기에서 표현하는 것으로, 우리는 우리의 체험을 남들과 나누고 싶어하기 때문에 소리·말·행동을 매개수단으로 쓴다. 끝으로는 전파적(missionary) 동기로서 남을 끌어오고 싶어하는 마음은 다른 종류의 체험에도 있기는 하지만 종교적 체험에서는 아주 기본적인 특징을 이룬다. 종교체험을 표현하려는 동기를 밝혔으니 이제는 종교체험이 표현되는 방식에 대하여 고찰하여야겠다.

여기서 우리는 종교체험의 세 가지 표현이라고 한 지적·실천적·사회적 표현 사이의 상호관계에 대한 어려운 문제를 대면하게 된다.[23] 베반·카시러·울반·랭거 등은 상징의 문제를 연구하여 논리적·미학적·종교적 상징의 구조를 분석하였다.[24] 상징은 우리가 종교적이라고

---

22. 전체적 윤곽을 보려면 Wach, *Sociology of Religion* 1부 2장 참조.
23. Clyde Kluckholm, "Myth and Rituals: A General Theory", *Harvard Theological Review* 35(Jan. 1942) 45면 이하; 또 C. H. Ratschow, *Magie und Religion*, Gütersloh: Bertelsmann 1947도 참조.
24. Edwyn R. Bevan, *Symbolism and Belief*, London: Allen & Unwin 1938; Ernst Cassirer, *Philosophie der symbolischen Formen*, Berlin: Cassirer 1923 이하;

부르는 체험의 내용을 표현하기 위하여 쓰이는 일차적인 방법이다. 상
징적 표현의 사용은 보편적이다. 상징에 의하여 전달되는 그 의미는 개
념적으로 설명될 수도 있고, 행동으로 실천될 수도 있으며 종교공동체
를 이루는 데 있어서 일치시키는 역할을 다할 수도 있다. 몇가지 상징
의 예를 들자면 오스트렐리아 원주민의 추링가(churinga — 토템적 조상
의 현존을 표시하는 의식적 둥근 나무나 돌), 일본인들의 신따이(神
體 — 신을 상징하는 칼·거울·돌 등), 불교의 법륜(法輪)과 그리스도
교의 십자가 등이다. 각기의 경우에 이론적인 설명과 문화적인 사용 및
사회학적 영향이 그 상징이 가진 바의 의미를 나타내고 설명하기 위하
여 필요하다.[25] 이러한 표현방식들의 발전 단계를 연구해 볼 수도 있
다. 우선 아프리카의 밀림 속에 살고 있는 원주민들이 특정 장소에서
누멘적인 것의 현존에 경외감을 느끼고 그들을 사로잡은 생생한 감정을
표현하는 신령한 소리를 내면서 그 거룩한 장소에 있는 구멍 속에 곡식
낟알을 몇 개 던지는 의식을 행했다고 하자. 이러한 의식은 실천적이면
서 사회학적 의미를 지니고 있어서 동료 예배자들 사이에 있는 통교를
표현함과 동시에 강화시키는 행위이기도 하다. 또 하나의 예로, 고대
이집트의 고왕국 시대에 어느 신의 예배자들이 누멘적 현존을 상징하는
동물이나 인간 형태를 지닌 신상(神像)을 모신 어느 초옥에 모여 있었
다고 하자. 거기서 낭독되는 자연과 신성의 나타남을 이야기하는 신화
는 거기 모인 사람들의 마음속에 살아 있는 것이었다. 세째의 예로는
이슬람교가 시작된 무함마드의 종교적 체험의 의미를 살펴보자. 그가
처음에 받은 계시, 혹은 종교적 체험은 이슬람교의 체계적인 교리로 발
전되었을 뿐 아니라 신앙행위와 자선행위로 실천되고 있으며, 움마

Wilbur M. Urban, *Language and Reality*, London : Allen & Unwin 1939, 특히
12장 ; Susanne Langer, *Philosophy in a New Sky: A Study in the Symbolism of
Reason, Rite, and Art*, New York : Penguin Books 1942, 1948, 10면 2항 ;
Mircea Eliade의 책 13장 ; Wach, *Sociology of Religion* 19면 ; Jean Danielou,
"The Problems of Symbolism", *Thought* 25(1950) 423면 이하.

25. "이미지들은 더 좁고 더 이해하기 쉬운 관계에서 나온 것으로서, 직접 표현될 수
없는 더 보편적이고 이상적인 관계를 표현하기 위하여 쓰여진다"(Urban, *Lan-
guage*, 580, 586면).

(umma), 곧 이슬람 공동체의 형성에 기초가 되었다. 이 모든 예들은 종교체험의 세 가지 표현이 어디에나 존재한다는 보편성과 더불어 그들 간의 밀접한 상호관계를 보여 준다.

이제 우리는 종교체험이 이론적으로, 실천적으로, 사회적으로 표현되는 방법을 고찰하여 보겠는데, 여기서도 역시 어떤 종교에서나 발견되는 보편적 요소들을 찾아보고자 한다.[26] 우선 지적인 표현으로부터 시작하겠다. 궁극적 실재와 만나는 종교체험에는 지적인 요소가 따른다. 무함마드(Muhammad)가 최초의 계시를 받았을 때, 붓타(Buddha)가 현상세계의 무상(無常)을 깨달았을 때, 노자(老子)가 변하지 않는 도(道)의 성격을 알게 되었을 때, 이러한 원천적인 통찰은 각기 궁극적 실재에 대한 이해를 포함하고 있다. 곧 보이는 것과 보이지 않는 것의 관계, 우주의 본질과 인간의 본성과 운명과의 관계 등 근원적인 이해를 포함하고 있어서 그런 원천적 통찰로부터 계속 개념적 표현들이 발전되게 된다. 우리는 원시종교의 의례들을 시작하게 한 최초의 통찰이 무엇이었는지를 모르고 있지만, 무당들과 사제들이 신화적 개념을 발전시키는 데 기여했을 것이며 그 안에서 민중은 자기들의 누멘적 체험을 표현하게 되었을 것이다.

"신화"(myth)는 종교적 이해에 대한 지적인 표현 중에도 "최초의 형태"이다. 랭거는 "신화의 거룩한 영역 안에서 인간의 실재에 대한 개념이 구체화되었다"고 말했다.[27] 말리놉스키는 "이 신화적 이야기들은 쓸데 없는 호기심이나 소설, 하물며 사실적 서술로써 전달되는 것이 아니라 인간의 현재 생활과 운명과 활동을 결정하는 원초적이고 인간보다 훨씬 위대하며 더 확실한 실재에 대한 이야기로 이해되었다. 여기서는 상상적인 요소가 추상적인 것보다 더 중요하다"고 하였다.[28] 꽁트(Comte)의 단계이론과 같은 실증주의 학파의 전제와는 다르게 이런 신화적

---

26. 종교체험의 풍부한 표현유형들이 van der Leeuw, *Religion in Essence and Manifestation*에 나온다. Eliade, *Traité*도 참조.
27. Susanne K. Langer의 책 586면 이하.
28. Malinowski의 책 86면.

표현형태는 보편적이어서 발전의 어느 한 단계에만 있는 것이 아니라 모든 세계 대종교들 안에도 신화적 언어가 사용되고 있다.[29] 신화는 "왜"라는 영원한 질문을 하고 있기 때문이다. 왜 우리는 여기 있는가? 우리는 어디로부터 왔는가? 우리는 왜 이처럼 행동하는가? 왜 우리는 죽어야만 하는가? 등의 질문은 지적인 호기심을 일깨우고 이런 질문에 대한 답을 하려 할 때에 인간은 상상적이고 상징적인 언어를 쓰게 된다. 결국 종교체험을 표현하는 데 이런 상징적 형태가 끊임없이 나타나는 이유는 이 체험의 성격 자체에서 찾아야 한다.[30] 모든 시대, 모든 지역의 종교사상가들이 잘 알고 있었듯이 종교체험은 합리적 논리를 초월한다.[31]

종교적 이해에 대한 "둘째 형태"의 지적인 설명을 우리는 "교리"(doctrine)라고 부른다. 여러 가지 다른 개념들을 하나로 묶고 체계화하려는 시도에서 교리가 발전하였다. 교리 역시 어느 종교에나 있는 것으로 보편적인 요소이다. 우리는 폴리네시아의 사제계급, 서아프리카나 마야와 아즈테크의 문명 등에서 신화의 상당한 발전이나 체계화를 본다. 이와같은 과정은 고대 이집트・수메르・이스라엘・중동지역・인도・고대・그리이스・로마・켈트족・튜톤족 사이에서도 발견된다. 세계 대종교들 안에서는 교리적 발전 그 자체는 물론 그에 대한 호응과 반발에 이르기까지를 세세하게 추적할 수가 있다. 보통으로 우리는 짧은 신앙고백문을 볼 수 있고 그들 중에 어떤 것은 신경(信經, creeds)으로 발전하기도 한다.[32]

종교체험의 지적인 표현에서 형식적인 면을 고찰하였는데, 이제는 그 내용을 분석하고자 한다. 신화나 모든 신앙적 교리체계에서 계속 나오는 주제들은 다음과 같다. 첫째는 궁극적 실재의 본질과 성격에 대한

29. Urban의 책 571면 이하, 576면 이하.
30. 깊이있는 분석은 Maurice Leenhardt, *Do Kamo : La personne et le mythe dans le monde Melanésien*, Paris : Gallimard, 5판 1947, 특히 12장 참조.
31. Urban의 책 598면 이하.
32. 한 예로서 초기 그리스도교의 발전은 Oscar Cullmann, *The Earliest Christian Confessions*, J. K. S. Reid 역, London : Lutterworth 1949 참조.

것으로, 신성(神性)의 문제가 대두한다. 둘째는 악과 세상의 기원과 본질과 운명, 세째는 인간의 인격과 죄와 희망에 관한 것이다. 구체화된 신학적인 체계의 속에서 이러한 주제들은 신론(theology)·우주론(cosmology)·인간론(anthropology)·종말론(eschatology) 등으로 취급된다. 폴 틸리히는 "이러한 질문들은 인간 존재 안에 내포되어 있어서, 고전적인 종교 개념들 속에서 나타나는 답에 대한 신학적인 해석과 의미를 결정하게 한다"라고 하였다.[33] 세계 역사에 일어났던 몇 개의 위대한 문명, 즉 그리이스·페르시아·인도·중국에서는 신학적 고찰이 종교철학 내지는 특히 형이상학적인 철학적 사고로 발전하였다. 그러나 실제로는 철학뿐만 아니라 모든 분야의 학문이 이 원천에서 나오는 것이다. 비록 종교적 통찰에서부터 발전된 지적인 사고가 매우 중요하다 할지라도, 종교체험의 전체적 표현이라고 잘못 이해되어서는 안된다. 여기서 우리는 비만의 말에 동의하는 바이다 : "풍부한 의미를 지닌 상징들과 인간실존을 변화시킬 수 있는 사건들은 사상과 교리보다도 훨씬 더 깊으며 더욱 큰 힘을 가지고 있다."[34] 따라서 종교사상사는 종교역사의 한 본질적 구성 부분에 불과한 것이다. 종교체험을 표현하는 방법에는 순수한 지적 표현 못지않게 중요한 보편적인 방법들이 있다. 예배에 대해 가장 훌륭한 책을 쓴 언더힐은 "하느님에 의하여 자극된 인간이 하느님의 신비로운 현존을 때로는 약하게 때로는 강렬하게 의식하면서 그에 응답할 때에, 마음의 지적 움직임으로만이 아니라 인간본성 전체와 연결된 풍부하고 복합적인 행위로 응하게 되며 이러한 전체적 응답이 완전히 발전되면 예술 작품의 성격을 띠게 된다"라고 말하였다.[35] 또 랭거는 다음과 같이 말했다 : "예술과 같이 종교의식(儀式)은 본질적으로 체험을 상징으로 변화시킨 능동적 결과이다."

종교적 실천에 대한 현상학적 연구는 종교 행위가 상당한 다양성을

33. Paul Tillich의 책 25면.
34. Henry N. Wieman, *The Source of Human Good*, Chicago : University of Chicago Press 1946, 217면.
35. Evelyn Underhill, *Worship*, London : Nisbet 1936.

가지고 있음을 보여 주었기 때문에 그 유형에 따라 분류된다. 종교체험을 한 신앙인의 입장에서는 모든 삶이 누멘을 깨달은 체험과의 관계에서 실천되고 표현된다. 위대한 인류학자였던 마레트는 이렇게 설명하였다 : "생명과 심리적 힘의 궁극적 원천으로서 누멘의 절대성을 내적으로 확신하고 있는 인간 정신은 물질적 수준에서 추구되는 삶의 자연적 기능과 가까이 접촉하는 것을 두려워할 필요가 없다."[36] 식사·유희·성교 등[37] 우리가 보통 종교적 영역으로부터 멀다고 생각하는 행위들이 원시종교는 물론 세계종교들 안에서도 종교 행위로 간주된다. 일상적인 행위와 구별하기 위하여 종교 안에서 이루어지는 특별한 의식적 행위들을 우리는 종교의식, 혹은 "의례"(儀禮)라고 부른다. 그들은 특별히 봉헌하는 성격을 지니고 있어서 그 의례 안에서 의례 행위를 통하여 누멘의 현존이 확인된다.[38] 생명의 창조적 원천과의 접촉은 인간을 자극하고 행동하도록 힘을 준다. 랭거는 다음과 같이 말한다 : "의례는 다른 방법으로는 제대로 표현될 수 없는 체험을 표현한 것이다. 이것은 실용적 목적을 위해 규정된 것이 아니며 또한 사회적 통교를 위하여 만들어진 것도 아니다."[39]

의례 행위에 쓰이는 매개체들은 다양해서 단순하고 순간적인 외침이나 소리·곡조·말·몸짓·운동에서부터 세련되고 규범화된 전례·제사·춤·신탁·행렬·순례에 이른다. 어느 행위가 참으로 종교적인가 아닌가를 결정하기 위해서는 그것을 행하는 의도를 고찰해야 한다. 절을 하는 행위는 존경의 표시로, 아는 사람들 사이에서는 서로 인사하는 일상적 행위일 수도 있으나 누멘의 현존 안에서 이루어질 때에는 종교적 경외감의 표현이 되기도 한다. 입맞춤은 일상적으로는 애정의 표시

36. Robert R. Marett, *Sacrament of Simple Folk*, Oxford : Clarendon Press 1933, 18면 ; Ratschow의 책 43면 이하, 62면, 82면 이하, 148면 이하 참조.
37. Marett의 책 2장과 4장.
38. 儀禮의 神的 원형들(archetypes)에 대하여는 엘리아데 「우주와 역사 : 영원 회귀의 신화」 현대사상사 1976 참조. W. Norman Pittenger, *Sacraments, Signs and Symbols*, Chicago : Wilcox and Follet 1949, 1장 참조.
39. Langer의 책 39면. Theodor H. Gaster, *Thespis. Ritual, Myth and Dráma in the Ancient Near East*, New York : H. Schumann 1950 참조.

이거나 단순한 인사인데 영적 친교의 표징으로 의례의 한 형태가 되기도 한다. 반면에 기도는 특이한 인간 행위로 정신을 집중함으로써 힘의 원천과 통교를 이루고 확고히 하려는 종교 행위이다. 하일러(Heiler)가 잘 보여 준 것과 같이 기도의 현상은 풍부하며 예배의 보편적 형태를 이룬다. 오스트렐리아와 반투(Bantu)의 흑인들·아메리칸 인디안들과 아이누족·중국인들과 힌두인들·유대인들과 그리스도인들의 기도가 있다. 종교마다 기도 안에 다양한 형태를 가지고 있는 것도 보편적이어서 침묵의 기도나 말로 하는 기도, 개인 기도나 공동 기도, 자유 기도나 규정된 기도 등의 형태를 볼 수 있다.

우주와 사회 및 개인의 삶은 우주적이거나 신적인 힘에 조화시키는 의례에 의하여 양육되고 힘을 받으며 자극되지 않으면 계속될 수 없다고 종교인은 느낀다. 따라서 반 게넵(Van Gennep)이 말한 "통과의례"(通過儀禮, the rites of passage)는 보편적으로 실천되어 개인이나 집단생활의 위기나 전환점을 성화(聖化)한다. 출생 이전의 준비, 출생, 이름을 주는 의식, 성년식, 결혼, 질병, 장례식 등은 생의 한 단계에서 다른 단계로 넘어가는 통과과정에 있을 수 있는 위험을 몰아내고 생명의 신적 근원과의 필수적인 접촉을 확실하게 하려는 것이다. 마레트는 "의례적 생활은 모든 원시문화의 현저한 특징이다"라고 말했다.[40] 사실 현대 서구문화라는 하나의 예외를 제외하고 모든 문화는 의례적 특징을 지니고 있다. 삶에서 비상하고 중요한 사건은 물론이요 일하고 노는 등의 일상적인 활동도 그에 따르는 의례로서 그 행위가 적합하며 효과적임이 확인된 후에야 하도록 되어 있었던 것이다.[41] 곧 도구를 만드는 일, 집을 짓는 일, 배를 만드는 일, 밭을 가는 일, 사냥과 낚시, 전쟁

---

40. Marett, *Sacraments* 12면.
41. "거룩한 상징에서 얻은 통찰에 대한 예배자의 반응자세는 그 사람의 삶 전체를 지배하는 감정적인 것이다. 따라서 형식화된 몸짓보다 더 명확한 매개체를 통해서는 알아볼 수가 없으나 한 부족이나 공동체의 일치와 정당성을 확인하고 안정을 강화시키는 역할을 한다. 일정하게 행하는 의례는 '처음이며 마지막인 것'에 대한 마음가짐을 계속 반복하는 것으로, 감정의 자유로운 표현은 아니나 '올바른 자세'를 갖도록 훈련하는 것이다"(Langer의 책 4면).

등은 원시문화나 고등문화에서나 의식적 주문과 신탁과 봉헌을 필요로 하였다. 말리놉스키는 멜라네시아인들의 농사의례를 설명하였고, 헬스코비츠(Herskovits)는 다호메아인들의 협동적 건축의례를, 파슨스(Parsons)는 프에블로 거주민 사이의 농경의례를 묘사하였다. 아즈테크인들과 중국인들, 그리이스인들과 로마인들, 수메르인들과 힌두인들은 모두 그들의 거주지를 확정할 때 우주적 지침을 준수하였고 아프리카의 요루바족이나 북아메리카의 유목민인 오마하(Omaha)인들도 이런 면을 조심스럽게 지켰다. 열심한 무슬림은 중요한 일이거나 사소한 일이거나 "신이 원하신다면"(inshallah)이라는 말을 하지 않고는 아무것도 하지 않는다.

종교적 인간들은 어디에서든지 모든 삶이 예배의 표현이며 모든 행동이 신과의 지속적인 통교를 증거하는 것이라는 원대한 안목을 가진다. 예언자들과 성인들, 위대한 종교의 신비가들은 우리가 원시사회라는 이름으로 부르는 곳의 대중들과 더불어 이러한 전망을 지니고 있었다. 그러나 아마도 이러한 이상이 완전히 현실화된 때도, 또 그런 곳도 없었다고 보아야 할 것이다. 「원시종교」라는 책 안에서 참으로 종교를 지녔고 실천했던 사람들은 각 종교의 창시자들뿐이었을 것이라고 말한 라댕에게[42] 동의할 수는 없다고 하더라도, 인간본성의 약함은 (그리스도교에서는 원죄라고 말하는) 신적 현존을 그침없이 깨닫고 자기의 행위로 항상 그것을 표현한다는 것을 어렵게 만든다. 성인들과 예언자들의 생애를 보더라도 인간의 소명을 최고의 수준으로 지속시키려는 그들의 위대한 노력에도 불구하고 항상 성공적이지는 못하였다. 게으름・미련함・불복종・유혹 등이 결합되어 인간을 미지근하게 만든다. 인간이 자기를 지탱해 주는 원천적 힘으로부터 소외되어 그의 활동이 중심으로부터 멀어지게 될 때 우리는 그것을 "세속화"라고 부른다. 가장 고귀한 통교를 증거하기 위해 만들어진 행위라도 그 의미를 잃으면 의례 자체는 거행되더라도 내용이 없어져서 화석처럼 되어버린다. 이처럼 낡은

42. Paul Radin, *Primitive Religion: Its Nature and Origin*, London: Hamish Hamilton 1938, 2장.

형태를 생기있게 만들거나 새로운 방법을 찾아서 인간이 자신의 종교체험을 표현할 수 있게 하는 일이 예언자의 기능이다. 개혁은 종교생활의 변증법에서 필수적인 보편적 현상인 것이다.[43]

세계 여러 종교에서 모든 예배의 목표인 누멘과의 통교를 이루고 강화하는 데 특별히 효과있는 것으로 간주되고 권장되는 행위들이 있다. 곧 자아수련과 자아부정의 행위나 특별한 의무의 수행, 신심과 자선의 행위들이다. 어떤 것은 모든 이를 위해 규정되고, 어떤 것은 권고로 정의된다. 신심의 행위와 이웃에 대한 봉사는 종교체험의 보편적으로 유효한 실천적 표현으로 보아야 할 것이다. 신에 대한 예배와 이웃에 대한 사랑이 분리될 수 있고 마치 상치되는 것처럼 생각하는 현대 과학문명은 역사적 안목에서 보면 정설이라기보다는 예외에 속한다. 현대인이 극단적 고행주의를 영웅화하는 환상을 버렸다는 사실에 긍지를 가질 수 있다 하더라도 극기(克己)의 필요성과 가치를 망각해 버린 우리의 모습을 보고 그렇게 자랑스러워할 수는 없게 되었다.

일정한 신심행위 안에서 종교생활이 절정을 이루고 집약된다는 사고에서 성사적(聖事的, sacramental) 행위가 발전하였다. 성사(聖事)는 원시종교에 뿌리를 가지고 있으나 헬레니즘 시기의 밀교(mystery cults)에서 열매를 맺어서 조로아스터교, 힌두교, 대승불교, 영지주의, 마니교 그리고 무엇보다 그리스도교에서 그 절정에 도달했다고 하겠다. 에벌린 언더힐은 성사를 "보이지 않는 실재를 의미할 뿐만 아니라 그 실재를 전하고 알리기 위하여 보이는 물건과 행동을 사용하는 것"이라고 적절히 정의하였다.[44] 원래 성사적 행위란[45] 신앙의 삶이라는 광범위한 개념 속에 있는 특수한 순간을 지칭하는 것으로서,[46] 봉헌행위로 특별히 준비되어 있는 영혼들 안에 누멘적 현존으로부터 나오는 은총이

43. Wach, *Sociology of Religion* 5장 10절 "Reaction: Protest"; Paul Tillich, *The Protestant Era,* Chicago: University of Chicago Press 1948, 특히 4부 참조.
44. Evelyn Underhill, *Worship* 3장.
45. Marett, *Sacraments of Simple Folk;* Ratschow의 책 참조.
46. W. Temple, *Nature, Man, and God* 19장 "The Sacramental Universe" 참조.

흘러들어가 효과적 변화를 일으키는 것을 말했다.[47] 그러던 것이 그리스도교의 역사 안에서 성사적 행위가 고립되어[48] 성사를 통해 성화시키려는 삶의 자리에서 분리되었다.

종교체험의 실천적 표현에서 발견되는 보편적 요소를 한 가지만 더 언급하려고 한다. 모든 인간 행위는 물리적 자료(physical material)를 가지고 그 안에서 행동하는 것이기 때문에 그 자료에 의해 제한을 받게 된다. 언어는 다른 매개체가 필요없으나 음조는 악기의 사용으로 강해질 수가 있고, 의례의 실천은 특별한 의복을 입음으로써 더 장엄해질 수 있다. 누멘적인 분위기를 조성하기 위하여 단순하거나 복잡한 기구들이 사용된다. 곧 보이지 않는 것의 현존을 표시할 수 있는 표지나 이미지들로서 프에블로의 깃털 막대기, 아메리칸 인디안의 약초덩이, 일본인들의 신따이(神體), 힌두인들의 이미지(pratîka), 히브리인들의 결약의 궤, 그리이스인들의 신상('ágalma), 정교회의 성화상(ikon) 등을 예로 들 수 있다. 음악·말·색깔·돌·나무·금속 들은 인간에게 가능한 가장 깊은 체험을 표현하기 위하여 사용된 보편적인 매개물이었다. 인간은 제2의 창조자가 된 것이다. 이러한 형상화에서 오는 위험은 개혁가들의 반발을 불러일으키기도 했다. 그 중에서도 히브리의 예언자들, 이슬람교의 창시자, 그리스도교나 힌두교·불교의 개혁가들이 대표적인 예가 될 것이다. 어떤 개혁운동은 성사적 행위들이 형식적이거나 기계적으로 되는 것에 대한 항의였고(구약의 예언자들과 예수의 경우 등), 어떤 주장은 더 철저해서 모든 외적인 표현을 완전히 배격하기도

47. Inge 박사에 따르면 "聖事의 필요성은 종교意識의 가장 깊은 확신의 하나이다. 결국 이것은 어떠한 정신적 사실이라도 외부적 표현 없이 남게 하지 않으려는 인간의 본능적 저항감에 기초를 가진다." "성사란 인위적으로 택한 것이 아니라 받는 자의 마음에는 일상적인 말로는 찾을 수 없는 너무나도 순수한 정신적 관계를 표현하고 그럼으로써 효과적으로 하기 위한 神的 권위에 기초를 둔 상징적 행위이다"(William R. Inge, *Mysticism in Religion*, London: Hutchinson 1947; Chicago: University of Chicago Press 1948, 251면 이하).
48. 세례성사와 최후만찬은 "그리스도인과 승천하신 주님과의 신비적 일치를 보여 주는 상징들이다. 세례는 일치의 시작을 상징하고, 성체는 그 유기적 삶을 상징한다"(같은 곳).

하였다(유심론자들이나[49] 일부 신비가들의 예). 한편에서는 참된 예배는 정신과 진리 안에서만 존재하는 것이라고 느꼈고, 다른 한편에서는 아우구스티누스와 같이 "보이는 것을 통해 보이지 않는 것으로"(per visibilia ad invisibilia)를 모토로 하였다. 두 극단적인 예, 곧 보이는 것을 절대화하는 우상숭배나 누멘적 경외감이 완전히 사라져버린 세속화의 예들을 우리는 종교역사 안에서 볼 수 있다. 결국에는 다음과 같이 결론 내린 템플의 말이 옳을 것이다 : "행위와 예배를 결합하여 예배하는 그런 마음이 생활 속에 계속되게 하는 것이 목표이다. 하느님께로부터 와 하늘에서 내려오게 된 거룩한 도시에서는 예언자가 필요없을 것이니 신적 현존이 온 삶을 감쌀 것이기 때문이다"(묵시록 21, 22).[50]

종교체험이 표현되는 세째 길은 사회적인 것으로, 지적인 표현, 실천적 표현과 마찬가지로 사회적인 표현도 보편적인 특성을 지닌다. 어떤 종류의 체험이든 표현을 하게 하는 다양한 동기에 대해서는 이미 고찰한 바 있다. 물론 인간의 궁극적 실재와의 대면에는 고독한 그 무엇이 있어서 혼자서 홀로 계신 분에게로 나아간다는 특성을 지니고 있는 것이 사실이다. 종교적 발전의 어떤 단계에서든지 발견되는 고독한 신비가는 수호신령을 찾는 고독한 아메리칸 인디안에서부터 키에르케고르와 윌리암 제임스[51]에 이르기까지 얼마든지 있으나, 또한 자기의 체험을 남에게 전하고 나누고 싶은 욕망 역시 강한 것이어서 인간 사이에 통교와 전달을 가능하게 하는 것이다.[52] 여기서 종교체험의 전달이 지니는

---

49. 唯心論者 Caspar Schwenckfeld에 대하여는 *Types of Religious Experience* 7장 참조.
50. William Temple의 책 494면.
51. William James의 책 30면 이하.
52. Emile Durkheim은 종교는 "무엇보다도 사회적인 것"이라고 이 점을 강조하였다(그의 책 47면). 그러나 그는 이 말을 조심스럽게 설명하지는 않았는데, 예를 들어 "종교적 표상들과 의례들은 사회적 요소에 있어서 풍부하다"(10면)라고만 언급하였다. Durkheim과는 반대가 되지만 역시 한 면만을 강조한 학자는 William James로서, 그는 「종교체험의 다양성」에서 종교의 개인적인 면만을 강조하였다. 그러나 우리는 이 면에서 Durkheim에게 동의하고 있다 : "인간이 사회에 속해 있는 한 개인은 그가 생각할 때나 행동할 때 그 자신을 초월한다"(Wach, *Sociology of Religion* 16면).

문제가 제기된다. 우리 현대인은 전달의 문제를 인위적인 통제의 기술을 발전시키기만 하면 해결될 수 있는 기술적인 문제로 보려고 한다.[53] 그러나 종교역사는 그 반대 사실을 우리에게 가르쳐 준다. 참된 소명이 느껴지고 순수한 종교적 체험이 있던 곳에서는 언제나 그것을 전달할 수 있는 방법이 기적적이라고 할 정도로 손쉽게 찾아졌다. 예언자들과 종교교사들은 이차적으로만 남에게 체험한 바를 전달하고 공동체를 이룰 힘이 자신에게 주어졌다고 느꼈다. 일차적으로는 위대한 실재와의 통교 안에서 함께 살고 있을 때에 자연스럽게 서로를 이해하게 되었던 것이다.

종교적 공동체를 다른 성질의 단체와 차별없이 동일하게 취급하는 것은 경솔한 일이다. 종교 단체는 일상적 단체의 한 종류에 속한 것이 아니다. 종교체험 안에서 인간은 궁극적 실재를 대하였기 때문에 종교적 통교에 의하여 이루어진 모든 종교공동체는 이 실재를 향하고 있어야 한다. 루돌프 옷토는 그의 책 「하느님의 나라와 사람의 아들」에서 "누멘적인 것을 체험하는 데서 오는 인상보다 더 강한 인상이 없고, 이 인상을 받는 이들을 함께 묶는 힘보다 더 강한 힘이 없다"[54]라고 하였다. 종교적 공동체를 다른 단체와 구별케 하는 첫째 특성은 구성원들이 우선적으로 종교체험에서 체득한 실재를 향하고 있다는 것이다. 그리고 이차적으로 그 회원들 사이에 존재하는 관계에 의하여 이루어진다. 이 두 가지 원칙은[55] 종교체험의 사회적 표현을 특징짓는 두 가지의 보편적 요소로서, 종교사회학자들의 연구를 안내할 수 있는 지침이 된다. 원시문화에서나 고등문화에서나 어느 종교공동체를 고찰해 보면 이 두 가지 원칙의 타당성을 확인할 수 있다. 폴리네시아·아프리카·아메리칸 인디안들 사이에 존재하는 종교의례공동체에 소속된 신자들의 자

---

53. Lyman Bryson, *The Communication of Ideas* (Religion and Civilization Series, Institute for Religious and Sociological Studies) New York: Harper 1948.
54. Rudolf Otto, *The Kingdom of God and the Son of Man*, Floyd v. Filson and B. L. Lee 역, London: Lutterworth 1938, 164면.
55. *Symposium on Twentieth-Century Sociology* 에 실린 논문(14장) "Sociology of Religion" 참조.

세를 결정하는 것은 힘, 그리고 힘의 중심에 대한 자각 이외에 무엇이
겠는가? 고대 그리이스·로마·중동지방의 역사에서 볼 수 있는 신비
종파(mystery cult) 안에서 서로간의 친교 정신을 조성한 것은 무엇이
었나? 누멘적 체험은 구원 개념에 반영되고 있고 성스러운 의례를 통
하여 구체화되었다. 그리스도인 공동체의 정신이 사랑(agape)이라고
한다면, 이런 자세가 예수 그리스도의 삶과 죽음 안에 나타난 하느님의
사랑을 이해함으로써 지탱되지 않는다면 어떻게 그 의미를 지속할 수
있겠는가? 모든 종교공동체들은 스스로의 정체를 분명히하기 위한 독
특한 표시를 지니고 있다.[56] 예를 들어서 일정한 환상적 체험이나 신
앙, 교리, 남에게는 비밀로 하는 지식, 자세나 행위 등이다.

종교공동체가 통합되는 방법들도 역시 보편적인 것이어서 공통된 신
앙, 공통된 의례, 공통된 질서들이다. 상징·신화·교리·신앙고백·의
식과 실천행위 등은 공동체의 특수성과 순수성을 구성하고 지속시킨다.
거기에다 각 종교공동체는 사회적 구조를 소유하고 있다. 차이의 정도
는 다양하지만 남녀나 연령의 차이, 카리스마나 재능의 차이, 지식과
치유능력 등의 구별은 기능의 다양성으로 상호의존적으로 쓰여진다. 아
무리 평등한 공동체 안에서라도 나이와 경험은 존중되고 예언과 가르침
의 능력은 존경받는다.

템플이 지적한 바와 같이 체험(experience)과 권위(authority) 사이의
알력은 현대인들이 특히 예민하게 반응을 보이는 것이지만 실제에 있어
서는 피할 수 없는 것이며 어디서나 볼 수 있는 필요한 두 가지 요소
사이에 있기 마련인 긴장인 것이다.[57] 개인에게 있어서는 권위가(부족
의 관습이나 계시 등) 앞서는 것으로서, 인간은 모든 면에서 전통에 둘
러싸여 있는 세상 안에서 자라고 발전하기 때문이다. 그러나 공동체 안
에서는 체험이 권위를 앞선다는 것은 쉽게 증명할 수 있다. 각 종교공
동체의 구조는 질서를 내포하고 있다. 이 질서 안에는 훈련뿐 아니라
자유와 자발성의 여유도 포함되어 있다. 종교역사는 질서와 자유라는

56. *Types of Religious Experience* 9장 191면 참조.
57. W. Temple의 책 13장.

두 가지 개념 중에 하나가 다른 것을 위해 희생되었을 때 어떤 일이 일어나는가를 잘 보여 준다.

권위의 원천과 기능은 공동체에 따라 다르게 이해되지만, 지도력 (leadership)은 종교체험의 사회적 표현인 종교공동체가 지닌 보편적인 요소이다. 막스 베버는 카리스마적인 개인적 권위를 가진 예언자와 제도적 권위를 가진 사제를 두 가지 유형의 종교지도자로 서술한 바 있다.[58]

이제까지 말한 것을 종합하여 보면 종교의 보편적 요소들은 다음과 같다. 첫째, 우리가 종교적이라고 부르는 체험 안에서 인간은 궁극적 실재와 관계를 가진다는 것; 둘째, 시간과 공간의 한계 안에서 이루어지는 이러한 체험은 이론적·실천적·사회적인 표현으로 나타나는 경향을 지닌다는 것; 세째, 이러한 표현 형태는 일어난 환경에 의하여 제한을 받으면서도 구조상에서 유사성을 보인다는 것이다. 이와같이 종교사상에는 보편적인 주제들이 있으나 보편성은 언제나 특수한 것 안에 박혀 있다. 특정 종교에 대한 충성에서 차이점과 알력들이 일어날 수 있으나, 계몽사상가들이 그랬듯이 특수성 문제를 간단히 배제할 수는 없다. 특정 종교들은 종교체험의 살아 있는 피가 흐르는 정맥들과 같아서 이들은 계속 고찰되고 정화되어야 한다.

각기의 특정 종교에 대한 말을 여기서는 별로 하지 않은 것이 사실이나 이 논문의 목적은 종교의 보편적 요소들을 고찰하려는 것이었다. 물론 우리는 여기서 종교체험과 그 표현을 특징짓는 형식적 요소들에 중점을 두고 논하였다. 그러나 이 문제가 칼 바르트와 에밀 부르너 사이에 지속되는 현대 신학의 일반 계시와 특수 계시의 문제에도 공헌하는 바가 있을지 모른다. 하느님이 자신을 인간에게 알리는 보편적인 길과 특정한 길 사이의 관계를 어떻게 보아야 할 것인가에 대하여는 직접적으로 언급하지 않았다. 그러나 필자는 하느님이 언제 어디서나 자신을

---

58. Max Weber, *The Theory of Social and Economic Organization*, A. M. Henderson 과 T. Parsons 역, London: W. Hodge 1947, 358면 이하; R. Otto, *Kingdom* 4 권; J. Wach, *Sociology of Religion* 8장 참조.

증거하는 사람이 없이 인류를 내버려 둔 적은 없었다는 기본적인 사실을 여기서 제시했다고 본다. 보편적인 길과 특정한 길에 대한 필자의 확신을 템플의 말을 빌려서 표명하고자 한다: "자연종교는 그 자체가 아닌 다른 어떤 것, 곧 하나의 특수 계시 속에서 변화되기를 바라는 갈망 속에서 끝나고 있다."[59]

---

59. W. Temple의 책 70장. 역자 주: Wach의 이러한 결론은 그가 그리스도인의 입장에 서 있음을 말해준다. Van der Leeuw의 현상학이나 Eliade의 형태론을 넘어서 자연신학 쪽으로 발전시키려는 Wach의 시도(*Types of Religious Experience* 소개말 xiv면)를 볼 수 있다고 하겠다.

5장

크리스텐센과
반 델 레에우의
종교현상학

죤 칼만*

* John B. Carman 교수는 현재 Harvard 대학교 종교학과의 주임교수이며 세계종교연구소의 소장으로서, 主著는 *The Theology of Ramanuja: An Essay in Interreligious Understanding* (Yale University Press 1974)이다. 또한 박사논문을 위해 네델란드에 유학하던 중 Kristensen의 강의록을 정리·번역하여 *The Meaning of Religion*을 출판하였다.

제 1 강
반 델 레에우와 크리스텐센에 따른
종교현상학의 입장
        반 델 레에우
        브레데 크리스텐센
제 2 강
종교현상학의 문제점들
        진화론의 문제
        변화의 문제
        세속성의 문제
        주관성의 문제

비교종교학에 대한 처음 두 강의에서* 나는 네델란드에서 발전된 종교현상학의 원리들을 제시하고자 한다. 여기서 내용면에서나 역사적 발전면에서 종교현상학에 대한 전체적인 개관을 시도하지는 않겠다. 그보다는 종교현상학적 접근의 골격을 이루는 몇 가지 중요한 원칙들과 그 동안 제기되었던 비판적 질문들을 택하여 다루려고 한다. 몇 년 전 이러한 방법론적 분석을 시도하게 된 것은 나의 박사논문인 「라마누자의 신학」을 쓰면서 나 자신이 따라야 할 접근방법을 분명히 하기 위한 것이었다.

* 이 두 강의는 Carman 교수가 1967-68년에 Banaras Hindu 대학교에 초빙되어 강의한 네 개의 강의 중에서 종교현상학적 방법론을 다룬 처음의 두 개를 편저자가 번역한 것이다: "Phenomenology of Religion", *Research Bulletin of the Centre of Advanced Study in Philosophy*, Banaras Hindu University (Winter, 1968) 89-119면.

제 1 강

반 델 레에우와 크리스텐센에 따른
종교현상학의 입장

　종교연구 분야에서 "종교현상학"(宗敎現象學, phenomenology of re-
ligion)이라는 말을 처음 도입한 학자는 암스텔담 대학교의 종교학 교수
삐에르 샹뜨삐 드 라 쏘쌔이였다. 1887년 독일어로 처음 출판되었고 후
에 영어로 번역된 「종교학 독본」이라는 책에서 그는 이 용어를 처음으
로 쓰고 있다. 이 책에 소개된 짧은 "현상학적 부분"이란 종교역사와
종교철학 사이를 연결해 주는 고리와 같은 것이었다 : "종교학의 목적은
종교를 그 핵심과 다양한 표현 양면에서 연구하려는 것이다. 그래서 자
연히 종교연구는 종교철학과 종교역사로 구분된다. … 그런데 종교역사
는 종교철학 없이는 발전할 수가 없다. 종교현상의 정리와 비판적 연구
를 위해서는 물론이요, 처음부터 그런 현상들이 종교적인가를 결정하기
위해서도 종교의 기초적 정의에 의존하지 않을 수 없기 때문이다. … 이
와같이 다양한 종교현상들을 수집하고 구분하는 일은 종교역사에서 종
교철학으로 넘어가는 중간 지점을 형성한다. 이 독본에서는 역사적 측
면만을 다루었다. 그러나 철학적 문제들을 토론하지 않았다고 해서 이
책의 범위가 너무 좁다고 생각할 필요는 없다. 종교현상의 윤곽을 제공
하는 것이 우리의 임무라고 느끼고 있기 때문이다."[1]

　「종교학 독본」이 재판되고 3판이 되어 나왔을 때 저자가 현상학적 부
분을 뺀 것으로 미루어 보아 샹뜨삐 드 라 쏘쌔이 자신은 연결점으로서
의 종교현상학의 가치에 대하여 확신을 가지지 못했던 것 같다. 그러나
그의 사후에 4판이 출판되었을 때 종교현상학이라는 주제는 상당한 주
목을 받게 되어 스칸디나비아의 학자인 레만은 종교현상학의 윤곽을 다

---

1. Pierre D. Chantepie de la Saussaye, *Lehrbuch der Religionsgeschichte*(1887)의 英
　譯판 *Manual of the Science of Religion*, 7-8면.

시 소개할 정도였다.[2]

반 델 레에우

종교현상학 분야에서 누구보다도 세계적인 명성을 누린 사람은 네델란드의 학자인 게라르두스 반 델 레에우(Gerardus van der Leeuw)였다. 그는 1918년에서 1950년 서거할 때까지 크로닝겐(Groningen) 대학에서 종교역사와 종교현상학 교수직을 가지고 있었다. 그의 가장 중요한 저서는 「종교현상학」(*Phenomenologie der Religion*)으로[3] 다양한 종교현상들을 기도·제사·사제직 등의 여러 가지 유형들로 분류하여 이해하려고 하였다. 현상(phenomenon)이라는 단어는 어느 특수 종교나 종교 실천에 구체화된 궁극적 진리에 관심을 두는 것이 아니라 희랍어 문자가 의미하는 바와 같이 관찰자에게 "나타나는" 그대로에 관심을 가진다는 것을 분명히 하기 위해서 쓰인 것이다. 다시 말해서 현상학자의 주된 관심은 관찰자로서 밖에 서서 나타나는 종교현상들을 그대로 이해하려는 것이다. 곧 현상학자는 그 종교의 신자가 서 있는 것과는 다른 입장에 서 있다는 말이다. 같은 사실을 이해함에 있어서 안에서부터 체험하고 그 종교의 중심되는 교리를 받아들임으로써 이해하는 신자와는 다른 현상적 접근방법을 취하게 되는 것이다.

그러나 또한 종교현상학자의 입장은 종교 밖에 서서 연구한다는 점에서는 역사가나 사회과학자와 같을지라도 그 추구하는 바에 있어서는 다른 학문의 입장과 구별되어야 한다. 역사가는 우선적으로 사실들을 확립하는 데 관심이 있는 데 비하여 현상학자는 이 사실들이 가지는 의미

---

2. 1925년에 4판으로 출판된 Chantepie de la Saussaye의 *Lehrbueh der Religionsgeschichte* 1권에 나오는 E. Lehmann의 "Zur Geschichte der Religionsgeschichte"와 "Erscheinungs- und Ideenwelt der Religion" 참조.

3. 1933년에 나온 그의 독일어 출판이 5년 뒤인 1938년에 J. E. Turner에 의하여 영어로 번역되어 *Religion in Essence and Manifestation: A Study in Phenomenology* 라는 제목으로 출판되었다. 다음 인용문들은 109장 683-689면에서 뽑은 것이다.

에 집중한다. 이 둘의 차이는 강도의 차이로 보아야 할 것으로 사건의 연대기적 기록에만 그치지 않는 역사가들도 자신들이 취급하는 사건들의 의미를 고려하기 때문이다. 단 역사가는 그 사건의 의미를 이해하지 못할 때에도 사실을 확증해야 할 의무가 있는 데 비하여 현상학자는 의미가 분명한 사실들에만 관여한다. 어디에 강조점을 두느냐에서 일어나는 이러한 차이는 접근방법에 있어서도 큰 차이를 가지게 한다. 곧 역사가는 한 특정 시기의 특정한 사건들을 취급하는 데 비하여, 현상학자는 공간적으로나 시간적으로 떨어져 있는 여러 다른 사건들의 공통된 의미를 이해하는 데 관심을 둔다. 더 정확히 말하자면 종교역사가는 한 특수 종교나 그 종교 내의 어느 제한된 부분을 연구하는데, 종교현상학자는 여러 다른 종교 안에서 발견되는 비슷한 사실들을 비교하고 분류하려 하며, 또한 한 종교 안의 여러 부분들을 체계화하고자 하는 것이다.

종교현상학은 종교심리학과도 달라서 특정한 종교적 사실이 일어나게 된 경위는 물론 종교의 일반적 기원에도 관심을 두지 않는다. 현상학은 단순히 다음과 같은 질문을 던진다 : 이런 사실들이 우리에게 어떻게 보이는가? 또한 이 사실들이 우리에게 나타내 보이는 것은 무엇인가? 따라서 현상학은 종교적 이념이나 종교적 실천을 그 추종자들의 사회의식이나 사회구조 등 비종교적인 사실들에 기초를 두고 설명하려고 하는 식의 종교사회학과도 구별되어져야 한다.

종교현상학은 규범적인 학문이 아니기 때문에 또한 신학이나 종교철학과도 분명히 구별되는 것이다. 따라서 진리의 문제를 거론하여 그에 대한 답을 추구하거나 연구의 대상이 되는 특정 종교에 대한 가치판단을 시도하려 하지 않는다. 이러한 질문이 그 종교를 실제로 신봉하는 사람들에게는 가장 중요한 것이라는 것을 인정하면서도 진리나 가치판단의 문제는 괄호 안에 넣고 규범적 학문인 신학과 종교철학에서 다루도록 한다. 이러한 판단 중지는 다른 종교의 믿음과 실천의 의미를 이해하려는 현상학의 목표를 추구하기 위해서 필수불가결한 것이다. 만일 자신의 진리 기준과 가치판단에 의거하여 다른 믿음이나 종교의식을 평가하게 된다면 그 종교를 신봉하는 사람들이 이해하는 것과 같이 이해할 수 없게 되기 때문이다. 이러한 판단 보류 혹은 중지는 종교현상학에서 핵심적인 것이기는 하지만 현상학자의 임무 중에 부정적인 측면에 속하는 것이다. 이 보류는 더 긍정적인 이해를 위한 방편적인 것으로 반 델 레에우의 말을 빌리면 "차가운 방관자의 태도가 아니라 오히려 사랑하는 대상을 바라보는 연인의 사랑에 찬 눈초리와 같은 것이어야 한다. 모든 이해는 자기를 주는 사랑에 기초하고 있기 때문이다."[4]

다시 말해 현상학자는 남의 이상한 종교적 믿음이나 실천을 자기 생활 속에 들여와 이해해 보려고 노력한다. 그는 연극에서의 배우와같이 다른 사람의 체험과 상상적으로 일치하거나 혹은 현재는 그런 경험을 하고 있지 않다 하더라도 과거에 언젠가 체험했던 자기의 경험과 일치시켜 공감하려는 일종의 예술가가 되어야 한다. "이렇게 깊은 공감을 해보려는 지속적이고도 힘든 노력을 통해서, 자신의 역할을 그침없이 배움으로써만이 현상을 해석할 수 있는 현상학자로서의 자격을 갖추게 된다."[5] 다른 종교의 신자들의 체험을 상상적으로 재구성하는 데 있어서는 공감적인 체험과 더불어 지적인 이해도 동반되어야 함은 물론이다. 이 신자들에게 이러한 외부적 종교 표현을 가능케 했던 근본적 개념이나 태도 등을 파악해야 하기 때문이다. 이렇게 파악된 근본적 개념들을 반 델 레에우는 "이상적 구조"(ideal structures)라고 불렀다.[6]

우리 자신의 경험과 완전히 상이한 것 속에 상상적으로 들어간다는 것은 불가능하다. 그러나 제1 왕조 시기의 고대 이집트인과 같이 시간적으로나 문화적으로 아주 거리가 먼 경우에서라도 그의 경험이 역시 인간적이라는 것 때문에 우리가 그의 종교체험을 이해한다는 것이 원칙적으로 가능해진다.[7] 우리 안에는 다른 인간의 표현과 경험을 알아들을 수 있는 가능성이 있기 때문이다. 그런데 바로 우리가 타인의 종교를

4. 같은 책 684면.
5. 같은 책 107장 675면.
6. 같은 책 672-673면.
7. 같은 책. 675면.

이해하기 위하여 자신의 경험과 자기가 직접 참여하고 있는 종교전통에서 배운 개념들에 힘입어야 한다는 사실은 유일하고 완전히 객관적인 종교현상학이란 것은 있을 수 없다는 것을 의미한다. 반 델 레에우는 각 종교의 특수성을 이해하고 각 종교 간의 관계를 파악하는 데 있어서도 그리스도교라는 특정 종교의 추종자로서 가지게 된 자신의 전체적 체험에 기초를 두고서만이 가능하다는 것을 솔직하게 고백하였다. 불교신자인 현상학자가 종교의 절정을 불교 안에서 발견하는 것이 자연스러운 것같이, "나는 그리스도교를 역사종교의 중심되는 형태로 간주한다"고 그는 말했던 것이다. 종교의 상호 비교는 "삶에 대한 자신의 태도에서 시작함으로써만이 가능하다. … 따라서 그리스도교적 관점으로부터 역사적 종교를 개관하면서 나는 복음이 일반적 종교의 완성으로 나타나는 것을 파악하게 되었다." 그러나 이것은 에포케(epochē)라고 불리우는 가치판단을 보류하는 자세를 포기하는 것은 아니다. 불교는 불교신도인 현상학자에게는 종교의 절정으로 나타날 것이고, 그리스도교적 복음은 그리스도교인에게는 종교의 완성으로 보여질 것이다. 그러나 이런 나타남이 진실된가의 여부는 궁극적 실재에 뿌리를 박는 것이기 때문에 현상학 안에서 결정될 수 있는 문제는 아니다. 오히려 그것은 신학의 문제인 것이다.[8]

반 델 레에우는 종교현상학자는 동시에 신학자일 수도 있다고 믿었다. 그리고 그리스도교 신학자가 그리스도 안에 하느님이 계시하신 빛 안에서 종교현상들을 이해하기 위해서는 먼저 현상학자가 되어야 한다고 주장하였다. 현상학과 신학은 한 사람에 의하여 실천될 수 있다고, 아니 실천되어야만 한다고 주장하면서도 그는 이 두 학문은 근본적으로 구별된다고 보았다. 그가 쓴 시적인 수필에서 반 델 레에우는 신학과 종교현상학을 두 가지 길로 묘사하였다 : "계시에서 세상으로 내려가는 길은 하향적이고 세상에서 계시로 올라가는 길은 상향적인 것이다. … 첫째 길은 신학적인 것이고, 둘째 길은 종교학이라고 부르는데 종교에

8. 같은 책 . 100장.

대한 인간 지식을 가리킨다. "신학자는 두 개의 길을 번갈아 여행해야 하지만 이 두 길이 서로 만나지는 않는다. 그러나 반 델 레에우는 신학자가 인간을 향한 하느님의 길을 따르는 것과 마찬가지로 하느님에게로 가는 인간의 길을 걸어야 한다고 믿었다 : "신인(神人)인 예수 그리스도 안에서 하느님의 길과 인간의 길이 만나게 되기 때문이다. "[9]

브레데 크리스텐센

현대 종교현상학을 확립한 네델란드 학파를 형성하는 데 가장 큰 역할을 한 학자는 반 델 레에우의 스승인 브레데 크리스텐센(W. Brede Kristensen)일 것이다. 노르웨이 출신으로 후에 네델란드의 국적을 갖게 된 그는 1901년부터 1937년까지 계속 레이든(Leiden) 대학의 종교역사와 종교현상학 교수직에 머물며 강의와 저술로 종교학 확립에 지대한 공헌을 하였으며 1937년 은퇴한 후로도 1953년 서거할 때까지 저술을 계속하였다. 그의 저명한 제자인 반 델 레에우가 철학적 현상학에 대하여 호감과 열정을 지니고 철학적 용어들을 빌려 왔던 것과는 달리 크리스텐센은 에포케(epochē) 등의 철학적 용어를 쓰지 않았다. 사실 그는 종교현상학의 이론이나 정의보다는 그 효과적인 실천에 더 관심을 쏟았다. 그의 제자요 후계자였던 헨드릭 크레머는 종교현상학에서의 크리스텐센의 위치를 다음과 같이 평가하였다 : "현상학자가 되려고 하는 사람에게 크리스텐센은 훌륭한 모범이었다. 그에게로부터 우리는 좋은 현상학이란 연구의 주제가 그 자체의 순수한 목소리로 이야기할 수 있도록 하는 데 있다는 것을 배울 수가 있었다. 현상학이란 우선적으로 방법이라기보다는 예술로서 사실과 사료에 대한 확실하고 비판적인 지식에 기초를 두고 그 위에 직관과 영감과 통찰의 힘을 발휘해야 되는 연구자 자신의 모든 인격을 요구하는 예술임을 알게 되었다. "[10]

9. G. van der Leeuw, "De tween Wegen der Theologie", *Inleiding tot de Theologie* (신학 입문) 재판(1948) 163면과 75면 참조.
10. Kristensen의 책 *The Meaning of Religion* (종교의 의미)(1960)의 머리말에 나오는 Hendrik Kraemer의 말에서 인용(xxi면).

우리는 그의 연구의 밑바탕을 이루던 이론을 크리스텐센의 책 머리말 부분에서 읽을 수가 있다. 크리스텐센은 종교사학적 연구에서 나오게 되는 주제들을 체계적으로 취급할 때 종교현상학이라는 용어를 썼다 : "종교현상학의 사명은 무수히 많고 다양한 사료들을 분류하고 모아서 종교적 내용과 그 안에 포함된 가치들을 종합적으로 볼 수 있게 하는 데 있다. … 또한 여러 종교에서 만나게 되는 유사한 종교현상들과 사실들을 그 역사적 환경에서 뽑아 함께 그룹으로 모아서 연구하는 것이다. 대응되는 사료들은 어떤 때는 거의 동일해서 자동적으로 비교연구를 가능케 한다. 이러한 비교연구의 목적은 대응되는 사료들 밑에 깔려 있는 종교적 사상과 개념 및 필요성을 파악하게 하는 데에 있다.[11] 곧 종교현상학의 목표는 제대·제사·신탁 등과 같은 다른 범주의 현상들이 각기 가지고 있는 특징과 종교적 개념들을 밝히려는 것이다.[12] 따라서 종교연구에서 항상 나타나는 용어들인 성스러운 시간과 공간, 성사(聖事), 의식적 정결, 제사 등과 같은 많은 개념들을 분명히 이해하고자 하는 것이다."[13]

그런데 크리스텐센은 한 특정 종교를 역사적으로 연구할 때에도 현상학적 이해를 도모하기 위하여 같은 접근방법을 적용하였으며 현상학자와 동의어로 역사가라는 말을 자주 썼다. 그는 기본적인 면에서 상반되는 두 가지의 비교연구가 있다고 보았다. 한 가지는 다양한 종교와 그 내용에 상대적 가치를 부여하려는 진화론적 비교연구의 자세, 또 한 가지는 평가가 포함되지 않고 사실을 그대로 보고하고 알리려는 현상학적 자세이다. 그는 비교연구를 하는 상이한 이 두 가지 자세의 차이를 분명히 하고자 하였던 것이다.[14] 크리스텐센이 종교학 연구를 시작한 20세기 초에 종교학 전체를 휩쓸고 있던 접근방법은 진화론적인 것이었다. 모든 종교전통들은 종교연구가가 매겨 놓은 가치에 따라 우열의 순

11. 같은 책 1-2면.
12. Kristensen, *Inleiding tot de Gododienstgeschiedenis*(종교역사 입문) 1955, 19면.
13. 같은 책 21면.
14. 같은 책 18면.

으로 배열되어 있었고, 그 맨 꼭대기에 그리스도교가 놓여 있었다. 크리스텐센은 이러한 진화론적인 접근을 완전히 배격하였고, 종교의 기원을 발견하려는 노력 역시 부정하였다 : "우리는 이들의 종교적 행위와 신앙의 역사적 기원을 찾고 있는 것이 아니다. 기원이란 언제나 숨겨져 있는 것으로 각기의 역사적 사건은 독특한 것이며, 인간이 알지 못하는 원리에 따라서 움직이는 역사적 발전의 창조적 과정에 의하여 나오게 되기 때문이다. 역사는 반복되고 있는 것이 아니며 어느 방향으로 가도록 결정되어 있는 것도 아니다. 예를 들어 그리스도교 신앙과 성사를 중심으로 하는 예배의 구조적인 요소들 중에는 다른 종교에서 발견되는 개념이나 행위들과 같은 수준에 있는 것도 있다. … 그러나 각기의 개별적인 역사적 사실은 동시에 독특하고 새로운 것이며, 독자적인 것이다. 그런데 이러한 사실이 어떤 기원설에 전제를 두고 역사적 사료를 설명하게 될 때에는 자주 망각되곤 한다. "역사적 기원"이라는 개념은 비역사적인 것으로 오히려 역사적 실재를 애매하게 만들며 연구자를 오류로 이끌게 할 뿐이다."[15]

따라서 종교역사가나 현상학자는 자기가 연구하는 종교현상들의 가치에 우열을 결정하려 해서는 안된다고 크리스텐센은 경고하였다. 소위 "원시종교"라고 말할 때에도 그는 그 종교를 "낮은" 형태로 보지는 않았으며, 사실 크리스텐센은 우리가 "원시종교들"을 아직 참으로 이해하지 못하고 있다고 믿었다 : "우리가 이해하지 못하는 것을 평가할 수는 없다. 이러한 종교들이 종교생활의 낮은 형태라고 판정할 만한 충분한 이유가 우리에게는 없다. 평가적인 비교를 할 만한 타당한 근거가 없는 것이다."[16]

"그러나 다른 면으로 보면 평가는 역사적 종교들을 연구하는 우리 모든 노고의 영혼과도 같은 것이다. 따라서 이 종교들을 참으로 신자들 자신이 보고 평가하는 것같이 깊이 알려고 하면 신자들 자신의 평가를 이해하기 위하여 우선적인 노력을 경주하여야 한다. 여러 종교들이 역

15. 같은 책 19-20면.
16. 같은 책 18면.

사적이거나 이상적 발전 과정 안에서 연결되어 있다는 우리의 편견을 우선 완전히 버려야 한다. 신자들은 자신들의 종교를 이와같이 생각하지 않으며 어떤 위대한 역사적 배경 속에서만 종교가 가치있는 것이라고 믿고 있지 않기 때문이다. 신자들은 자신의 종교를 상대적인 것으로 보지 않으며 언제나 그 자체로 절대적인 가치를 지닌 절대적인 것으로 받아들인다. 우리가 그들을 이해하기를 원한다면 그들의 이러한 자세에서 그들을 파악해야 한다. 우리는 개별 종교의 독자적인 가치를 인정하기를 배워야 한다. 어느 한 종교가 인간의 마음 안에 살았을 때에는 이와같은 형태를 취하고 있었고, 현상학적으로 보면 믿는 자들의 신앙이라는 종교적 실재 이외에 다른 실재가 있을 수 없기 때문이다. 따라서 순수한 종교현상을 알려고 할 때에는 신자 자신이 말하고 있는 바에 모든 주의를 기울여야 한다. 우리가 우리의 입장에 서서 다른 종교의 본질이나 가치를 고찰하는 것은 우리 자신의 신앙이나 혹은 종교적 신앙은 이런 것이라는 우리의 개념을 표명하는 데 불과한 것이다. 다른 종교에 대한 우리의 이해가 신자들 자신의 생각 및 평가와 달랐을 때 우리는 이미 그들의 종교를 말하고 있는 것이 아니다. 그때 우리는 역사적 실재를 무시하고 오직 우리들의 말을 하고 있는 것이다."[17]

실제적으로 크리스텐센은 고대 지중해 세계와 중동지역의 종교들로 자기의 연구 범위를 제한하였다. 그는 동아시아의 종교들을 자기의 연구영역에서 배제했는데, 그 언어들을 알지 못하였고 동아시아의 종교들은 고대 서양의 종교들과는 그 차이가 너무 커서 양쪽의 종교들을 동시에 다룬다는 것은 불가능하다고 여겼기 때문이었다. 또한 "원시"라는 평가적인 말을 문자를 통한 기록이 없는 종교전통에 쓰기를 거부할 정도로 존중하면서도 그들에 대한 신빙할 만한 사료가 부족하다는 사실 때문에 비문자전통을 그의 연구에 포함시키지 않았다. 그는 다른 종교를 이해하는 데 있어서 참으로 신빙할 만한 유일한 사료는 그 종교를 따르는 신자 자신에 의하여 기록된 문서뿐이라고 말하곤 하였다. 그는

17. 같은 책 22면.

원시종교에 대한 민속학적 연구에 대하여는 별로 가치를 부여하려 하지 않았다. 그런 자료의 대부분이 서양인 관찰자들이 던진 질문에 대한 이들의 대답에 기초를 두고 있었는데, 보통 질문의 성격에 의하여 어떠한 답이 나오는지가 이미 상당히 결정되기 때문에 순수한 자료일 수가 없다고 보았기 때문이다.[18]

  자기의 연구 범위를 의식적으로 한정한 크리스텐센은 근본적 개념에 있어서 여러 가지 공통성을 지니고 있는 종교들로부터 나온 유사한 요소들을 비교·분류하였다. 그가 연구한 고대 지중해 세계와 같이 근본적으로 비슷하고 역사적으로도 연결된 종교들 간에서 이루어지는 비교연구는 매우 유익하고 서로를 밝혀 주는 것임이 드러났다. 예를 들어 고대 히브리 종교에서 결약의 궤가 매우 중요하다는 것을 알고는 있으나 구약 자체에서는 그 종교적 의미에 대한 설명을 별로 찾아볼 수가 없다. 그러나 우리는 다른 고대 지중해 세계의 종교적 텍스트 안에서 비슷한 궤에 대한 종교적 의의가 자세히 묘사되고 있는 것을 볼 수 있다.[19] 크리스텐센은 비교연구의 우선적인 목표는, 예를 들어 모든 종교들 안에 나타나는 제사의 공통된 의미와도 같은 일반적 개념을 정의하려는 것이 아니라 제사와 같은 종교 실천이나 신앙이 지닌 일반적 의미를 특히 유사한 종교 그룹 안에서 찾아서 그것을 적용하여 특정한 종교의 제사의 의미를 밝히려는 데 있다고 하였다. 그런데 이러한 의미는 반 델 레에우가 말하는 것과 같이 주체(subject)와 대상(object) 사이에서 이루어지는 의미가 아니라, 크리스텐센에게 있어서는 이 종교를 따르는 추종자들이 가지는 의미를 찾는 것이었다. 다시 말해서 크리스텐센에게는 비교연구는 하나의 수단이지 목적은 아니었다.[20] "비교연구는 다른 종교의 사상을 이해하는 데 필요한 하나의 보조 수단이기는 하지만 이상적 방법은 분명히 아니다. 각 종교는 각기의 입장에서 이해되어야 하는데 그것은 추종자들 자신이 그렇게 이해하고 있기 때문이다.…

18. 같은 책 9-10면.
19. 같은 책 14-15면.
20. *The Meaning of Religion* 2-6면.

각기의 신앙인은 자기의 종교를 독특하고 독자적이며, 절대적인 실재로 바라보고 있다. 따라서 절대적 가치를 지니고 있고 비교될 수 없는 것이다. 그리스도인에게 그런 것과 같이 비그리스도교 종교에 있어서도 마찬가지이다. 한 종교 전체에 대해서 그럴 뿐만 아니라 종교의 각 부분과 종교적 신앙의 각 조목에 대해서도 마찬가지이다."[21]

이러한 사실은 특정한 종류의 종교현상에 대한 일반적 개념이 하나의 유용한 도구에 불과하다는 것을 말해 줄 뿐만 아니라 또한 종교연구 자체의 한계성을 밝혀 준다 : "종교역사가는 신자가 이해하는 것과 같은 방법으로 종교적 사료의 절대적 성격을 이해할 수는 없다. 역사가의 입장은 신자와 다른 것이기 때문이다. 자신과 연구의 대상 사이에는 거리가 있고 신자가 그러하듯이 그것과 일치할 수는 없는 것이다. 우리가 이슬람교를 이해하려고 할 때에 이슬람교도가 될 수는 없는 것이며, 만일 그렇게 된다면 우리의 연구는 끝이 날 것이다. 우리 자신이 직접적으로 실재를 체험하기 때문이다. 역사가는 이해하려는 것이며 근사치(approximation)에 도달할 수 있을 뿐이다. 근사치 이상으로 더 갈 수는 없다. 공감에 의하여 그는 다른 이의 종교를 자신의 것으로 되살려 보려고 노력하는데 그것 역시 근사치로써만 가능한 것이다. 직접 체험이 아닌 상상적인 재체험을 통하여 이루어진 재구성의 형태는 실재 자체는 아니며 따라서 절대적 권위를 행사할 수는 없는 것이다. 우리는 우리가 믿고 있는 종교전통에 대해서도 이와같이 바깥에 서 있는 입장을 취하면서 연구할 수 있다. 그리고 우리가 가끔 민족성 등을 말할 때와 같이 상당히 분명한 모습을 그려낼 수가 있다. 그러나 우리는 언제나 우리의 표현이 부족하다는 것을 느낄 수밖에 없다. 모든 재구성된 표현은 실재 자체와는 다른 것이기 때문이다. 종교적 자료의 '실존적'인 성격은 연구에 의하여 결코 드러날 수 없는 것이다. 그것은 정의될 수 없는 것이기 때문이다. 여기에 역사적 연구의 타당성이 가지는 한계를 볼 수 있다."[22]

21. 같은 책 6면.
22. 같은 책 7면.

"다른 종교를 완전히 이해하게 된다는 것은 사실 불가능하다는 것을 우리는 알아야 한다. 신자들이 그렇게 하는 것처럼 우리는 그 종교를 우리 삶에 힘을 주는 것으로 체험할 수는 없고, 그들처럼 거룩한 의식을 행함으로써 그 종교를 배울 수도 없다. 곧 자신들의 종교를 신봉하던 그리이스인들이나 로마인들·이집트인들·히브리인들이 행하던 제사나 종교의식·정결례·입교식 들을 행할 수는 없는 것이다. 따라서 그들이 알고 있던 것과 같이 그들의 종교를 완전히 이해하게 될 수는 없다는 것을 알 수 있다. 오직 우리는 근사치로써 그들을 이해할 수 있을 뿐이다. 우리는 그들의 체험을 우리의 것으로 만들 수는 없다. 그리고 종교란 그 핵심에 있어서는 지성으로 따져서 알게 되는 것이 아니라 체험이다. 역사적 연구를 통해 도달할 수 있는 한계성이 분명히 여기에 있는 것이다. 우리는 부분적으로 이해할 수 있을 뿐이며, 목표에 완전히 도달할 수는 없는 것이다. 곧 우리의 역사적 지식과 통찰은 완전하지 않고 그렇게 될 수도 없지만, 그렇다고 남을 이해하려는 우리의 노력을 포기할 필요는 없다. 역사 분야에서 과거에 대한 객관적 지식의 가능성 자체를 원칙적으로 포기하게 되면, 결국 역사적 지식은 관찰자의 확신이 반영된 것에 지나지 않는다는 결론이 나올 것이기 때문이다. 심리적인 방향으로 흐르는 우리 시대의 불행한 학문적 경향은 모든 진정한 연구를 방해하고 있다. 객관적 실재로부터 우리의 관심을 흐트리고 역사적 지식과 통찰이 모두 우리 상상의 산물에 지나지 않은 것으로 취급해 버리는 것이다. 물론 우리의 역사적 지식이 불완전하고 완전해질 수도 없겠지만, 실재에 맞는 개념을 찾기 위한 지속적인 연구가 역사적 발전 속에 가능하도록 자극이 필요하다. 종교역사가는 이러한 목표에 가까이 가기 위하여 자신의 재능과 최선을 다하여 이에 공헌하려는 것이다."[23]

"남의 체험을 이해하기 위하여 우리는 우리 자신의 종교체험을 매개체로 해야 한다. 우리 자신의 경험으로부터 종교가 무엇인가를 알지 못

23. *Inleiding* 23-24면.

한다면 종교의 본질을 묘사할 수 없을 것이다. … 순수한 역사연구에서
까지도 이러한 체험은 영향을 준다. 종교학에서는 이성적이고 조직적인
구조를 파악하는 것만으로는 불가능하며 계속 어느 정도의 직관력이 필
요하다. 논리적이고 합리적인 방법만으로는 가끔 어느 쪽으로 가야 할
는지를 알지 못하게 될 것이기 때문이다. 다시 말해서 현상학에서 우리
는 전제와 기대를 가지고 계속 일하게 된다. 그리고 바로 그 점이 우리
의 노고를 중요하게 하는 것이다. 이 연구는 우리 인격 밖에서 일어나
는 것이 아니며, 그러기에 역으로 이 연구는 우리의 인격에도 영향을
미친다. 이런 이유 때문에 현상학적 연구는 인간적인 성격과 가치를 지
니고 있다. 우리가 이해하기를 원하는 주제에 대한 우리의 느낌이 중요
시되며, 이러한 느낌은 우리에게 확신의 표를 줄 것이다. 어떤 때는 이
상하게 보이기까지 하는 종교적 자료들에 대하여 가져야 되는 형용할
수 없는 공감을 가능케 하기 때문이다. 그러나 이러한 공감은 역사적 사
실에 대한 정확한 지식과 이해가 없이는 불가능한 것이며, 따라서 느낌
과 사실적 지식 사이에 이루어지는 상호작용이 중요하다. 우리의 연구
가 실천생활과는 연관이 없는 이론적 활동이라고 생각하는 것은 사실이
아니다. 학문적인 연구를 통하여 우리는 인간적으로 성숙되고 있음에
틀림이 없으며, 우리의 연구 주제가 종교일 때에 우리는 종교적으로 성
숙되는 것이다. 바로 이 점에서 우리의 학문적 노력의 가장 깊은 의의
를 발견하게 된다. 우리는 객관적이고 학문적인 방법으로 우리의 최선
을 다하는데, 우리 노력의 결실은 우리의 정신을 초월하는 위대한 정신
의 영감으로 이루어짐에 틀림이 없다. 우리가 이런 영감을 단순히 직관
이라고 부른다면, 아마 아무도 반대하지 않을 것이다."[24]

크리스텐센은 "과학적인" 방법론을 확립시키기 위하여 지나친 관심을
기울이는 것을 특별히 경고하였다. 종교적인 사실들을 묘사하고 비교하
는 일에 있어서 학문적으로 좋은 결과를 얻게 하기 위하여 기계적으로
적용할 수 있는 방법을 만들어 낼 수는 없다고 보았기 때문이다. 크리

---

24. *The Meaning of Religion* 10면.

스텐쎈은 통계학적 분석을 통하여 해석할 수 있게 할 만큼 많은 유사한 사료들을 수집하는 데에는 관심이 없었다. 오히려 그는 종교학적 연구에서 가장 중요한 일은 어떻게 보면 가장 비과학적으로 들리는 것으로서 어떤 사료가 핵심적인 것이며 어떤 사료가 그런 것이 아닌가를 알 수 있는 직감력이며, 그 다음에는 이러한 사료들이 우리에게 말해 주는 핵심적인 말에 귀를 기울일 수 있는 배려와 노력이라고 보았다. 곧 우리가 수집한 다양한 자료들을 연구하면서 직관적으로 어느 것이 핵심적이고 중요한 것인가를 느껴야 한다는 것이다. 따라서 우리가 학문적 방법론을 말할 때 인간적 통찰, 정신적 재능, 직감력 들을 제외시켜야 한다면, 현상학적 접근은 방법론이 아니다. 그러나 이러한 직관적 통찰이 없이 종교사학은 물론 어느 분야의 연구에서도 특기할 만한 것이 이루어진 적은 없다. 모든 연구에서 무엇보다도 가장 필요한 것은 슐라이어마허가 통찰력(Anschauung, vision)이라고 부른 것으로서 영적 실재를 파악할 수 있는 능력이다. 곧 한 인간의 인격이 외부에서 오는 인상들을 기초로 하여 전체적인 모습을 형성할 수 있는 것을 말한다. 이런 능력을 직관이나 상상 등 무엇으로 부르든간에 이것은 우리 마음과 정신의 창조적 활동인 것이다. 여기서 우리가 관심을 두는 것은 종교적 가치를 볼 수 있는 능력으로서 정의되거나 가르칠 수는 없는 것이지만, 모든 종교적 이해에 전제로서 필요한 것이며 종교역사학 분야의 모든 연구에, 특히 비교연구에서 요구되는 것이다. 다시 말하지만 중요한 업적을 낼 수 있는 지름길이 방법론을 배워서 얻어질 수는 없다. 다양한 방법의 유익성을 가지고 논쟁을 하는 것은 무익한 일이다. 학문하는 이들은 각기 자기의 방법에 따라서 일을 하여야 한다. 결과를 보면 그가 주제를 올바로 다루었는지 그리고 그의 방법이 잘 선택된 것인지가 분명해질 것이다.[25]

크리스텐쎈은 종교역사가와 현상학자의 역할을 요약하면서 연구가의 가장 큰 어려움을 다음과 같이 지적하고 있다 : "우리에게 요구되는 것

25. *Inleiding* 20-21면.

은 부정적으로 말하면 자기부정(self-denial)으로서 우리 자신의 칭찬이나 평가가 없이 신자 자신이 말하도록 하게 하는 것이다. 이것을 긍정적으로 표현해보자면 다른 신앙에 대하여 공감적이고 사랑에 찬 이해의 태도를 가지는 것으로서, 이러한 공감만이 남에 대한 이해와 올바른 평가를 가능하게 한다. 이것이 간단하게 들릴지는 모르지만 남의 것을 이런 식으로 해서 자기의 것으로 하는 것은 그렇게 쉬운 일이 아니다. 우선적으로 언어의 장애를 극복해야 하는데, 언어에서 오는 어려움은 외부적인 것만이 아니다.… 더 중요한 장벽은 각 언어가 그 민족의 삶과 사고와 느낌에 대응하는 것으로 다른 언어에서는 찾을 수 없는 개념으로 그것을 표현하고 있다는 점이다. 종교적 언어를 구성하는 개념들에 있어서는 더우기 그러하다. 따라서 그 종교는 그 언어로만 이해될 수 있다고 생각될 수도 있다. 이러한 이유로 우리는 남의 종교를 부분적으로밖에는 이해할 수가 없다. 그들의 언어에 완전히 동화될 수가 없기 때문이다. 한 종교에서 가장 특징적인 개념들이 번역될 수가 없어서 음역을 하고 설명을 따로 해야 되는 것도 바로 이 이유에서이다. 또한 우리 현대인의 지적 특성인 합리적인 태도에서 일어나는 어려움도 무시해서는 안될 것이다 …… 우리는 이 안에 태어나고 이러한 합리성에 긍지를 느끼고 있으나 이것이 고대 모든 종교들을 특징짓는 문화적 분위기와는 아주 상반된다는 사실을 알아야 한다. 이 두 세계의 차이는 현격해서 그리이스와 로마의 고전 작가들이나 그리스도교 호교론자들은 고대 종교인들과 실제로 가까이 접근할 수 있었음에도 불구하고 고대종교들을 제대로 이해하고 평가하지를 못했던 것이다. 그들은 자기들의 합리적인 사고 경향에 매여 있었기 때문에 고대 전통을 공감하면서 탐구할 수 있는 능력이 결핍되어 있었다. 그리고 우리의 사고는 고대 종교 전통들보다는 합리적 경향을 띤 그리이스와 로마의 고전적인 태도와 비슷하기 때문에 우리 역시 같은 오류를 범할 위험을 지니고 있다."[26]

크리스텐센은 비록 이러한 합리적 태도가 호머의 서사시나 이스라엘

26. 같은 책 24-25면.

의 예언자적 사고에서 엿보이기는 하지만 그러한 경향이 꽃핀 것은 희랍철학의 도래에 의한 것이라고 보았다. 그리고 이러한 합리적 사고는 르네상스 이후로 서구 그리스도교 문화권을 지배하게 되었다. 이제 이 합리주의는 세계적으로 보편화되어 현대인의 사고체계를 형성하게 되었으므로 특정한 시간이나 장소·종교의례에 거룩함을 부여했던 고대 지중해 세계의 종교들을 이해하기가 극히 어려워졌다는 것이다.[27] 크리스텐센의 후계자들인 크레머나 히딩(Hidding)은 고대 지중해 세계, 서아시아의 종교들, 원시종교들, 대부분의 동양 종교들이 적어도 이 점에 있어서는 공통성을 지니고 있다는 사실을 강조하였다. 그들은 모두 "자연에 대한 종교적 감정"을 지니고 있었음에 비해, 현대 서구인들은 생에 대한 합리적 사고 때문에 이러한 자연에 대한 경외감을 거의 잃어버리게 되었다는 것이다.

27. *The Meaning of Religion* 19-23면.

제 2 강
종교현상학의 문제점들

크리스텐센 교수의 학생들과 후계자들은 대부분 종교현상학 및 역사적 종교연구에 있어서 스승에게 받은 영향을 인정하면서도 종교현상학이 나아갈 방향에 대하여는 각기 다른 길을 택하였다.[28] 우선 그들은 고대 지중해 세계의 종교에만 자신의 연구를 국한시켰던 크리스텐센과는 달리 인류의 모든 종교적 표현을 자기들의 연구에 포함시키려 하였다. 또한 종교현상학에서 나오는 방법론적인 개념들을 좀더 정확히 정의하기를 원했다. 더우기 그들은 크리스텐센은 인정하지 않던 그리스도교 신학이나 서구의 철학적 인간학을 종교현상학 안에 개입시키려는 경향을 띠게 되었다. 그런데 크리스텐센 자신은 그의 방법과 원리에서 제자들이 이탈하는 것을 크게 염려하지는 않은 듯하다. 크레머가 지적하였듯이 그는 학파를 형성하는 데에는 관심이 없었다.[29] 이미 언급한 바와 같이 크리스텐센은 이론과 방법적 정의보다는 다른 종교들을 사학적이고 현상학적으로 연구하는 실제적이고 효과적인 실천에 더 관심을 두고 있었다. 이 점에 있어서 그의 평가기준은 아주 실용적인 것이었다 : "그 열매를 보고 알 수 있다." 이러한 크리스텐센의 태도는 그가 레이든 대학의 자기 후계자로서 현상학적 이해와 신학적 이해 사이에 구별을 두려워하지 않던 헨드릭 크레머 교수를 추천한 사실만으로도 잘 드러난다. 더우기 크레머의 종교분석이 크리스텐센이 가장 관심을 두던 자연 속에서 신의 현존을 직관적으로 느끼고 인정하던 고대종교에 대하여 부정적인 평가를 내리고 있었음에도 불구하고 그를 추천하기를 주저하

---

28. Kristensen의 제자 중에서 스승의 이름을 전혀 언급하지 않는 학자는 흥미롭게도 van der Leeuw였다. 그가 가장 존경하던 종교학자는 스웨덴의 주교가 된 Nathan Söderblom이었다.
29. Hendrik Kraemer, *The Meaning of Religion*에 기재된 그의 머리말 부분에서(xi 면).

지 않았다. 크리스텐센은 크레머의 종교현상학자로서의 통찰력을 이해하고 높이 평가하고 있었으며 신학적 접근면에서의 심각한 차이에도 불구하고 사실 다른 이들보다 크레머를 더 잘 이해하고 있었던 것이다.

크레머의 뒤를 이은 레이든 대학의 종교학 교수는 히딩으로서 그는 크리스텐센의 경모자였고 그의 현상학적 방법을 계승한다고 자처한 학자였다. 그러나 히딩은 종교현상학의 기초로서 철학적 인간학이 필요불가결한 것이라고 보았다 : "현상학은 인간학에 기초를 두어야만 한다. 어떤 현상이든지 그 자체로써만은 이해될 수 없는 것이며 그것을 보고 경험하는 인간과 직접적으로 연결되어서만 이해가 가능하기 때문이다."[30] 히딩은 모든 종교가 두 종류의 판이한 기본적·지적 태도 중에 하나를 지니고 있는 것으로 보았다. 그중 하나는 크리스텐센이 관심을 가지던 종교적인 세계관을 지닌 종교들이고, 또 하나는 크리스텐센이 종교의 진정한 이해에 방해가 된다고 여기던 합리적인 태도를 지닌 문화권의 종교라고 보았다. 원시종교들과 동서양의 고대종교들은 인간이란 우주라는 전체 속에 포함되어 있고 자기가 그 한 부분을 이루고 있는 세계에 대한 직접적인 통찰에 기초를 둔 사고형태를 지녔다. 그러나 인간의 종교적이고 문화적인 역사 속에 변혁이 일어났다. 역사적 종교를 일으킨 창립자들과 개혁가들은 종교에 대하여 상당히 다른 개념을 인류에게 가지도록 하였는데, 히딩은 이런 변화를 인간 사고의 발전에 기인한 것으로 보았다. 곧 인간은 자기들이 분석하려는 세계와 자신을 구별하여 인간의 독자성을 보게 된 것이다. 히딩은 그 기원에 있어서나 핵심적 의도에 있어서 그리스도교는 위에 언급한 두 가지 종교의 지적 구조를 종합한 제3의 종교를 대표한다고 보았다. 그러나 실제에 있어서는 개개의 그리스도인과 공동체는 둘 중의 한 가지 지적 구조의 영향을 받고 있어서 자기 주위의 세상을 신적 능력으로 충만한 하느님의 우주로 보기도 하고 하느님이 세상과 격리된, 밖에 존재하는 초월적 정신이

---

30. K. A. H. Hidding, *Menschen Godsdienst : Lebende Godsdiensten phenomenologisch Belicht*(인간과 종교 : 살아 있는 종교들에 대한 현상학적 관점) 1954, 서론.

라고 생각하기도 한다.[31]

　"종교현상학은 성스러움의 계시를 체험하는 인간의 반응과 그 다양한 표현에 관심을 둔다. 따라서 이것은 신학적 주제일 뿐만 아니라 인간학적 주제이다. 엄격하게 말하자면 신학에서는 계시 그 자체가 중심이 되고 인간은 부차적인 관심을 받게 된다. 그러나 현상학에서는 계시에 반응을 일으키는 인간에 중점을 두며 이러한 인간의 반응이 신화나 예배 등 다양한 종교현상과 표현으로 구체화되는 것에 관심을 둔다."[32]

진화론의 문제

　종교연구에 있어서의 현상학적 접근은 부분적으로는 19세기 말에 성행하였던 진화론, 특히 크리스텐센의 전임자였던 틸레가 종교학은 "그 발전 단계에 따라 분류하기 위하여"[33] 모든 종교를 평가해야 한다고 하던 주장에 대한 반발로 발전하였다. "발생학(發生學)과 생물학이 없이는 인간에 대한 어떤 지식도 가능하지 않다. 그 기원과 발전에 대한 지식 없이는 종교에 대한 어떤 지식도 가능하지 않다.… 따라서 우리의 사명은 어떻게 하나의 형태가 그 다음의 것을 계승할 뿐만 아니라 거기에서부터 자라나게 되는지를 보여 주는 데 있을 것이다. 따라서 더 발전된 형태는 그 전의 형태에서 발견될 수 없던 본질적인 것을 가지고 있지 않으며 처음부터 하나의 씨앗과 같이 그 전의 모든 형태가 들어 있다는 말이다. 종교의 각 형태는 한 가지 중요한 종교사상을 일면적으로 발전시킴으로써 종교적 발전에 기여한다. 이와같은 한 가지 기초사상에 대한 일면적인 발전은 그 사상이 인간의 것이 되도록 확립시키는 데 필요할 뿐만 아니라 동시에 바로 그 일면성 때문에 배후에 물러나 있던, 그에 못지않게 핵심적인 다른 면을 일깨우게 한다."[34] 틸레의 진

31.　같은 책 2장 12-27면과 9장 94-103면.
32.　같은 책 7면.
33.　C. P. Tiele, *Elements of the Science of Religion*(종교학의 요소들) 1897, 1권 9면.

화론적 발전의 정상에는 그리스도교가 군림하고 있었다 : "그리스도교는 모든 종교들 중에서도 다면성을 가장 많이 지니고 있어서 그 적응성과 융통성에 뛰어나며 가장 풍부하고 다양한 형태를 취할 수가 있었다. … 인류의 종교생활을 볼 때 다른 종교들 안에는 한 면만이 발전되었거나 각기 다른 시기에 나타나기 때문에 화해될 수 없는 것같아 보이던 요소들이 그리스도교 안에서는 모두 종합되고 있다. 종교의 전체적 역사를 외부적으로 개괄하여 보면, 종교적 요소들이 다양한 형태로 섞여져서 일면적인 형태를 지닌 종교들이 계속 나타나 경쟁하고 성행하다가 없어지거나 발전을 그치는 과정을 되풀이하였다. 그런데 그리스도교의 역사는 그러한 초기 종교역사의 계속이면서 동시에 더욱 완전하고 다면적이며 총체적인 형태를 지닌다."[35]

샹뜨삐 드 라 쏘쌔이는 틸레의 진화론을 완전히 배격하지는 않았으나 조심스러운 비평을 하였다 : "우리는 종교학에 있어서도 진화론의 가치를 무시하려고 하지는 않는다. 그러나 이 이론이 인류의 종교생활을 제대로 이해하는 데 충분하리라고 믿지는 않는다."[36] 또 그는 말했다 : "종교 기원의 문제는 사실은 철학에 속하는 문제이다."[37] "어떤 개념을 원시적이라고 정의하느냐 하는 것이 문제일 뿐만 아니라 이러한 원시적 개념과 상황으로부터 시작하여 후기의 발전을 이해할 수 있을 것인가도 문제이다."[38]

첫번 강의에서 우리는 이미 크리스텐센이 모든 형태의 진화론적 해석을 완전히 배격하였다는 것을 이야기하였다. 반 델 레에우는 좀더 온건한 반응을 보여서 종교의 학문적 연구에서 진화론적 접근을 완전히 포기하려고 하지는 않았으나 현상학적 접근방법과는 조화될 수 없음을 분명히 하였다 : "그 자체로는 아주 흥미로운 문제일지도 모르지만 이런 것은 배제되어야 한다. 따라서 현상학은 종교의 역사적 '발전'이나 더

---

34. 같은 책 54-55년.
35. 같은 책 208-211년.
36. Chantepie de la Saussaye, *Manual of the Science of Religion* 13면.
37. 같은 책 29-30면.
38. 같은 책 45면.

우기 종교의 '기원'에 대하여는 아는 바가 없다."[39]

선임자들보다도 히딩은 현상학자의 관심 분야를 더 넓게 잡으려 하였다. 종교현상학이 연구의 대상인 종교적 표현의 진리 문제를 결정하려 하지 않는다는 전제는 그 역시 받아들였다 : "현상학자는 자신의 신앙을 고백하려 하지 않고 가능한 한 다른 사람이나 다른 백성에게 그 종교가 뜻하는 바를 알려고 한다."[40] 그러나 그는 종교생활을 실재에 기초를 두지 않은 신자의 느낌과 경험세계로만 축소시키려고 하지 않는다. 또한 그는 현상학자도 어느 정도의 평가를 하지 않을 수 없다고 보았다. 모든 종교를 합법적인 것으로 받아들일 뿐 아니라 종교 간에 흔히 보이는 큰 차이들은 근본적으로 인간적 표현에서 나오는 차이들이라고 그는 해석한다. 종교적 진리에 대한 판단은 종교현상들 밑에 있는 궁극적 실재에 관한 판단이기 때문에 현상학자가 이것을 파악할 수는 없을 것이나, 궁극적 실재에 대한 인간의 반응으로서의 종교현상들 자체에 관한 평가 내지 가치판단을 할 수 있다고 본 것이다. 히딩은 이러한 평가는 현상학자에게도 피할 수 없는 것이라고 믿었고, 평가자 자신의 지적 구조에 의하여 이러한 평가가 대부분 이루어지게 된다는 사실을 우리는 인식하고 있어야 된다고 경고하였다.[41] 따라서 "믿는 자가 자기의 종교를 절대적 계시로 체험하는 한 우리는 각 종교를 합법적인 것으로 인정해야 한다." 한 종교가 다른 종교보다 더 진실된 것인가의 문제는 현상학자로서는 대답할 수 없는 것이며, 오직 어느 특정 종교의 신앙인으로서만 말할 수 있는 것이다. "그러나 모든 종교는 존재할 권리를 지닌다는 단순한 주장 그 이상으로 종교가 추구하는 진리에 대한 주장에 관하여 무엇인가 말해야 될 것이 있다. … 종교는 언제나 존재와 인간 의식(意識)의 신비에 관여하고 있기 때문에 현대 과학을 알고 있는 현대인들에게도 근본적으로 이러한 신비는 남아 있는 것이다. 모든 종교는 이러한 존재의 신비에 기초를 둔 것이기 때문에 비록 이상한 개

---

39. Van der Leeuw, *Religion in Essence and Manifestation* 109장 688면.
40. Hidding, *Mens en Godsdienst* 1면.
41. 같은 책 7-8면.

넘이나 관습을 지니고 있다고 하더라도 합법적인 것이다."[42]

변화의 문제

지속적이고 인내성있는 연구와 이해를 통해서 우리는 처음에는 무의미하고 그릇된 것으로까지 보이는 다른 종교의 많은 요소들 안에서 가치를 보게 된다.[43] 그러나 종교역사에서 일어나는 변화라는 사실 때문에 현상학자는 단순히 신자의 평가를 인정하고 받아들이는 데서 그치는 것이 아니라 종교현상을 분별하게 되고 따라서 평가하게 될 수밖에 없다고 히딩은 주장한다 : "종교와 문화의 역사적 흐름 속에서 볼 때, 시간이 지남에 따라 많은 경우에 주술과 금기는 부분적으로 사라지거나 다른 상황에 들어가게 되기 때문에 다른 형태나 의미를 가지게 되곤 한다."[44] 이러한 변화란, 사실은 19세기 진화론에서 생각하였듯이 옛 것이 완전히 그 의미를 잃은 것으로 보아서는 안될 것이다. "오히려 모든 종교에서 옛 것은 근본적으로 그 후에 발전되는 형태의 기초로 남기 때문에 그 형태는 비록 변할망정 그 핵심적 내용은 계속된다. 이것이야말로 꿰뚫어볼 수 없고 사라질 수 없는 삶의 신비에 대한 의식(意識)인 것이다."[45]

"위의 사실로 종교의 발전 문제와 연관된 모든 것을 말한 것은 물론 아니다. 평가를 내리지 않을 수 없는 종교적 발전이 우리 눈에 뜨이기 때문이다. … 원시종교와 고대종교가 본질적으로 합법적 종교현상이고 그 가치의 우열을 따질 수 없는 것이라고 할지라도, 그들이 후에 나오는 역사적 종교들과 분명히 다른 것을 볼 수 있다. 예를 들어 구약의 경우에서와같이 신자가 자연적 삶에서뿐만 아니라 한 백성의 전체 역사 및 개인적이고 도덕적인 삶에서까지 하느님을 그렇게 가깝게 바라보고

42. 같은 책 105-106면.
43. 같은 책 106-108면.
44. 같은 책 108면,
45. 같은 책 108-109면.

있었다는 것은 어떤 면에서 더 깊은 종교적 통찰이라고 보아야 마땅할 것이다. 또한 행위 자체보다 인간의 내적 태도를 중시하여 내면적 태도야말로 인간 행위에 가치를 주는 것으로 보게 되었다는 것 역시 종교적 심화라고 보아야 할 것이다."[46] 따라서 "이 점에 있어서 역사적 종교는 원시종교에 가능성으로만 있었던 것을 현실화하였다고 할 수 있다. … 역사적 세계 대종교들의 기원을 살피면서 보류없이 '진전'이라고까지 단순히 말할 수는 없다손 치더라도 인간과 인간 정신에게 부여된 능력의 가능성을 발전시켰고 풍부하게 한 것이라고는 분명히 말할 수 있을 것이다. 그러나 우리가 객관화된 지적 구조의 출현을 비록 특정 종교의 전통 안에서는 발전이라고 말할 수 있다 할지라도, 그것이 인류의 참된 종교생활의 시작이며 규범이라고 판정해서는 안될 것이다."[47]

여러 다른 종교들 사이에서 발견되는 차이점에 대하여 이만큼의 평가는 종교학자도 할 수 있을지 모르겠다. 일반적으로 역사적 종교들은 원시종교나 다른 종교들을 합법적인 것으로 인정하려 하지 않는다. "이러한 특정 종교들의 평가는 현상학자에게도 하나의 중요한 사실로 간주되어야 하겠지만, 원칙적으로 모든 종교는 그 신자에게는 거룩한 진리라는 사실에는 양보가 있을 수 없다." 역사적 종교들의 배타적인 태도가 현상학자의 지침이 될 수는 없다. 이것 역시 원시종교나 고대종교들이 다른 종교들을 인정하고 있다는 사실들과 마찬가지로 하나의 현상에 불과하다. 히딩은 이 두 가지의 반대되는 태도를 상이한 유형의 종교들이 가지고 있는 기초적 지적 태도와 생에 대한 자세에서 기인한 것이라고 보았다.[48]

종교적 변화라는 사실은 크리스텐센이나 반 델 레에우가 현상학적 접근의 핵심적인 요소로 강조하던 판단 중지를 끝까지 유지하는 일을 어렵게 만드는 것이 사실이다. 그리고 종교적 변화에 기초를 두고 평가를 하게 될 때에는 보통 우리 자신의 종교적 입장이나 문화적 입장을 취하

46. 같은 책 110면.
47. 같은 책 111면.
48. 같은 책 112면.

게 되기가 쉽다. 반 델 레에우는 그의 저서 「종교현상학」 첫머리에 "하느님과 관련된 모든 것은 변치 않는 면을 지닌다"[49]라는 괴테의 말을 인용하고 있다. 이 책 전체 내용을 통해서 보더라도 그는 비록 종교적 발전 속에서 변하는 것이 있다 하더라도 종교현상학의 주제가 되는 것은 근본적으로는 변함없이 남아 있는 유형들이나 범주들이라고 보고 있음이 분명하다. 크리스텐센은 지중해 세계의 종교들이라는 한 그룹에만 자신의 연구영역을 제한하였고 더우기 희랍철학이나 히브리 예언자들을 제외한 고대라는 한 단계의 종교현상만을 다룸으로써 변화의 문제를 피할 수 있었던 것이다.

세속성의 문제

크레머는 자기 스승 크리스텐센과 자신의 접근방법 사이에 있는 또 하나의 중요한 차이점을 다음과 같이 지적하였다 : "크리스텐센 교수는 스스로를 다른 종교 세계의 충실한 해석자이면서 동시에 개인적으로는 충실한 그리스도인이 될 수 있다고 확신하고 있었다. 그리고 이러한 결합의 정당성을 주관적인 절대적 절대성과 객관적인 상대적 절대성이라는 논제에서 찾고 있었다. 이러한 근본적 태도 때문에 그는 그의 종교 연구에서 신학적인 접근을 시도하지 않았다. 그러나 바로 이 점에서 제자요 후계자인 나와 그는 다른 길을 택한 것이다. 그리고 내가 이 점을 그의 강점 속에 포함되어 있는 약점이었다고 보는 이유는 다양한 종교적 직관의 권리를 전적으로 인정하기 위해서 그는 이러한 모든 체험과 가치의 밑바탕에 부정할 수 없는 실재로 남아 있는 진리의 문제를 소홀히할 수밖에 없게 되었기 때문이다. 그의 천재적인 현상학적 접근을 통한 종교현상의 연구는 종교 자체의 심각성과 현실성에 대한 지울 수 없는 인상을 우리에게 새겨 준 것은 사실이지만, 인간 정신을 괴롭히는 지속적인 종교의 애매성의 문제를 다룰 수 있는 방안을 주지는 못하였

49. 독일어 원문에는 "Vor Gott muss alles ewig steh'n."

다. 진리의 문제는 신학적 접근으로써만이 제대로 취급될 수 있는 것으로서 물론 나는 먼저 현상학에서 제공하는 준비적인 훈련을 거쳐야 된다는 사실을 전제로 하고자 한다."[50]

"종교의 지속적인 애매성"(the perennial ambiguity of religion)이라는 것은 많은 신자들이 자기들의 종교를 심각하게 받아들이지 않고 있다는 사실을 우선적으로 가리킨다. 자신의 종교전통으로부터 분리되거나 점차적으로 종교적 실천에서 멀어져가는 현상은 서구 문명을 비롯하여 그 영향을 받은 다른 문화들에서도 나타나고 있는 현대적 현상이다. 여러 문화권에서 그 전에도 이러한 종교적·문화적 위기를 겪은 적이 있었다는 사실만으로 이런 현상을 "지속적"이라고 부르기에는 적합치 않을지도 모른다. 그러나 이런 현상이 "종교의 애매성"을 특별히 잘 나타내는 예가 될 수는 있다. 곧 각기의 종교와 그 종교 안에 있는 각 요소들은 절대적 의의를 주장하고 있으나 이러한 절대적 주장이 그 신앙을 지니고 실천하고 있는 이들의 대부분에 의하여 심각하게 받아들여지고 있지 않다는 사실이다. 원시종교에서는 사회적 안녕과 그 안에서의 개인의 안녕이 완전히 일치하고 있어서 우주의 질서를 유지한다는 것이 인간의 이익을 위해서 절대적 가치를 가지고 있었기 때문에 종교의 애매성이 별로 문제되지 않을 수 있었을 것이다. 그러나 원시문화에서 발견되는 저주적인 흑주술(black magic)의 중요성은 거기에서도 어느 정도의 "애매성"이 있었음을 알려 준다.

저주적인 성격을 띠는 흑주술은 원시종교에서 공동체적 안녕과 규범적 도덕성에 반대되는 목적으로 초자연적 힘을 오용하는 것을 말했다. 어떤 때 서구의 관찰자들은 이 흑주술이 일반 백성의 종교적 실천과는 완전히 구별되는 것이라고 주장하거나 주술과 종교의 차이를 그어 보려고 시도하기도 하였다. 관련된 예식의 실천 방식에 차이가 있는 것은 부인할 수 없지만 흑주술이 모든 종교에 공통되는 현상인 종교적 "세속성"을 나타내는 극단적 예라는 사실에는 틀림이 없다. 모든 세계 대종

50. *The Meaning of Religion* 서문에 나오는 Kraemer의 머리말 xxiv-xxv면.

교들은 이런 사실에 대한 그들 나름대로의 신학적 해설을 하고 있다. 힌두교 중세기의 신학자 라마누자(Rāmānuja)가 바가바드기타(Bhaga-vadgītā)를 이해한 바에 따르면 여러 종류의 사람들 사이에서 볼 수 있는 이러한 차이야말로 이 "주의 노래"의 중심되는 주제의 하나인 것이다. 라마누자는 자신의 이득을 생각지 않고 신(神) 자신만을 위하여 신을 경배하는 신자를 최고의 신앙인이라는 기타의 말을 인용하면서 이런 종류의 사람들은 참으로 드물다고 덧붙이고 있다.[51]

종교의 이러한 세속적 실천이 심리학자들과 사회학자들의 환원주의(reductionism)적 해석에 가장 분명한 자료를 제공한다. 세속적인 종교적 실천에서는 비종교적인 이유가 겉으로 고백되는 종교적 이유들보다 사실 중요하다는 것이 안팎의 모든 사람에게 보통 아주 분명히 드러나기 때문이다. 더우기 이러한 동기들이 무엇이라는 것을 정확히 의식할 수 있는 것이 보통이다. 현대 서구 심리학자들과 사회학자들은 모든 종교적 사고와 실천을 근본적으로 비종교적인 어떤 것으로 환원시키려는 경향을 띠고 있었다. 그런데 우리가 인간 경험에서의 종교적 체험의 독자성을 인정함으로써 이런 사회과학자들에 의한 종교적 자료 취급의 결함을 지적하고 그들의 환원주의적 결론을 부정할 때에도, 특정한 경우에 있어서는 심리적이고 사회적인 설명이 상당한 진실을 포함하고 있을 수 있다는 가능성을 또한 인정하지 않을 수 없다. 종교적 "세속성"은 가장 경건한 종교 실천 안에서도 미묘한 여러 형태를 통해서 나타날 수 있는 것이기 때문이다. 그러나 이 면에 있어서도 현대의 소위 "과학적" 분석이란 대부분의 종교전통에서 종교생활의 실천을 다루는 신학적 성격을 띤 문학들 안에서 이미 많이 다루어졌던 문제들을 다시 논하고 있는 것이라고 하겠다.

이제 우리는 크레머가 제기한 핵심적인 질문으로 돌아가야 하겠다. 크리스텐센이 이론적으로 정의 내렸을 뿐 아니라 놀랄 정도로 실천하였던 것에 따르면, 종교현상학은 신자가 자기의 종교를 심각하게 여기고

51. Rāmānuja의 *Gītabhāsya*에서 Gīta 7,19절 주석.

그 절대적 의미를 자기 생활에 받아들인다는 것을 전제로 하고 시작한다. 이러한 심각한 신자의 마음속으로 현상학자는 자신의 모든 상상력과 공감력을 동원하여 들어가려고 노력한다. 그러나 일반적인 신자들이 자기 종교의 이상에 그렇게 심각하게 헌신한 것이 아니라면, 종교현상학자에 의하여 묘사되는 종교의 모습이란 과연 유효하고 가치가 있는 것일까?

"종교의 지속적 애매성"이라는 사실은 종교현상학이 가지는 한계성을 지적한다고는 하겠으나, 그 한계성 안에서 현상학적 접근이 가지고 있는 합법성을 부정하는 것은 아니라고 본다. 마찬가지로 현상학자는 다른 종류의 종교연구가가 자기가 연구하는 종교나 그 종교를 따르는 신자의 다른 면을 이해하였다고 주장할 때에 그것을 거부해서는 안된다. 그에게는 이런 다른 이해들이 종교적 현상의 이론적 해석에 불과하다고 느껴질 수도 있고 심리적·사회적 분석으로 종교의 본질을 흐리게 하는 시도로 보일 수도 있지만, 이러한 해석과 설명들이 그 종교가 실천되고 있는 전체적 상황을 이해하는 데 어느 정도 도움이 된다는 것을 인정해야 한다. 결국 다양한 접근방법을 통한 여러 가지 이해의 가능성을 인정하면서도 우리는 현상학적 접근을 통해서 종교를 심각하게 따르고 실천하는 사람의 마음을 이해하려는 끈기있고 공감적인 노력에 의해서만 얻어지는 특별한 종류의 이해가 있다는 것을 알고 있다. 물론 현상학자 자신의 종교적이고 문화적인 배경의 차이 때문에 신자의 마음을 어느 정도는 다르게 이해할 것이라는 것도 사실이다. 그러나 종교의 핵심이라고 볼 수 있는 신앙인의 이상, 곧 마음은 이러한 현상학적 이해를 통해서만이 우리에게 전달될 수 있는 것이다.

원시종교를 비롯하여 어느 종교이거나 외면적으로만 관찰해서는 파악될 수 없는 내적 의미라는 독특한 면을 지니고 있다는 사실 때문에 종교현상학은 독자적인 연구 분야를 이루고 있다. 어느 종교든 신자들이 얼마나 교리를 철저히 믿고 있고 거룩한 의례들을 실천하는가에 따라서 신앙의 합법성을 측정하지는 않는다. 오히려 그 종교의 절대적 가치와 진리에 대한 주장은 바로 궁극적인 힘, 혹은 궁극적 존재 밑에 깔려 있는 신령한 힘에 접근하는 길과의 관계에서 이루어지며, 이러한 관계는 원칙적으로 인간이 얼마나 그 안에 능동적으로 참여하는가 하는 사실과는 독립되어 있다. 우리가 현상학의 목적이 심각한 신자의 마음을 이해하는 것이라고 말할 때 우리가 참으로 뜻하는 바는, 그의 마음을 이해하는 것이 궁극적 실재가 그에게 어떻게 이해되고 있는가를 알게 되는 최선의 방법이라는 말이다. 곧 그가 실천하는 의례적 행위나 신앙은 신적으로 영감을 받은 것이라고 그가 믿고 있는 바를 이해하게 된다는 것이다.

심각한 신자의 종교생활까지도 실제로는 비종교적인 요소의 영향을 어느 정도 받고 있을 가능성이 많으나 현상학자는 그러한 요소들을 무시하고 한 개인이나 공동체가 자기들이 내세우는 종교적 규범에 따라 참으로 행동하고 생각한다는 전제 아래 연구를 계속할 수밖에 없다. 다른 모든 인문과학에서와같이 종교현상학은 연구 대상인 상황의 전체적 실재로부터 나온 하나의 추상(abstraction)이다. 이것이 현상학이 지닌 제한성이긴 하지만 연구하는 주제에 대한 참된 지식을 획득하지 못한다는 것은 아니고 실제로 그 안에 있는 그 무엇을 추상화하는 것으로, 곧 지극히 성실하게 그 종교를 살고 있는 생활 속에 표현되는 그 종교의 모형을 가지게 되는 것이다. 신학자나 심리학자로서는 관심을 가질지 모르지만 현상학자로서는 이 한 사람의 성실한 신자 주위에는 99명의 사람들이 있어서 그 종교의 규범에 대해 별 생각도 하지 않으면서 비종교적 목적으로 이 종교의 요소들을 사용하고 있다는 사실은 별 문제가 되지 않는 것이다.

이런 관점에서 현상학자의 관심은 문법학자의 관심과 비슷하다. 문법학자는 어느 특정 언어의 사용을 결정짓는 구조에 관심을 두기 때문에 대부분의 사람이 문법에 맞는 완전한 언어를 쓰고 있지 않다는 사실에 별 문제를 느끼지 않는다. 문법학자와 마찬가지로 현상학자도 실제로는 꼭 들어맞지 않는 모범적인 유형을 강요할 위험을 안고 있다. 사실 문법학자의 유형이 자기의 언어 유형이거나 혹은 모든 언어의 규범이 되리라고 자신이 판단한 언어 유형일 수 있기 때문이다. 라틴어가 서구

언어 문법에서 그런 역할을 했었고, 산스크리트어 문법은 남부 인도의 언어들의 규범이 되어 왔다. 그러나 종교현상학자와 문법학자가 다양한 종교현상이나 언어에서 각기 발견되어야 할 유형이 있으며 그 발견이 가능하다는 것을 전제하면서 이런 유형을 그 종교의 일반적 신자나 일상어를 사용하는 대중에게서가 아니라 그 유형을 참으로 살고 있는 사람들을 집중적으로 연구함으로써 얻으려고 하는 시도는 옳은 일이다. 물론 개개인은 이상형의 모범으로라기보다는 한 개인으로 남아 있다. 그러나 그러한 사람이 구체화하고 있는 종교적 유형이야말로 종교현상학자의 연구의 대상이 되는 것이다.

주관성의 문제

종교현상학이 하여야 할 임무 중에 내포되어 있는 또 하나의 중요한 문제가 있다. 여러 다른 종교 사이에서나 같은 종교 안의 다른 부분에서 발견되는 유사한 현상들을 비교하거나 주제를 중심으로 하여 체계적인 연구를 하는 일이다. 많은 사람들이 비교연구는 어느 정도의 평가를 불가피하게 하리라고 믿었기 때문에 네델란드 학파의 종교현상학자들은 그들의 비교연구가 여러 종교의 가치 우열을 확립하려는 진화론적 연구와 다르다는 것을 보이기 위해 노심하였던 것이다. 네델란드 학파의 학자들이 현상학자는 자기가 연구하는 종교의 진지한 신자가 이해하듯이 종교현상을 이해하려고 노력해야 된다고 하는 점에서는 일치하였으나, 어떻게 현상학적 접근에서 이루어지는 이러한 감정이입(感情移入), 곧 신자의 마음에 몰입하려는 상상적 체험이 수많은 종교에서 다양한 신자들 안에 나타나는 현상들을 비교하고 분류하는 일과 결합될 수 있을 것인가에 대해서는 분명하게 설명하지를 않았다.

네델란드 학파의 현상학자들은 두 가지 과제를 설정하여 이 문제를 해결하려고 하였다. 곧 하나는 그 종교 자체의 구조 안에서 어느 현상을 이해해 보려는 것이었고, 다른 하나는 여러 종교 안에 나타나는 비슷한 현상들을 서로 참고로 하여 이해하려는 것이었다. 그러나 현상학자의 주관성의 문제는 아직 분명히 느껴지거나 밝혀지지를 않았던 것 같다. 사실 비교연구에서 현상학자는 특정 종교의 신자의 마음에 단순히 들어가는 것 그 이상의 작업을 하게 된다. 그는 한 종교에 대한 공감적 이해를 다른 종교들에 대한 이해와 연결시켜야만 하고 그들 종교들 안에 있는 같은 종류의 현상을 직관적으로 파악해야 되는 것이다. 더우기 다른 종교의 한 가지 현상을 이해하는 데에도 현상학자 자신의 종교체험을 동원하게 되기 때문에 실제로 자기가 신봉하는 종교전통의 집합적인 경험에 참여하는 것이다. 어느 특정 현상이 그 종교를 신봉하는 신자에게 가지는 의미를 전달하기 위해서도 현상학자는 자신에게와 독자에게 의미가 있는 상징들과 개념들을 이용해야 한다. 이것은 곧 그가 연구하고 있는 종교의 경전이나 전통에서 가지는 것과는 상이한 문화적·종교적 전통의 용어와 개념을 연구가가 쓰게 된다는 것을 말한다. 다시 말해서 다른 언어에서 발견되는 의미를 가장 가까이 전하여 주는 자기 언어의 개념들을 쓰고 있는 것이기 때문에 그 개념들이 완전히 들어맞지 않음을 분명히 밝혀 주어야 한다.

현상학자가 여러 종교에서 나오는 종교의식이나 교리를 비교할 때에는 지금까지 말한 것 이상으로 자기의 체험에 의존하지 않을 수 없다. 이미 언급한 대로 반 델 레에우는 솔직하게 종교현상들의 유형을 다룰 때 그리스도교의 관점에서 시작한다는 것을 분명히 하였다. 그는 이것이 다른 종교들의 가치나 진리에 대한 판단을 하는 것은 아니라고 하였다. 단지 종교현상의 비교는 자신의 체험에 비추었을 때에만 가능하므로, 그리스도인에게 있어서의 자기 체험이 그리스도적일 수밖에 없다는 것이다.[52] 크리스텐센 역시 다른 종교들을 이해하는 데 있어서 자신의 종교체험에 의존해야 한다고 말하였으나 자신의 종교가 다른 종교현상을 체계화하는 데 유형이 된다고는 분명히 언급하지 않았다. 여하튼 그가 현대 개신교 전통을 규범적 유형으로 간주하지 않은 것만은 확실하다. 개신교는 합리주의적 사고를 대표하는 종교전통으로 지중해 세계의

---

52. Van der Leeuw, *Religion in Essence and Manifestotion* 100장 646면.

고대종교를 신봉하던 이들이 가졌던 실재에 대한 감각과는 정반대되는 것이라고 간주하였기 때문이다. 그의 모든 저서들을 연구한 결과 내릴 수 있는 결론은 그에게 있어서 모든 고대종교를 이해하는 데 열쇠가 되었던 것은 삶과 죽음과 새로운 생명이라는 고대 이집트인들의 종교체험이었다. 그러나 크리스텐센은 원시 그리스도교를 고대종교의 범주에 들어가는 것으로 생각하고 있었으므로, 그 자신의 그리스도교적인 성사적 이해가 다른 종교들을 해석하는 데 진정한 기초가 되었을는지도 모른다.

결론적으로 볼 때 종교현상학자 혹은 종교역사가로서 종교연구에 임함에 있어서 두 가지의 다른 연구 형태를 선택할 수 있다고 본다. 첫째 형태의 연구는 한 특정 종교의 한 가지 현상을 연구하거나 그 종교 전체가 서로 역사적으로 연결된 종교 그룹 안에 나타나는 현상들을 연구하는 것이다. 둘째 형태의 연구는 인류의 모든 종교들 안에 나타나는 유사한 현상들을 연구하는 것으로, 어느 현상이든지 그 종교체계 전체 안에서 보아야 하기 때문에, 결국에는 세계 모든 종교들의 비교를 시도하게 되는 것이다. 네델란드의 현상학자들 중에서 크리스텐센은 첫째 형태의 연구를 대표하고, 반 델 레에우는 둘째 형태의 연구를 대표한다고 하겠다. 오늘날의 네델란드 현상학자들은 이 두 가지 형태의 연구를 결합하려고 시도하고 있으나 일반적으로는 종교적 유형의 비교로 세계 종교 전체를 다루는 점에서 둘째 방법에 가깝다고 하겠다.

이 두 가지 형태의 연구는 어느 정도 상호 연관이 있기는 하지만, 크리스텐센이 지적한 바와 같이 바깥에 서 있는 관찰자가 신자의 내적 느낌과 자세까지를 파악할 만큼 깊이 이해할 수 있는 종교의 숫자에는 한계가 있다. 사실 대부분의 종교학자들은 몇 개의 고대 언어를 완전히 습득했던 크리스텐센보다 더욱 더 이 한계를 절감해야 될지 모른다. 다른 한 종교를 혹은 보통 그러하듯이 그 중에 한 적은 부분을 깊이 연구함으로써 그 정도로 조심스럽게 연구하지 않은 부분이나 종교에 대해서도 현상학자의 상상과 공감적 이해를 통하여 어느 정도의 해석이 가능할 수도 있다. 만일 이것이 사실이 아니라면 자기가 개인적으로 연구하고 있는 종교 이외의 것에 대하여 말하는 것이 전혀 불가능할 것이다. 그러나 우리의 전문 분야에서 멀어지면 질수록 종교현상에 대한 우리의 비교는 더 일반적으로 되고, 모든 종교에 대한 비교로 확대되면 될수록 우리 자신의 체험과 종교적·도덕적 규범에 의존할 경향이 커진다. 반 델 레에우가 그러했듯이 그리스도인 현상학자가 모든 종교현상의 대표적 예로서 그리스도교적인 형태를 들게 된다면, 현상학적 이해와 신학적 평가 사이의 구별이 거의 없어지게 될 것이다. 히딩이 결론 내린 바와 같이 그리스도교를 그 이상적 형태에 있어서는 종교와 우주에 대한 모든 인간적 사고의 종합으로 본다고 해도 결국 마찬가지이다. 종교적 사료에 대한 신학적이거나 철학적인 해석이 그 의미를 잘못 전달할 수밖에 없다고 주장하려는 것은 아니다. 그러한 규범적 평가를 통해서 종교현상학적 접근으로는 나타나지 않는 종교의 다른 일면이 이해될 수도 있을 것이다. 그러나 이것은 다른 종교전통 안에 살고 있는 신자 개인이나 공동체의 내적 생활을 효과적으로 파악하려는 종교현상학이 목적하는 바와는 다른 결과를 가져올 것이다. 반 델 레에우는 종교현상학적 접근이 신학적이고 철학적인 개념들을 자유로이 섞지 않고는 불가능하리라고 보았다. 한 면으로 신학과 철학에 의존하면서 종교현상을 연구하는 것도 그 자체로서 중요한 연구영역을 차지할 수 있겠지만, 다른 면에서 볼 때 같은 종교적 상황 아래 있는 한 그룹의 종교적 현상들을 더욱 자세히 깊이 연구하는 것은 종교현상학 고유의 이해를 가져올 수 있다는 점에서 중요한 것이다.[53]

53 편집자주: 계속되는 그의 강의에서 Carman 교수는, 그의 박사논문인 「라마누자의 신학」에 대한 연구에서 자신은 Kristensen이 정의하고 사용하였던 의미에서 현상학적 방법을 쓰고 있음을 밝히고 있다. 그가 힌두교라는 특정 종교전통 안에 위치한 Rāmānuja의 神에 대한 개념을 이해하려는 그의 시도를 현상학적 연구라고 부른 이유는 어떠한 평가를 함이 없이 서구 문화와 그리스도교 전통에서 나온 개념들을 이용하여 Rāmānuja의 神의 개념을 이해함으로써, 모든 실재의 궁극적 근원 및 종교적 인간으로서의 보편적 이해를 도모했기 때문이다.

6장

엘리아데의
성현(聖顯)과 형태론에
대한 이해

정 진 홍*

* 鄭鎭弘 교수는 서울대학교 종교학과 교수로, 「宗敎學序說」(전망사 1980) 등의 저서와 엘리아데 저 「宇宙와 歷史」(현대사상사 1976) 등의 역서가 있다.

1. 엘리아데의 기본 관심
2. 종교현상이란 무엇인가?
3. 종교현상의 의미

1. 엘리아데의 기본 관심

엘리아데(Mircea Eliade)[1]는 종교학의 가장 근원적인 목적은 "종교경험과 종교표상의 본성"을 탐구하는 것이라고 주장하고 있다.[2] 인류가 지니고 있는 종교경험의 본성과 구조, 그리고 그것이 역사 속에서 다양하게 드러나는 그 표상을 알고자 하는 것을 그의 학문적 목표로 삼고 있는 것이다. 이를 좀더 구체적으로 표현하면, 그는 인간이 지니고 있는 신앙이라는 것, 그리고 인간이 행하고 있는 모든 종교적 행위, 곧 예를 들면 제의라고 말할 수 있는 것 등을 이해하고자 하는 것이다.

그러나 그렇다 해서 그가 "신앙이란 무엇인가?" 하는 물음을 신앙의 본질에 대한 형이상학적 탐구를 하듯이 그렇게 묻고 있는 것은 아니다. 제의나 종교적인 제반 행위 양태에 관한 물음도 마찬가지이다. 비록 물음의 서술형식은 다르지 않다 하더라도 그가 "종교란 무엇인가?" 하는 물음을 물을 때 그 물음이 담고 있는 함축은 결코 "진리란 무엇인가?" 라든가 "존재란 무엇인가?" 하는 물음과 같은 것은 아니다. 오히려 그 물음의 형식을 바꾸어 본다면 "사람들이 무엇을 종교라 일컫는가?" 하는 물음으로 바꾸어 볼 수 있는 그러한 성격의 것이다. 그러므로 그가 가장 우선 알고자 하는 것은 종교와 종교 아닌 것과를 어떻게 구분하여 종교를 뚜렷하게 드러낼 수 있는가 하는 문제라고 해도 좋을 것이다.

그런데 누구나 짐작할 수 있듯이 시간과 공간의 범주 속에 담겨 스스로 종교라 일컬어지는 복합적인 자료들이 간단하게 종교와 종교 아닌 것으로 선명한 구분을 지을 수 있도록 드러나고 있지는 않다. 어디까지

---

1. 1907년 3월 9일 Rumania의 Bucharest에서 태어났다. 학부에서 철학을 공부한 후, 인도에서 인도철학과 요가를 공부했다. Bucharest 대학, Sorbonne 대학 등에서 가르쳤고, 1957년 이후 Chicago 대학의 종교학 교수로 있다가 1985년에 은퇴하였다.
2. M. Eliade, *The Quest: History and Meaning in Religion*, Chicago: The University of Chicago Press 1969, 6-7면.

혹은 무엇까지가 종교이고, 어디에서부터 혹은 무엇부터가 종교가 아니라는 그 구분의 선은 자명한 것일 수가 없는 것이다. 따라서 그것을 구분하기 위한 척도를 만드는 것이 무엇보다도 시급한 과제가 아닐 수 없다. 이같은 작업은 또 다른 말로 표현하면 종교와 종교가 아닌 것과의 관계구조에 대한 이해라고 할 수도 있다. 이것이 엘리아데의 종교학이 목표로 삼고 있는 우선하는 가장 직접적인 과제이다.

그러나 그러한 과제는 언제나 현상을 보는 사람들의 시각에 따라 달리 풀어질 수 있다. 척도가 사물을 만들어버릴 수 있는 것이다. 그가 예를 들고 있듯이 코끼리를 관찰하면서 어떤 사람은 현미경을 통하여 그 대상인 코끼리를 분석할 수도 있고, 또 어떤 사람은 그저 코끼리를 소나 말과 비교해보는 동물학적 분류의 기준에 서서 그 대상인 코끼리를 이해하려 할 수도 있다. 그런데 전자의 경우, 코끼리에 대한 관찰은 동물 세포의 커다란 집적(集積)으로 이해되기에 이르는 반면에, 후자의 경우에는 코끼리가 물고기나 새 혹은 소나 말과는 다른 것으로 밝혀지면서 우리의 일상적인 경험에서 이탈하지 않는 코끼리에 대한 이해를 가능하게 한다.[3]

그런데 이 두 다른 입장이 서로 상반하거나 어느 입장이 옳고 그른 것은 아니다. 그것은 다만 물음의 성격, 물음의 까닭이 결정하는 것이다. 현미경의 눈은 세포를 보지만 인간의 눈은 다른 동물과는 다른 코끼리를 볼 수 있는 그 차이는 실제적인 앎의 의도가 지향하는 데 따라 선택되어지는 것이다. 그리고 이때 엘리아데는 현미경의 눈이 아니라 인간의 눈을 선택하는 자리에 선다. 그러므로 그는 종교 혹은 종교현상에 대해 이해하면서 어떤 특정한 종교나 종교현상을 집중적으로 탐구하는 전문가(specialist)로서가 아니라, 그 전체를 거시적으로 보고자 하는 일반론자(generalist)의 자리에 서고자 한다. 다른 곳에서 그가 자신의 입장을 설명하면서 자기는 국지적인 어떤 지역의 지도를 그리기보다는 세계지도를 그리고 싶은 것이라고 비유를 든 것은 그가 일반론자의 자

3. M. Eliade, *Patterns in Comparative Religion*, New York : Merdian Books 1963, xiii면 (「종교형태론」 이 은봉 역, 서울 형설출판사 1979).

리를 의도적으로 선택하고 있음을 잘 밝혀 주고 있는 것이라고 이해된
다. 따라서 그가 자신의 종교학을 통해서 알려고 하는 것은 인간의 종
교 전체이다. 더 구체적으로 말한다면 하나의 특정 종교가 자기를 주장
하는 고백의 논리로 서술되는 종교가 아니라 인간이 경험한 동서고금의
그러한 모든 종교를 망라하는 인식의 논리를 마련하고자 하는 것이라고
말할 수 있다.

하지만 인간의 눈이라고 한 경우마저도 단순히 현미경의 눈과 대칭되
는 것으로 끝날 수 없는 복합성을 지닌다. 한 그루의 나무를 볼 때 어
떤 인간의 눈은 그것이 주는 환경론적인 기능을 선택하면서 나무를 사
회적 실재로 다룰 수도 있고, 또 다른 어떤 인간의 눈은 시적 상상의
나래를 펴고 이를테면 하늘을 향해 기도하는 모습의 형상화로 취급하면
서 문학적 상징의 실체로 여길 수도 있다. 인간의 눈이라는 동질성에도
불구하고 여전히 나무는 나무 자체이기보다 그것을 대상화하는 시각에
의하여 바뀌어지고 있는 것이다. 이때 제기되는 물음은 과연 나무에 대
한 앎은 어떻게 이루어져야 할 것인가 하는 것이다. 이때 엘리아데는
나무를 우선 나무로 보는 입장이 확보되어야 한다는 주장의 자리에 선
다. 그것은 나무를 돌이나 흙이 아니게 한 소이연(所以然)에 대한 근원
적인 관찰이 가능한 자리, 곧 식물학적 관점이지 않으면 안된다고 보는
것이다. 그렇지 않을 때 나무는 아예 그 실재성조차도 잃어버리고 말게
되기 때문이다.

종교도 다르지 않다. 종교가 인간의 삶에 수용되어 있는 현상인 한,
그것은 인간의 삶이 지닌 지극한 복합성 속에 있기 때문에 결코 순수한
종교현상이란 불가능하다. 예를 들면, 그것은 사회적인 것이고 언어적
인 것이며, 경제적인 것이기도 하고 심리적인 것이기도 하다. 그 숱한
요소들과 더불어 있는 것이지 종교 홀로 마치 표류도처럼 있을 수 있는
것은 아니다. 그러나 그렇다 할지라도 우선해야 하는 것은 그 현상이
있는 그대로 받아들여질 수 있는 인식이 전제되지 않으면 안된다. 그가
적절히 설명하고 있듯이 「마담 보봐리」라는 작품은 비록 그것이 사회
적·심리적·경제적 혹은 정치적 해석이 가능하고, 그러한 해석이 극히

의미있고 유용한 것이라 할지라도 그 작품이 무엇보다도 우선 문학이라는 시각에서 연구될 때 여타의 시각도 비로소 의미가 있는 접근일 수 있는 것이다. 따라서 엘리아데는 종교를 종교 자체로 이해하려는 것을 자신의 종교학의 목표로 삼고 있다.

　종교경험과 종교표상의 본성을 알고자 하는 엘리아데의 종교학은 이처럼 세 가지 기본적인 목표를 지니고 있다. 다시 정리하면 종교인 것과 종교 아닌 것과를 구분하는 판단기준을 설정하는 일, 종교를 전체로 조망하는 일, 그리고 종교를 종교 자체로 보려는 일 등이 그것이다.

2. 종교현상이란 무엇인가?

종교학은 종교를 대상, 혹은 자료로 삼는 학문이다. 그러나 앞에서도 언급한 바와 같이 종교현상은 마치 생물과 무생물을 구별할 수 있듯이 그렇게 자명하게 여타 현상과 다른 것으로 나타나지를 않는다. 그러나 그렇다고 해서 우리가 종교현상과 종교현상이 아닌 것을 전혀 구분할 수 없느냐 하면 그렇지도 않다. 우리는 지속적인 문화의 흐름 속에서 살아오는 동안 종교와 종교 아닌 것과를 구분하는 어떤 전통적인 기준을 상식이라는 지각 속에 포함시켜 그것을 통해 어느 것은 종교이고 어느 것은 종교현상일 수 없다는 판단을 하고 있다. 그러한 판단도 없었다면 도대체 종교란 무엇인가 하는 물음조차도 불가능했을 것이다.

엘리아데의 종교학의 논의의 출발도 이러한 상식적인 이해의 차원으로부터 비롯한다. 그러니까 종교란 무엇이다라는 어떤 정의를 먼저 내리고, 그 정의에 합당한 현실들을 종교학의 자료로 삼는 것이 아니라 사람들이 흔히 종교라 일컫는 현상들을 그저 모아보는 데서부터 그의 종교학적 노작은 출발하고 있는 것이다. 그러므로 엘리아데의 근본적인 입장은 종교에 대한 단정적 정의를 일단은 배제하자는 것이라고 할 수 있다. 그는 이러한 태도를 좀더 종교학도의 자리를 강조하여 탐구자 자신들이 자유롭게 종교에 대한 사색을 전개할 수 있어야 하는 것이라고 표현하고 있다.[4]

따라서 이러한 과정 속에서는 그러한 자료들이 특정 종교에 국한되어 선택되어서는 안된다. 뿐만 아니라 고등종교라든가 하등종교라는 구분에 의하여 어느 영역에 속한 현상만을 주목해서도 안된다. 또한 하나의 현상이 단절된 개체로 인식되어서도 안된다. 모든 현상은 그것이 지닌 역사적 혹은 형태적 총체의 부분이기 때문이다. 따라서 그것이 곧 부분이라는 이해, 곧 총체적 조명의 시각을 상실해서도 안된다. 이러한 노

---

4. M. Eliade, *Patterns*, xvi면.

력을 경주하면서 여러 종교현상을 수집하면 그 자료들은 스스로 어떤 정리된 모습을 보여 주게 된다. 분명하지는 않지만 어떤 자연스러운 체계를 시사해 주는 것이다. 이때 비로소 엘리아데는 종교란 과연 무엇인가 또는 사람들이 무엇을 일컬어 종교라 하는가 하는 물음에 대한 해답의 낌새를 찾아볼 수 있게 된다고 주장한다. 즉 이러한 자료들의 분석을 통하여 그 자료들이 지닌 정합(整合)된 체계를 밝히는 일이 종교에 관한 논의를 위하여 바탕이 될 수 있을 것이라고 보는 것이다.

이러한 노작과정을 거치면서 엘리아데는 마침내 하나의 작업가설적 전제를 확보하게 된다. 다시 말하면 무엇이 종교이고 무엇이 종교가 아닌가 하는 구분의 기준, 또는 많은 제한을 가하면서 사용해야 하겠지만, 나름대로의 종교 정의를 할 수 있는 데 이르는 것이다. 이때 그가 제시하고 있는 중요한 개념이 곧 성(聖, sacred)과 속(俗, profane)이다.[5]

그렇다면 성이란 어떤 것인가? 그리고 속이란 어떤 것인가? 이를 밝히기 위해 엘리아데의 논의를 결과론적인 입장에서 재서술한다면 다음과 같은 이해가 가능하다. 사람은 그가 살아가는 과정 속에서 늘 육체적 실존의 정황 속에 있다. 삶의 구체적인 사실들을 경험하며 살아가는 것이다. 먹고, 자고, 입고, 사람을 만나고, 어떤 일을 하고, 공간과 시간 속에서 빚어지는 온갖 얽힘들을 헤쳐 나간다. 그래서 생존이 지속되고 그 생존이 풍요해지기를 기원하며, 그러기 위한 삶의 형태를 창조하고 그것을 발전시킨다. 그것은 어쩌면 시간이라든가 공간이라고 하는 두 범주가 마련하는 실존의 모습인지도 모른다. 우리는 이같은 삶의 모습을 "일상적인 삶"이라고 부른다. 즉 우리는 일상성 속에서 살아가고 있는 것이고, 그 일상성을 무엇보다도 시간과 공간의 좌표에 의하여 그 실재성이 확보되고 또 확인된다.

그러나 삶의 현실성은 이러한 일상성으로써만 모두 설명될 수 없는

5. M. Eliade, *The Sacred and the Profane: The Nature of Religion*, New York: Harper and Row 1961 참조 (「聖과 俗 : 종교의 본질」이 동하 역, 서울 학민사 1983).

또 다른 차원을 지니고 있다. 우리의 문제의식은 때때로 우리의 존재나 사물의 존재의 근원에 대한 물음을 묻는다. 그런데 그 비롯함에 대한 관심은 일상성의 시공으로 범주화할 수 없는 "다른 것"으로 짐작되고 경험된다. 또한 삶의 과정이 도달할 종국에 대한 관심도 마찬가지이다. 뿐만 아니라 우리는 일상성이 지닌 "사실"이 그것이 지니고 있는 시공적 좌표의 동일성에도 불구하고 그 사실의 경험 주체에 의하여 다르게 수용되는 것을 또한 경험한다. 이른바 "의미"의 차원이 그것이다. 동일한 사물이 제각기 다른 경험적 실재가 되는 것을 체험하는 것이다. 이같은 사실들은 분명히 우리가 일상성이라고 말할 수 있는 좁은 의미의 실재와는 다른, 혹은 그것을 넘어서는 차원에서의 실재를 상정할 수 있게 해 준다. 이른바 "비일상성의 세계"가 있음을 경험 내용으로 승인하게 하는 그 어떤 실재와의 조우를 불가피하게 하는 것이다. 이러한 경험 내용들은 인간의 문화전승 속에서 흔히 초월이라든가 신비라든가, 또는 궁극성이라든가 하는 개념으로 표현되고 있고 그러한 경험은 제각기 문화적 특성을 유지하면서 어떤 구체적 행위양태로 나타나고 있다.

결국 인간은 단일한 우주를 사는 것이 아니라 두 개의 다른 우주를 아울러 하나로 살아가고 있는 것이라고 말할 수 있다. 다시 말하면 인간은 두 가지 다른 실존적 정황, 혹은 존재 양태를 지니고 있는 것이다. 이때 그 일상성의 실존적 정황을 서술적인 입장에서 속(俗)이라고 한다면 비일상성의 존재 양태를 우리는 성(聖)이라고 범주화하여 서술할 수가 있다. 그러므로 "성은 속의 반대이다".[6] 그런데 바로 우리가 성이라고 표현한 이 서술 범주가 구체적으로 드러나고 있는 문화현상을 엘리아데는 종교라고 부르고 있는 것이다.

엘리아데는 역사가 제공하는 종교 자료에 대하여 이같은 논의를 전개하면서 성의 실재성을 주장하고 종교와 종교 아닌 것을 구분한다. 그러므로 성의 실재가 인식의 전제로 설정되지 않으면 종교는 하나의 사실로 실재할 수가 없으리라고 판단한다. 그리고 그러한 실재는 우리의 삶

6. M. Eliade, *Patterns*, 1면.

의 경험 안에서 삶의 세계 자체가 지니고 있는 현실이라고 할 수 있다. 그러므로 성의 실재에 대한 인식은 형이상학적 추론의 결과나 전제가 아니라 일상적 삶 속에서 삶의 잊혀졌던, 또는 간과될 수 있는 어떤 차원에 대한 소박한 승인이라고 말할 수 있다.

그러면 성을 종교라고 하고 속을 종교가 아닌 것이라고 하면 종교와 비종교와의 구분은 확연해지는 것일까? 그러나 엘리아데는 그렇게 생각하지는 않고 있다. 도대체 우리가 경험하는 것은 성 그것 자체가 아니라 다만 성이 "드러난 것"이기 때문이다. 분명히 성이 속과는 다른 실재로 존재하는 것은 사실이다. 그러나 인간이 그것을 그렇다고 지각하는 것은 일상성 속에 그 성이 나타나기 때문이다. 나타나되 다만 일상성 또는 "자연스러운" 실재와는 전혀 다른 것으로 나타나고 있는 것이다. 그렇다면 우리는 그 성이 스스로 나타나지 않을 경우도 예상할 수 있다. 그것을 바로 속이라고 범주화했던 것이다. 따라서 인간의 삶은 성과 속으로 구분된다기보다는 성이 스스로 자신을 드러내고 있는 삶의 질서를 경험하는 삶과 그렇지 않은 삶의 질서를 경험하는 삶으로 구분하는 것이 보다 실제적이다.

그렇다면 실제적인 삶 속에서 종교와 종교 아닌 것을 구분하는 현실적인 기준은 성과 속의 직접적인 대립에서가 아니라 성이 드러난 것이라든가 드러나지 않은 것이라든가 하는 것을 결정해 주는 것, 곧 성의 드러남 자체라고 말할 수 있다. 따라서 성이 드러나면 성이고 드러나지 않으면 속이다. 성 자체가 아니라 성의 드러남이 판별기준이 되는 것이다. 사실상 우리가 삶의 세계에서 경험하는 것도 실은 성이 아니라 바로 성이 드러난 구체적인 시공 안에서의 사물이다. 그 특정한 사물을 통해 시공 밖에 있는, 그 사물과는 정반대인, 다른 우주적 질서를 만나고 있는 것이다. 바로 이때 그처럼 속 안에 있으면서도 성을 지향하는 어떤 사물, 그것을 일컬어 엘리아데는 성현(聖顯, hierophany)이라고 부른다.[7] 그러므로 종교현상, 곧 우리가 관찰할 수 있고 종교학의 학문

7. M. Eliade, *Patterns*, 11, 125면; *Myths Dreams, and Mysteries*, New York: Harper & Row 1967, 124면.

적 대상으로 다루어질 자료인 종교는 "성현"인 것이다. 사람들이 종교라고 부르는 현상들은 결국 엘리아데에 의하면 동서고금을 막론하고, 또 어떤 수준에 있든지, 이처럼 성현이라고 부를 수 있는 현상이다.

그러나 성의 자기현시라고 규정되는 이러한 성현 개념의 정립이 그대로 종교학의 대상을 마무리짓는 것일 수는 없다. 왜냐하면 이미 엘리아데의 언급이 지적하고 있듯이 우리가 경험하는 하나의 사물은 성현의 원리에 따르면 동시에 성현일 수도 있고 성현이 아닐 수도 있기 때문이다. 예를 들면 그리스도교인에게는 예수가 하느님의 아들이고 거룩한 분이기 때문에 성현으로 서술될 수 있지만 비그리스도교인에게는 단지 오래 전에 이 세상에 살았던 하나의 인간에 불과한 것이다. 그렇다면 성현이란 소박한 의미에서의 대상 개념일 수 없음이 분명하다. 누구나가 보편적으로 성현이라고 승인할 수 있는 사물이 따로 있는 것은 아닌 것이다. 인식 주체의 입장에서 본다면 그 주체가 의식적으로 어떤 지향성을 지니고 염두에 두면 성현일 수 있지만 그와 다른 태도에서는 성현으로 경험될 수 없는 것이 곧 성현인 것이다. 물론 우리가 삶의 세계가 지닌 일상적인 이해를 지니고 출발할 때 종교와 비종교를 구분할 수 있는 기준이란 성현의 설정 자체로도 상당히 정리될 수 있는 것만은 사실이다. 그러나 그렇다고 하더라도 바로 그 상식적인 이해를 되묻는 지적 탐구의 시각에서 보면 온갖 사물이 종교일 수도 있고 종교 아닐 수도 있게 되는 성현의 논리만으로는 아직도 종교학의 자료에 대한 충분한 논의를 기할 수는 없다.

그렇다면 우리는 이제 상정된 그 성현의 개념을 좀더 천착할 필요를 느끼게 된다. 엘리아데는 바로 이 계기에서 "성현의 변증법"을 이야기하고 있다.[8]

이에 대한 엘리아데의 주장을 부연해 보기로 한다. 성현이 성과 속을 구분하는 기준이 되고 있는 것은 이미 살펴본 바와 같다. 그러나 성현은 구체적이고 일상적인 사물을 통해서 자신을 드러낸다. 따라서 성현

8. M. Eliade, *Image and Symbols*, London : Sheed and Ward 1961, 84면.

이 비록 성과 속을 구분하는 기준이 된다 할지라도 여전히 성과 속은 일상성의 현실 속에서 인식되어지는 구분이지 별개의 두 다른 실재로 사물을 분리하는 것은 아니다. 그러나 그럼에도 불구하고 하나의 사물은 그것이 일상적이고 자연스러운 것으로 있으면서 동시에 그 일상성과 자연스러움을 넘어서는 성으로 나타나면서 성과 속을 구분할 뿐만 아니라 동시에 성현으로 드러나는 그 순간 속과의 단절 혹은 분리를 수행한다. 성현은 성과 속의 구분만이 아니라 분리를 아울러 수행하고 있는 것이다. 따라서 모든 사물은 그것 자체로 있어 속으로 지속되면서도 언제나 그것을 넘어 성이 됨으로써 그 속과 구분되고 나아가 분리될 수 있는 잠재적인 성으로 일컬을 수가 있다. 이같은 성과 속의 관계는 다시 말하면 성과 속이 근원적으로는 하나의 사물 안에서 공존하고 있는 것이라고 말할 수 있다. 그러나 그 공존은 단차원적인 정태적 모습으로 유지되지를 않는다. 언제나 그 공존은 한 편이 성현으로 자신을 드러내면서 구분과 분리가 가능해질 수 있는 역설적 긴장을 유지하고 있다. 즉 성, 곧 초월이나 궁극성이나 신성(神聖)이라고 일컬어지는 비일상성이 어떤 상대적이고 자연스러우며 유한한 어떤 속을 통하여 스스로를 제한하거나 구체화시킬 수 있으면서 동시에 유한하고 자연스럽고 일상적인 어떤 속이 무한하고 초월적인 어떤 것, 곧 성을 스스로 드러낼 수 있다는 역설적인 관계를 지니고 있는 것이다. 엘리아데는 성현의 판별기준에서 명확하게 드러나는 성과 속의 관계를 "성속의 변증법"(dialectics of the sacred and the profane), 곧 "성현의 변증법"이라 이름하고 있는 것이다. 그러므로 성현의 변증법이란 종교현상인 성현이 현실적인 삶의 세계에서 스스로 지니고 있는 그 나름의 존재의 구조라고 이야기 할 수 있다.[9]

이에 이르면 우리는 다시 극도의 혼란에 빠지게 된다. 우리가 제기한 처음 물음은 종교학의 자료인 종교를 어떻게 대상화할 것인가 하는 것이었다. 그리고 그러한 물음은 온갖 종교라고 일컬어지는 자료의 수집

9. 같은 책 84면; *Patterns*, 26면.

을 통하여 일상성과는 다른 비일상성의 나타남이 곧 종교로 인지되는 현상이라고 이해했고, 그것을 가능하게 하는 성의 실재를 상정하면서 성의 현현, 곧 성현이 종교현상이며 그것이 바로 종교학의 대상이라고 주장했었다. 그러나 그러한 대상화의 가능성은 이른바 성의 변증법에 의하여 다시 허물어지고 만다. 모든 사물은 그것 자체가 속이라든가 성으로 본질적으로 분리되는 것이 아니라는 사실에 이르렀기 때문이다.

그러나 바로 이러한 서술의 과정, 곧 엘리아데가 성현의 변증법을 주장하는 데서 우리가 주목해야 할 그의 논리는 다른 것이 아니라 인식대상으로서의 자료는 인식 주체와의 관련 속에서 비로소 그 실재성을 주장할 수 있게 된다고 하는 사실이다. 다시 말하면 성현이라고 하는 것이 어떤 사물을 성의 현현으로 경험할 때 비로소 그렇게 서술 가능한 현상이라면 앞에서도 지적한 바와 같이 오히려 종교현상이란 소박하고 단순한 의미에서의 객관적 실재이기보다는 주관적인 의식의 현상이라는 주장이 가능해지는 것이다. 엘리아데는 비록 그가 성의 본질이라든가 성 자체의 객관적 실재성을 상정하지 않은 것은 아니지만 동시에 성의 변증법이라는 사실의 추적을 통하여 성의 실재란 이른바 "경험적 실재", 곧 그것이 인식 주체에 의하여 "지향된 상관물"(intentional correlate)[10]이라는 것을 밝히고 있는 것이다.

따라서 이러한 그의 견해는 이제 자연스럽게 경험 주체인 인간에 대한 관심으로 향하게 된다. 도대체 인간이 그러한 성의 경험을 할 수 있다는 사실을 그는 주목하고 있는 것이다. 인간이 만약 그러한 경험을 할 수 없다면, 그리고 만약 그러한 경험이 인간의 삶의 현실일 수 없다면, 종교라는 현상의 실재는 처음부터 운위될 수 없을 것이다. 그렇다면 인간은 아예 종교경험을 할 수 있는 존재, 곧 자신이 의식하든 의식하지 않든 "종교적 인간"(homo religiosus)임을 승인하지 않을 수 없게 된다. 다시 말하면, 그가 표현한 바대로, 인간이 이른바 "성화된 우주에서의 삶을 살든 성화되지 않은 우주에서의 삶을 살든간에 이 모든 사

10. Sinha, *Studies in Phenomenology*, The Hague: Martinus Nijhoff 1969, 65-66면.

실들은 인간의 단일한 행위 양태에서 나타나는 것, 곧 호모 렐리기오수스의 행위 양태에서 나타나는 것"이다.[11] 그러므로 종교경험이란 특정한 본질인 어떤 대상의 경험이 아니라 인간이 종교적 존재이기 때문에 본래적으로 그 사실에 속해 있어 지니는 의식이라고 말할 수가 있다. 따라서 이러한 시각에서 다시 성과 속을 서술한다면 그것은 다른 것이 아니라 호모 렐리기오수스의 삶의 세계를 구성하고 있는 바로 그것이라고 말할 수 있다.

따라서 엘리아데는 종교현상인 성현에 대한 이해는 그것을 성현으로 경험한 인간의 경험 자체에 대한 이해라야 한다고 주장한다.[12] 만약에 그 성현이 탐구자의 규범적인 기준에 의하여 읽혀진다면 그것은 경험 자체에 대한 이해나 서술이 될 수가 없다. 왜냐하면 그 경험을 통해 나타난 성현의 의도 자체가 간과되거나 왜곡되기 때문이다. 그러한 간과나 왜곡을 결국 성현의 성현다움을 가능하게 한 성 자체가 여타의 현상으로 환원되어 버림으로써 성현을 실재이지 않게 하고 만다. 성현이 결코 환원될 수 없는 종교적 자료임이 확보되지 않으면 종교현상은 합리주의자들이 주장했듯이 착각의 현상이거나 진화론자들이 주장한 것과 같이 어느 역사적 단계의 현상이거나, 일부의 심리학·사회학에서 주장하듯이 인간의 환상이나 사회적 집단표상으로 사회생활의 부수현상으로 이해될 수밖에 없게 된다. 종교는 그나름의 실재가 아니게 되는 것이다. 그러므로 성의 불가환원성에 대한 주장은 종교를 종교로, 즉 종교를 다른 것이 아닌 바로 종교를 준거로 해서 관찰할 때 비로소 여타의 종교이해도 의미있는 것일 수 있다는 논거가 되고 있다. 반환원론과 반독단론이라고 표현될 수 있는 그의 이같은 입장을 현상학적 방법론의 개념으로 표현한다면 "판단중지"(epochē)의 설정이라고 할 수도 있다. 그것은 바꾸어 말하면 호모 렐리기오수스는 성을 그것 자체로 경험한다는 사실을 전제하는 것이고 바로 그러한 호모 렐리기오수스의 시각에서 성현을 이해하고자 하는 태도이기도 하다.

11. M. Eliade, *The Sacred*, 17-18면.
12. M. Eliade, *Patterns* xiii면.

그러므로 이제까지 살펴본 바와 같이 무엇이 종교인가 하는 물음에 대한 답변을 엘리아데에게서 어떤 사실적인 서술로 기대하기는 불가능하다. 그러나 동시에 바로 이러한 그의 입장 때문에 그의 종교학은 문자 그대로 동서고금의 종교를 망라할 수 있는 것이고 역설적으로 표현한다면 마침내 종교를 인식대상으로 삼을 수 있게 되는 것이다. 그렇지 않다면 우리는 종교를 종교 아닌 다른 것으로 바꾸어 버리든가, 혹은 이른바 다른 종교, 또는 새로운 종교의 가능성이나 현실성을 배제할 수밖에 없게 되고, 급기야는 하나의 종교만을 주장하든가 아니면 종교는 종교가 아닌 것이라고 간과하여 버리는 결과에 이를 수밖에 없을 것이다. 물론 그렇다고 해서 그가 자기의 종교학이 "자기완결적"(self-sufficient)인 것이라고 주장하는 것은 아니다. 그 스스로 순수하게 종교만인 현상도 있을 수 없다는 것을 인정하고 있고, 여타의 학문이 종교에 대한 관심을 가지고 논의를 전개하는 것을 존중할 뿐만 아니라, 그에 의존하고 있기도 하다. 그러나 문제는 종교학의 이론이 그 여타의 이론을 어떻게 수렴하느냐 하는 데 있다. 그러므로 그의 주장은 종교학의 자율성을 주장하는 것이지 종교학 자체의 독자적인 완결성을 주장하는 것은 아니다.

그런데 결국 어떻게 설명된다 하더라도 이러한 논의를 따르는 한, 그의 논의는 마침내 종교와 종교가 아닌 것을 구분할 수는 없는 데 이르게 되는 것이 아니겠는가고 물을 수도 있다. 그러나 그렇다고 해서 종교와 종교 아닌 것이 구분되지 않는 것은 아니다. 여전히 호모 렐리기오수스의 경험이 표상화되는 성현의 실재성은 분명하기 때문이다. 그러므로 현실로서 있는 성현을 종교학의 자료로 삼아야 하고 그렇게 하는 데에는 이제까지의 주장과 어긋나는 아무런 논리적 굴절이나 왜곡이 있을 수 없다. 성현의 실재성뿐만 아니라 여전히 또 다른, 또는 새로운, 성현의 가능성을 전제하고 있기 때문에 오히려 종교학은 그 자료를 향한 무한한 열려짐을 유지할 수 있으며, 그렇기 때문에 종교학은 비로소 여타 학문의 종교현상에 대한 관심이나 특정 종교의 자기주장의 논리와는 다른 자기 자리의 확보가 가능하게 되고 나아가 그러한 여타의 관심이나 자기주장의 논리마저도 수렴할 수 있게 되는 것이다.

　이제 우리의 논의를 요약해 보자. 엘리아데는 종교학의 인식대상(그 렇게 말할 수 있다면)인 종교학의 자료는 성현이라고 규정하고 있다. 따라서 이러한 논의에 이르도록 한 엘리아데의 최초의 작업, 곧 자료의 수집을 다름 아닌 성현의 수집이었다고 말할 수가 있는 것이다. 따라서 이제는 그의 종교학을 성현만을 논의하는 것으로 판정해도 좋을 것이 다.

　그런데 그 성현은 그 개념적 언표(言表)만큼 단순한 것은 아니다. 예 를 들어 칼리갓트(Kalighat) 사원에 있는 두르가(Durgā) 신상(神像)은 많은 신자들에 의하여 공포의 여신으로 여겨지고 있다. 그래서 사람들 은 그 신에게 염소를 잡아 제사를 지낸다. 이 현상은 앞에서 언급한 개 념에 의하면 하나의 성현으로 승인될 수 있다. 그런데 그 동일한 신상 을 성현으로 여기는 데에는 아무런 다름이 없음에도 불구하고 다른 일 단의 신자들은 그 여신을 항구적이고 격한 재생을 이루는 우주적 생명 의 현현으로 여기고 있다. 그런데 이같은 사실을 놓고 이 중에서 어떤 견해, 또는 어떤 경험만을 종교라고 규정하는 것은 불가능한 일이다. 여기에서 우리가 발견할 수 있는 것은 동일한 성현이라 할지라도 하나 의 성현은 그것 자체 안에 지극히 다양한 복합성을 지니고 있다는 사실 이다. 다시 말하면 성현은 돌일 수도 있고, 사람일 수도 있는 형태의 차이뿐만 아니라 그것이 어떻게 해서 성현일 수 있게 되었는가 하는 그 소이연도 제각기 다르며, 그 성현을 어떻게 받아들이고 경험하고 있는 가 하는 것도 다르게 나타난다. 한마디로 말한다면 허다한 성현이 인지 될 수 있는 것이다.

3. 종교현상의 의미

이제 우리는 우리의 물음 자체가 이른바 대상에 대한 서술에서부터 그 대상의 의미의 이해에 대한 차원으로 불가피하게 옮겨지고 있음을 감지하게 된다. 우리의 물음은 현상 자체의 차원을 넘어 해석의 문제에 이르게 되는 것이다.

종교학이 종교적 사실의 서술을 넘어 그 사실의 이해를 지향한다는 것은 이미 고전적인 주장이다. 엘리아데 자신도 이를 분명하게 선언하고 있다. 예를 들면 그가 "성현은 특별한 해석학을 요청하는 성찰 이전의 언어"(pre-reflective language)라고 했을 때,[13] 이 언급은 종교학이 종교현상, 곧 성현의 서술에서 끝날 수 없음을 시사하고 있는 것이다. 다시 말하면 그 현상을 구성하는 본질적 의미에 대한 통찰이 획득되지 않는 한, 종교학은 완결될 수가 없다고 그는 주장하고 있다. 특정한 종교현상이든, 아니면 보편적인 종교적 사실이든, 일단 그것이 성현으로 인식된다면 그것을 바로 그러한 성현이게 한 그 무엇, 곧 그 성현의 구조라고 일컬을 수 있는 어떤 것이 밝혀지면서 그것이 지닌 의미가 읽혀지지 않으면 종교학은 그 소임을 다한 것일 수가 없다고 보는 것이다.

그러므로 무엇보다도 먼저 성현에 대한 구조적 이해가 전제되지 않으면 안된다. 단순하게 성이 드러난 것, 그래서 종교와 종교 아닌 것과를 구분할 수 있는 기준이라고 이해된 바로 그 성현의 표피적 개념이 담고 있을 그 내실에 대한 이해가 서술되지 않으면 안되는 것이다. 예를 들면 바빌로니아인들은 달이 비를 내린다고 믿고 있었고 토고(Togo)족은 아이가 달에서부터 태어난다고 믿고 있다. 그런가 하면 아메리칸 인디안 중의 어느 부족은 달이 죽은 사람을 다시 살려 주는 것으로 받아들이고 있다. 엘리아데는 이같은 온갖 성현을 살펴보고 있다. 그런데 이렇게 살펴보면 동일한 달이라고 하는 성현이 제각기 다른 의미로 받아

13. M. Eliade, *The Quest*, ii면.

들여지고 있다는 사실을 발견하게 된다. 이 제각기의 성현을 그것 자체로 서술하고 그것 자체만의 의미로 읽어버릴 수도 있겠지만, 문제는 그렇게 했을 때 이른바 인류가 경험하는 성현으로서의 달, 곧 종교에 대한 이해는 그것만으로 완결될 수 있겠는가 하는 것이다. 앞서 예거한 두르가 신상의 경우도 마찬가지이다. 두 다른 견해의 현존을 서술하는 것만으로 그 여신에 대한 이해가 충족되었다고 할 수 있는가 하는 것이다. 만약 그렇게 하고 끝난다면 그것은 각 부족의 현상에 대한 서술이나 동일한 성현에 대한 다양성의 서술일 수는 있어도 인류가 경험하는 종교에 대한 총체적인 이해에는 이르지 못한다. 그런데 지금 엘리아데가 관심하고 있는 것은 특정한 종교의 자기주장의 논리나 어느 성현에 대한 특정한 집단의 이해가 어떻게 서술될 수 있는가 하는 것이 아니라, 그렇게 다양하게 드러나면서도 적어도 그것이 성현이라고 하는 어떤 보편적인 개념으로 표상화될 수 있었던 인류의 종교경험, 그것 전체에 대한 서술과 이해의 논리를 구축하는 일이다. 그렇다면 우리는 성현의 수집이 이루어 놓은 몇 가지 성현 자체의 특징을 살피면서 그것이 그렇게 표상화될 수 있었던 근원을 찾지 않으면 안된다. 우리는 우선 성현들에서 발견할 수 있는 특징은 어떠한 것인가를 살펴보지 않으면 안되는 것이다. 이때 무엇보다도 우리는 성현이 불투명하고 다양하며 문화적 우연성에 갇혀 있다고 하는 사실을 지적할 수 있다. 그러나 그렇다고 할지라도 그것이 모두 성현으로 여전히 개념화될 수 있는 것이라면 우리는 그 다양한 성현이 어떤 일정한 구조나 체계를 지니고 있으리라는 예상을 할 수가 있다. 예를 들면 달이 물과 생명과 재생으로 이어지는 일련의 체계를 지니고 있다는 사실을 찾을 수가 있는 것이다.

이러한 체계의 구성과정을 엘리아데는 두 가지 중요한 사실의 발견을 통하여 진술하고 있다. 그 하나는 모든 성현은 원형(原型, archetype)이라고 말할 수도 있는 본질적인 구조를 지향한다고 하는 사실이고,[14] 또 다른 하나는 이와 관련하여 그러한 원형으로부터 유형이나 구조가

14. M. Eliade, *Patterns* 8-9면.

비롯하면서 그것이 일정한 체계(system)를 지향한다는 사실이다.[15] 이같은 엘리아데의 논의의 전개는 앞에서 지적한 바와 같이 성현의 다양성을 전개하는 데서 비롯한다. 그는 성현이 그 기원과 형태에 따라 제각기 다를 수밖에 없다고 보는 것이다. 그러나 엘리아데는 동시에 이러한 성현들이 제각기 지니고 있는 원형과 구조는 응집된 하나의 체계를 구성하면서 의미를 전달해 주고 있다고 주장한다. 다시 말하면 그는 총체적인 체계 내에서의 종교현상의 위치에 대한 구조적 물음을 물으면서 성현, 곧 종교현상은 분명한 체계를 지향한다는 근본적인 판단에 이르고 있는 것이다.

형태적 다양성뿐만 아니라 의미의 다의성을 지니면서도 하나의 체계로 현존하는 이같은 성현에 대한 이해는 또 다른 말로 표현하면 성현의 "의도적 양태"(intentional mode)를 이해하고자 하는 것이라고 할 수 있다. 왜냐하면 현상은 의도의 구체화라고 말할 수 있기 때문이다. 이때 엘리아데는 마치 "성현"이라고 하는 사실과 개념을 종교현상의 지각을 위해서 선택했듯이, 그 성현의 이해, 곧 그 의도적 양태의 해석을 위하여 "상징"(symbol) 또는 "상징체계"(symbol system)라는 사실과 개념을 선택하고 있다.[16] 성현을 상징으로 여기면서 상징의 논리를 따라 성현을 해석하고 있는 것이다. 그러나 그렇다고 해서 성현이 곧 상징이라는 등식으로 이를 설명하고 있는 것은 아니다. 성현을 상징으로 여길 수 있는 것은 그것이 상징과 동일해서가 아니라 상징은 성현의 변증법을 전개하기 때문이라고 말한다. 다시 말하면 상징은 "성현화"(hierophanization)의 과정을 수행하기 때문에 그렇게 성현 자체로 간주될 수 있다고 보는 것이다. 좀 다른 시각에서 말한다면 성현이 종교경험 안에서 성과 속을 구분하고 단절하는 데 반하여 상징은 바로 그 경험 속에서 인간과 성을 연계시키는 기능을 지닌다고 하는 의미에서 역설적으로 성

15. 같은 책 446-447면.
16. M. Eliade, "Methodological Remarks on the Study of Religious Symbolism", M. Eliade와 J. Kitagawa 편, *The History of Religions: Essays in Methodology*, The University of Chicago Press 1959, 86-107면.

현으로 여겨질 수가 있는 것이다. 따라서 성현은 종교현상의 지각을 위하여, 상징은 지각된 종교현상의 이해나 해석을 위하여 선택된 사실이고 개념인 것이다.

따라서 이제 우리는 이른바 종교상징이라는 용어를 사용할 수가 있다. 그러면 하나의 성현을 종교상징이라고 언표했을 때 그것이 지니는 서술 내용은 무엇일까? 엘리아데는 종교상징이란 어떤 것인가를 설명하면서 이에 대한 답변을 마련하고 있다. 그에 의하면 무엇보다도 종교상징은 인간이 직접적인 경험의 차원에서는 명백하지 않은 어떤 다른 세계의 구조를 보여 줄 수가 있는 것이다. 그러나 바로 그러한 이유 때문에 그 세계는 결코 단순한 객관적 실재일 수가 없다. 종교적으로 표현한다면 그것은 신비스러운 어떤 것이며, 인식의 차원에서 말한다면 그것은 읽혀져야 할 어떤 것이다. 따라서 종교상징은 필연적으로 다의적이지 않을 수 없다. 그런데 중요한 것은 그 다의적인 내용이 하나의 사물이 지닌 상징성 안에 수렴되고 있다는 사실이다. 다시 말하면 종교상징은 다양한 의미들을 총체적인 체계 또는 하나의 체계로 통합할 수 있는 것이다. 바로 이러한 통합, 혹은 체계화를 할 수 있다고 하는 의미에서 종교상징은 달리 어떠한 방법으로도 표현할 수 없는 역설적인 정황을 표상화할 수가 있는 것이다. 그러나 흔히 이러한 의미에서의 상징은 인식을 위해서는 곤혹스러운 것으로 받아들여지고 있다. 앞에서도 지적한 바와 같이 불투명성, 문화적 우연성, 해석에 기댈 수밖에 없는 의존필연성 등은 마치 "A=A 아님"이라는 등식을 가능하게 하기 때문이다. 그러나 우리가 극복해야 할 사실은 그같은 곤혹이 그것 자체로 상징의 논리를 구성하고 있다는 사실이다. 상징은 바로 그러한 속성으로 특징지어지는 것이다. 엘리아데는 이를 설명하면서 상징들은 스스로 일관된 어떤 체계를 이루기 위한 자기들의 논리에 상응하는 스스로의 알맞음을 지니고 있다고 언급하고 있다.[17] 결국 종교상징은 그 상징 자체의 논리에 의하여 기능하고 있다고 보는 것이다. 앞에서 예를 든 달

17. 같은 책 98-103면.

의 상징을 다시 부연한다면, 그것은 달의 차고 기우는 리듬 — 시간적인 생성과 소멸의 과정 — 물 — 식물의 성장 — 여성원리 — 출생과 성장과 죽음과 재생 — 인간의 운명 등과의 분명한 연대를 드러내면서 우주적 실재의 다양한 수준과 인간의 실존적 양태들과의 신비스러운 질서의 상응을 드러내 주고 있는 것이다. 이러한 상응의 현실은 직접적인 경험이나 비판적 사색이 초래하는 결과는 아니다. 오히려 그것은 종교적 상징으로서의 달이 인간의 삶 속에서 현존하고 있는 그 존재양태 자체가 스스로의 "역의 합일"(coincidentia oppositorum)이라는 논리를 통하여 인간의 경험에 수용되면서 인간이 그것을 살아가는 의식의 구조인 것이다.[18] 따라서 인간은 종교적인 상징을 통하여 자기의 정황이 우주적인 실재로 바뀌어지는 것을 경험하게 될 뿐만 아니라 그 종교적 상징은 우주적 실재를 인간의 정황으로 번역해 주기도 한다. 인간의 실존의 구조와 우주적 구조와의 연계를 보여 주고 있는 것이다. 그것이 곧 일상성 속에서 비일상성을 사는 종교적 삶의 내용이기도 하고, 성과 속의 변증법을 사는 호모 렐리기오수스의 삶의 현실이기도 한 것이다.

그런데 여기에서 유념할 것은 엘리아데가 발견하는 상징체계, 곧 구조는 동일한 것으로 지속된다고 하는 사실이다. 그는 상징을 의식의 전개과정에 있는 어떤 단계가 아니라 총체적인 공시적(共時的) 체계 안에 있는 것으로 여기고 있다. 형상적 환원의 작업은 그렇게 될 수밖에 없는 필연을 지니고 있는 것이다. 즉 그는 상징이란 특정한 역사적 조건이나 시간의 요인과는 상관없이 지속성과 보편성을 지닌다고 주장한다. 물론 모든 성현은 역사적인 것이다. 그러나 그 성현이 상징으로 전이된 현상 속에서 드러나는 것은 그 성현의 지속적인 구조, 곧 공시적 체계이다. 그러므로 우리가 성현을 이해하기 위한 노작과정에서 발견하는 것은, 다시 말하면 상징을 통해 드러나는 "구조적 연대"(structural solidarity) 혹은 "연합체계"(system of association)라고 할 수 있다. 종교현상에 대한 이해는 단일한 성현의 단순한 "재구성"(reconstruction)

18. 같은 책 99면.

에 의하여 생기는 것이 아니라 여러 성현의 연합체계 안에다 그 성현들을 "재통합"(reintegration)할 때 생기는 것이다. 이를 다시 상징이라는 용어로 설명한다면 성현에 대한 이해는 상징적 연합의 구조적 체계에서 가능한 것이라고 말할 수 있다.[19]

이러한 이론의 구체적인 내용을 엘리아데는 종교현상의 형태론(形態論)으로 나타내고 있다. 예를 들면 그가 하늘과 하늘신, 태양과 태양예배, 물과 물—상징, 성석(聖石)—땅—여성—풍요, 식물(植物)—재생의 의례와 상징, 농경과 풍요제의, 성소(聖所)—사원—중심, 신성시간과 영원회귀의 신화 등을 구분한[20] 이론적 바탕을 이루고 있는 것이다. 일견 이러한 형태론의 설정은 어떤 전제된 형태를 자료에 투척한 것과 같은 임의적인 인식행위로 오해될 수도 있다. 그러나 앞에서 살펴본 바와 같이 그는 이러한 형태의 설정에 이르기까지 이미 방법론적 논리를 좇아 종교상징의 구조적 체계의 본성으로부터 이를 도출하고 있는 것이다. 다시 말하면, 상징의 논리가 확인되지 않았다면 그의 형태론은 불가능했을 것이다. 그러므로 그의 성현에 대한 이해가 구체화되는 형태론은 자율성과 정합성(整合性)을 지닌 보편적 상징연합의 체계에 근거해서만 가능한 것이다.

이제까지 우리는 엘리아데가 어떻게 성현의 지각으로부터 상징체계에 이르고 다시 어떻게 종교현상의 형태론에 이르고 있는가를 살펴보았다. 그런데 이같은 그의 주장을 따르면 우리는 쉽게 그가 논의하는 근원적인 종교구조가 비시간적이고 비역사적임을 시현하고 있다는 사실과 만나게 된다. 그러나 우리가 실제로 경험하듯이 성현은 역사적인 현상이다. 그렇다면 도대체 역사적 특수에서 보편적 구조에로 옮아간 이같은 형태론이 어떠한 의미를 지니는 것일까? 다시 말하면 모든 성현을 하나의 공통분모로 환원하여 버리는 것과 같은 이러한 작업에서 얻어질 수 있는 의미란 과연 무엇일까? 하고 물을 수가 있는 것이다. 이에 대

19. D. M Rasmussen, *Symbol and Interpretation*, The Hague: Martinus Nijhoff 1974, 32면 이하.
20. 이것은 Eliade가 *Patterns*에서 구분·서술하고 있는 每章의 주제들이다.

하여 엘리아데는 두 가지 측면에서 그의 주장을 전개하고 있다.

우선 엘리아데는 "어떤 하나의 상징의 두 표상을 비교하거나 대조하는 것은 그 표상들을 하나의 실존 이전의 표상으로 환원하는 것이 아니라 하나의 구조가 보다 풍요로운 의미를 지니게 되는 과정을 발견하려는 것"[21]이라 말하고 있다. 그러므로 형태론은 결코 모든 성현의 하나의 공통분모에로의 환원이 아니라 하나의 해석학적 움직임(hermeneutical movement)인 것이다. 다시 말하면 자유로운 변경의 실제적 특성은 역사적 특수에서 보편적 구조로, 다시 보편적 구조에서 역사적 특수에로 옮겨가는 일련의 해석을 함축하는 작업인 것이다.

이와 아울러 관심해야 할 또 하나의 사실은 그가 비역사적 혹은 비시간적인 근원적 종교구조를 탐색하는 것이 이른바 초역사적 실재를 증거하려는 것은 아니라는 점이다. 다만 그가 주장하고 있는 것은 특정한 사회나 역사적 순간들이 비역사적 구조가 드러나는 계기를 마련해 준다고 하는 사실이다. 물론 역사는 하나의 상징에 대한 가치부여, 또는 그 나름의 의미를 부여하고 있다. 역사적 정황(情況)은 언제나 상징에 대한 새로운 평가를 가능하게 한다. 그러나 엘리아데는 그 새로운 평가는 여전히 상징의 근본 구조에 의하여 조건지어진다고 역설한다. 역사는 상징의 구조를 근원적으로 수식하는 것은 아니라고 주장하고 있는 것이다. 따라서 형태론의 구축에 이를 때에만 비로소 성현은 그 상징체계를 통하여 비시간적 구조의 역사적 현현을 특정한 역사적 질서에 한정시키지 않으면서 그 역사적 의미를 읽을 수 있게 되는 것이라고 그는 설명한다.[22] 그러므로 형태론 전개는 결코 역사적 사실의 재구성이나 성현의 서술적 분류학이 아닌 역사적 사실의 재통합을 지향한다는 의미를 지니고 있는 것이다.

21. M. Eliade, *Methodology*, 97면.
22. M. Eliade, *Myths*, 176-177면.

7장

윌프레드 캔트웰 스미스의
인격주의적 종교연구

길 희 성*

* 吉熙星 교수는 서강대학교 종교학과 교수로, 전공분야는 불교와 힌두교 전통이다. 저서로는 *Chinul: The Founder of the Korean Sŏn Tradition* (Berkley Buddhist Studies Series, 1980)과 「印度哲學史」(민음사 1984) 등이 있다.

1. 인격주의적 접근의 배경
2. 인격주의적 종교이해
3. 종교현상의 의미
4. 종교적 진리의 문제
5. 결어

1. 인격주의적 접근의 배경

종교학과 신학의 현저한 차이점 중의 하나는 전자가 모든 종교들에 대하여 보편적 관심을 갖고 연구하는 데에 반하여 후자는 한 특정한 종교만을 대상으로 삼는다는 것이다. 물론 제 아무리 야심있고 박식한 종교학자라 할지라도 많고 다양한 세계의 종교전통들과 현상들을 다 연구한다는 것은 거의 불가능한 일이다. 그러기 때문에 자연히 어떤 종교는 더 깊게 이해하고 또 어떤 종교는 좀 소홀히 다룰 수밖에 없게 되는 것이다. 하지만 한 가지 분명한 사실은 하나의 종교전통만을 연구하는 사람을 종교학자라고 부르지는 않는다. 그는 신학자·성서학자·불교학자·인도학자 등 각 분야의 이름을 좇아 전문가의 칭호로 불리우나 결코 종교학자는 아닌 것이다.

종교학과 신학과의 차이는 이러한 연구 영역의 광협에만 있는 것은 아니다. 연구태도 또한 큰 차이를 보이고 있다. 신학자는 한 특정한 종교를 연구함에 있어서 그 종교의 신앙세계에 어느 정도 들어가서 작업을 한다. 신학자라고 반드시 자기 종교에 대한 회의가 없으라는 법은 없으며 항시 신앙의 테두리 내에서만 연구활동을 하는 것은 아니다. 그러나 그는 어디까지나 자기 종교전통에 대한 근본적인 신뢰와 열정을 바탕으로 하여 그것을 이해하고자 한다. 이런 점에서 같은 한 종교만을 연구하는 학자라도 한 역사가가 그리스도교를 연구하는 것과 한 신학자가 연구하는 것 사이에는 상당한 거리가 있는 것이다. 마찬가지로 서양의 한 동양학자가 불교를 연구하는 것과 불교신자인 불교학자가 불교를 연구하는 태도에도 상당한 차이를 발견할 수 있을 것이다. 종교학자는 주로 타인의 종교를 연구하는 사람으로서, 여기서는 신앙적 혹은 신학적 태도보다는 소위 객관적·학문적 태도를 중시한다. 종교학자는 일단 진리의 문제는 접어두고, 그 모든 종교현상들을 그 자체로 이해하고자 시도한다. 물론 종교학자도 신을 가진 한 전통의 참여자일 수도 있다. 사실 20세기 초반까지만 해도 세계 종교들의 연구는 주로 세속적

휴머니스트들의 손에 의하여 이루어져 왔으나 20세기 중반부터는 한 종교의 신앙을 가진 학자들에 의하여도 종교의 연구는 활발히 진행되고 있다. 나아가서 종교의 연구는 그렇게 하여야만 오히려 더 충실하게 될 수 있다는 견해도 대두되고 있다.[1] 그러나 우리는 결코 이것을 학문적 객관성의 타협으로 보아서는 안된다. 종교학자는 타인의 종교현상을 이해함에 있어 어디까지나 자신의 신앙이나 신학이 장애가 될 수 있음을 의식해야 하는 것이며 이것이 바로 현상학자들이 강조하는 판단중지(epochē)의 태도인 것이다. 그러나 종교학은 바로 이와같은 성격 때문에 종종 신학자들로부터 비난을 받게 된다. 과연 종교란 것이 신앙심을 떠나서 제대로 이해될 수 있을까? 종교와 같이 깊고 신비한 내면적 세계를 과연 객관적·학문적 태도로 잡을 수 있을까? 결국 종교를 이해하는 유일한 방법은 신학적 방법으로서, 관찰자적 태도보다는 발벗고 들어가는 참여자적 자세가 필요한 것이 아니겠는가?

이와같은 비판은 사실 상당히 설득력이 있는 것으로서, 오늘날 종교학자는 물론 인류학자들 가운데서도 "참여적 관찰자"의 입장이 가장 바람직스럽다는 것을 보편적으로 인정하고 있다. 스미스 교수는 관찰자적 객관성만을 강조하는 종교연구가 가운데서 흔히 발견되는 종교에 대한 무감각하고 경박한 태도를 비유하여 말하기를 마치 어항 밖에서 기어다니는 파리와 같아서 금붕어를 관찰은 잘하지만 결코 금붕어의 경지를 전혀 이해하지 못하는 것과 같다고 한다.[2] 과거에 서양의 학자들, 특히 동양학을 주로 하는 종교연구가들은 이러한 식의 연구를 많이 해왔으며 사실 그들의 업적은 눈부신 바 있다. 세계의 각 종교들의 교리, 신조, 신화, 의례, 경전, 제도 등에 관한 그들의 정확하고 세밀한 연구는 이미 방대한 백과사전적인 지식을 축적했으며 지금도 이러한 연구는 계속 진행중이다. 스미스 교수는 결코 이들의 업적을 경시하지 않는다. 그러

1. Wilfred C. Smith, "Comparative Religion: Whither and Why?", M. Eliade와 J. Kitagawa 편, *The History of Religions*, Chicago: The Univ. of Chicago Press 1959), 45면.
2. *The Meaning and End of Religion*, San Francisco: Harper and Row Publishers 1978, 7면.

나 문제는 이러한 엄청난 노력에도 불구하고 정말로 타인의 종교를 그 깊은 내면성에 있어서 이해하기는 쉽지 않다는 점에 있다. 사실 한 종교학자가 그리스도교에 대하여 백과사전적 지식을 갖고 있다 하여도 십자가상 앞에서 엎드려 기도하는 한 신자의 세계에 대해서는 전혀 무감할 수 있으며, 불교에 대하여 체계적이고 폭넓은 지식을 소유한 학자라 할지라도 불상 앞에 불공을 드리는 한 촌부의 세계를 전혀 이해 못할 수도 있는 것이다. 스미스는 이와같은 현상은 우리가 갖고 있는 종교연구의 이중성에 있다고 본다. 우리는 자기의 종교에 대해서 말하거나 공부할 때는 신앙적이고 신학적인 태도로 임하지만 타인의 종교를 논하거나 연구할 때에는 종종 외부적 관찰자의 자세로 대하는 것이다. 스미스의 인격주의적 종교연구는 바로 이와같은 종교연구의 이중성을 지양하고 누구의 종교를 연구하거나 타당하게 적용할 수 있는 단일의 방법을 강구하는 데에 그 근본 목적이 있다. 그는 말한다 :

"지금까지 우리는 종교적 문제들을 지적으로 이해하려는 것을 업으로 삼는 자들의 두 가지 유형에 관심을 두어 왔다. 하나는 자기가 보고 있는 것을 해석하려고 힘쓰는 외부 관찰자요, 다른 하나는 자기가 알고 느끼는 것을 해석하려고 힘쓰는, 혹은 자기의 유산을 알고 느껴보려고 애쓰는 한 전통의 참여자다. 이제 우리는 세번째 유형의 사람을 첨가할 수 있을 것이다. 그들은 어느 정도 결정하고 선택하고 탐구하고 혁신하는 것을 업으로 삼은, 다음 세대의 사람들이다. 관찰자와 참여자를 동시에 충족시킬 수 있는 단일의 종교이론을 건설할 필요가 있고 또 가능하게 되는 한 가지 이유는 오늘날 신앙인들이 서로 다른, 그러나 더 이상 분리되어 있지 않은 공동체들로 구성되어 있는 전체적 인류의 종교적 복합체의 구성원들로서 스스로를 시초적으로 혹은 가능적으로 의식하게 됨에 따라 이 두 역할이 합쳐지고 있기 때문이다."[3]

3. 같은 책 200면.

2. 인격주의적 종교이해

스미스에 의하면, 종교란 외형적으로 관찰 가능한 "축적적 전통"(cumulative tradition)과 눈에 보이지 않는 내면적 "신앙"(faith)이라는 양면을 갖고 있다.[4] 그에 의하면 과거의 종교학 — 지금까지도 계속되고 있는 — 은 주로 종교의 외형적인 면, 곧 축적적 전통에 관한 한은 눈부신 성과를 이루어 왔지만 신앙이라는 종교의 인간적이고 내면적인 세계에 관해서는 등한시해 왔다는 것이다.[5] 우리는 흔히 "종교"라 할 것 같으면 주로 신조·교리·경전·신화·의례·제도 등으로 구성되는 축적적 전통을 가리키는 것으로 이해해 왔으며 전통을 만들어내고 그것을 해석하며 그것에서 의미를 발견하며 사는 인간의 신앙은 줄곧 도외시해 왔다는 것이다. 이것이 곧 그가 말하는 종교의 비인격화요 사물화(事物化, reification)인 것이다.[6] 그리하여 우리는 "종교", "그리스도교", "불교" 등을 인간을 떠나서 따로 존재하는 어떤 사물과 같이 여기는 습관이 있다. 그러나 엄밀한 의미에서 종교란 축적된 전통이 한 인간의 신앙과 만날 때 발생하는 인간 내부의 보이지 않는 독특한 사건들과 같은 것이다. 이런 의미에서 종교는 객관적으로 공유하고 있는 외적 전통이 아니라 개인마다 다르며 시간마다 달라지는 역동적인 실재이다.[7] 종교의 장은 어디까지나 인간의 마음이며 참 종교사는 단순히 축적적 전통들의 형성 및 발전과정이라기보다는 이 전통들이 신앙인들의 마음속에 불러일으켜 온 종교적 체험과 의미 등 보이지 않는 내적 역사인 것이다.[8] 콜링우드가 역사를 결국 내적 사상의 역사(history of thought)로

---

4. 위에 들은 Smith의 책은 "종교"라는 개념의 문제점을 분석하고 이 두 개념으로 종교를 해석하려는 시도임. 특히 5, 6, 7장 참조.
5. "Comparative Religion" 33-34면.
6. *The Meaning and End* 3장 51면 참조.
7. 같은 책 144-45면 ; "Comparative Religion" 34면.
8. "Comparative Religion" 35면 ; *Faith and Belief*, Princeton : Princeton Univ. Press 1979, 18-19면.

파악한 것과 유사하게[9] 스미스는 종교역사를 신앙의 역사로 보는 것이다.

이와같이 종교의 사물화를 거부하고 종교를 인간과의 관련 하에서 파악하려는 스미스의 인격적 종교 이해는 빌헬름 딜타이나 요아킴 바흐의 해석학적 종교 이해와 궤도를 같이한다고 볼 수 있다. 스미스는 그의 저서들 가운데서 딜타이의 영향을 별로 반영하고 있지는 않으나, 딜타이가 종교를 정신의 외형적 표현인바 객관적 정신으로 보는 데 이의를 제기하지 않을 것이다.[10] 다만 딜타이에 있어서 정신(Geist)이라는 말 대신 스미스는 신앙이라는 개념을 사용할 따름이다. 또한 바흐가 종교는 표현(Ausdruck, experession)과 체험(Erlebnis, experience)의 양면을 갖고 있으며 종교학의 목표는 표현을 통하여 체험을 이해하는 데에 있다고 하는 주장도 쉽게 수긍할 것이다.[11] 바흐의 "표현"과 "체험" 대신에 스미스는 축적적 전통과 신앙이라는 개념을 사용하고 있는 것이다.

종교가 축적적 전통이라기보다는 인간 내부에 일어나는 사건이라는 말은 "종교의 연구는 곧 인간의 연구"[12]라는 것을 의미한다. 이 점에서 종교학은 분명히 인간연구 및 인간이해를 추구하는 인문학의 일부이다. 다른 인문학들과 마찬가지로 종교학에 있어서의 인간이해도 오로지 주어진 축적적 전통을 자료로 하여 간접적인 추리로밖에는 주어질 수 없다.[13] 이러한 추리가 가능한 것은 우리는 모두 유사한 내적 성질들을 소유한 동료 인간들이기 때문이다. 인간이란 아무리 가까운 사이라 할지라도 완전히 이해할 수는 없으며, 시간과 공간 그리고 문화나 기질상

---

9. 이 점은 물론 Hegel의 역사철학이 주장하는 바이지만 Collingwood는 Hegel의 역사관을 논의하면서 자기의 찬동을 표하고 있다: R. C. Collingwood, *The Idea of History*, New York: Oxford Univ. Press 1956, 115면, 317면 그리고 282-334면의 논의를 참조할 것.
10. Wilhelm Dilthey, *Pattern and Meaning in History* (H. P. Rickman 편) New York: Harper and Row 1962, 113-116면 참조.
11. Joachim Wach, *The Comparative Study of Religions* (Joseph M. Kitagawa 편) New York: Columbia Univ. Press 1958 참조.
12. "Comparative Religion" 34면.
13. 같은 논문 35면; *The Meaning and End* 187-89면.

제 아무리 멀리 떨어져 있다고 하여도 전혀 이해불가능한 존재도 없다고 스미스는 말한다.[14]

스미스에 의하면 종교에 있어서 객관적 상징이란 존재하지 않는다.[15] 상징이란 어디까지나 그것을 통하여 초월적 실재를 감지할 수 있는 사람들에 한해서만 상징이 되는 것이며, 그밖의 사람들에게는 하나의 죽은 물체(예컨대 돌덩이나 나무조각)에 지나지 않는 것이다. 우리가 상징과 인간을 떼어 놓는 순간 상징은 이미 상징으로서의 기능을 상실하는 것이며, 우리가 상징을 연구하는 이유는 바로 그 상징 자체를 이해하기 위함이 아니라 그 상징을 통하여 영원한 세계를 바라보고 있는 인간들, 곧 그들의 믿음과 희망, 그들의 삶의 의미와 태도 등을 이해하기 위한 것이라고 스미스는 강조한다.[16] 이것이 스미스의 인격주의적 종교이해인 것이다. 결국 엘리아데와 마찬가지로 종교연구는 "종교적 인간"(homo religiosus)의 이해에 목적이 있다는 것이다. 그러나 스미스는 이러한 인격주의적 종교이해로부터 종교연구를 위한 몇 가지 대담한 결론들을 이끌어낸다.

3. 종교현상의 의미

스미스에 의하면 종교현상의 의미는 어디까지나 그 현상이 종교적 현상으로서 작용하고 있는 바의 사람들, 곧 신자들이 이해하고 규정하는 것이다. 그들이 그것을 어떻게 이해하고 있는가가 문제이지 내가 이해하는 바의 의미는 전혀 무의미하다는 것이다. 얼핏 듣기에 너무도 당연한 말로 생각될는지 모르나 그 함축된 의미는 심각하다. 스미스는 종교현상에는 신자의 입장을 떠나서 생각할 수 있는 고정된 객관적 의미란

---

14. "Objectivity and the Human Sciences", *Religious Diversity: Essays by Wilfred Cantwell Smith* (Willard G. Oxtoby 편) New York: Harper and Row 1976, 172-73면.
15. 같은 논문 167면; *Faith and Belief* 4면.
16. 같은 논문 168면.

존재하지 않는다고 생각한다.[17] 아니, 설사 있다고 하더라도 그 어느 누구도 신과 같은 초월적 지성을 갖고서 무사공평하게 그러한 객관적 의미를 발견할 수도 없다는 것이다.[18] 도대체 타인의 종교현상의 의미를 탐구함에 있어 그것이 나에게 의미하는 바를 고집하는 것은 전적으로 무의미한 일이다. 왜냐하면 우리는 자기의 종교를 문제삼고 있는 것이 아니기 때문이다. 예를 들어 불교란 불교신자들이 이해하는 바가 불교이지 비신자가 제 아무리 대학자라 할지라도 불교의 객관적 의미를 왈가왈부할 권리가 있는 것이 아니다. 인격적 종교이해, 곧 종교는 신자들의 마음속에 존재하고 있는 것이라는 주장의 당연한 결론이다. 스미스는 크리스텐센의 "만약에 한 종교사가가 종교적 현상들을 신자들의 관점 이외의 것으로부터 이해하고자 한다면 그는 종교적 실재를 부정하는 것이다. 왜냐하면 신자들의 신앙 이외에 종교적 실재란 존재하지 않기 때문이다"[19]라는 말에 전적으로 동의할 것이다.[20] 사회학으로 말할 것 같으면, 막스 베버와 같이 사회현상의 이해와 해석에 있어서 행위자의 주관적 의도를 존중하는 이해적 사회학(verstehende Soziologie)에 유사한 접근 방식이다.[21] 따라서 종교현상의 의미를 이해하기 위해서는 대화가 중요하다.[22] 타인의 세계를 아는 데 대화만큼 중요한 것은 없기 때문이다. 이와같은 입장에서 스미스는 주장하기를 우리가 타종교 종교현상의 의미에 대하여 어떤 진술을 할 때 그 진술이 타당한 진술이 되기 위해서는 반드시 그 종교 신자들의 동의를 얻을 수 있어야만 한다고

17. 종교적 상징들의 객관적 의미를 부정하는 것과 마찬가지다. 신자를 떠나서는 종교현상 자체는 아무런 의미를 갖지 않는다. 그리고 종교현상의 의미는 역사적으로 바뀌는 유동적인 것이다. *Faith and Belief* 14, 21면 참조.
18. "Comparative Religion" 46면.
19. W. Brede Kristensen, *The Meaning of Religion*, The Hague : Martinus Nijhoff 1971, 13면.
20. "Comparative Religion" 42면.
21. H. H. Gerth와 C. W. Mills 편, *From Max Weber : Essays in Sociology*, New York : Oxford Univ. Press 1958, 58면의 역자 해설 참조. 물론 Weber도 이러한 이해적 사회학의 방법으로만 사회현상을 이해하고 있는 것은 아니다.
22. Smith의 논문 "Comparative Religion"은 대화적 종교학의 의의를 논한 것이다. 특히 47-58면 참조.

한다.[23] 스미스는 이러한 대화적 종교학의 원칙을 더 일반화해서 말하기를, "비교종교학의 임무는 적어도 두 전통 내에서 동시에 이해 가능한 종교에 관한 진술을 하는 것이다"[24]라고 한다. 스미스의 이와같은 인격주의적 종교 의미론은 당장에 많은 사회과학도들의 반발을 불러일으킬 것이다. 그러한 의미론은 행위자의 주관적 해석을 과신하는 것이며 학문적 객관성을 포기하는 것이 아닌가? 학문이란 바로 당사자가 의식하지도 못하며 인정하지도 않으려는 의미를 오히려 참다운 객관적 의미로써 찾아내려는 것이 아닌가? 더 나아가서 바로 객관적 의미와 당사자의 주관적 이해와의 차이에서 이데올로기적 은폐성을 발견하는 것이 현대 사회과학의 특징이 아니겠는가? 사실 인격주의적 의미론은 하버마스가 말하는 "심층해석학"(Tiefenhermeneutik)과 같은 것은 용납할 수 없을 것처럼 보인다.[25] 물론 스미스도 종교학자들이, 간혹 신자들이 이해할 수도 없고 의식조차 하지 못하고 있는 면을 발견할 수 있다는 것을 인정한다. 특히 종교의 외적 자료들에 관해서는 더욱 그렇다. 그러나 이 자료들이 신앙인들에게 갖는 의미에 관해서는 결코 외부인이 신자를 능가할 수 없다는 것이다.[26] 스미스는 이 점을 좀더 일반적으로 말하기를 종교사에 있어서 유일한 옳은 지식은 "당사자의 의식 속에 참여하는 지식"뿐이라고 한다.[27] 그러나 스미스는 결코 자기의 인격주의적 의미론이 학문의 객관성을 포기하는 것이 아니라고 한다. 그것은 결코 인간이 스스로를 속이고 남을 속일 수 있다는 사실을 무시하는 자의적인 주관적 방법으로 되돌아가자는 것이 아니다. 문제는 근세의 객관주의는 종교현상을 이해하는 데 있어서 적합치 못함이 드러났다는 데에 있다. 따라서 우리는 주관적·객관적 방법을 다 초월한 제 삼의 새로운 방법을 모색해야 한다는 것이다.[28] 자연현상을 연구하는 자

23. 같은 논문 42면.
24. 같은 논문 52면.
25. Jürgen Habermas, *Erkenntnis und Interesse* (1968) 267면.
26. "Comparative Religion" 42면.
27. "Objectivity and the Humane Sciences", *Religious Diversity*, 167면.
28. 위의 논문은 전적으로 이 문제를 다루는 논문임.

연과학에서는 참고로 삼아야 할 주관성이라는 것이 없지만 인간현상을 이해하려는 "인간적 학문"(humane science)에서 추구해야 할 학문적 객관성은 훨씬 더 깊고 복잡한 것이다. 인간은 결코 하나의 객체 (object)가 될 수 없으며 연구자 또한 객관적 사물을 대하는 듯한 초연한 관찰자로서의 주체가 아니다. 인간의 이해에 있어서는 근세 자연과학의 학문성을 밑받침해 주고 있는 주·객(主客) 대립의 인식 이론은 지양되어야 하며 오히려 상호 신뢰와 존중 속에서 대화하는 길만이 상대방을 옳게 이해하는 방법인 것이다. 스미스는 따라서 보고 만질 수 없는 인간의 내면 세계를 다루는 데 필요한 것은 주관주의와 객관주의를 넘어서는 한층 더 심화된 학문의 이상이라고 주장하며, 그는 이것을 "합리적 인격주의"(rational personalism)라고 부른다.[29] 혹은 다른 말로는 서로가 서로를 의식하는 공동체적 비판적 자아의식(corporate critical self-consciousness)이라고 부른다.[30]

종교학이 다루고 있는 것은 결코 외적 사실 세계가 아니라 내적 사실 세계로서 후자는 전자 못지않게 중요한 사실 세계이다. 스미스는 말한다 :

"그렇다면 우리가 공부하고 있는 것은 관찰할 수 있는 어떤 것이 아니다. 이 점에 대해서 우리는 아주 분명히 해두고 대담해지자. 개인적으로 나는 이것을 결국 인문학의 모든 작업에 있어서 사실이라고 믿는다. 그리고 우리는 그것에 대해서 탄식하거나 어떻게 피해보려고 해서는 안된다고 믿는다. 우리가 사물을 공부하지 않고 인격적 삶의 속성들을 공부한다는 것은 우리의 영광이다. 이것이 우리의 일을 과학자들의 일보다 더 어렵게 만들지는 모르나 그대신 더 중요하게 만들며 그리고 깊은 의미에서 더 참되게 만든다. 관념과 이상들, 충성심과 정열, 그리고 열망 등은 직접 관찰될 수 없다. 그러나 인간의 역사에 있어서 그것들의 역할은 그 때문에 덜 중대하거나 덜 의미있거나 덜 타당한 것은

29. 같은 논문 180면.
30. 같은 논문 163면. Smith의 두 논문 "Comparative Religion"과 "Objectivity and the Humane Sciences"는 이것을 종교학의 방법으로서 주장하는 논문임.

아니다."[31]

4. 종교적 진리의 문제

스미스의 인격주의적 종교연구론은 종교의 진리 문제를 다룸에 있어서도 하나의 파격적인 이론을 전개한다. 우리는 보통 진리라 할 것 같으면 시공을 초월하고 그 진리를 주장하는 사람들과 무관하게 그 자체로서 옳은 것을 뜻한다. 즉 진리의 비인격적 객관성을 상징하는 것이다. 그러나 스미스는 이러한 진리론은 자연현상을 다루는 자연과학에서는 타당할는지 모르나 종교와 같은 인간적 현상을 논하는 데서는 적합하지 않다고 한다. 종교가 인간 내에서 일어나는 역동적 사건인 것처럼 종교적 진리도 신자의 마음과 생활 속에서 이루어지는 사건과 같다.[32] 종교적 진리는 결코 그것을 믿고 실천하는 인격을 떠나서 그 자체의 진위를 논할 성질의 것이 아니다. 다만 어떤 특정한 인격과의 관계 속에서 진리가 "되기"도 하고 "안 되기"도 한 것이다. 따라서 종교적 진리는 개인과 개인 사이에 다를 뿐 아니라 한 개인의 삶 속에서도 어제와 오늘 사이에 다를 수도 있다. 스미스는 이와같은 진리론을 "인간적 진리관"(a human view of truth)이라고 부른다.[33] 사실 "진리"라는 말보다는 우리 말로 "진실" 혹은 "참"의 개념에 더 가까운 진리론이다.[34] 즉 어떤 것이 제 아무리 진리라 할지라도 한 인간이 그것을 믿고 진실되게 사는 순간이라야 비로소 진리가 "되는" 것이다. 결국 스미스에 의하면 진리는 어떤 진술이나 명제 자체에 속하는 속성이라기보다는 인간

31. "Comparative Religion" 34-35면.
32. Smith는 그의 논문 "A Human View of Truth", *Truth and Dialogue in World Religions: Conflicting Turth-Claims* (John Hick 편) Philadelphia: The Westminster Press 1974에서 이슬람교의 진리관을 다루면서 이러한 진리론을 내세운다.
33. 같은 논문.
34. 진리와 진실, 진리와 도덕성 등이 분리되지 않는 진리관을 Smith는 위의 논문에서 주장하고 있는 것이다.

에 속하는 속성이 되는 셈이다.[35] 그는 "꾸란은 하느님의 말씀이다"라는 이슬람교의 전술을 예로 들어서 다음과 같이 말한다 :

"'꾸란은 하느님의 말씀이다'라고 말하는 것은 1943년 혹은 1967년에 관해서 어떤 것을 말하는 것이지 무함마드가 생존시 7세기 아라비아에 관해서 주로 말하는 것이 아니다. 나는 따라서 꾸란이 일반적으로 절대적이고 비인격적으로 하느님의 말씀인가를 묻는 것을, 그리고 그 대답으로써 먼 옛날을 돌아다보는 것은 그릇되고 거짓된 것이라고 느낀다. 나는 꾸란이 하느님의 말씀이었던 경우를 알고 있는가 하면 또 다른 경우에는 그것이 하느님의 말씀이 아니었던 경우도 알고 있다."[36]

이와같은 관점에서 볼 것 같으면 한 개인에 있어서 종교적 갈등은 있을는지 모르나(즉 그에게 있어서 어떤 교리가 진리가 되느냐 아니냐의) 한 종교와 다른 종교 사이에 있어서의 진리의 갈등은 있을 수 없다. 또한 자기자신은 준행하지도 않으며 자기의 삶과는 무관한 진리를 단순히 자기 종교의 것이라고 무조건 진리라고 내세우거나 자랑하는 일도 없을 것이다.

진리와 관계를 맺고 있는 인간을 떠나서 어느 한 종교나 어떤 한 교리적 진술의 진위를 객관적으로 논한다는 것은 스미스에 의하면 무의미하고 불가능한 일이다.[37] 어느 인간도 결코 초지성을 소유한 신과 같이 초월적인 존재로서 각 종교의 진위를 결정할 위치에 있지는 못하다.[38] 종교적 의미론에 있어서와 마찬가지로 종교적 진리론에 있어서도 스미스는 근세 학문의 객관주의적 인식론에 도전하고 있다. 즉 그는 의미론에 있어서 주류를 차지하고 있는 사회과학의 객관적 의미론을 거부하는가 하면 다른 한편으로는 서양 철학의 오랜 전통인 객관주의적 진리론에 도전하고 있는 것이다. 특히 후자의 경우에 있어서 스미스는 서양학

---

35. 같은 논문 1면.
36. *Questions of Religious Truth*, New York : Charles Scribner's Sons 1967.
37. Smith는 이러한 입장을 "Conflicting Truth-Claims : A Rejoinder", *Truth and Dialogue in World Religions* (John Hick 편) Philadelphia : The Westminster Press 1974에서 전개하고 있다.
38. "Comparative Religion" 46면.

자로서는 드물게 보이는 자기 전통의 유한성에 대한 의식을 보이고 있다. 즉 서양의 진리론은 주로 아리스토텔레스 이후 희랍철학의 주지주의적 진리론에 염원을 둔 것으로서, 스미스는 이러한 철학 전통 역시 하나의 문화적·역사적 산물로서의 유한성을 지닌 또 하나의 종교적 전통으로 간주하고 있으며, 철학은 결코 다른 모든 종교전통들 위에 진리의 심판자로서 군림할 수 없다는 것이다.[39] 역사가로서의 스미스의 예리한 자기성찰을 우리는 여기서 찾아볼 수 있다. "종교", "진리" 등의 추상적이고 정적인 관념의 고정성을 타파하고, 살아 있는 역동적인 인간의 현실 속에서 구체적으로 종교를 이해하려는 그의 노력은 그의 종교적 진리론에 와서 극치를 이루고 있는 것이다.

5. 결 어

지금까지 우리는 스미스의 독특하고 자극적인 인격주의적 종교연구 이론을 검토해 보았다. 기본적으로 종교의 연구와 이해에 있어서 비인격적 방법론을 과신하는 현대 학문의 풍조 가운데서 하나의 휴머니스트적인 종교사가로서 그는 참신한 이론을 제시했다고 본다. 종교의 연구는 인간의 연구요, 인간의 연구에 있어서는 어디까지나 타자의 인격을 존중해야 한다는 그의 입장은 방법론적 우수성을 자랑하면서 타민족의 문화와 종교전통을 지적 오만심을 가지고 분석하려는 태도에 일침을 가하고 있는 것이다. 제 아무리 정교한 이론이라 할지라도 당사자의 인격을 무시하고 객관성을 주장하게 될 때에 이러한 학문적 객관성은 새로운 형태의 주관주의 혹은 문화적 종족주의(ethnocentrism)에 빠질 위험을 안고 있는 것이다.[40] 인격과 인격의 만남으로서의 종교학은 바로 이

---

39. "Conflicting Truth-Claims: A Rejoinder" 157면. Smith는 철학도 다른 종교 못지않게 하나의 신앙(faith)에 근거하고 있다고 생각한다. *Faith and Belief* 15-16면 참조.

40. Smith는 "Objectivity and Humane Sciences"에서 방법론에 대한 過信과 인문학에 있어서 객관주의적 접근의 위험성을 예리하게 지적하고 있다.

러한 위험을 극복하고 한 인류공동체의 형성에까지 기여하고자 한다.

그러나 다른 한편으로 우리는 스미스의 종교이론의 몇 가지 문제점들을 제기할 수 있을 것이다. 첫째는 축적적 전통을 모두 신앙의 표현으로 간주하는 문제이다. 존 힉 교수가 지적하는 대로 우리는 시와 기도, 예언과 같은 신앙의 직접적 혹은 일차적 표현과 교리와 신학 같은 이차적 표현을 구별해야 할 것이다. 후자, 즉 신학의 언어는 신앙의 직접적 표현이라기보다는 일차적 표현을 자료로 한 체계적 사유라고 보아야 할 것이다.[41] 또 하나의 문제는 스미스의 의미론에 관한 것으로서, 역시 우리는 신앙인의 주관적 해석을 중시하면서도 그것만으로 만족할 수는 없을 것이다. 주관적 해석의 이데올로기적 은폐성의 문제와 더불어 신앙인들의 의식 속에 잡히지도 않고 인정조차 할 수 없는 의미의 해석도 역시 사실로서 주장할 수 있을 것이다. 물론 이때의 "사실"이란 것은 스미스의 종교이해에 따라서는 이미 종교적 사실이 아니라고 말할는지 모르나, 종교현상이라고 반드시 의식된 것만이어야 한다는 법은 없는 것이다. 하여튼 이 문제는 더 깊은 고찰을 요하는 문제이다. 다음으로 종교적 진리의 문제에 관해서도 철학적 접근이 종교적 진리의 심판자가 될 수는 없다 하더라도, 신학적 접근도 시도될 수 있다. 물론 이 신학적 접근이 객관적으로 얼마만큼 보편타당한 의의를 지니는가의 문제이다. 그러나 나의 주관적 태도를 초월하여 보편타당할 수 있는 진리에 대한 갈망만은 우리에게서 쉽게 해소되지 않을 것이다.

41. *The Meaning and End of Religion*, John Hick의 서론 xvi면. Smith도 이 문제를 의식하고 있다. *Faith and Belief* 17면 참조.

Ⅱ부

8장

종교와
사회과학의
관계

로버트 벨라*

---

* Robert N. Bellah는 Berkley 대학교의 사회학 교수로, 여기에 실린 논문은 1969
년 4월 California 대학교 50주년에 한 강연과 1969년 10월에 미국 Mas-
sachusetts주 Cambridge에서 열린 American Academy of Religion과 Society
for the Scientific Study of Religion의 연합회의에서 한 강연을 I과 II로 하여
묶은 것이다. *Beyond Belief: Essays on Religion in a Post-Traditional World*
(Harper & Row 1970)의 15장에 기재된 것을 번역하였다.

I

이 논문에서 우리는 미묘한 모호성을 지니고 있는 문제, 곧 사회과학 안에 함축되어 있는 종교적 의미에 대하여 논하려고 한다. 이 말은 사회과학이 종교에 대하여 함축적 의미를 가지고 있을 뿐만 아니라 사회과학 자체 안에도 종교적 전제 내지는 종교적인 면들이 있다는 것을 의미한다. 나는 종교와 사회과학 간의 관계가 복잡하고 어떤 면에서는 유기적이라는 전제에서 시작하려고 한다. 이러한 나의 전제는 세속화를 주장하는 견해와는 상반되는 것으로, 세속화를 주장하는 이들은 과학이 발전되면 종교는 약화될 수밖에 없다는 기계적 관계로 이 둘을 정의하여 현대 세계에서 과학이 융성할수록 종교는 점차적으로 쇠퇴되리라고 본다. 이러한 세속화의 주장은 실증적인 방법에 의한 일반화에서 단순히 유출된 것이 아니다. 이것은 근대사회의 이론의 일부로서 실재(實在)에 대한 감정적으로 조리가 선 모습을 그리는 기능을 가지고 있기 때문에 일종의 신화라고까지 부를 수 있는 것이다. 이런 의미에서 이 주장은 과학적이라기보다는 종교적인 것이다. 다시 말해서 이러한 이론 혹은 신화는 계몽주의의 산물로서, 과학이야말로 세상에 빛을 가져오는 것이기 때문에 그 빛이 밝혀지면 다른 모든 어두운 것은 사라지게 될 것으로 믿는다. 이제 내가 제시하고자 하는 것은 또 하나의 이론으로 이것 역시 신화적 측면을 지닌 것인데, 이것은 사회과학 자체에서 우러나온 것이지만 인간 정신을 다르게 이해하여 인간 의식(意識)에 통일성을 가져오는 새로운 이해를 정립함에 있어서 종교가 필수적인 위치를 차지하고 있다는 것을 주장하려는 것이다.

계몽주의적 세속화 이론과 그에 따른 종교와 과학과의 관계는 지적 인식을 중요시하고 정통교리를 강조하는 그리스도교 종교전통에 대한 반발이었다는 점에서만 이해될 수 있다. 만일 계몽주의 운동이 처음에 선불교(禪佛敎)적인 문화 속에서 일어났더라면 그 결과는 아주 달랐을 것이다. 선불교는 세상이 창조된 때를 말하려 하지 않고 경전의 문자적 (文字的, literal)인 영감이나 기적에 기초를 둔 주장을 하지도 않는다. 그러나 18·19세기의 그리스도교 신앙은 자연과 역사에 대하여 상당히 많은 지적인 주장을 하고 있었고, 따라서 비판적 과학에 의하여 종교적 주장들이 부정되거나 불가능한 것으로 공격될 수 있었던 것이다. 물론 18세기부터 "그리스도교의 합리성"을 옹호하려는 사람들이 있었다. 그런데 그들은 그 당시의 과학적 지식 안에 있는 공백에 희망을 걸고 있었고 종교적 진리만이 그러한 틈들을 메울 수 있다고 생각하였다. 그러나 이러한 틈들이 과학 자체에 의하여 채워지게 되면서 그들의 합리적인 설명은 치명적인 충격을 받게 되었다. 종(種)의 기원에 대한 최초의 과학적 이론을 제공한 다윈의 자연적 선택이론보다 더 크게 치명상을 입힌 것은 없었을 것이다. 종이 어떻게 기원했는지를 알기 전까지는 하느님의 개별 창조 이론이 적어도 옹호될 수 있는 입장이라고 여겨질 수 있었기 때문이다.

자연과학의 이러한 도전보다도 종교의 인식적 주장에 더욱 심각한 문제를 던진 것은 아마도 막 시작되는 사회과학의 종교에 대한 비판이었을 것이다. 초기 사회과학자들은 종교적 신앙을 비참한 사회조건 속에 살아야 하는 하층 민중을 무지와 오류 속에 잡아두고 체념하도록 하기 위하여 인위적으로 만들어진 거짓이라고 설명하려고 하였다. 예를 들어 정령에 대한 신앙은 원시인들이 꿈에 나타난 환상적 인물들에다 외적 실재를 부여함으로써 생겼다고 하는 초기 인류학자들의 이론이나, 종교는 민중의 아편이라고 한 칼 마르크스의 이론 등을 들 수 있을 것이다. 19세기 말엽에 이르러 하고많은 사람들이 종교는 멀지않아 사라지게 되고 과학에 의해 완전히 대치되리라고 확신하고 있었다. 신학자들이 이때처럼 자기방위적인 시기는 없었을 것이다. 그러나 바로 이 시기에 계몽사상의 인간관에는 중대한 결함이 있다는 사실이 사회과학 자체의 발전에 의하여 드러나기 시작하였고 따라서 종교의 문제를 새로운 빛 안에서 보지 않을 수 없게 되었다.

가장 대표적인 예는 프로이드(Freud)에 의한 무의식의 발견일 것이다. 「꿈의 해석」이라는 그의 위대한 저서에서 프로이드는 최초로 무의식과 그 작용을 과학적으로 분석하였다. 한 면으로는 무의식 자체를 의식적인 연구의 대상으로 했다는 점에서 이 연구는 계몽사상의 절정이라고도 볼 수 있는 것이다. 그러나 또 다른 면으로 보면 프로이드는 계몽사상의 무덤을 판 사람이라고 할 정도로 인간의 연약한 의식적 자아(自我, ego) 밑에 무의식이라는 막대한 비이성적인 힘이 있다는 사실을 드러낸 것이다. 무의식이란 그 성격 자체 때문에 합리적 분석으로 통제하기 어려운 것이라는 것을 증명하였기 때문이다. 프로이드는 여러 가지의 표현을 통해 무의식의 작용을 설명하려 하였으나 결국 그 밑바탕까지 완전히 들어갈 수는 없음을 자인하였다. 세상을 합리적인 개념의 체계 안에서만 생각하고 싶어하는 사람들은 처음부터 무의식의 개념을 받아들이지 않았고 지금도 무의식의 세계를 거부하는 이들이 있다. 그러나 무의식의 발견은 정신분석학이 현대사상에 이루어 놓은 가장 중요한 기여임에 틀림이 없다.

프로이드가 그의 인격이론을 형성하고 있었던 거의 같은 시기에 에밀 뒤르껭(Emile Durkheim)은 사회의 근본 성격을 이해하려고 노력하고 있었다. 뒤르껭은 그의 만년에 가서 사회를 그 구성원들의 마음에 존재하는 집합 표상들(collective representations) 혹은 공통적인 상징들(common sysmbols)의 집합이라고 보게 되었다. 그의 마지막 거작인 「종교생활의 기본 형태들」(*The Elementary Forms of the Religious Life*)에서 그는 어디서 집합표상들이 생겨나며 어떻게 그들이 사람들의 의식 속으로 들어가게 되는가의 문제를 해결하기 위하여 "집단적 흥분"(collective effervescence)이라는 개념을 발전시켰다. 집단적 흥분이란 오스트렐리아의 토착민들이 종교의식 때에 경험하는 단체적 흥분을 가리키는 단어였는데 그는 프랑스 혁명의 대중적 폭발 속에서도 같은 현상을 발견하였다. 이러한 강렬한 단체 행위 속에서 집단적 표상들이 그 단체 성원의 마음속에 새겨지게 되고, 혁명 때와 같은 사건을 통해 새로운 집단적 표상이 생겨나는 것이라고 그는 보았다. 집단적 흥분의 개념이 프로이드의 무의식의 개념과 같은 영향력을 미치지는 않았지만,

뒤르껭에게는 매우 중요한 개념으로서 그의 사회이론 형성에 중요한 요소이다. 그의 이 이론을 간과해버린 것은 우리의 잘못일지도 모른다. 사실 집단적 흥분 체험은 무의식과도 비슷한 것으로서 사회적 무의식이라고 부를 수도 있을 것이며, 인간의 행동 안에 정확성을 요구하는 계몽사상의 합리적 사고체계로는 설명될 수 없는 어떤 깊이가 인간 안에 있다는 것을 말해 주고 있다.

프로이드와 뒤르껭의 사상과 동시대에 발전된 것으로 점점 그 본래의 의미를 잃고 저속한 의미로 이해되어가고 있는 것은 막스 베버(Max Weber)의 카리스마(charisma)의 개념이다. 카리스마는 베버의 종교사회학뿐만 아니라 권위를 설명하는 사회학적 이론에도 중심이 되는 개념이다. 그는 세 가지 종류의 권위가 모든 사회질서의 기초를 이룬다고 설명하면서 카리스마적 권위를 합리적-법적인 권위와 전통적 권위와 함께 들고 있다. 요사이처럼 카리스마를 인기의 동의어와 같은 의미로 쓰는 대중화된 용법이 아니라, 베버에게 있어서의 카리스마는 고대종교에서 의미했던 신(神)으로부터 받은 은사(恩賜), 곧 특별한 자질을 말하는 용어였다. 카리스마라는 개념이 베버에서 특별히 중요했던 이유는 역사적 과정 안에 어떤 새로운 것이 들어오기 위한 가장 중요한 방법의 하나가 카리스마적 지도자에 의한 것으로 보았기 때문이다. 예언자와 같은 카리스마적 지도자는 신적인 소명이나 비상한 체험에 기초를 두고 다른 방법으로는 도저히 받아들여질 수 없었던 근본적으로 새로운 규범적인 요구를 소개할 수 있었다는 것이다. 물론 베버가 이 용어를 문자 그대로의 종교적인 의미로 사용한 것은 아니다. 카리스마가 예언자나 그의 추종자들에게 어떻게 작용하는가의 정확한 과정(mechanism)에 대하여는 설명을 하지 않았는데, 이런 면에서도 그의 카리스마의 개념은 프로이드나 뒤르껭의 이론들과 유사점을 가지고 있다고 하겠다.

위에서 내가 지적한 바는 어느 정도 탈콧 파슨스(Talcott Parsons)의 「사회행동의 구조」(*The Structure of Social Action*)에서 제시된 유명한 이론과 평행되는 바가 있다. 곧 20세기 초엽의 위대한 사회과학자들이 종교현상을 다루게 되면서 그전까지 사회과학적 해석에서는 받아들여지지 않던 비이성적 요소들을 심각하게 고려하지 않을 수 없게 되었다는 것이다. 프로이드, 뒤르껨, 베버 셋 다 종교문제에 대단한 관심을 갖고 있었다는 사실 자체가 흥미로운 것이며, 그들은 각기의 종교이론을 발전시켰다. 특히 중요한 것은 그들이 제시한 중심되는 용어를 개념적 체계 안에서 설명하는 데 있어서 인간 행위에 영향은 주지만 잘 이해되지는 않는 힘이나 과정들이 소재하는 인간 내면의 어두운 부분을 가리키고 있다는 사실이다.

여기서 내가 지적하려고 하는 바는 현대 사회과학의 선구자들인 이 세 위대한 비신자들이 각기 인간행동을 이해하기 위하여 노력하다가 개념적 사고로는 잘 설명되지 않으나 중심적 중요성을 지닌 비인식적 요소들에 맞닥뜨릴 수밖에 없었다는 사실이며 이것이 20세기의 종교연구에 그 자체로 중요한 의의를 가진다는 것이다. 전통적인 종교가 이미 효력을 상실했다고 확신하면서도 각기 그들은 종교의식(意識)의 힘을 재발견하였다. 이 학자들의 작업을 기초로 해서 우리가 알 수 있는 것은 서구의 종교가 인식적인 적합성에만 기초를 두려고 하였을 때 그것은 종교와 종교적 상징들이 취급해야 하는 실재의 근본적 성격을 망각하고 있었다는 점이다. 서구 종교의 이런 면을 대표한 이들은 신학적 호교론자들이었고, 인간의 불안과 희망, 두려움과 감정들에 호소한 설교자들을 여기서 말하고 있는 것은 아니다. 신학자들 안에서도 프리드리히 슐라이어마허와 같은 사람들은 종교는 우선적으로 인식적인 것이 아님을 지적한 바 있다. 대가들의 통찰이 추종자들에 와서는 제대로 유용되지 못한다는 것은 불행하지만 흔히 있는 일이다. 탈콧 파슨스의 「사회행동의 구조」에서 나온 훌륭한 돌파구가 계속 진전되지를 못한 것이 그 예이다. 그 후로 사회과학의 상당 부분은 "확실하고 사실적인" 전제만을 받아들이는 실증주의적이며 공리적인 입장으로 후퇴했기 때문이다. 이런 입장에서 보면 인간행위란 게임과 같아서 각자는 자기의 이익을 최대한으로 획득하려고 하기 때문에 주고받는 교환체계만이 용납되고, 프로이드나 뒤르껨, 베버 등이 추구하였던 모호한 개념들을 생각할 여유가 없다. 이런 확신을 가진 사람에게는 종교란 잔존한다 하더라도 그 이상의 아무런 중요성이 없는 것으로, 종교행위는 손실감에 대한 일종의 보상행위에 지나지 아니한다고 설명된다. 이러한 견해는 사회과학자들 사이에 오늘날에도 많이 퍼져 있다고 보아야 하겠다. 이러한 설명은 세상이 모두 합리적 계산에 따라 완전하게 움직이는 지극히 복합적인 기계라고 보는 그들의 신화에 잘 들어맞기 때문에 편리한 것일 것이다. 이와같은 신화는 사회과학자들 사이에만 있는 것이 아니라 불행히도 핵무기를 다루는 사람들까지도 게임의 이론을 확대한 것 같은 견해를 가지고 있는 듯하다.

사회과학과 종교에 대하여 위와는 다른 관점을 가진 학자들이 사회과학 분야에서 완전히 사라진 것은 아니었다. 파슨스나 칼 도이취와 같은 사회제도 이론가들은 인간행위를 다층적이고 개방된 것으로 보았다. 예를 들어 도이취는 모든 고도로 발전된 체계들은 분해될 경향을 가지고 있으므로 복합적 체계가 가능하기 위하여 필수불가결한, 그러나 예측할 수 없는 환경적 조건들을 지칭하기 위하여 "은총"(grace)이라는 신학적 용어를 빌려 왔다.[1] 파슨스는 상징제도에 대하여 논하면서 실재의 궁극적 성격은 각기의 문화제도가 무엇인가를 통해 그것을 상징하고는 있지만 실증적인 설명의 범위 안에 들어올 수는 없다는 점을 주장하였다.[2] 그가 "구성적 상징들"(constitutive symbols)이라고 부른 것은 과학적인 진술의 방법으로는 인식되지 않지만 실재를 유기적 전체로 볼 수 있는 용어를 제공한다. 그는 또한 가치를 표현하는 상징체계들이나 도덕적 상징체계들은 부분적으로는 자립적인 것이라고 말한다. 문제의 핵심은 이러한 다양한 종류의 상징체계들이 완전히 서로 독립된 것이 아니라 그들의 기능을 알맞게 하여 한 문화 안에서 종합되어야 하므로 그들 중 아무것도 특권적 위치를 가질 수 없다는 것이다. 구조적 상징·표현적 상징·도덕적 상징 체계는 각기 단순히 인식적 상징체계로부터 나올 수

1. Karl W. Deutsch, *The Nerves of Government*, Glencoe, Ill.: Free Press 1963, 217, 236-240면.
2. Talcott Parsons, "Culture and the Social System": Talcott Parsons 外 편, *Theories of Society* (Glencoe, Ill.: Free Press 1961)의 4부 서론.

는 없는 것이라고 파슨스는 보았다. 이것은 곧 과학이 세상의 모든 것을 설명하는 일을 혼자서 떠맡을 수 없다는 말이다. 따라서 파슨스는 인간이 그 의미를 해명해야 되는 실재의 어떤 부분들은 실증적인 것이 아니기 때문에 과학적인 방법으로는 이해될 수 없는 것이라고 주장해 왔다. 이런 면에서 파슨스는 그보다 앞선 사회과학자들이 어쩔 수 없이 인정할 수밖에 없었던 존재의 신비에 대하여 훨씬 더 개방성을 가지고 있었다고 하겠다.

초기 사회과학자들 중에서 누구보다도 실재에 대한 개방성과 다양성을 인식하고 받아들이고 있던 학자는 윌리암 제임스(William James)였다. 제임스의 이론에 부분적으로 기초를 두면서 오스트리아 출신으로 미국에서 일하는 사회철학자인 알프레드 슈츠는 복합적 실재(multiple realities)라는 개념을 발전시켰고,[3] 이 이론은 최근에 피터 버거와 토마스 루크만에 의하여 해석되고 있다.[4] 슈츠의 이론의 기초는 실재란 단순히 주어지는 것이 아니라 구성되는 것이라는 점이다. 실재를 파악하는 일은 언제나 주체와 객체가 포함되는 능동적인 과정이라는 것이다. 다양한 실재관이 이루어지는 것은 이들을 연결하는 의식의 형태가 다양하고 따라서 해석의 구조가 다르기 때문이다. 슈츠는 사회생활의 전형적 예를 이루는 일상적인 삶의 세계 외에도 꿈의 세계, 예술의 세계, 과학의 세계, 종교의 세계가 있음을 지적한다. 이러한 세계들은 부분적으로는 자립적이며 하나의 세계가 다른 세계 안에 흡수될 수 없다는 것을 보여 줌으로써 슈츠는 인간 정신의 개방성과 다양성을 제시하는 또 하나의 강력한 논리를 제공하였다.

비슷한 관점이 언어의 상응이론(correspondence theory)을 비판하는 학자들에게서 나왔다. 어떤 의미에서는 언어라는 것은 그것이 지칭하는 객관적 실재의 수동적 반영이라고 설명하는 것이 편이한 해석일지도 모른다. 여기서는 단어와 사물 사이의 엄격한 상응이 요구된다. 그러나

3. Alfred Schutz, *Collected Papers* 1권, The Hague: Nijhoff 1962, 209-59면.
4. Peter L. Berger와 Thomas Luckmann, *The Social Construction of Reality*, New York: Doubleday & Co. 1966.

그러한 엄격한 상응은 아무리 잘해야 상대적일 수밖에 없고, 언어의 일반적 용도에서는 고수될 수 없는 어떤 철저한 기준을 적용함으로써만이 가능한 것이다. 비트겐슈타인이 말한 것과 같이 "한마디 말을 하는 것은 상상의 건반 위에 음을 치는 것과 같은 것이다."[5] 언어는 단순히 주어진 대상의 세계를 수동적으로 반영하기 위해서 있는 것이 아니다. 상상적 언어는 새로운 의미를 창조해내고 새로운 세계를 정의한다. 비트겐슈타인과 프로이드의 영향을 받은 철학자인 허버트 핀가레트는 정신분석은 무의식을 베껴서 전에 숨겨져 있던 실재를 단순히 나타나게 하는 것이 아니라 그전까지는 알려지지 않았던 가능성을 열어 주기 위하여 환자의 생활 안에 새로운 상상적인 해석이 일어날 수 있도록 하는 것이라고 하였다. 무의식적이던 것이 상징화됨으로써 단순히 나타나게 된 것이 아니라 변화된다는 것이다.[6] 노르만 브라운이 지적한 바와 같이 상징이란 숨겨진 실재를 대변하는 것이 아니라 감추어진 것과 나타난 것을 묶어 주는 살아 있는 고리(link)인 것이다.[7] 결국 언어의 상상적인 기능이 장식적인 것이 아니라 근본적인 것임을 알게 된 이러한 언어의 이해는 물리학자들의 입장이라기보다는 시인들의 입장에 더 가깝다. 그리고 사실 물리학자들도 사회과학자들이 생각하는 그 이상으로 자기들의 언어가 상당한 부분에서 상상적이라는 것을 깨닫고 있다는 사실도 여기서 지적해둘 필요가 있다. 윌리암 버틀러 예츠는 다음과 같이 읊었다 :

> 그래서 나의 믿음을 선언하노니 :
> 나는 플로티누스의 사상을 버리고
> 플라톤을 편들어 외치노라.

5. Ludwig Wittgenstein, *Philosophical Investigations*, New York : Macmillan 1968, 4면.
6. Herbert Fingarette, *The Self in Transformation*, New York : Harper & Row (Harper Torchbooks) 1965, 1면.
7. Norman O. Brown, *Love's Body*, New York : Random House (Vintage Books) 1968, 216-17, 257-58면 기타.

죽음과 삶은 원래
인간의 암울한 영혼에서
이를 모든 것으로 여기기 전까지는
그것만이 우리에게 전부는 아니었다.
일월성신(日月星辰) 모두와
이에 더하여
죽음으로써 우리는 다시 일어나
환상의 낙원을 꿈꾸고 창조하노라.[8]

우리는 이 시를 상상의 도피라고 이해하기보다는 인간 실재를 꿰뚫어
보는 심원한 통찰이라고 할 수 있을 것이다.

사회과학과 종교의 관계라는 중심 주제로 되돌아 가자. 근대 서구 역
사 속에서 과학 전체, 특히 사회과학을 신학과 뚜렷이 구별하는 것이
절대로 필요한 때가 있었다. 서구 종교의 인식적 편견이 이러한 구별의
과정을 심히 고통스러운 것으로 만들어서 몇 세기 동안 과학과 종교 사
이에는 일종의 전쟁이 있었다고 할 수 있을 정도이다. 부분적으로는 바
로 이러한 투쟁 속에서 과학자들과 사회과학자들 중의 일부는 가장 보
수적인 그들의 적의 특징을 그대로 배우게 되었다. 그래서 문자적이고
근본주의적인 종교에 반대하는 문자적(literalist)이고 근본주의적
(fundamentalist)인 과학이 일어난 것이다. 이러한 관점에서 볼 때 종
교와 과학의 투쟁은 둘 중의 하나가 죽어야만 끝날 수 있는 격렬한 것
일 수밖에 없었다.

위에서 몇 가지의 예를 들면서 나는 사회과학 그 자체의 발전을 통하
여 특히 금세기에 들어오면서부터 인간 존재 안에는 과학이 제대로 다
룰 수 없는 부분들이 있음을 인정하게 되었고 그 부분들이 전통적으로
종교의 영역임을 인식하게 되었다는 것을 말하였다. 따라서 이제 우리
는 종교와 과학 간의 오래된 알력의 시기를 뒤로 하고, 서로 구별되면

8. Willam Butler Yeats, *The Variorum Edition of the Poems*, New York : Macmil-
lan 1968, 414-15면.

서도 반감을 지니지 않은 새로운 관계를 형성할 수 있는 시기에 이르른 것이다. 지난 수십 년 동안에는 과학과 종교 간의 투쟁이 그전처럼 심각한 것은 아니었지만, 이것은 대체로 서로를 모르는 체하며 지내려는 일종의 편이한 합의에 의한 것이었다. 그러나 새로운 종합이 없는 분리는 서로 싸우는 것 못지않게 파괴적일 수 있다. 이러한 분리야말로 오늘날의 우리 대학들이 보여 주는 것과 같은 단편적이고 혼란된(anomie) 상태로 우리 문화를 이끌어 갈 것이기 때문이다. 우리의 지적인 노력 전체가 지니는 의미성이 문제시되고 있을 때, 각 분야의 독자성만을 단순히 유지하는 것만으로는 이제 부족하다. 새로운 종합을 위한 자료들이 실제로 존재하고 있으며, 이런 종합은 진리의 개념에 생기와 전체성을 부여하여 우리의 문화를 재통합하고 그 안에 생동감을 불어넣는 데 크게 기여할 것이다. 새로운 통합이 이루어질 때 우리 문화에서 생기를 빼버린 세속화의 과정이 반전(反轉)되기 시작할지도 모른다.

내가 통합(integration)을 말할 때에 과학과 종교의 이상한 혼합(syncretism)을 뜻하는 것은 아니다. 그들은 각기의 다른 목적과 한계성 및 다른 행동 형태를 지니고 있다. 그러나 그들은 둘 다 각 문화와 각 인간의 부분들이며 더 나아가 나는 그들이 필수적인 부분들이라고 주장하고 싶다. 따라서 과학과 종교는 둘 다 존중되어야 하며 건전하고 생기있는 모습으로 전체 안에 함께 존재할 필요가 있다. 또한 서로를 모르는 체하며 공존하기보다는 서로의 지식과 통찰을 자유로이 교환하여 서로를 성숙시키고 변화시킬 수 있는 가능성이 열려 있어야 한다는 것이다.

종교쪽에서도 이제 자기 방위적인 태도와 필요없는 곳에 쌓아 놓은 벽을 헐어버린다면 우리의 문화적 위기를 극복하는 데 크게 도움을 줄 수 있으리라고 본다. 종교란 일종의 유사 지질학이나 유사 사학이 아니라 인간의 체험 전체에 대한 진리를 말해 주는 창조적인 진술인 것이다. 소위 말하는 "탈(脫)종교적"(post-religious) 인간은 차갑고 자신에 찬 세속적인 인간을 일컫는데, 최근에는 몇 명의 신학자들까지도 이런 세속화를 칭송하고 있지만, 사실 이들은 문자적이고 제한된 현실 속에

도취된 것으로 고전적인 종교적 시각에서 보면 죄와 죽음, 타락된 세계, 환상의 세계 안에서 스스로 만족해하는 것이다. 우리가 살고 있는 매일의 현실 세계는 사회적으로 혹은 인간적으로 구성된 세계이다. 만일 이러한 현실 세계를 궁극적인 실재 그 자체와 혼동한다면, 결국 그는 자신의 환상에 빠져서 자기의 원의(願意)와 두려움을 남에게 투사하고 현실주의자라고 자처하면서 자신의 황망한 계획을 무모하게 실천하려 할 것이다. 그리스도교, 불교, 기타 종교들도 이러한 인간의 환상을 알고 있었다. 그것은 악마적 힘에 들린 것이며, 자신이 세상을 완전하게 통제하고 있다고 믿는 그 사람이야말로 가장 악마적인 힘에 통제되고 있는 것이다.

실재에 대한 문자적인 하나의 해석만이 옳다고 주장하는 우리의 유사과학적 세속문화의 환상을 깨기 위해서 종교는 비일상적인 실재를 말해 줌으로써 일상적인 현실을 깨뜨리고 그 위선을 보여 줄 필요가 있다. 현대사회 안에서 우리가 보는 것처럼 일상적 현실이 점점 악몽으로 변해갈 때에는 오직 초월적인 안목만이 희망을 제공할 수 있다. 물론 그리스도교나 어느 종교라도 그 진리를 실증적 방법으로 증명한다는 것은 불가능하지만, 마찬가지로 인간생활에 대한 궁극적 안목을 제공하려고 하는 공산주의나 합리주의, 어느 과학주의도 역시 인식론적이나 과학적으로 증명될 수는 없는 것이다. 궁극적 안목의 가치는 그것이 인간의 경험을 변화시킬 능력을 지니고 있어서 죽음이 아니라 생명을 일으킬 수 있다는 데 있다. 오늘날 단편화되고 무질서한 우리의 문화는 이런 각도에서 볼 때에는 높은 수준에 이르렀다고는 도저히 말할 수 없는 것이다.

예언자 예레미야와 같이 절망의 소식을 전하려는 것이 나의 목적은 아니다. 오히려 나는 우리의 미래에 대하여 희망적이며, 이제는 지난 몇 세기보다도 우리 문화와 의식의 상상적인 면과 인식적인 면, 지적인 면과 감정적인 면, 과학적인 면과 종교적인 면의 분리를 치유할 수 있는 자원이 훨씬 더 많이 축적되어 있다고 믿는다. 사회과학은 미약하고 서툴게나마 종교가 보아 왔던 실재의 풍부함을 그대로 받아들이기 시작하고 있다. 폴 틸리히(Paul Tillich)나 말틴 부버(Martin Buber)와 같은 종교사상가들은 이러한 추구의 중요성을 보았고 신학적 노력을 사회과학자들에게 소개하는 데 도움을 주었다. 또한 미국에 있는 주요 신학대학들에서는 사회과학에 대한 관심이 어느 때보다도 고조되어 있어서 사목적 상담이나 빈민촌 교회의 목회를 위한 도구로서뿐 아니라 신학적 주제 그 자체를 현대적으로 이해하기 위한 제안으로서 사회과학적 연구를 중요시하고 있다. 이런 현상은 양쪽이 다 힘들게 그리고 아직 잠정적이긴 하지만 서로의 언어를 번역할 수 있으며 이런 번역과정이 하나를 다른 것에 종속시키지 않으면서 실재의 다른 면을 보도록 한다는 확신 때문에 가능한 것일 것이다. 특별히 사회과학자들 안에서는 종교적 상징들 안에 깊은 통찰이 잠재해 있으며 우리는 그것을 아직 제대로 이해하기 시작하지도 못한 상태라는 것을 느끼게 된 이들도 있다. 계몽사상이 일으킨 합리주의를 과학적 작업의 기초로 받아들이고 우리 연구의 규범으로 인정하면서도, 합리주의적 접근은 실재에 이르는 하나의 길에 불과하다는 것을 우리는 알아야 한다. 이러한 과학적 연구의 길은 다른 형태의 의식(意識)연구의 길과 함께 서서 긴장을 느끼면서도 서로간의 비판은 받아들일 수 있어야 한다. 그리고 끝으로 우리는 과학을 정당화하는 위대한 상징들 역시 우리 의식의 가장 깊은 수준에 자리잡고 있는 증명될 수 없는 전제에 기초를 둔다는 사실을 기억해야 한다.

따라서 나의 결론은 세속화를 주장하는 이론과는 정반대의 것이다. 종교는 오늘날 주변으로 밀려서 점점 사라져가는 것이 아니라 다시 우리 문화의 중심으로 옮아오고 있다고 본다. 이런 현상은 우선 인간학적 연구를 통하여 종교적인 문제들이 다시 대두될 수밖에 없다는 지적인 이유와 더불어 실용주의와 과학으로만 이루어진 세계가 점점 환멸을 가져오고 있다는 실제 역사적인 이유들 때문이다. 종교는 인간이 자신들의 세계를 해석하는 전통적인 방법이었다. 점차적으로 현대인은 이러한 해석을 사회과학에서 해 주기를 기대하고 있다. 사회과학이 인간 전체를 파악하려고 시도하면 할수록 전통 종교에서 다루던 많은 주제들을 인정하지 않을 수 없게 된다. 또한 전통적 종교가 현대 세계와 연관을 가지려고 노력하면 할수록 점점 인간이해를 위해서 사회과학이 이루어 놓은 바를 무시할 수 없게 된다.

사회과학과 종교와의 이러한 교환 속에서 나는 풍부한 결실이 있으리라고 믿으며 우리 문화의 재통합이 이루어져서 인간의식의 전체적 조화가 다시 가능해지리라고 본다. 그러나 종교적이거나 과학적인 것 어느 하나가 새로운 정통의 위치를 차지할 수는 없는 것이다. 이러한 새로운 통합은 실재에 대한 한 가지만의 이해를 전부라고 하는 주장을 배격해야 되고, 실재에 대한 어느 한 개념을 실재 자체와 일치시키려는 것도 부정해야 한다. 인간정신의 다양성을 인정하여 과학적인 용어와 상상적인 용어들 사이를 계속 왕래하며 번역해야 될 필요가 있을 것이다. 인간 안에는 세상에 대한 하나의 해석만으로 편안하게 안주하려는 경향이 있음을 인식하여, 항상 새로운 하늘과 새로운 땅에 재생할 수 있는 가능성에 대하여 열려 있어야 한다. 과학이나 종교 안에서 우리가 가지고 있는 것은 결국 "상징"이라는 것을 인정하면서도, 죽은 문자와 살아 있는 말 사이에는 크나큰 차이가 있는 것이다.

II

우리의 문화가 단편화되고 분열되어서 우리에게 물음을 던지는 젊은 이들에게 종합적인 의미를 거의 전달할 수 없게 되었다는 것을 이해하는 데 사상사보다 더 중요한 것은 아마 없을 것이다. 사상사에 대한 나의 전문지식이 부족하다는 것을 알면서도 이러한 단편화의 중심을 이루는 문제를 다루기 위해서 이 안에 뛰어들 수밖에 없다. 곧 그리스도교에 대한 신학적 언어와 사회과학적 언어의 분리, 더 개괄적으로 보면 종교적 인간과 과학적 인간 사이의 분리라는 서구적 현상에 대하여 고찰하려고 한다.

17세기 이전으로 돌아가지 않더라도 그때로부터 오늘날에 이르기까지 그리스도교의 신학을 주도해 온 방어적인 경향은 "역사적 실재론"(historical realism)이라고 말할 수 있겠다. 이 역사적 실재론의 뿌리는 성서적 역사주의와 희랍적 합리주의, 17세기에 일어난 과학적 방법에 대한 새로운 자각에서 찾을 수 있다. 중세기의 사고를 특징짓는 성서에 대한 비유적이고 상징적인 해석은 종교개혁과 가톨릭 종교개혁의 신학에서는 거의 완전히 배제되었다. 근대적 의식은 분명하고 확실한 개념을 요구하였고, 정확하고 애매성이 없는 관계들과 "있던 그대로의" 과거를 보려는 객관성을 요구했던 것이다. 합리적인 그리스도교를 주창했던 이들은 이러한 요구에 적합한 신학을 만들어냈다. 물론 가장 중요한 신학적 사상가들 중에는 파스칼, 요나탄 에드워즈(Jonathan Edwards), 슐라이어마허, 키에르케고르 등 이런 모형에 들어가지 않는 이들이 있는 것도 사실이다. 그러나 교육을 받은 신자들의 대부분과 세속적 지성인들 안에서 그리스도교의 이해는 합리적인 것이었다. 이러한 종류의 사고는 지금도 보편화되어 있어서 최근의 어느 대중적인 호교론자가 "그리스도는 바로 자기가 말한 그런 사람일 수밖에 없다. 만일 그렇지 않다면 그는 역사에서 가장 큰 거짓말쟁이였을 것이다"라고 한 것을 보아도 알 수 있다.

이런 식의 토론에는 항상 도전해오는 사람들이 있었다. 특히 18세기에 많은 세속적 지성인들은 그리스도나 아니면 적어도 그를 받드는 사제들은 참으로 기만자들이라고 주장했다. 그들은 그리스도교를 역사적 실재론이라는 면에서 만났고 그것을 배척했다. 그와 같이 기만적인 것이 어떻게 그렇게 오랫동안 인간역사 안에서 위대한 힘을 발휘할 수 있었을까 하는 문제에 봉착하게 되자, 그들은 종교는 정치적 압제를 위하여 선전된 것이며 성직자 계급과 정치적 전제주의가 결탁하여 유지되어 온 것이라고 대답하였다. 이러한 토론은 일종의 "결과적 환원주의"(consequential reductionism)를 낳았는데, 이는 기능적 결과로 종교를 해명하려는 것으로서 이 후로 계속 근대 세속적 지성인들의 종교에 대한 이해에 있어서 일종의 규범이 되었다.

19세기에는 계몽사상의 추상적 합리주의에 대항하려는 운동이 부분적으로나마 일어나서 인간의식의 발전 과정에서 종교가 지닌 복합적인 역할을 좀더 자각하게 된 시기였다. 그러나 동시에 세속적 지성인들 사이에서는 고답적인 방법으로 방위태세를 취하고 있던 그리스도교와 종교 일반은 이제 이미 심각하게 생각할 것이 못된다는 확신은 오히려 굳어지고 있었다. 결과적 환원주의를 계속 활용함과 동시에 또한 여러 종류의 "상징적 환원주의"(symbolic reductionism)라고 부를 수 있는 사상이 일어났다. 이 각도에서 보면 종교는 완전히 기만적인 것은 아니고 일정한 진리를 포함하고 있기는 하다. 그러나 그 진리는 환상적인 신화와 종교의례 속에 숨어 있기 때문에 근대 지성이 이것을 발견해야 된다고 보았다. 19세기 사회과학의 많은 부분은 종교의 오류 속에 숨어 있는 진리의 핵을 찾으려는 데서 발전하였다.

상징적 환원주의를 따르던 사회과학자들의 한 가지 전략은 종교를 과학사의 과정 속에 있는 한 단계로 취급하는 것이었다. 밤과 낮, 여름과 겨울, 폭풍우와 가뭄과 같은 위대한 자연현상들을 이해할 수 없던 원시인은 이들을 설명하기 위하여 종교의 환상적인 가설을 발전시켰다는 것이다. 이러한 종류의 진화적 합리주의는 상당히 보편화되어 있었고 세속적 사고에서뿐만 아니라 종교적 사고에까지 영향을 미치고 있었다. 예를 들어 주일학교 교사는 고대 히브리인들의 음식에 대한 이상한 규정을 건강상의 이유로 설명하여 중동의 더운 기후에서 돼지고기나 조개류를 먹는 것이 금지되었었다고 손쉽게 설명할 수 있었던 것이다. 19세기에 퍼졌던 진화적 합리주의의 또 하나의 예는 종교를 인간의 윤리성의 발전에 있어서의 한 단계로 보는 견해였다. 종교 안에 숨어 있는 진리는 인간의 도덕적 책임감을 점차적으로 파악하는 것이라고 본 것이다. 성서의 유일신적 신관은 인간의 윤리적 행위의 최고 이상을 표현하는 것으로 간주되었다.

과학적으로나 윤리적으로 계몽된 시기에 와서도 종교가 계속되는 사실에 의아해하던 합리주의자들은 좀더 직접적이고 실존적인 형태의 상징적 환원주의를 발전시켰다. 포이에르바흐(Ludwig Feuerbach)가 말한 종교란 "인간성의 투사"라는 결론을 따라 마르크스는 종교는 "민중의 아편"이라는 그의 유명한 개념을 발전시켰다. 이 정의는 보통 결과적 환원주의의 하나로 취급되지만, 핵심 부분을 잘 살펴보면 상징적 환원주의의 실존적 해석에 더 가깝다는 것을 볼 수 있다. 〈헤겔의 법철학에 대한 비판〉(Critique of Hegel's Philosophy of Right)이라는 그의 논문의 서론 부분에서 마르크스는 다음과 같이 썼다 : "종교적 고통은 동시에 참된 고통의 표현이며 또한 참된 고통에 대한 항의이다. 종교는 압박받는 조물의 한숨이요, 인정을 잃어버린 세상의 인정이며, 영혼을 잃어버린 상태 속의 영혼이다. 이것은 민중의 아편이다."[9]

20세기 초기로부터 종교의 상징적 환원주의 이론들은 새로이 세련되며 복합성을 더하였다. 프로이드와 뒤르껭은 종교적 상징들을 해석하여 그들의 참된 의미를 나타나게 하는 포괄적인 방식들을 발전시키려 하였다. 프로이드는 처음에는 「토템과 금기(禁忌)」에서, 후에는 특별히 「환상의 미래」에서 종교의 참된 의미는 외디푸스 콤플렉스(Oedipus complex)를 상징적으로 표현한 것임을 밝히려 하였다. 성서적 하느님은 태고적인 아버지로서 그를 향해 아들들은 반항을 느낌과 동시에 죄의식을 느끼고 있다고 보았다. 그리스도는 외디푸스적인 상충되는 원의(願意)들을 집약하는 인물로 묘사되었다. 곧 아버지를 죽이고 싶은 원의, 자기의 죄의식 때문에 죽임을 당하고 싶은 원의, 아버지의 오른편에 올림을 받고 싶은 원의 등이 그것이다. 결론적으로 프로이드는 심리적으로 용감한 인간이라면 자기의 노이로제를 감추고 있는 종교적 상징들을 버리고 자신의 내적 문제를 직접 대면하리라고 하였다.

뒤르껭에게 있어서 상징 뒤에 있는 실재는 외디푸스 콤플렉스가 아니라 사회였으며 그것을 표현하는 윤리였다. 〈개인주의와 지성인들〉[10]이라는 그의 가장 중요한 논문 속에서 그는 그 자신의 사회에 알맞는 종교와 윤리를 묘사하려고 하였다. 그는 이것을 인간성의 종교와 도덕적 개인주의의 윤리관에서 찾았다. 그러면 뒤르껭은 그리스도교를 어떻게 보았는가? 그는 "개인적 윤리가 그리스도교 윤리와 반대된다고 보는

---

9. Karl Marx, *Early Writings*, New York : McGraw-Hill 1964, 43-44면.
10. Emile Durkheim, "L'Individualisme et les intellectuels", *Revue Bleue*, 4e ser. 10(1898), 7-13면.

것은 오류에서 기인한 말이다. 오히려 개인적 윤리는 그리스도교 윤리에서 유래한다"라고 하였다. 고대 도시국가의 종교와는 달리 그리스도교는 도덕생활의 중심을 외부에서부터 인간의 내면으로 옮기었고 따라서 인간은 그의 행동의 최고 재판관이 되어 자신과 하느님에게만 책임을 지게 되었다는 것이다. 뒤르껭은 계속하여 말하기를 그러나 오늘날에는 이 윤리를 상징 아래 숨기거나 은유(隱喩, metaphor)의 도움을 받아 은폐할 필요가 없다고 결론 내렸다. 발전된 개인주의와 현대사회의 적합한 윤리는 그리스도교의 상징적인 의복이 필요없게 되었다는 것이다.[11]

마르크스, 프로이드, 뒤르껭과는 달리 막스 베버(Max Weber)는 종교적 상징 밑에 있는 실재를 알아내는 열쇠를 가지고 있다고 자처하지는 않았다. 그는 종교를 "의미의 체계들"(systems of meaning)로 취급하여 관찰자 자신이 개인적 응답을 하지 않더라도 그것을 믿고 있는 사람들의 관점에서부터 그들 자신이 보는 의미를 이해해야 된다고 보았다. 이런 태도에 있어서 그는 독일의 문화사가들 및 현상학자들의 전통 안에 서 있다고 하겠다. 칼빈주의를 그렇게 예민하게 취급하면서도 베버에게 관심이 있던 것은 신앙 그 자체가 아니라 그것이 믿는 자들의 행동에 끼치는 결과였다. 결과적 환원주의의 입장을 표명한 것은 아니었지만, 베버 역시 과학적 관찰자는 신앙 그 자체를 심각하게 취급할 수는 없고 단지 그 신앙이 가지는 사회적 결과에 대한 사실만을 연구해야 된다는 느낌을 주고 있다.

이 시점에서 나는 이러한 종교이론들을 반박하려고 하는 것은 아니다. 이들 이론은 각기 그 안에 진리의 일면을 가지고 있다고 본다. 그러나 한 가지 놀라운 사실은 1930년대를 살던 최초의 사회과학자들이 모두 서구적 종교전통에서 소외되어 있었다는 점이다. 그들 중 아무도 일상적인 의미에서의 신앙인은 아니었다. 그들은 모두 종교보다도 더 높은 진리를 소유하고 있다고 확신하고 있었다. 그러나 그들 가운데서

11. 같은 책 11면.

아무도 이전에 종교가 가졌던 역할을 대치할 수도 또 그렇게 하기를 원하지도 않았기 때문에 우리 사회 안에 종교와 과학 간의 깊은 분열을 이루어 놓았던 것이다. 그런데 이러한 분열은 가장 높은 의미의 수준에서 일어난 것이기 때문에 그 종합의 성패는 그만큼 막대한 중요성을 가지는 것이다.

그 사이에 신학교들에서는 별다른 진전이나 변화가 없었다. 같은 교과서들이 계속 쓰여지고 있었다. 역사적 실재론을 주창하는 현대의 제창자들은 이제 이미 조리에 맞지 않게 보이는 것을 잘라버리고 나면 모든 것이 잘 될 것이라고 희망했다. 칼 바르트(Karl Barth)와 같은 신학자는 19세기와 20세기에 지적으로 아무런 일도 일어나지 않은 듯이, 혹은 적어도 신적 주권과 계시의 위대성 앞에서는 아무것도 논박되지 않을 것이 없는 것처럼 성서적 주제와 종교개혁적 신학에 전적으로 따르는 생생한 신학을 제시할 수 있는 용기를 가졌던 것이다. 단지 소수의 학자들만이(예를 들어 말틴 부버와 폴 틸리히 등) 이런 분열의 문제를 인식하고 그것을 치유하려고 노력하였다. 그들이 황홀적인 체험의 순간들에서는 그 분열을 치유했다고까지 말할 수 있겠지만, 그들의 체험적 통찰을 표현할 수 있는 이론적 설명에까지 이르지는 못하였다.

상징적 환원주의의 입장에 서서 활동하던 사회과학자들의 노력 속에 내포되어 있는 또 하나의 가능한 입장이 있는데, 이 입장을 취하게 되면 종교가 우리 문화 속에 가지는 위치를 완전히 다르게 평가할 수 있는 것으로서 나는 이 입장을 "상징적 실재론"(symbolic realism)이라고 부르겠다. 그리고 이 논문의 남은 부분에서는 상징적 실재론이 무엇인가를 묘사하고자 한다. 사회과학자들뿐 아니라 철학자들, 문학가들, 언어학자들, 종교사상가들이 이 입장을 탄생케 하는 데 공헌하고 있는데, 이 입장은 오랫동안의 잉태기를 거치다가 지난 20여 년 사이에 점차로 분명해진 것이다.

결과적 환원주의나 상징적 환원주의는 17세기 이후 과학적 방법의 발견 이후 서구 세계를 주도해온 객관적이고 인식적인 편견의 표현들이었다. 이 입장은 타당한 지식이란 반증할 수 있는 과학적 가설의 형태 안에서 이루어진 것이어야 한다는 전제를 가지고 있다. 따라서 종교를 연구하는 목표도 그 안에 숨어 있는 반증할 수 있는 전제들을 발견하여 확증될 수 없는 주장들과 그릇된 것은 버리고, 타당하게 보이는 것들까지도 그것들이 싸여 있는 상징적이고 은유적인 탈을 버리게 하려는 것이었다. 뒤르껭과 프로이드는 지식의 이러한 개념을 열렬하게 고수하던 대표적인 인물들이었다. 그러나 바로 이 점에서 볼 때 이들의 업적은 깊은 내적 모순을 내포하고 있다.

뒤르껭은 가장 근본적인 문화형태들을 집합표상들에서 보았는데, 이것은 고립된 개인의 반성적 사고를 통해서 만들어진 산물이 아니라 집단적 흥분과 감격(collective effervescence)의 강렬한 분위기로부터 발생된 것이라 하였다. 집합표상들은 우선 개인들로부터 요구하는 존중의 감정에 기초를 두고 있으며, 이런 집합표상의 훈련을 통해서만이 합리적 사고가 가능하게 된다. 그렇다면 합리적인 추구는 과학적 가설의 형태나 기능이 결여된 감정과 표상들의 기초 위에 필연적으로 서 있는 것이다. 더우기 뒤르껭은 성스러움이란 사회와 문화의 기초에 있는 집단적 생명력의 상징적 표현이라고 부르고 있는 것이기 때문에 성스러움의 요소가 불필요하게 되리라고는 믿지 않았다. 그것은 언제나 사회생활의 본질적 요소가 될 것이며, 그를 움직였고 현대생활의 핵심이라고 그가 느끼던 위대한 개념들―개성, 이성, 진리, 윤리―도 그가 알다시피 상징들이며 집합표상들이었다. 사실 그는 사회 그 자체가 상징적 실재라는 것을 깨닫게 되었다. 따라서 마지막으로 그 자신의 말대로, 상징적 환원주의는 자기모순적이고 자기파괴적이게 된다. 그의 일생 동안의 작업이 증명해 준 것은 오히려 상징들의 실재성이었던 것이다.

프로이드의 가장 위대한 발견은 무의식의 존재와 본질을 밝히는 데 있었다. 그의 최초의 저술이며 가장 근본적인 작품인 「꿈의 해석」에서 그는 꿈이야말로 무의식에로 가는 지름길이라고 말하고 있다. 꿈과 같은 상징을 통해서만 이 무의식의 원천적 과정이 표현될 수 있다는 것이다. 그가 이차적 과정이라고 부른 합리적인 이해가 점차적으로 그 통제력을 효과적으로 증가하기는 하지만, 프로이드는 이것이 무의식을 대치할 수 있다고는 생각하지 않았다. 그리고 그의 저서 안에는 자신의 과학적 전제를 버리고 신화·이미지·상징 등의 언어를 쓰는 경우가 많아서 뒤에 오는 심리학자들을 놀라게 하기도 한다. 프로이드의 사상에서 가장 중요한 용어인 심리적 콤플렉스를 희랍 신화의 이름을 따라 지칭하기도 하였다. 그의 말년에 그는 자기의 가장 깊은 통찰을 표현하기 위하여 에로스와 죽음의 본능과의 투쟁이라는 자신의 신화를 구성하였다. 모든 상징들을 베끼려 했던 그가 마침내는 함축적으로나마 상징들의 필요성과 실재를 자인했다고 하겠다.

최근에 와서 비인식적이고 비과학적인 상징들이 인격과 사회의 구성적인 부분을 이루며 말 그대로 참으로 현실적이라는 인식이 깊어졌고 확고해졌다. 인간경험의 모든 영역을 침범하던 과학적 객관성의 규범보다도 비인식적 요소의 역할이 과학 자체에서도 점점 더 중요한 것으로 인정되고 있다. 과학철학자 미카엘 폴라니가 말한 바와 같이 "아는 행위 속에는 알려는 인격의 정열적인 공헌이 있기 마련이다. … 이러한 공동적인 효과는 단순한 불완전이 아니라 그의 지식을 위해 필수적인 부분을 이룬다."[12] 이는 과학자들의 사고가 초기 자연과학의 기계적 모델로부터 변하고 있다는 것을 제시하는 것으로, 처음에는 실재란 대상에 있는 것으로 관찰자의 기능은 단순히 대상에 있는 법을 발견하는 것이며 "주관적"이라는 말은 비현실적, 비진리, 거짓된 것이라는 뜻으로 쓰였었다. 이러한 기계적 모델은 점차 사회과학의 상호작용의 모델(inter-actionist model)로 대치되었는데, 이것을 탈콧 파슨스는 "행동 이론"(action-theory)이라고 부른다. 여기서 실재는 객체에만 있는 것이 아니라 주체에도 있으며, 특히 주체와 객체 사이의 관계에 있다고 보여지는 것이다. 실증 과학의 규범은 우선적으로 대상의 본질을 표현하려는 상징들에는 적용될 수 있다. 그러나 느낌과 가치, 주체의 희망을 표현하는 비객관적인 상징들, 곧 주체와 객체 사이의 상호 관계를 구성하고 규제하는 상징들은 주객의 복합성 전체를 요약할 뿐 아니라 그 전체

12. Michael Polanyi, *Personal Knowledge,* New York: Harper & Row (Harper Torchbooks) 1964, xiv면.

의 기초 자체를 가리키고 있다. 이런 상징들은 역시 실재를 표현하고 있으며 실증적인 전제들로 환원될 수는 없다는 것이다. 이것이 바로 상징적 실재론의 입장인 것이다.

우리가 종교를 상징체계라고 정의하면서 허버트 리차드슨이 "느껴진 전체"(felt-whole)[13]라고 부른 것, 곧 주체와 객체를 포함하는 전체로서 그 안에서 생과 행동이 마침내 의미를 가지게 된 것이라고 한다면, 뒤르껭이 사회에 대해 말했던 것을 나는 이제 바꿔서 종교야말로 독자적인(sui generis) 실재라고 주장하고자 한다. 한마디로 말하자면 종교는 진리이다. 이 말은 모든 과학적 이론이 똑같이 타당한 것이 아닌 것처럼 모든 종교적 상징이 똑같이 타당하다는 뜻은 아니다. 그러나 이 말은 종교적 상징화와 종교체험은 인간존재의 구조 안에 내재한 것이므로 종교의 본질을 종교가 아닌 다른 것으로 바꾸거나 변질시키려는 모든 환원주의는 포기되어야만 한다는 것을 뜻한다. "상징적 실재론"만이 사회과학적 종교연구를 위해서 적합한 기초가 될 수 있다는 말이다. 내가 여기서 종교는 독자적인 실재라고 말할 때에 종교적 신앙의 인식적인 개념을 객관적인 과학적 묘사와 평행하는 것으로 보아 왔던 역사적 실재론을 주장한 신학자들의 주장에 동조하는 것은 아니다. 그러나 만일 요사이 많은 신학자들이 그렇게 하듯이 신학이 상징적 실재론의 전제에서 주제를 발전시킨다면 몇 세기만에 처음으로 신학과 세속적 지성이 같은 언어로 이야기할 수 있는 상태에 이르게 될 것이다.

그들의 사명은 각기 다르지만 공통된 개념적 틀을 나눌 수 있게 될 것이다. 우리의 단편화되고 분열된 문화를 다시 통합한다는 것이 과연 무엇을 뜻할는지는 거의 상상을 초월하는 일이다.

새로운 종합을 위한 노력이 그 초기단계에 있다면, 단편화는 아직도 우리의 현실을 말하고 있다. 대상을 정복하려는 데 집중되어서 우리는 아네스 닌(Anais Nin)이 말한 "내면의 도시들"[14]에 대해서는 너무나 소

---

13. Herbert W. Richardson, *Toward an American Theology*, New York: Harper & Row 1967, 3장, 특히 64면.
14. 그녀의 連作小說의 제목.

홀히하였고, 모든 곳에서 이 소홀히 된 도시들이 반기를 들고 있다. 우리는 너무나도 많이 폴라니가 말한 명백한 지식의 획득에만 정신을 쓰면서 함축적인 앎에는 등한히하여서 함축적인 앎이 더 근본적이고 모든 명백한 지식이란 무의식적인 전제에 의존되어 있다는 것을 잊고 있었다.[15] 예이츠의 시를 인용하여 말하여 보겠다 :

밤새 일던 어떠한 불꽃 같은 상념들이라도
사람 마음 스스로의 진액으로 일구어졌나니.[16]

우리는 불꽃을 보았지만 이 불꽃이 나오는, 마음과 이성은 알지 못하는 사랑의 논리를 잊어버렸다. 내면생활을(내면생활이란 개인적인 것뿐만 아니라 강력한 힘을 소유한 집단적 내면도 지칭한다) 소홀히한 대가로 우리 시대는 피상적인 것에 정착하게 되었고 눈에 보이는 대상과 구조의 세계 속에 말려들게 되고 말았다.

내면생활에의 욕구는 막아 놓을 수는 있지만 파괴될 수는 없는 것이다. 내면생활이 꺾이고 억압되면 그것은 악마적 형태로 복수를 하게 된다. 가장 완전하게 합리적이고 실용적이며 실재를 온전히 객관적으로 파악하고 있다고 느끼는 사람들이 바로 무의식적인 환상 속에 깊이 빠져 있는 것을 본다. 금세기에는 한 국가 전체가 그들의 행동은 외부적 필연성에 따른 것이라고 상상하면서 실제로는 파괴의 어두운 신화를 맹목적으로 자행했던 일도 있었다. 이보다는 작은 규모지만 비슷한 일들이 여러 곳에서 일어나고 있는 것을 우리는 볼 수 있다. 이와같은 현상은 현대인이 예술을 생활의 주변으로 내몰고 신화와 의례가 지니는 중심되는 역할을 부정하면서, 우리의 도덕적 기준을 정치에 의해서만 결정하게 한 데에서 오는 문제인 것이다. 결국 여기서 우리가 관심을 갖는 문제들은 현실성이 없는 학문적인 것에 국한된 것이 아니라 우리 사회의 미래와 이 우주의 생명이 이 문제들에 우리가 어떻게 대처하는가

15. Polanyi의 책 x면.
16. Yeats의 같은 책 438면.

에 달려 있을 만큼 중대한 주제들이다.

"상징적 실재론"의 첫째 열매는 비인식적인 상징들과 그들이 표현하는 체험의 영역을 심각하게 받아들임으로써 실재에 대하여 말한다고 주장하는 모든 것에 대하여 일단 회의할 수 있는 안목을 소개하는 것일 것이다. "실재는 우리가 생각하는 것처럼 그렇게 실재적이지 않다."[17] 인간에게 있어서 실재는 결코 "저기 밖에" 있는 것이 아니라 언제나 "여기 안에" 있는 측면을 포함하고 있으며, 어느 정도 이 둘은 연관되어 있으므로 저기 밖에 있는 것은 여러 가지 의미를 가지고 있을 것임에 틀림이 없다. 자연과학자도 자기에게 어떤 내적 의미가 있는 외적 세계의 일면을 연구의 대상으로 선택하는 것이 보통이다. 이러한 안과 밖의 연결은 우리 모두의 삶에 있어서도 볼 수 있는 사실이다. 우리는 다른 사람을 위해서뿐 아니라 우리 자신을 위해서도 다양한 해석의 구조를 발전시켜야만 한다. 의식의 여러 층 사이에의 전달을 가능케 하도록 개방되어 있는 자세를 배워야 한다. 알프레드 슈츠가 말한 대로 다양한 실재가 공존하기 때문에, 인간적 성숙은 그들 사이를 쉽게 움직일 수 있는 능력을 요구하며, 그중 한 가지만을 절대화하여 다른 것 위에 군림하도록 해서는 안된다는 것을 인식해야 한다.[18] 아마도 이것이 오늘날 다종 매체전달(multimedia communication)이라는 것이 의미하는 것의 하나일 것이며, 무엇보다도 기억해야 될 중요한 점은 어떤 매개체나 상징이든지 여러 가지 의미와 해석의 가능성이 있다는 것이다.

끝으로 이러한 일반적 원리들을 종교 분야에 적용하여 오늘날 종교를 연구하고 있는 우리들에게 당면한 문제들을 논하기로 하겠다. 만일 예술과 문학이 우선적으로 내적 의미의 세계를 표현하도록 되어 있기 때문에 가장 탈선적이고 괴상한 소원이나 희망·불안 등을 탐구할 자유가 있다면, 종교는 주체와 객체 사이를 연결함과 동시에 그들을 포괄하며 그들의 기초를 이루고 있다는 점에서 언제나 총체성에 관심을 둔다. 곧

17. Anais Nin, *The Novel of the Future*, New York : Macmillan 1968, 200면에 나오는 Daniel Stern의 말.
18. Schutz의 책.

종교는 주관적인 것만도 아니고 객관적인 것만도 아니다. 종교는 우리가 참여하는 것과의 일치를 상징하며 폴라니의 말을 빌리면 관찰함으로써가 아니라 그 안에 거주함으로써 알게 되는 것을 지칭한다.[19] 교회나 우리의 세속적 문화나 어떤 쪽도 생의 온전성을 자극하고 그 안에 참여함으로써 의미를 주는 상징을 제공하는 일에 별로 성공적이지는 못한 것 같다. 그래도 우리는 그것이 무엇이든 우리의 문화나 다른 문화 안에서 이러한 역할을 하여 오던 것을 쳐다볼 수밖에 없다.

현대 그리스도교 안에서 이와같은 과업을 수행해 줄 수 있는 사상가들을 생각해 보자면 윌프레드 스미스(Wilfred Smith), 리처드 니버(Richard Niebubr), 고르돈 카우프만(Gordon Kaufmann), 허버트 리차드슨(Herbert Richardson) 등을 들 수 있겠다. 그러나 내게는 역시 폴 틸리히가 금세기의 가장 위대한 신학자로 생각된다. 그의 신학적 해석 작업을 통해서 사춘기 때에 신앙을 잃었던 나에게서 그리스도교적 상징들이 다시 살아나는 것을 체험했기 때문인지도 모른다. 종교 안에서 객관주의가 주장될 때 치명적인 결과를 가져오게 된다는 것을 틸리히만큼 분명히 본 사람은 별로 없을 것이다. "하느님은 존재하신다", "하느님은 존재이시다", "하느님은 최고 존재이다" 등의 진술을 그가 반대한 것은 이런 논술들이 하느님을 제한하고 다른 존재들과 나란히 존재하는 대상으로 만든다고 느꼈기 때문이었다. 하느님에 대한 그의 개념은 훨씬 더 초월적인 것이었다. 그러나 틸리히까지도 해석을 중시하여 상징 밑에 있는 합리적인 핵심을 찾으려고 하였고, 그리스도교의 근본적인 진리를 형이상학적 구조로 설명하려고 하였을 때에는 그리 큰 설득력을 가지지 못하였다고 본다. 그가 다른 신학적 해석들과 더불어 또 하나의 해석을 제공하였다는 데는 가치가 있을지 모르지만, "하느님은 존재 자체이시다"라고 진술한 것은 상징이 아니라 일종의 형이상학적 환원주의에 빠진 것이 아닌가 느껴진다.[20] 그의 가장 위대한 공헌이며 오늘날에

19. Polanyi의 책.
20. Paul Tillich, *Systematic Theology* 1권, Chicago: Univ. of Chicago Press 1951, 238면.

도 계속 추구할 가치가 있는 일은 모든 인류의 사회적·문화적 형태 안에 있는 깊이의 측면을 그침없이 추구한 것이라고 하겠다. 제도적 고립주의에서 벗어나서 옛날 아우구스티누스가 했듯이 온 세상 안에서 그리스도의 모습을 다시 보려고 했던 것이 틸리히의 가장 큰 공적이었다고 하겠다.

지금 내가 제시하는 입장에 중요한 기여를 한 두 명의 세속적 지성인은 「변화 속의 자아」(The Self in Transformation)[21]를 쓴 허버트 핀가레트와 「사랑의 몸」(Love's Body)[22]을 쓴 노르만 브라운이다. 두 사람은 다 상징적 환원주의를 전적으로 반대한다. 그들은 실재는 외적일 뿐 아니라 내적인 것이며, 상징은 장식이 아니라 실재를 파악하는 유일한 방법임을 지적하고 있다. 그들은 인간이 지니는 안목의 다양성에 대해서 많은 것을 우리에게 가르쳐 주고 있는데, 현대세계에서는 그리스도교적 안목뿐만 아니라 시(詩)적인 안목·불교적인 안목·원시적인 안목 등을 이해하는 것이 가능하고, 심지어는 필수적으로까지 되어가고 있다는 것이다. 이 두 학자가 하고 있는 작업은 종교의 언어와 종교에 대한 과학적 분석의 언어 사이의 분리를 다시 연결시킬 수 있는 가장 분명한 예라고 본다.

사회학자로서 나는 결과적 환원주의나 상징적 환원주의적 입장에서 초기 사회과학자들이 이루어 놓은 위대한 업적을 내버릴 수는 없다. 그들 나름대로 그 전에는 이해되지 못하던 종교생활의 여러 가지 타당한 함축적 의미들을 지적하였기 때문이다. 그러나 나는 그들이 자신들이 연구하던 종교체계보다도 더 높은 수준에서 말한다고 믿고 있던 그 전제는 배격되어야 한다고 본다. 그들은 각기 함축된 종교적 입장들을 따로 가지고 있었다. 무엇보다도 나는 종교적 문제들이 이제 죽은 것이며 종교적 상징들이 우리에게 직접적으로 의미를 전달해 줄 힘을 잃었다고 하는 그들의 전제를 받아들일 수 없다.

피상적으로는 현상학파가 가능한 한 신앙인들의 입장에 가까이 서서

21. Fingarette, 앞의 책.
22. Brown, 앞의 책.

그들의 종교적 상징들을 묘사한다는 점에서 훨씬 더 낫다고 보겠다. 그러나 여기에는 종교체계들을 방부제로 보존한 표본과 같이 취급하여 신앙공동체 밖에 있는 사람들에게는 아무런 의미도 가지지 못하는 것처럼 종교현상을 취급할 유혹이 도사리고 있다.

종교를 연구하는 우리들은 이중의 안목(double vision)을 지녀야 한다고 나는 믿는다. 곧 종교체계들을 객관적 대상으로 연구함과 동시에 그들의 신앙을 종교적 주체자인 우리로써 이해할 필요가 있다. 진화론자나 역사적 상대주의자나 신학적 절대주의자적 입장 어느 것도 종교가 하나라는 사실을 부정할 수는 없다. 모든 종교들이 교리상으로나 윤리적 규범에서 같은 것을 말하고 있다는 말은 아니다. 분명히 그들은 동일하지 않다. 그러나 비록 다른 면에서이긴 하지만 과학이 하나인 것과 같이 종교 역시 하나이다. 결국 인간이 하나이기 때문이다. 자신의 존재의 의미와 통일성을 추구하려던 인간의 노력을 보여 주는 모든 표현은 그것이 비록 원시 오스트렐리아 토착민의 신화라 할지라도 내게 의미와 가치가 없을 수 없는 것이다. 아마도 이 말은 오늘날의 젊은 세대들에게는 더 당연한 것으로 받아들여질 수 있으리라 본다. 내가 아는 예를 들더라도 젊은 인류학자인 칼로스 카스테네바(Carlos Casteneva)는 자신이 야퀴(Yaqui) 무당에게 훈련을 받은 것을 꺼리지 않았다. 학문적 객관성과 가치판단의 중립성 등과 같이 학문적 활동에서 언제나 중요성을 지닐 엄격한 훈련을 포기하자는 말은 아니다. 그러나 이러한 연구방법 그 자체가 목적일 수는 없는 것이니, 예를 들어 베버의 경우를 보더라도 그는 윤리적이고 정치적인 주제에 열정적으로 헌신되어 있었고 방법론을 절대화하려고 하지는 않았다. 결국 방법론적 훈련은 목적을 달성하기 위한 과정적인 제한들에 불과한 것이다. 따라서 이러한 학문적 엄격성이 우리의 주제가 전체적 인격을 다루는 것이며 그중에서도 종교적 인간의 모습을 있는 그대로 연구해야 할 의무를 벗어버리게 하는 것이 아니다. 또한 우리가 가르치는 학생들에게 학문적 분석과 더불어 종교의 의미와 가치를 전달해야 할 책임을 배제하는 것도 아니다. 만일 이 말이 신학자와 과학자의 역할 및 종교를 가르치는 일과 종교에 대하여 가르치는 것을 혼동하는 것처럼 들린다면 그것은 어쩔 수 없는 일이다.[23] 우리 문화와 우리 대학들 안에 존재하는 지식과 헌신의 현격한 분리는 궁극적으로는 수정되지 않으면 안될 것이다. 종교와 과학 사이의 구별은 할 수 있을 만큼 이미 분리되었다. 지금은 새로운 통합 (integration)의 때인 것이다.

---

23. Wesleyan 대학교 종교학과의 Randall Huntsberry는 아직 출판되지 않은 그의 논문 "세속적 교육과 그것의 종교"(Secular Education and Its Religion)에서 종교를 가르치는 것과 종교에 대하여 가르치는 것 사이의 차이가 확증될 수 없는 것임을 논의한 바 있다.

9장

종교현상의
분석심리학적 접근

이 부영*

*   李符永 교수는 서울대학교 정신신경과 교수로서, Jung의 분석심리학을 전공한
    심리학자이다. 대표적 저서로는 「分析心理學 - C. G. Jung의 人間心性論」(일조
    각 1978) 등이 있다. 다음의 논문은 1984년 봄 서강대학교 종교학과에서 "심리
    학적인 종교연구 방법"으로 강의했던 내용을 필자가 다시 수정·집필한 것이다.

　　　서론
1. 심리학의 여러 가지
2. 심층심리학의 기본 방법
3. 분석심리학의 입장
4. 마음의 구조와 심리학적 유형설
5. 분석심리학과 종교
　　1) 융의 체험세계와 종교심성론의 전개
　　2) 종교현상의 제 개념
　　3) 양심과 윤리성
　　4) 정신분석학의 종교론과의 비교
6. 각 종교현상의 분석심리학적 연구들
　　1) 원시종교
　　2) 그리스도교
　　3) 동양의 종교사상
　　4) 한국 종교시상의 분석심리학적 연구

서 론

종교학 방법론을 가르치는 강좌에서 심리학적인 접근방법을 강의함에 있어 한 가지 생각해야 할 것이 있다.

심리학은 일차적으로 인간의 심리를 탐구하는 학문이며 종교를 연구하는 학문이 아니다. 심리학이 종교와 관련을 갖게 되는 것은 종교현상이 인간의 심리와 관계된다는 전제 아래서만 가능하다.

심리학의 입장에서는 종교학의 방법론으로서 심리학이 있는 것이 아니고 심리학의 방법론으로써 종교현상을 탐구하고 있는 것이다. 그러므로 어떤 심리학을 종교학의 방법론으로 삼기 위해서는 그 심리학의 방법론을 충분히 터득하고 이를 구사할 수 있어야 한다. 그러나 종교학의 많은 접근방법의 하나로 심리학을 택할 경우, 그 심리학 자체에 대한 이해가 불충분할 위험이 있고 결과적으로 피상적인 심리학적 접근방법을 이용하게 될 우려가 있다. 이런 이유에서 나는 이번 강의에서 주로 분석심리학에 관해서 설명하고자 하며 분석심리학이 종교를 어떻게 보고 있는가를 제시하는 데 초점을 두고자 한다.

그러기 위해서는 먼저 심리학이 무엇이며 분석심리학이 그 가운데서 어떤 종류의 심리학에 속하는가, 다른 학파와의 관계는 어떤가를 살펴볼 필요가 있다.

1. 심리학의 여러 가지

심리학에는 여러 가지가 있다. 실험(實驗)과 계측(計測)을 통해서 인간심리의 제 법칙을 추출하는 실험심리학·계측심리학이 있는가 하면, 경험을 통해서 인간심리의 가설을 세워나가고 그 가설을 인간의 치료적 변화작용의 이론적 근거로 응용함으로써 가설(假設)의 검증을 꾀하는 경험심리학(empirical psychology)이 있다. 후자는 의학적인 심리학으로서 정신요법(psychotherapy)의 토대가 되는 학설들인데 심층심리학(depth psychology)은 그 주류를 이룬다.

심층심리학이란 프로이드(S. Freud)의 정신분석학(psychoanalysis), 융(C. G. Jung)의 분석심리학(analytical psychology), 아들러(A. Adler)의 개인심리학(individual psychology) 등이 그 뿌리를 이루는데, 프로이드의 정신분석은 그의 성욕중심설을 수정한 설리반(H. S. Sullivan), 프롬(E. Fromm), 호나이(K. Horney) 등의 신(新) 프로이드 학파(Neo-Freudian School), 그밖의 수많은 유파로 갈라진다. 이 수정학파는 인격형성에 미치는 사회문화적 영향을 중시하여 융의 이론에 많이 가까운 설을 펴고 있다.

여기서 주로 논하게 될 융의 분석심리학파를 프로이드의 수정학파의 하나처럼 생각하려는 사람도 있지만 필자의 견해로는 학설의 기본입장이 너무나 다르기 때문에 수정학파의 계열에 넣기는 어렵다고 본다.

이밖에 경험심리학이며 의학적 심리학에 속하는 것으로 하이데거(M. Heidegger)의 실존주의 철학과 훗설(Husserl)의 현상학에 입각하여 인간정신을 탐구한 빈스방거(L. Binswanger)와 보스(M. Boss)의 현존재분석(Daseinsanalyse), 프랑클(V. E. Frankl)의 실존분석학설(Esistental-analyse)이 있는데, 서로 조금씩 입장을 달리하나 심층심리학과는 달리 무의식의 개념을 쓰고 있지 않다는 특징이 있고, 그런 점에서 의식심리학이라는 평을 받기도 할 만큼 주지주의적(主知主義的)인 면을 특히 빈스방거나 보스의 경우에 보이고 있다.

지금까지 열거한 경험심리학의 여러 학파의 공통점은 환자를 치료하는 데 기초가 되는 학설이라는 점에서 실험이나 통계적 고찰의 결과라기보다 인간과의 체험의 소산이라는 점이다. 실험심리학에서는 실험 조건에 의해서 추출할 수 있는 결과를 그 학설의 토대로 삼지만 이는 제약된 조건 안에서만 타당한 법칙을 다루고 있다. 그러므로 이러한 심리학에서는 종교에 관해서는 언급할 도리가 없다.

사람의 병을 고치는 실제 작업에서도 행동요법(behavior therapy)의 경우처럼 실험적 원리가 응용되기도 하지만 인간심리의 심층을 가정하는 심층심리학에서는 객관적·실험적·계측적 원리보다 인간 상호간의 "체험"을 중요시하므로 치료이론을 구축하는 방법이나 심리학의 일반적 방법론에 큰 차이가 있다.[1]

---

1. 深層心理學說의 변천과정에 대해서는 C. Thompson, *Psychoanalysis: Evolution and Development*, New York: Grove Press 1950 참조.

2. 심층심리학의 기본 방법

프로이드, 융, 아들러 그리고 신 프로이드 학파의 심층심리학뿐 아니라 실존분석과 같은 현상학파 등, 의학적 필요에 의해서 생긴 학설의 접근방법은 학파에 따라 다르지만 하나의 공통점을 가지고 있다. 그것은 이 학설이 경험적 바탕 위에서 생긴 것처럼 그 이론을 책을 통해서 지적으로 이해하기보다 인간에 대한 "체험"을 함으로써 이론을 소화시키기를 강조하고 있는 점이다.[2]

심층심리학에서는 특히 인간의 무의식을 알기 위해서 그 사람 자신이 자기의 무의식을 살펴보는 어렵고도 긴 작업이 필요하다. 이것은 교육분석(training analysis)이라 하며 학파마다 정해진 교육분석가에게 자신의 무의식에 관한 분석을 받아야 하는데 보통 3년 내지 6년이 걸린다. 어느 정도의 교육분석이 성공적으로 실시되면 다음에는 자기가 다른 사람의 무의식을 관찰하고 분석하되 지도분석가의 지도를 받으면서 이 역시 상당기간 수행하여야 하는데, 이를 지도분석(control analysis)이라 한다. 모든 이론에 관한 이해는 그러한 체험의 바탕 없이는 제대로 되기가 어렵다. 교육분석은 일종의 자기자신과의 실험으로서 이때 피분석자(analysand)는 자기가 정신현상을 관찰하는 주체(主體)이면서 그 대상(對象)이 되므로 엄정한 객관적 관찰이 되기 어렵다. 이 점이 객관적 계측에 의한 심리학에서 경험심리학의 방법론을 비판하는 근거가 되고 이런 비판은 피할 수 없다. 그러나 융도 말하였듯이 우리는 종종 인식에는 주체가 있다는 사실을 망각하는 수가 있고 이 주체는 각 개체에 내재하는 주관적 관점의 제약을 받을 수 있다. 그러나 이와같은 주관적

2. 李符永, 「分析心理學 ― C. G. Jung의 人間心性論」서울 一潮閣 1982, 第一章 2 〈心理學的 前提〉참조. 他學派의 學說과의 관계는 第5章 〈꿈의 解釋〉참조. Jung의 사상을 소개한 문헌은 단연 Jung의 首弟子였던 Marie-Louise von Franz 女史의 다음 책을 추천한다 : *C. G. Jung. Sein Mythos in unserer Zeit*, Frauen-feld Stuttgart : Verlag Huber 1972.

관점의 제약은 이런 방법론의 단점일 수도 있으나 장점일 수도 있어 이른바 객관적 계측으로는 발견할 수 없는 인간정신의 내면을 총체적으로 파악할 수 있도록 하는 것이다. 의학적 목적에 이바지하는 경험심리학설은 인간의 다양성, 따라서 관찰자의 다양성 때문에 하나의 진리로 통일될 수도 없고 통일되는 것이 옳지도 않다. 다만 이런 학설의 타당성을 검증하는 유일한 길은 피분석자 자신의 체험을 통한 확인과 또한 자기가 분석하는 다른 사람과의 분석작업에서 그것이 의미있는 효력을 발휘하는가 않는가에 달렸고, 학설 또한 그 가설에 입각한 정신요법이 효과적인 것이 되도록 개선되고 발전되는 것을 전제로 하고 있는데, 이는 분석심리학에서 가장 강조되고 있는 점이다.

3. 분석심리학의 입장

융의 분석심리학의 기본입장을 좀더 명확하게 묘사하려면 그 역사적 배경에서부터 생각해 보는 것이 좋겠다.

융은 바젤 대학 의학부를 나온 뒤 당시 유럽 정신의학계에 공헌이 컸던 오이겐 블로일러(Eugen Bleuler) 교수가 주임교수로 있는 츄리히(Zürich) 대학 정신과에 들어가 정신과 의사의 길을 걸었고 그곳에서 교수직을 역임한 일이 있다. 그의 초기의 연구는 독일 분트(Wundt) 학파에서 쓰던 단어연상 검사였는데 여기서 그는 연상장애가 일어나는 원인을 추구하면서 콤플렉스(Komplex)라는 개념을 설정하기에 이르렀고 그 성인(成因)을 설명하는 가운데 프로이드의 무의식론에 흥미를 가지기 시작하여 1907년 프로이드를 만났고 두 사람의 학문적인 친교가 시작되었다. 융은 프로이드의 학설이 경험에서 우러나온 진실을 담고 있다고 보고 그의 학설의 충실한 대변자로서 활약하였으나 프로이드가 노이로제의 원인을 성적 욕구의 좌절에 관련시키는 것에 늘 회의를 느껴왔다.

융은 인간정신의 밑바닥을 흐르는 원동력인 리비도(libido, 希求)에 대한 프로이드의 설이 지나치게 성(性)충동만을 중심으로 하고 있는 것에 반론을 제기하고 그의 정신분석학설을 수정할 것을 제안했으나 프로이드는 이를 완강히 거부하여 결국 두 사람은 갈라서서 서로 다른 학문적인 세계를 걷게 되었다. 그 뒤에 융은 자기의 무의식에 대한 수년에 걸친 관찰과 다른 사람들의 분석과정, 신화와 종교, 각종 문화현상의 탐구를 거쳐 인간의 무의식이 프로이드가 생각하던 성적 충동만으로는 설명할 수 없는 그 자체의 조절기능을 갖추고 있으며 자아의식을 넘어선 그보다 오랜 선험적 조건을 구비하고 있고 창조적 기능을 지닌 존재라고 주장하기에 이르러 유명한 집단적 무의식(das kollekive Unbe-wußte)과 원형(Archetyp) 학설을 내세웠다. 융은 그의 학설을 초기에는 콤플렉스심리학이라 했다가 분석심리학이라 이름하여 하나의 독자적인 학파를 이루게 되었다.

프로이드는 후년에 융의 견해를 일부 받아들였지만 여전히 성욕설(性慾說)이 그 중심을 이루고 있었고 무의식의 창조적 기능이라든가 선험적 지혜, 근원적 종교적 심성과 같은 기능은 받아들이지 않았다. 또한 그는 에리히 프롬(E. Fromm)도 지적했듯이 19세기 계몽주의의 기수답게 이성을 높이 쳐들고, 비합리적인 정신세계를 이성을 위협하는 위험한 존재로 보는 경향을 유지하고 있었으며, 문화현상과 인간정신과의 관계에 있어서도 서구 그리스도교 및 유대교 문화권에 국한하여 그밖의, 이를테면 동양의 정신적 유산과의 비교에까지는 미치지 못했다.

융 학파에서는 분석심리학과 프로이드 학설과의 차이점을 다음과 같이 설명하고 있는데, 이는 빈스방거나 프랑클의 실존분석에서 프로이드 학설의 입장을 비판할 때도 한결같이 주장되고 있는 점이다.

한마디로 프로이드의 입장은 인과론적 결정론으로서 복잡한 인간정신을 생물학적으로 환원하는 경향이 있다. 간단히 말해서 그는 현재의 정신장애는 출생 뒤의 유아기의 외상(外傷)에 의해서 생긴 정신성적(精神性的) 발달(psychosexual development)의 어느 시기에서의 고착(固着)으로서 결정된다고 생각하고, 그의 정신성 발달이란 정신현상을 신체적인 발달의 부수현상으로 보는 경향이 강하다.

융보다도 프로이드를 먼저 떠난 아들러가 인간정신을 일방적으로 목적론적 입장에서만 보고자 한 것은 프로이드의 인과론적 입장과 대조를 이루거니와 융은 이 양자를 하나로 잇는 입장에 자기의 좌표를 놓고 있다. 즉, 인간 정신은 인과적 관련을 가질 뿐 아니라 미래지향적 의미를 지니고 있다고 본 것이다. 융은 정신현상을 움직이는 원동력인 리비도를 "성"이나 "죽음"의 본능과 같은 질적(質的)인 개념으로 구분하지 않고 중립적인 정신적 에너지(psychic energy)로서 파악함이 옳다고 주장했고 성적인 갈등이나 욕구 충족이 중요하기는 하지만 그것이 지니는 의미는 생물학적인 충동의 의미를 넘어서는 것으로 간주하였다. 그리하여 그는 정신은 신체현상에 환원되는 것으로서가 아니라 그 자체로 존

재하는 독자적인 존재로서 파악할 때 그 깊이를 이해할 수 있으며 무의
식 속에는 의식보다 먼저 형성되었으며 의식을 넘어선 자율성이 존재한
다고 보면서 그런 의미에서 분석심리학을 영혼이 있는 심리학(Psycho-
logie mit Seele)이라 하여 영혼이 없는 심리학(Psychologie ohne
Seele)과 구별하고 있다.

프로이드는 그의 학설을 주로 노이로제 환자의 심리를 토대로 구축한
만큼 정상적인 인간심리나 문화현상을 주로 병리적 현상에 근거해서 설
명하였으나 융은 이를 비판하여 일반적인 인간심리를 중심으로 그 병적
발전의 과정을 살펴보고자 하였다.

인간의 무의식은 출생 뒤에 형성되는 것도 있으나 더 깊이 들어가면
인류의 태초로 거슬러올라가는 장구한 역사를 지니고 있음을 융은 상기
시키면서 신화, 민담, 각종 종교, 그밖의 많은 정신현상의 탐구가 필요
하며 그것은 인간정신의 근원적인 뿌리를 이루고 있으며 모든 인류에
보편적인 인간행동의 기본조건을 이루고 있음을 주장했다.

융은 정신현상을 볼 때 "무슨 까닭에?"(warum)라고 물을 뿐 아니라
이에 못지않게 "무슨 목적으로?"(wozu)라고 물을 것을 제안한다. 인간
정신 속에는 목표를 향한 지향적 의미(Zwecksinn)가 내포되고 있기 때
문이다.

또한 정신이란 "이것 아니면 저것"(entweder-oder)으로 파악되기보다
"이것이기도 하고 저것이기도 하다"(sowohl-als-auch)고 주장한다. 다
시 말해서 모든 대극(Gegensatz)은 인간정신의 기본조건이라고 보며 무
의식에는 또한 이 대극(對極)을 하나로 통합하여 전체를 실현하고자 하
는 특성— 자기실현(Selbstverwirklichung) 혹은 개성화(Individuation)
의 과정이 누구에게나 원초적으로 내재함을 밝혔다.

이렇게 기본입장이나 접근방법이 다르기 때문에 당연히 우리가 환상
이라 부르는 비합리적인 정신현상이나 꿈의 해석에서 프로이드와 융은
큰 차이를 보일 수밖에 없다.

프로이드의 정신분석에서는 기억된 꿈은 꿈의 전부가 아니며 잠재된
무의식의 충동(latent dream content)이 여러 가지 정신기제 — 꿈의 작

업(dream work) — 에 의해서 왜곡 또는 위장되어 나타난 것으로 보며 따라서 꿈의 뜻을 파악하려면 자유연상(free association)에 의해서 현시된 꿈(기억된 꿈, manifested dream content)이 감추고 있는 무의식의 내용을 분석해야 한다.

분석심리학에서는 이러한 구별이 인위적임을 지적하고 기억된 꿈을 그 자체로서 받아들여야 한다고 주장하며 꿈은 무엇을 감추고 있는 것이 아니라 우리에게 무엇인가를 가르쳐 주고자 한다는 입장을 취한다. 융은 자유연상으로는 꿈의 이미지 그 자체의 뜻을 파악하지 못하고 꿈의 이미지와는 관계없는 무의식의 콤플렉스를 의식화할 가능성이 많으므로 꿈의 이미지를 중심으로 집중적으로 연상을 수집하여 그 상징적의미를 파악하는 확충(amplification)의 방법을 제시한다. 이 경우 꿈을 꾼 사람의 개인적인 연상뿐 아니라 그 꿈의 이미지에 내포된 보편적인 뜻을 이해하기 위해서 비교문화적(比較文化的) 자료에 입각한 확충이 시도되기도 한다.

분석심리학의 꿈의 해석은 두 단계에서 진행되는데, 그 하나는 꿈의 내용을 외부현실과의 관계에서 해석하는 객관적 단계의 해석이며 다른 하나는 꿈의 내용을 꿈꾼 사람의 마음속에 존재하는 정신적 경향의 상징으로서 이해하는 주관적 단계의 해석이다. 후자는 분석심리학에서 무엇보다 중요시되고 있다.

인간정신, 특히 무의식은 각종 상징을 산출하는 능력을 지니고 있다. 그것은 만들어낸 것이 아니라 거기 저장되어 있는 것으로서 상징 해석은 종교현상 이해에 중요한 의미를 지니고 있다.

정신분석에서도 상징(symbol)이라는 말을 쓰고 꿈의 상징적 의미를 말하고 있으나 융에 의하면 프로이드가 말하는 상징은 "symbol"이기보다 표시(Zeichen, sign)라고 말함이 타당하다. 그것은 어떤 상(像)의 뜻을 이미 알고 있는 구체적인 것으로 환원하는 경향을 지니고 있기 때문이다.

분석심리학에서는 상징이란 언어를 넘어선 또 하나의 무의식의 전달 방법이다. 그것의 뜻은 언어로서 남김없이 해석되지 않는다. 상징적 의미란 우리가 언어로써 최선의 방법으로 가능한 한 그 뜻을 표현한 것이며 언제나 거기에는 남김없이 설명할 수 없는 의미를 지니고 있다. 상징은 의미를 잉태하고 있다고 융은 말한다. 상징이 남김없이 해석되었다고 생각될 때 상징의 생명은 죽는다.

이리하여 분석심리학에서의 꿈의 이해는 파헤치는 분석(Analyse)이기보다 무의식의 내용이 지닌 뜻을 의식에 보태 주는 합성(Synthese)의 뜻을 지니고 있는데, 꿈은 무의식의 내적인 조절을 다양하게 표현하고 있기 때문이다.

프로이드의 학설은 앞서 언급되었듯이 신 프로이드 학파에 이르러 많이 수정되어 융의 학설을 현재는 많이 받아들이고 있지만 아직도 그 주류에 있어 인과적 결정론의 입장에서 크게 벗어나지 못하고 있는 것 같다. 그것은 무의식의 지향적 의미를 충분히 인식하지 못한 데서 연유된다.

4. 마음의 구조와 심리학적 유형설

인간정신은 의식과 무의식으로 구성된다. 그 경계는 분명치 않다. 무의식은 글자 그대로 우리가 가지고 있으면서도 모르고 있는 마음의 부분이다. 그것은 개인이 태어난 뒤의 체험 가운데서 억압되거나 잊혀져서 이루어진 개인적 무의식의 충과 태어날 때 이미 가지고 나오는 선험적이며 근원적이고 모든 인류에 시공(時空)의 차이를 넘어서서 보편적인 내용을 지닌 집단적 무의식(the collective unconscious)의 층으로 구분된다.[3] 원형(archetypus)은 바로 이 집단적 무의식의 구성요소이다. 무의식은 끝없이 깊고 넓으며 궁극적으로는 파악할 수 없는 것이다. 그것은 의식을 넘어선다. 그러나 자아의식에 의해서 그 내용이 의식화됨으로써 의식은 넓어지고 인간은 어느 정도 자신이 지니고 있는 무의식 세계를 상당 부분 실현시킬 수 있다.

의식의 중심을 자아(Ego, Ich)라고 한다. 의식과 무의식을 통틀어 전체 정신의 중심을 자기 또는 자기자신(Selbst, self)이라 한다. 자기자신은 보통 무의식 속에 잠재하며 무의식의 의식화(Bewußtwerdung)를 통해서 그 작용이 밖으로 나타날 수 있다. 그것은 의식과 무의식으로 갈라진 인간정신을 하나로 통합할 수 있는 무의식 속의 보편적 조건, 또는 원동력이라 할 수 있다. 다른 말로 인간은 그의 무의식 속에 자기자신, 진정한 자신의 개성(individuality)을 실현할 수 있는, 즉 자기실현

---

3. 자세한 것은 李符永,「分析心理學」第3章과 第4章 참조. Jung 자신이 쓴 저술 중 초보자에게 그의 학설을 소개하기에 적합한 문헌 : *Die Beziehungen zwischen den Ich und Unbewußten* Zürich : Rascher Verlag 1963 [英譯本 : "The Relations between the Ego and the Unconscious": C. G. Jung, *Collected Works* 7권, London : Routledge & Kegan Paul Ltd. 1977 (*Two Essays of Analytical Psychology*) 121-239면] ; *Analytical Psychology. Its Theory and Practice*, London : Routledge & Kegan Paul Ltd. 1969(재판) ; *Man and His Symbol* (C. G. Jung 편) London : Aldous Books 1964 [國譯 : 李符永 外 역「人間과 無意識의 象徵」集文堂 1983].

(Selbstyerwirklichung) 또는 개성화(individuation)의 능력을 지니고 있고 이것은 자아의식의 적극적 태도에 의해서 자극·촉진된다.

자아의 무의식적인 측면, 혹은 무의식의 열등한 인격을 그림자 (Schatten)라는 이름으로 부르는데 이것은 곧잘 투사(投射)되어 외부에 존재하는 것처럼 지각되기 쉽고 때로는 집단적인 투사가 일어나서 집단 간의 갈등의 불씨가 된다. 중세에 유행하던 마녀사냥(witch hunting)이나 나치 독일의 유대인 학살은 바로 무의식의 그림자 원형의 투사가 집단적으로 일어났을 때 생길 수 있는 현상이다. 인간들이 악을 자기 안에서 보지 못하고 밖에서만 볼 때 각종 분쟁·살륙·반목·갈등의 근원이 된다.

종교계라고 해서 그림자의 투사가 일어나지 않는 것이 아니다. 가장 선한 것을 추구하는 세계일수록 이에 맞지 않는 성격 경향이 억압되므로 이 경우에는 더욱 짙은 그림자가 무의식에 형성되어 인격의 분열현상을 일으킬 위험성을 안고 있다.

의식의 중심인 자아(Ich)는 바깥 현실과 함께 안의 현실, 즉 무의식의 세계에 적응해야 할 과제를 지니고 있다.

바깥 현실, 즉 우리가 사회라고 부르는 현실에 적응해 가는 가운데 자아는 일정한 행동양식, 자세, 심리적 경향 등 적응에 필요한 "틀"을 지니게 된다. 이것은 사회라고 하는 집단이 개개인에게 요구하는 행동규범으로서 모든 그 집단성원(集團成員)이 공통으로 가지고 있는 집단정신(集團精神)의 한 단면들이다. 이를 융은 그리이스의 가면극(假面劇)의 탈을 비유해서 "페르조나"(persona)라 불렀다. 이것은 "사람된 도리", "학생의 본분", "그리스도교인의 사명" 등의 말에서 볼 수 있는 바와 같은 사회적 역할, 의무, 집단적 가치관을 대변하고 있다. "페르조나"는 외부 세계에 적응할 때 생기는 외적 태도이며 하나의 외적 인격(外的人格)이라고 할 수 있다. 그것은 자아로 하여금 외적 현실과 연결짓는 관계기능(關係機能)이다.

그러나 인간은 외부 세계와의 관계뿐 아니라 내면세계와의 관계를 가져야 한다. 자아로 하여금 내면세계와 관계를 맺도록 하는 내적 인격이 무의식에 존재하는데, 이것은 여러 모로 "페르조나"(persona)와는 대조되는 특징을 지니고 있다.

남성과 여성은 타고난 특성에 따라 남성과 여성의 페르조나, 즉 그 집단의 남녀관을 갖추게 된다. 무의식에는 이런 외적 태도와는 달리 남성에서는 여성적 인격(女性的人格)이, 여성에서는 남성적 인격(男性的人格)이 형성되게 마련이고 그 가능성은 이미 선험적으로 부여되어 있다. 이와같은 무의식의 인격체는 의식의 제약을 넘어서는 자율성(自律性)을 지니고 있다. 그래서 융은 무의식의 이런 요소를 영(靈, Seele)과 혼(魂, Geist)이라고 하였으며 그 라틴어 표현에 따라 아니마(anima), 아니무스(animus)라고 명명(命名)하였다.

아니마는 남성의 무의식 속에서, 아니무스는 여성의 무의식 속에서 발견되는 내적 인격으로서 이는 원형적인 특징을 지니고 있다. 남성의 무의식에는 여성적 특징을 지닌 인격이, 여성의 무의식에는 남성적 특징의 인격이 존재하여 이것이 자아로 하여금 보다 깊은 무의식의 층으로 인도하는 관계기능이 되고 있다.

이 경우 남성적·여성적이라 함은 집단사회의 통념과는 관계없는 보편적인 여성성과 남성성을 말하는 것으로 예컨대 남성적 요소는 로고스적인 것, 능동성을, 여성적인 요소는 파토스적·감성적(感性的)인 것, 수용적인 것으로 설명된다.

아니마·아니무스 상(像)은 개인적인 측면과 원형적인 측면을 모두 포함하는 상으로서 여러 가지의 복잡한 면을 지니고 있다. 이것 역시 무의식에 존재할 때 투사되어 밖에서 지각되는 경우가 많다.

역사적 또는 전통적인 여성이 남성 세계의 무지를 깨우쳐 주는 인도자의 역할을 할 때 그녀는 모든 남성의 무의식의 내적 인격을 현실에서 대변해 주는 존재이다. 여성의 자기실현에도 아니무스가 인도자의 역할을 하며, 그것은 실재적인 인물에 대한 투사를 통해서나 내재하는 무의식의 생각하는 힘, 혹은 지혜의 힘이라는 형태를 통해서 이루어진다. 여성원형·남성원형의 상은 물론 인간 무의식에 있는 것이지만 그 무의식의 소산인 많은 신화(神話), 민담(民譚), 종교적 표상 속에서 비교문화적인 탐구를 통해서 보다 확실히 증명된다.

아니마·아니무스는 보통 네 가지 단계를 따라 분화 발전(分化發展)한다. 아니마의 경우, 가장 육체적·관능적인 여성성[Eve]에서 낭만적·미적(美的) 수준의 여성성[Helena]과 에로스를 영적(靈的)인 극치로 올린 여성[Maria]을 거쳐 거룩한 지혜(sapientia)의 단계로 분화(分化)될 수 있고, 아니무스의 경우는 타잔이나 젊은이의 우상인 운동선수처럼 육체적인 힘으로 표시되는 남성성에서 행동인(行動人)으로서의 남성[Hemingway], 말씀의 사람[교수·목사], 의미의 구체화[간디]로 발전해 나간다.

아니마나 아니무스는 그 최고의 경지에서는 종교적 체험의 중개자로서의 역할을 하며 인간의 삶에 새로운 의미를 부여할 수 있는 것이다. 그러나 이것이 의식화되지 못하여 무의식 속에 미숙한 상태에 남아 있을 때는 파괴적이고 비창조적이며 유아적인 특성을 나타내게 된다.

인간은 집단정신의 일부가 아니라 각기 개성을 지닌 존재라는 것이 융의 심리구조설의 특성 중의 하나이다. 그러나 이 개성은 집단 속에서 "나"의 고유성이나 특이성을 내세우기 위해서 만들어낸 의식의 소산이나 혹은 개인지상주의의 결과에서 나온 인격을 두고 말하는 것이 아니라 그 사람의 의식과 무의식을 통틀은 전체인격(全體人格)을 두고 말하는 것이다. 인간은 또한 인류 전체의 시공(時空)을 넘어선 보편적 심성의 소유자인만큼, 인간 개성에는 개인적인 측면과 보편적인 측면이 다 함께 내포되어 있다. 그리고 이 보편성은 그가 속하는 집단과 시대에 국한된 보편성과 그가 태어나기 이전의 태초의 시간부터 내려오는 인류 공통의 근원적 행동양식이 들어 있다.

자기실현은 자아가 지금까지 혼동되었던 집단정신과 자기자신의 길을 구별하는 데서 시작된다. 이것은 또한 자신의 무의식의 내용들을 의식화함으로써 밖에 투사된 형태로만 보아온 자기의 그림자, 자기의 아니무스, 아니마를 자기 안에 있는 것으로 수용하고 살려서 통합시켜 가는 과정을 통해서 이루어진다. 그리하여 아니마·아니무스까지 분화·발달시키면 우리는 우리의 마음의 가장 중심(즉 자기자신—본성—Selbst)에 가까와진다.

자기자신(Selbst)이란 본질적으로 인식 불가능한 것이다. 왜냐하면 자기(Selbst)는 언제나 자아(Ich)의 한계를 넘는 크기를 가지고 있기 때문이며, 무의식이란 남김없이 의식화할 수 있는 것이 아닌 까닭이다. 그러므로 자기를 실현한다 함은 완전무결한 전일(全一)의 상태에 이른다는 말이기보다 완전에 가깝게 전일의 경지를 실현한다는 말이 된다. 그래서 융은 인격의 완전성(Vollkommenheit)보다 온전성(Vollständigkeit)을 주장한다.

자기는 하나의 경지이기도 하고 하나의 잠재적 능력, 또는 선천적 조건이다. 후자와 관련해서 인간의 마음은 인간으로 하여금 전일(全一)의 경지에 들어갈 수 있도록 하는 원동력과 조건을 선험적으로 내포하고 있다고 말할 수 있다. 이것이 상징으로 나타날 때 우리는 여기서 많은 종교적 표상을 발견할 수 있다.

그러나 이러한 자기원형(自己原型)의 작용이 자아의식에 의해 제대로 이해되지 못할 때, 그리고 자기실현이 꾸준한 의식화(意識化)의 과정을 거쳐서 실현되지 못할 때 자아는 자기원형의 초자연적인 에너지에 의해서 팽창(inflation)된다. 이런 현상은 그릇된 거짓 해탈(解脫)과 사이비 득도감(得道感)에서부터 병적인 과대망상으로 나타난다.

이상에서 융의 분석심리학에서 말하는 심리구조의 개요를 설명했거니와 이 학설은 오랜 기간의 경험적 관찰과 비교 고찰을 통하여 세워진 가설(假說)이고 이를 이해하려면 또한 그러한 체험을 매개로 해서 개념을 이해하여야 한다. 지적으로 단순히 기억되는 개념은 살아 있는 정신의 힘을 표현하지 못한다.

융의 심리학적 유형설은 비교적 초기의 학설로서 무의식의 원형상(原型像)보다도 의식의 특이설과 다양성에 주목한 이론이다. 이것 역시 경험적 바탕에서 나온 학설이지만 보다 체계적이고 이해하기 쉽다.

종교현상의 이해에 직접 응용가능한 이론은 아니지만 종교인, 또는 어떤 이념이 갖는 특성을 분류하는 데는 참고가 될 수 있는 학설이다. 그 개요를 간략하게 설명하기로 한다.

인간은 선천적으로 두 가지의 기본적으로 상이한 의식의 태도를 가지고 있다. 내향적 태도와 외향적 태도가 그것이다. 내향적 태도는 관심의 대상이 객체보다도 주체이며 행동이나 판단을 결정하는 기준이 객체보다도 주체에 있는 경우를 말한다. 외향적 태도는 그 반대라 할 수 있다. 이런 기본적인 정신적 태도는 시대나 인종과 관계없이 누구에게나 선천적으로 결정되어 있는 것 같다고 융은 말하고 있다.

또한 인간정신에는 네 가지의 특수한 정신기능이 있다. 이것은 두 개로 짝지어져 있어 각각 합리적 기능, 비합리적 기능이라 일컬어진다. 사고와 감정은 판단기능이므로 합리적 기능에 속하면서 서로 상반되는 특성을 지니고 있고, 감각과 직관은 비합리적 기능이면서 서로 용납하기 어려운 대극(對極)을 이룬다.

누구에게나 이 네 가지 기능 중에서 잘 발달된 기능이 있고 덜 발달된 기능이 있다. 이를 주기능(主機能), 열등기능(劣等機能)이라 각각 부른다. 한 개인이 그의 인생을 주로 어느 한 가지의 주(主)기능에 의지하여 살아간다면 그 주기능이 어떤 것이냐에 따라 유형을 나눌 수 있다. 즉 사고형(思考型)·감정형(感情型)·직관형(直觀型)·감각형(感覺型)이 그것이다.

내향형과 외향형에 각기 특수기능에 따른 심리학적 유형이 따르고 두 번째로 발달된 기능이 어느 것이냐에 따라 이론상 16개의 유형을 상정할 수 있다. 이것은 남녀의 차이로 대별하면 32개의 유형이 된다.

융의 이러한 유형설은 정적(靜的)인 기술이기보다 역동적(力動的)인 것이라는 특징이 있다. 즉, 인간은 태어날 때부터 어느 한 유형을 따르는 듯한 인상을 주는 것은 사실이지만 무의식 속에 미분화된 채 남아 있는 정신기능을 분화 발달시켜야 하는 과제를 지니고 있다. 다시 말해서 열등기능은 항상 열등한 채 있어야 하는 것이 아니라 발전되어야 하고 또한 그렇게 될 수 있다.

내향형에서는 자아가 의식의 내향적 태도에 일방적으로 치우칠 때 무의식 속에 내향적 태도에 어긋나는 것은 모두 억압되므로 의식의 내향적인 경향과는 달리 무의식의 경향은 외향적인 특징을 지닌다. 무의식의 외향성은 다른 정신기능의 경우와 마찬가지로 미분화 상태에 있는 것이 보통이다. 이 무의식의 외향성이 외부로 투사될 때 내향형의 인간은 특히 외향형을 판단하는데 자기자신의 무의식의 미숙한 외향적 경향과 혼동한다. 외향형의 경우에도 의식의 외향적 태도가 일방적인 것이 될 때 무의식에 미숙한 내향적 경향이 형성되어 이것이 내향형의 인간에 투사될 가능성을 지니게 된다.

그러므로 어떤 유형의 인간일지라도 무의식의 경향을 의식화하여 의식의 일방성(一方性)을 지양(止揚)하는 것이 자기실현의 과제라 할 것이다.

융의 심리학적 유형설은 인간관계에서 일어나는 각종 갈등과 반목의 성질을 이해하는 데 유익한 학설이다. 이것은 인간에 대한 융의 체험에서 형성된 것이고 어디까지나 인간의 심리학적 유형이지만 인간정신의 소산인 문화현상이나 종교관·세계관 등이 모두 심리학적 유형과 무관하지 않다. 인간이 세상을 보는 눈은 그가 지닌 기본적·정신적 입장에 따라 달라지기 때문이다.

그러므로 이 세상에는 많은 학설과 주장이 서로 다른 전제(前提)에서 제창되며 때로는 반목과 몰이해, 상호비난의 근원이 되고 있다. 그러나 이 관점은 제각기 고유한 양식으로 세계를 조명하고 있는 만큼 어느 것도 소홀히할 관점이 아니다. 종교현상을 밖에서 보느냐 안에서 보느냐, 즉 외향적 관점에서 보느냐 또는 내향적 관점에서 보느냐 하는 데 있다. 그러나 종교적 체험은 한 주체(主體)의 주관적 체험이므로 밖에서 볼 수 없고 내적 현실의 경험일 수밖에 없다.

5. 분석심리학과 종교

1) 융의 체험세계와 종교심성론의 전개

융의 분석심리학이 융 자신의 체험을 토대로 이루어진 것처럼 그의 종교론 역시 그 자신의 종교적 체험을 바탕으로 형성되었다.[4]

그러므로 그의 종교론을 이해하기 위해서는 무엇보다도 그의 체험이 어떻게 이루어졌으며 그가 그의 체험을 어떻게 받아들였는지 그 과정을 살펴보는 것이 중요하다. 이것은 또한 종교학 방법론의 하나로 분석심리학적 방법론을 이해하는 데도 중요한 의미를 지니고 있다. 학문이란 대체로 지적, 논리적 추리를 전제로 하지만 그러한 논리성은 때때로 현상의 본질을 파악하는 데 오히려 장애가 되는 수가 있다. 쟈페가 편집한 융의 자서전적 체험사에는 융이 어떻게 자기의 체험을 소화시키고 이해하고자 했는지가 웅변적으로 묘사되거니와 그 책의 첫 부분에 술회한 융의 다음과 같은 말은 이와 관련해서 상당히 시사하는 바가 크다 :

"나의 생애는 무의식이 그 자체를 스스로 실현해 나간 역사이다. 무의식에 있는 모든 것은 밖에서 일어나는 사건이 되고, 인격 또한 그 무의식적인 여러 조건에 근거해서 발전하며 스스로를 전체로서 체험하게 된다. 이러한 형성의 과정을 묘사함에 있어서 나는 학문적인 언어를 이용할 수가 없다. 왜냐하면 나는 나 자신을 학문적인 문제로써 경험할 수는 없기 때문이다. … 인간의 내적인 관조로 파악되는 어떤 것은 오직 신화로써 묘사될 수 있을 뿐이다. 신화는 보다 개성적이며 학문보다도 삶을 더욱 정확하게 묘사한다. 학문은 평균개념을 가지고 작업을 하는데 이것은 너무 일반적이어서 한 개인의 특유한 인생이 지니고 있는 주관적인 다양성을 올바르게 파악하기는 어려운 일이다."[5]

---

4. M.-L. von Franz의 책 참조. Jung의 自律的 體驗史는 A. Jaffé, *Erinnerungen, Träume, Gedanken von C. G. Jung*, Zürich : Rascher Verlag 1962.
5. A. Jaffé의 책 10면.

물론 융은 인간정신을 파악하고 그 정신적 소산인 종교현상을 이해하는 데 사고의 중요성을 결코 과소평가한 것은 아니다. "생각한다"는 것은 그에게 가장 중요한 인식의 수단이었다. 그래서 그는 "믿음"이라는 말을 쓰는 것을 극도로 피했다. 인간의 체험이 학문으로서가 아니라 오직 신화를 통해서 묘사될 수 있다는 그의 말은 생각을 배제하고 믿음으로 인간을 파악해야 한다는 말이 결코 아니라 그의 체험의 전체를 포괄할 수 있다는 것은 논리적 언어보다는 상징적 언어가 가장 적합하다는 뜻이다.

　동서양 문명을 논하는 가운데 융은 서양 문명의 문제는 학문과 종교, "아는 것"(das Wissen)과 "믿음"(der Glaube) 사이의 상용(相容)할 수 없는 반목(反目)이라고 하였다. 동양에서는 이 두 가지로 분열되어 있지 않고 하나 속에 포괄되어 있으며 동양에는 그런 까닭에 인식하는 종교(erkennende Religion)가 있는가 하면 종교적 인식(religiöse Erkenntnis)이 있다고 하였다.

　융은 목사의 아들로 태어났는데 그의 부친이 지닌 19세기 스위스 개신교의 신앙세계는 융의 어린 시절에 여러 가지 영향을 주게 된다.

　융은 3·4세 경에 지하(地下)의 왕좌(王座) 위에 놓인 거대한 음경(phallus)의 꿈을 꾸었고 뒤에 이것이 바로 그리스도교 문명의 의식세계에 가려진 무의식의 신적 상(像)임을 확인하였다.

　소년시절에 그는 부친의 설교를 통해서 강조되던 선하기만 한 하느님의 이미지에 대해 차츰 심각한 회의를 느끼게 되었고 절대선(絕對善)의 하느님의 속성에 회의를 품고 있는 자신에 깊은 죄책감을 느끼고 있었다. 그러다 그는 어느날 바젤(Basel) 시의 교회당 하늘 위에 왕좌에 앉은 하느님의 상(像)과 그의 배설물에 의해서 교회 건물이 산산조각이 되는 환상(幻像)을 보고 죄책감에서 해방된 느낌을 받는다. 그는 자신의 고민과 물음이 마음속 깊은 곳에서 의식을 뚫고 나오려는 자기원형의 물음, 바꾸어 말해서 신의 의지의 표현이었음을 깨닫는다. 이러한 인식에 도달하기까지 그가 부친을 통해서 얻은 19세기 스위스의 개신교 신앙의 세계와의 갈등을 얼마나 심각하게 겪었는지를 융의 추억담에 역력히 묘사되고 있다. 당시 프로테스탄트의 적수였던 가톨릭, 특히 예수회 수도자들은 그의 어린 시절에 강한 인상을 남겼고, 그의 어머니를 통해 들은 인도의 "이교도"에 관해서도 그는 지대한 흥미를 느끼고 있었다. 이런 어린 시절의 일의 체험은 모두 뒤에 그의 심리학의 중요한 고찰 대상이 되었으며 그가 종교현상을 보다 넓게 볼 수 있게 된 인자(因子)가 이미 어린 시절에 노출되었음을 알 수 있다.

바젤에서 고등학교를 나와 대학에 진학할 때 그가 의학을 택한 것은 고고학과 생물학에 대한 그의 관심을 현실적인 차원에서 해결한 결과였다. 의학공부를 마치고 그가 정신의학을 택하게 된 것도 인간에 대한 그의 깊은 관심에서 나온 것으로 정신의학이 정신과 신체를 함께 연구할 수 있는 분야였기 때문이었다. 그의 학위 논문은 〈소위 심령현상의 심리와 병리〉[6]였는데, 여기 벌써 종교현상에 대한 그의 관심의 일단이 나타나고 있다. 그는 츄리히 대학 정신병원에서 정신과 의사로 근무하면서 불가해한 정신분열증 환자의 횡설수설 속에 이해가능한 의미가 숨어 있음을 증명하였다. 단어연상 검사(單語聯想檢査)를 통해서 무의식의 콤플렉스설을 제창했던 융이 이를 계기로 프로이드를 만나게 되고 그의 정신분석학설에 깊이 관여한 것은 이미 논술하였지만 융이 특히 프로이드 학설에 매력을 느낀 것은 프로이드가 머리로 꾸며낸 이론을 말하는 것이 아니라 그 자신의 경험을 통해서 터득한 바를 말하고 있다고 판단하였기 때문이다. 프로이드는 융이 점차 신화 연구에 깊이 몰두하는 것에 불만을 느꼈고 또한 융은 프로이드의 성욕설 신봉(性慾說信奉)에 회의를 품게 되고 결국 두 사람은 헤어지게 된다. 이러한 만남과 헤어짐은 결코 개인적인 감정 때문이 아니라 인간정신을 어떻고 보고 이해하느냐 하는 진지한 연구과정에서 두 사람의 경험의 각도가 서로 달랐기 때문이고 또한 융의 말에 의하면 프로이드가 성욕설을 거의 교조(dogma)화했기 때문에 이미 학문적으로 각자의 경험을 교환하고 수정할 수 있는 여유를 잃었던 까닭이다.

6. *Zur Psychologie und Pathologie sogenannter okkulter Phänomene (Gesammelte Werke* 1권) Zürich : Rascher 1966, 5-82면.

융은 그 뒤에 여러 해 동안 자신의 환상과 꿈을 관찰하는 작업에 몰두하였다. 그는 무의식이 말하는 대로 무의식의 의도를 충실히 추적해 나갔다. 다시 말해서 자기의 무의식과 대화를 나누기 시작했다. 그것은 마치 중세의 신비가들이 환상을 통해서 신의 의도를 파악하던 것과 똑같은 자세였다. 그는 그의 환상에 나타난 여러 상(像)들, 그 가운데서도 중심인물인 노현자(老賢者)를 필레몬(Philemon)이라 명명하고 그의 모습을 그림 그리기도 하고 그의 말을 기록해 나갔다. 이 기록은 붉은 양피지로 된 책에 기록되어 있어 이를 "붉은 책"(das rote Buch)이라 부른다. 무의식과의 대화를 통해서 그는 무의식이 결코 태어난 뒤의 개인생활에서 억압된 충동으로만 이루어진 것이 아니라 그 자체의 자율성과 의도를 지니고 있음을 확신하게 되며 그의 무의식의 기능과 구조에 대한 학설을 발표하기에 이른다. 이것이 1916년, 프로이드를 결별한 지 3년 뒤이며 융은 이후 3년 간을 자기자신의 무의식과의 대화를 계속한다. 이런 방법은 요가(Yoga)의 명상이나 신비가(神秘家), 예컨대 성이냐시오 로욜라의 영신수련법, 선불교(禪佛敎)의 참선법과 근본정신에서는 일치되지만 일정한 방법이나 원칙에 구애됨이 없이 각 개인의 무의식의 상(像)을 계속 의식면으로 끌어올리는 방법이라는 점에서 보다 다양하고 개인적인데, 융은 이것을 적극적 명상법(aktive imagination)이라 하여 분석 이외의 방법을 통한 자기실현의 한 방법으로 제시하였다. 이것은 물론 인간이 마음의 중심에 도달하여 자기의 전체를 실현하는 방법이며 종교학적인 방법론이 아님은 물론이다. 그러나 우리가 종교심성(宗敎心性)이라는 깊은 무의식의 속성(屬性)을 파악하려면 심리학의 개념으로 현상을 수식하는 데 그쳐서는 안된다. 그 개념이 인간의 마음속에 살아 움직이고 있는 내용임을 직접 체득(體得)할 때 비로소 우리는 그 현상의 심리학적인 의미를 파악할 수가 있다. 종교적 표상의 상징을 말할 때 흔히 적용되는 융의 원형설도 단순한 개념에 그쳐서는 그 진정한 실체를 파악했다 할 수 없는 것이다.

그의 저서가 대부분 무의식에 관한 한 인간의 실지 사례를 토대로 전개되고 있는 것은 주목할 일이며 여기에 경험심리학으로서 현상학적 자연과학적 방법론에 입각한 심리학을 융이 충실히 대변하고 있다고 하겠다.

1912년에 출판된 「리비도의 상징과 전환」[7]이라는 저서는 정신분열양장애(精神分裂樣障碍)를 앓는 부인의 환상을 상징적으로 해석한 책으로서 성적(性的)인 내용이 지니고 있는 종교적 의미가 각종 신화·종교의 방대한 비교자료로서 확충된 책이고 1937년 예일(Yale) 대학에서 강의한 「심리학과 종교」[8]에서도 융은 한 신학도(神學徒)의 꿈에 나타난 상징을 중심으로 사위(四位)의 전일적 상징(全一的象徵)을 증명하고 있으며, 「심리학과 연금술」[9]에서도 일련의 꿈이 개성화 과정의 상징을 증명해 주고 있다.

융의 철저한 현상학적 방법론은 「심리학과 종교」에서 융이 진술한 다음과 같은 말에 잘 나타나고 있다. 즉, 그는 심리학은 사실을 다루는 학문이며 진리를 다루는 학문이 아니라고 말하였다. 사실(事實)이 바로 진실(眞實)이다. 그 사실이 옳으냐 그르냐를 논하는 것은 자기가 주장하는 심리학의 본래의 영역이 아니다 : "코끼리는 그것이 거기 존재하기 때문에 진실인 것이다. 코끼리는 논리적 추리의 결과도 아니고 하나의 주제도 아니며 그렇다고 창조주의 주관적인 판단도 아니다. 그것은 다만 하나의 현상이다."[10]

가령 성모 마리아가 처녀로서 잉태하여 아기 예수를 낳았다는 말을 심리학적으로 다룰 때 중요한 것은 그런 생각이 인간성 속에 심리적 사실로서 발견되는가 안 되는가를 살피는 일이며 그 말이 옳으냐 그르냐를 따지는 일이 아니라고 그는 말한다.

그러한 심리적 사실을 추구하는 융의 긴 여정은 유럽사상의 주역(主役)에 의해서 보통 간과되어 온 그노시스파 신학과 연금술 경서(鍊金術

---

7. 뒤에 다음과 같이 改稱되어 出刊됨 : *Symbole der Wandlung*, Zürich : Rascher Verlag 1952.
8. *Psychologie und Religion (G. W.* 11권) Zürich : Rascher Verlag 1963, 1-118면(우리말 번역 「心理學과 宗教」 5면 참조).
9. *Psychologie und Alchemie*, Zürich : Rascher Verlag 1944.
10. *Psychology und Religion* 3면.

經書)에서 그가 인간들과의 작업에서 발견한 무의식의 개성화 과정의
상징을 찾아내게 하였고, 1920년대에 여러 차례 실시된 아프리카·남아
메리카의 원시 부족의 답사는 그로 하여금 인간정신의 뿌리를 이루는
근원적 심성인 원형(原型)의 보편성을 다시금 확인시켜 주었다. 그러나
결정적으로 중국학자(中國學者) 리챠드 빌헬름(Richard Wilhelm)과의
만남을 통해서 중국의 도교(道敎), 티벳 밀교(密敎), 역(易)의 사상을
더욱 깊이 접하게 됨으로써 지구의 동반부에서 자기가 서양인에게서 발
견한 전일(全一)의 상징이 발견됨을 알게 되었던 것이다.

1938년 그는 인도에 초청되고 산치(Sanchi)의 언덕에서 말할 수 없는
일체감(一體感)을 느낀다.

그의 일생을 통해서 꿈은 그에게 가장 중요한 의미를 지니고 있었다.
그는 여러 곳을 여행하고 1961년 83세의 고령으로 일생을 마치기까지
두 차례에 걸친 세계대전을 겪으면서 그는 그 자신의 무의식을 신의 목
소리(vox Dei)처럼 조용히 경청하면서 그 뜻을 실천하였다.

그는 무엇보다도 고통받는 많은 사람들을 심리요법으로 도와 주면서
인간은 종교적 태도를 잃을 때 노이로제가 되고 이를 회복함으로써 노
이로제에서 해방되는 것 같다고 피력하였거니와 종교심성은 인간의 근
원적인 조건임을 시사하는 말이다.

2) 종교현상의 제 개념

그리스도교라든가 불교와 같은 우리가 흔히 종교로 알고 있는 것들을
융은 종파(Konfession)라 부르고 종교(Religion)와 구별하고 있다.[11]

종교란 그의 규정에 의하면 인간이 지닌 하나의 특수한 자세, 또는
입장(Einstellung)이다 : "종교란 인간정신의 특수한 자세이며 라틴어의
'religio'의 본래의 개념에 맞추어 동적(動的)인 요소에 대한 주의깊은
고려와 관조의 태도라고 할 수 있다. 이 동적인 요소(dynamische Fak-

---

11. 李符永 「分析心理學」 第8章 〈分析心理學과 宗敎〉 참조.

toren)란 '힘'이라고 할 수도 있고 귀령(鬼靈, Dämonen)·정령(精靈, Geister)·제신(諸神)·법(法)·이념(理念)·이상(理想) 혹은 그것을 인간이 무엇이라 이름하든 인간들이 세상에서 힘있는 것, 위험한 것 또는 도움을 주는 것으로 경험한 것들이어서 주의깊게 고려할 만한 것이거나 혹은 위대한, 아름다운, 또는 의미깊은 것으로서 그것에 대하여 경건하게 기구(祈求)하거나 그것을 사랑하게 되는 것들이다."

「심리학과 종교」에서 융은 이렇게 정의하고 있다. 또한 그는 "종교란 라틴어의 'religere'의 뜻처럼, 루돌프 옷토가 '누멘적인 것'(das Numinöse)이라는 적절한 표현으로 명명한 것에 대한 주의깊고 성실한 관조로서 이 누멘적인 의지의 힘이 미치지 않는 곳에서 생기는 하나의 동적인 존재 혹은 작용이다"라고 말하고 있다. 이러한 정의에 입각하여 볼 때 종교적 인간(homo religiosus)으로서의 인간존재에 있어 종교란 인간이 만들어낸 것이 아니라 인간심성 속에 선험적으로 구비되어 있는 하나의 조건이라 할 수 있다.

그러면 우리가 보통 종교와 동일시하고 있는 종파(宗派)란 무엇인가?

종파란 인간 속에 내재하는 종교적 자세에서 우러나온 것이지만 하나의 조직된 공동체로서 일정한 신앙, 일정한 윤리적 행동양식을 집단적으로 고백하는 것을 말한다 : "종파란 근원적인 종교적 체험이 교의(敎義)와 도그마(dogma)의 형태로 변화한 것이다."

근원적인 종교적 체험이 성화(聖化)되고 복잡한 사고구조로 경화(硬化)된 의식(儀式)이나 교의(敎義)는 오랜 세월에 걸쳐 많은 사람들의 종교체험의 한 형태를 이루어 왔다.

도그마의 의식은 움직일 수 없는 틀을 지니고 있는 것처럼 보이지만 이것도 시대에 따라 변화될 수 있고 그 자체가 하나의 생명력을 지니고 사람들의 마음에 종교적 체험을 일으키는 매개체가 되고 있다. 도그마는 비합리적인 것을 표현하는 것이므로 로고스(logos)의 법에 의한 학문적인 이론이 지니지 못한 힘을 발휘할 수 있다. 그러나 이것이 인간 본성에 맞지 않을 경우에는 수정되어야 할 필요가 있다고 보았다. 종교에 대한 융의 이와같은 심리학적 규정은 종교체험을 보다 넓게 이해하는 데 큰 도움을 주는 것이다.

3) 양심과 윤리성

선악의 도덕적 가치를 분석심리학에서 어떻게 보고 있는가 하는 문제는 융의 인간관이 어떤 것이냐 하는 물음에 직결된다. 마음의 구조를 설명하는 가운데서 시사되었듯이 인간정신은 대극(對極)으로 이루어지며 대극의 긴장과 갈등 속에서 그 작용을 발휘하고 있다. 선과 악은 이러한 근원적 대극(根源的對極)으로서 다른 심리적 대극(心理的對極)— 의식과 무의식, 남성적인 것과 여성적인 것, 합리와 비합리, 이성과 감정 등과 마찬가지로 정신에 내재하는 요소이다. 그러나 이것은 정적(靜的)이고 고정된 관념이기보다 동적(動的)인 변화가능한 심적 요소이며 인간의 무의식에는 대극을 하나로 합칠 수 있는 원동력이 숨어 있다. 그것이 전일(全一)의 상징으로 잘 나타나는 자기원형(自己原型)의 기능이다.

양심의 가책이란 선악의 갈등 속에서 빚어지는 현상이다. 그러나 이 선악의 가치관이란 대부분의 경우 사회집단의 가치관을 대변하는 것으로 시간과 공간의 제약을 받는 경우가 많다. 이렇게 시대에 따라, 혹은 문화에 따라 서로 다를 수 있는 선악관을 융은 도덕(Moral)이라 규정하여 우리의 무의식 속에 잠재하는 근원적인 양심(Urgewissen)인 윤리(ethos)와 구별하고 있다. 양심의 가책이란 이 양자에 서로 관여되는 주관적 체험이며 상당히 복잡한 현상이다.[12]

12. C. G. Jung, "Das Gewissen in psychologischer Sicht", *Das Gewissen* (Studien aus dem C. G. Jung-Institut Zürich) Zürich : Rascher Verlag 1958 [李符永 역 〈心理學的 觀點에서 본 良心〉: 융, 「現代의 神話 外」(世界思想全集 31) 서울 三省出版社 1981, 157-174면] ; C. G. Jung, "Gut und Böse in der analytischen Psychologie" (*G. W.* 10권: *Zivilisation in Übergang*) Olten / Freiburg i. Br. : Walter-Verlag, 496-510면 [李符永 역 〈分析心理學에서의 善과 惡〉 같은 全集 175-188면].

양심(Gewissen)이란 그 말에 따라 앎(Wissen), 또는 의식(Bewußtsein)임을 가리키고 있고 우리의 행동의 동기에 관해서 우리가 지닌 여러 생각의 감정적인 가치를 아는 것이 양심이다. 융은 이렇게 말하고 있다 : "우리는 막연한 불안으로써 양심의 존재를 인지할 수 있으나 때로는 주관적으로 아무런 느낌을 갖지 않은 채 무의식이 양심의 작용을 나타내는 경우를 발견할 수 있다. 양심이란 '나'의 앎이 아니라 무의식의 인격이 그 앎의 주체인 듯하다."

프로이드의 초자아(superego)는 예의규범(Sittenkodex)으로서 의식적으로 획득된 것이 그 대부분을 이루고 전적으로 자율적인 무의식의 기능은 아니다. 그러나 집단적 무의식은 마치 자아의식이 미처 깨닫지 못하고 있는 어떤 윤리적 각성을 자율적으로 제기하는 것 같다는 것이다.

무의식의 이와같은 기능은 형이상학적인 표현으로 "신의 소리"(vox Dei)라 할 수 있으나 심리학적으로는 하나의 원형이라 규정지을 수 있는 것이다. 원형은 대극을 내포하고 있어 양면적인 특징을 지니고 있고 또한 이 대극성의 지배를 받고 있다. "바른 양심"이 있는 곳에 "그릇된 양심"이 고개를 든다. "양심의 원초적 형(型)은 역설(paradox)이다"고 융은 말한다. 양심이란 일차적으로 도덕규범에서 벗어났다고 추측할 때 나타나는 반응으로서 규범이 아닌 것에 대한 원시적인 두려움이다. 그러나 이런 태도는 도덕적(moralisch)인 태도이기는 하지만 윤리적(ethisch)인 태도라고 말할 수는 없다고 융은 지적한다. 왜냐하면 윤리적 태도는 자기의 감정에 대한 의식적인 대결을 거쳐야 하기 때문이다. 도덕적 의무와의 갈등을 직접 받아들여 겪어 나감으로써 윤리적 결단이 가능해진다. 윤리성이란 결국 그 개인의 전체를 표현하는 것이다 : "이 해결의 양상은 인격의 가장 깊은 바탕, 의식과 무의식을 포괄하여 자아(Ich)를 능가하는 인격의 전체성에 일치하는 것이다."

4) 정신분석학의 종교론과의 비교

에리히 프롬은 「정신분석과 종교」라는 소책자에서 융의 종교에 관한 정의를 비판하고 있다.[13] 그런데 그 동기는 상당히 소박한 것이다. 사람들이 융을 친종교적이라 생각하고 프로이드를 반종교적이라 생각하는 것은 잘못이다. 융의 종교 개념에 따르면 망상(妄想)도 종교라고 해야할 것이니 이것이 어째서 친종교적 발언이냐는 것이 프롬의 출발점이다.

이런 식의 이론 전개는 학문적으로 별로 언급할 가치가 없는, 상당히 사감(私感)이 섞인 말이지만 이것은 프롬이 전적으로 융의 현상학적인 자연과학적 심리학의 학문적 자세를 이해하지 못한 데서 나온 말이다. 융은 시대적 산물의 특수성을 뚫고 보다 깊은 무의식의 층에서 일어나는 일을 냉철하게 관조해 왔고 그가 인간 속에서 발견한 바를 학설로 발표하였다. 그는 어떤 주의를 제창하고자 한 것이 아니었고 어디까지나 심리학의 테두리에서 확인된 것만을 다루고자 했던 것이다.

프로이드는 주로 그리스도교와 유대교에 관련해서 종교에 관해 언급했는데 원시종교에 대해서도 거론한 일이 있다. 「환상의 미래」에서 프로이드는 자기는 서양의 그리스도교에 국한해서 말하겠다고 하고 있다. 그는 융처럼 종교의 의미를 규정하거나 종교를 종파와 구별하지 않고 현재 일어나고 있는 그리스도교의 실태를 대상으로 자기의 견해를 그의 노이로제론에 관련해서 말하고 있다. 다시 말해서 프로이드는 인간존재가 종교적 인간(homo religiosus)이라는 확신도 종교적 체험이 인간의 근원적 조건에서 일어나는 것이라는 전제도 두지 않은 듯하다. 그러므로 그는 그리스도교 신도들의 신에 대한 의존에서 어린이의 강박신경증과의 유사성을 발견했을 뿐이었다. 그는 신도들의 절대자에 대한 의존

---

13. 李符永 「分析心理學」 第8章 1(2); E. Fromm, *Psychoanalysis and Religion*, New Haven: Yale University Press 1971 참조. S. Freud의 宗敎論에 관해서는 *The Future of an Illusion*, New York: Doubleday Anchor Books 1957; *Totem and Taboo*, London: Routledge and Kegan Paul 1950; *Moses and Monotheism*, New York: Vintage Books 1958 참조.

성을 어린이의 강력한 아버지에의 의존에 비유하였다. 아버지에 매달림으로써 불안을 해소하려는 욕구충족의 도구가 교의(dogma)라고 보았다. 그는 "우리들의 신, 이성(logos)"을 회복할 것을 제창하였다.

그리스도교에 대한 프로이드의 이와같은 견해가 전적으로 틀린 말이라고 할 수는 없다. 그리스도교인의, 혹은 그밖의 모든 종교의 신앙인의 태도 속에서 우리는 사람들의 유아적인 욕구를 발견할 수 있으며 강박신경증에서 볼 수 있는 경향을 보게 되는 것은 사실이고 융 또한 여러 곳에서 사람들이 성서의 가르침처럼 어린이가 "되지" 않고 어린이 상태에 "머물러 있다"고 비판한 일이 있다. 그러나 프로이드는 이것이 오늘의 그리스도교의 병폐의 일부이며 그 본래의 정신이 아님을 간과하였다.

종교적 표상을 환상(illusion)이라고 말한 프로이드는 위험한 자연 그대로의 상태에서 인간을 방어함으로써 인간이 충동적인 범죄를 억제할 수 있는 수단으로서 종교가 문화에 공헌했음을 시인하고 있지만 이 환상은 로고스(logos)로써 해소되어야 할 것이라고 보았다.

「토템과 금기」에서 프로이드는 토템(totem) 신앙이 외디푸스(Oedipus) 갈등과 결부된 원초적 아버지(primär Vater)를 죽인 원시인의 죄책감을 완화시키려는 행위로 보았으며 「모세와 일신교」에서는 "모세의 학살에 관한 회한으로 이스라엘 민족을 구제하고 약속된 세계지배를 초래하는 구세주의 내림을 기다리는 원망적 공상(願望的空想)이 생겼다"고 말하고 있다.

이러한 프로이드의 견해는 결국 "외디푸스 콤플렉스" — 살부혼모(殺父婚母)에의 욕구 — 를 기점으로 전개되는 그의 무의식관에서 비롯된 설명이며 무의식의 자율적인 창조적 기능, 집단적인 보편적 표상을 경시한 데서 나온 당연한 귀결이라고 생각된다. 그러나 융은 전술한 바와 같이 인간의 무의식은 끝없이 깊고 광대하며 그곳에는 외디푸스 갈등에 비길 만한 근원적 콤플렉스가 원형으로서 하늘의 성좌(星座)처럼 많고 인간정신의 해리(解離)를 통합하여 구출하는 마음의 중심, 자기원형이 존재하고 있다고 본 것이다. 이렇게 볼 때 종파로서의 종교란 한편으로는 노이로제의 온상일 수 있으나 다른 한편으로는 정신을 통합하여 합리주의와의 동일시 때문에 떨어져 나간 의식을 무의식의 뿌리에 접합하여 건강한 상태로 회복시키는 역할을 한다.

6. 각 종교현상의 분석심리학적 연구들

종교현상의 분석심리학적 연구란 결국 그 현상 속에 나타난 무의식의 상(像)의 상징적 의미를 이해하는 과정이다.

1) 원시종교

원시종교는 고등종교와는 달리 비교적 인공적인 변화를 덜 받은 종교현상으로서 인간무의식의 원형상(原型像)이 비교적 순수한 상태에서 나타나는 곳이라고 할 수 있다. 그런 의미에서 샤마니즘의 상징세계를 이해하는 것은 분석심리학의 무의식관을 이해하는 데도 큰 도움이 된다. 원시종교에서 보는 귀신관(鬼神觀), 무의(巫醫)와 신령(神靈)과의 관계는 무의식의 자율적인 콤플렉스(autonome Komplex), 현대의 분석적 정신치료에서의 자아와 무의식과의 관계를 상징적으로 표현하고 있음을 알 수 있다. 여기서는 단지 이에 관한 융의 논문과 그밖의 국내외의 논문을 주(註)에서 소개하기로 하겠으며 그 자세한 내용은 해당 논문을 참조하기 바란다.[14] 원시사회의 종교나 현대사회의 민간신앙은 많은 신화적 표상을 저장하고 있어 문화의 활력소가 되고 있다. 그것은 원형의 세계이다. 그러나 인공적인 변화, 즉 의식의 사고가 거듭되는 데서 생긴 시대적·문화적 특수성이 비교적 적은 것이 원시종교라고는 하지만 이것 또한 집단의식의 내용이 적지 않게 섞여 있기 때문에 원형상의 의미를 충분히, 그리고 확실히 파악하려면 그러한 의식의 영향이 어디에서 일어나고 있는가를 살펴야 하고 그러기 위해서는 여러 종교적 표상 간의 비교연구가 필요하다.

14. 李符永 〈原始宗敎와 分析心理學〉「分析心理學」 314-325면 ; C. G. Jung, "Die psychologischen Grundlagen des Geisterglaubens", *Psychologische Energetik und das Wesen der Träume*, Zürich: Rascher Verlag 1948, 277-311면 참조.

2) 그리스도교

〈심리학과 종교〉, 〈삼위일체 도그마의 심리학적 이해 시론〉, 〈미사에 나타난 변환의 상징〉, 〈욥에의 회답〉 등 융의 그리스도교에 대한 상징 해석은 개인의 무의식에서부터 인류의 문화 유산에 이르기까지 방대한 자료를 섭렵해 나가면서 진행되고 있다.[15]

그리스도교의 삼위일체 도그마는 인간의 무의식의 전일(全一)의 상징 과 부합되지 않으며 거기에는 악의 요소와 여성적 요소가 결여되어 있 다고 융은 말하였다. 이리하여 그는 삼위론 대신에 사위론을 제창한다. 그는 미사의 상징을 연금술사 조시모스(Zosimos)의 환상과 비교하여 그 속에 나타난 변환의 보편적 원리를 제시했다. 〈욥에의 회답〉은 융의 이 지적 태도와는 달리 상당히 감정이 섞인 주관적인 주장으로서 선한 신 상(神像)에 대한 도전장(挑戰狀)이며 신성에 포함된 비정한 악과 인간 심성 속의 악이 단지 선의 결여(privatio boni)라고 가볍게 보아서는 안 된다는 사실을 지적한 논문이다. 선한 신을 강조한 나머지 신의 그림자 를 간과한 결과가 어떤 비극을 가져 왔는가를 2차 세계대전을 들어 예 시(例示)하고 있다.

그리스도교에 대한 융의 해석은 많은 오해와 배척의 불씨가 되었다. 그것은 신학자들이 무의식의 신상을 형이상학적 신상과 혼동한 데서 발 생하였다. 그러나 융의 학설은 빅터 화이트(Victor White), 조셉 루댕 (Joseph Rudin) 등 가톨릭 신학자들과 한스 쇠르(Hans Shär) 등 개신 교 신학자, 그리고 토마스 알타이저(Tomas Altizer) 등 많은 신학자들

---

15. C. G. Jung의 參考文獻: "Versuch einer psychologischen Deutung des Trinitätsdogmas", *Gesammelte Werke* 11권, Zürich: Rascher Verlag 1963; "Über die Beziehung der Psychotherapie zur Seelsorge", 같은 全集 355-376면; "Das Wandlungssymbol in der Messe", 같은 全集 221-323면; "Antwort auf Hiob", 같은 全集 387-506면; "Antwort an Martin Buber", 같은 全集 657-667면; "Bruder·Klaus", 같은 全集 345-352면; *Aion*, Zürich: Rascher 1951; "Mysterium Coniunctionis", *G. W.* 14권 / 1, 2, Zürich: Rascher 1968; "Gegenwart und Zukunft", *G. W.* 11권, Frauenfeld: Walter Verlag 1974, 275-336면; "Is Analytical Psychology a Religion? Notes on a Talk Given by C. G. Jung (1937)", *Spring*, New York 1972, 147-148면.

에게 긍정적으로 받아들여졌으며, 폴 틸리히(Paul Tillich) 역시 독자적으로 융과 비슷한 견해에 도달했던 사람이다.

3) 동양의 종교사상

동·서양의 종교를 통틀어 융이 가장 큰 관심을 쏟은 것은 종교의 교의(敎義)나 의식(儀式) 또는 수도(修道)에 나타난 자기실현의 과정이었다.[16]

동양의 선(禪)에 관한 논문에서 융은 선의 수도과정에 비길 만한 것을 현대 서양에서 찾는다면 그것은 정신치료(psychotherapy)라고 말하고 있다. 그것이 자기실현에 기여하고 있기 때문이다. 물론 서양의 그리스도교 전통에서도 선과 똑같지는 않지만 이냐시오 로욜라(Ignatius von Royola), 엑카르트(Meister Eckhardt) 등의 수행방법이 있고 서양인은 동양의 오랜 전통에서 나온 선의 정신과 수행방법을 흉내낼 것이 아니라 자기자신의 전통 속에서 자기실현의 과정을 모색해야 할 것이라고 융은 강조하고 있다.

융의 동양종교에 관한 논저들은 주로 1920년 후반에서 1940년 말에 이르는 기간, 그 중에서도 1930년대에 많이 발표되었다. 그의 친우가

16. 東洋宗教에 대한 Jung의 참고문헌 : "Vorwort zum I Ging", *G. W.* 11권, 634면 ; "Psychologischer Kommentar zu das tibetische Buch der Großen Befreiung", 같은 全集 511-567면 ; "Yoga und der Westen", 같은 全集 571-580면 ; "Zur Psychologie östlicher Meditation", 같은 全集 603-621면 ; "Vorwort zu D. T. Suzuki : Die Große Befreiung", 같은 全集 581-602면 ; "Psychologischer Kommentar zum Bardo Thödol", 같은 全集 550-569면 ; "Über den indischen Heiligen", 같은 全集 622-632면 ; *Das Geheimnis der Goldenen Blüte*, Zürich : Rascher 1965 ; "Exercitia Spiritualia of St. Ignatius of Loyola", *Spring*, New York 1977, 183-200면. — 여기에 열거된 Jung의 문헌 중 Zürich의 Rascher 出版社에서 간행한 全集(*Gesammelte Werke*) 제11권 「東洋宗教의 心理學」은 현재 Walter 出版社의 전집 제11권(Olten 1973)으로 출간되고 있다. 될 수 있으면 原語로 읽는 것이 좋겠으나 그것이 안 되는 경우는 다음의 英譯本을 참조하시기 바란다 : *Psychology and Religion : West and East* (R. F. C. Hull 역 *The Collected Works of C. G. Jung* 11권) London / Henley : Rutledge and Kegan Paul.

된 중국학자 빌헬름(R. Wilhelm)은 이미 1923년에 츄리히 심리학 클럽에서 역경(易經)을 강의하고 있었다. 융은 그 이전부터 역경이나 노자(老子)의 도덕경(道德經)을 읽고 있었고 혼자서 점괘(占卦)를 던지고 역경을 찾아보곤 해 왔는데 빌헬름의 해석이 그의 마음에 가장 들었다.

1929년 그는 빌헬름과 함께 태을금화종지(太乙金華宗旨)라는 도교의 경전을 연구하여 그 해석을 출판했다. 그는 여기서 빌헬름의 독일어 번역을 토대로 심리학적 해석을 내렸는데 그것은 바로 자기실현의 상징적 과정을 제시하는 것이었다.

1935년과 1939년에 나온 「티벳 사서(死書)」나 티벳 불교의 「대해탈(大解脫)의 서(書)」에 대한 심리학적 해석 역시 자기실현의 상징적 과정을 보여 주고 있다. 그는 물론 동양의 종교사상 속에서 동서양을 막론한 보편적이고 근원적인 개성화(個性化) 과정(자기실현)의 상징을 발견하고 이를 기술하였지만 동서양 종교가 지닌 특성의 차이, 동서양 문화의 차이점에 관해서도 많이 언급하였다.

무의식에 있는 전일(全一)의 상징으로서 원(圓)과 사각(四角) 또는 사위(四位)가 중요한 역할을 한다는 사실을 융은 피분석자(被分析者)들의 꿈이나 환상 속에서 발견해 왔다. 융은 동양사상과의 접촉을 통해서 그것이 티벳 밀교(密敎)의 만다라(Mandala)의 기능과 일치됨을 발견하고 이 전일의 상징을 만다라 상징이라 불렀고 그것이 원형임을 알게 되었다.

전일의 상징, 다시 말해서 자기원형(自己原型)의 상징은 만다라뿐 아니라 그리스도, 불타, 도(道)의 이념에 모두 나타나 있다. 그것은 대극합일(對極合一), 마음의 중심, 하나인 것, 하나로 만드는 것의 상징들이다.

4) 한국 종교사상의 분석심리학적 연구

종교사상이라는 말의 뜻을 넓혀서 해석하면 한국의 종교사상의 원천은 민간신앙, 특히 무속신앙(巫俗信仰)이며, 이에 대해서는 필자가 많은 관심을 가지고 분석심리학적 해석을 시도하였다.[17] 또한 여기 대해서 정신분석적 해석도 활발히 시도되었지만 물론 상당히 구체적이고 프로이드의 성욕설(性慾說)에 입각한 해석이어서 일방적인 감은 있으나 구체적 사실의 일면을 조명해 주고 있음에는 틀림없다.[18] 무속신앙은 그 치료적인 면과 병리적인 면이 함께 고찰되고 있다.[19]

동양의학에서는 기(氣) 개념이라든가 유학자들의 귀신론(鬼神論) 등의 분석심리학적 해석은 넓은 의미에서 원시적 귀령신앙(鬼靈信仰)을 이해하는 토대가 될 수 있으리라 생각한다.[20] 한국의 선인(先人)들은 표현방법은 비록 다르지만 정신의 실체와 무의식의 성질을 잘 알고 있었던 듯하다. 유교사상 가운데서는 효(孝)사상을 분석심리학적으로 조명하여 그것이 지닌 누멘적인 성격이 정당하게 평가되었다.[21] 여기 대해서도 정신분석적인 시도가 있었는데,[22] 성적(性的)인 해석에 너무 치우치지 않았나 하는 느낌이 들지만 어느 일면의 타당성은 있을 법하다. 다만 그것이 효를 에워싼 대중들 사이의 일반적인 갈등이라면 모르되 역사적 인물인 공자의 심리였다고 하기에는 논증의 자료가 약하다고 하겠다. 그러나 그렇다고 해서 이 논문을 신성모독(神性冒瀆)처럼 비난하

17. 民間信仰 관계의 分析心理學的 연구 文獻은 많으나, 宗敎的인 것 두 가지만 들겠다(자세한 것은 이 문헌 속의 註에 나오는 개별적인 논문을 참조하기 바란다): 李符永, 〈韓國巫俗의 心理學的 宗敎〉, 金仁會 外「韓國巫俗의 宗敎的 考察」서울 高大民族文化硏究所 1982, 147-178면 ; 李符永 〈民間信仰과 集團의 無意識〉, 成均館大學校 大東文化硏究院「韓國人의 生活意識과 民衆藝術」서울 1984, 97-118면.

18. 정신분석학에서의 巫俗 연구는 金光日「韓國 傳統文化의 精神分析」제2장 〈巫俗의 精神分析〉 참조.

19. 李符永, 李哲奎, 張煥一 〈土俗信仰과 관련된 精神障碍 三例의 分析〉「韓國文化人類學」3(1970) 5-32면 ; 兪貞姬, 李符永 〈民間信仰에 관련된 精神障碍에 대한 考察〉, 「神經精神醫學」22(1983) 233-252면.

20. 李符永 〈東洋醫學의 氣槪念에 관한 考察〉, 「神經精神醫學」17(1978) 40-52면 ; 〈傳統的 鬼神論의 分析心理學的 考察〉, 「精神醫學報」6(1992) 2-14면.

21. 李竹內 〈韓國 孝行說話와 孝經에 나타난 孝에 관한 分析心理學的 一考〉, 「神經精神醫學」19(1980) 281-287면.

22. 趙斗英 〈孔子에 있어서의 孝에 대한 精神分析學的 硏究〉「神經精神醫學」14-2(1975) 131-139면.

는 비학문적 태도에는 결코 찬성하지 않는다.

한국의 신흥종교도 분석심리학과 정신분석의 양면에서 고찰되었다.[23] 그리스도교의 정신요법적 측면에 대해서도 몇 가지의 현상분석・증례 (症例)추적・견해조사 등 발표된 것이 있다.[24]

이밖에도 많은 문헌이 한국의 종교사상과 심층심리학 또는 정신요법 과의 관련에서 고찰되었으나 일일이 문헌을 열거할 수 없어 몇 가지에 국한하겠다.[25] 이 방면에서는 아직 더 탐구되고 좀더 면밀하게 연구되 어야 할 것이다.

이상에서 우리는 종교현상의 분석심리학적 접근방법을 분석심리학의 심리학에서 차지하는 좌표에서 시작하여, 그 인간심성론의 소개를 거쳐 융의 체험을 살피고 그의 종교연구를 조감하고 마지막으로 한국에서의 분석심리학적 연구를 소개하는 것으로 끝맺었다.

여러 번 강조되었듯이 분석심리학은 지적인 산물이 아니다. 체험을 반성하여 생긴 가설이다. 따라서 분석심리학의 용어를 지적으로만 파악 하고 구사하는 것은 바른 방법이 될 수 없다. 그것은 죽은 단어에 불과 할 것이며 상징이 지닌 생명을 잃은 것이다. 그러므로 연구자는 남의 종교체험을 이해하고 "인간"의 종교심성을 연구하기 위해서 먼저 자기 의 무의식을 들여다보는 수업을 쌓을 것을 권하고 싶다. 그것은 다름

23. 李符永 〈物質至上主義와 精神至上主義 ─ 新興宗敎의 分析心理學的 考察〉, 크리 스찬 아카데미 編 「救援의 哲學과 現代宗敎」(韓國 아카데미 叢書) 서울 三星出 版社 1975, 204-218면 ; 金光日 〈한국신흥종교의 심리현상 : 최 수운의 종교체 험〉, 앞의 책 278-308면.
24. 李靜姬, 李符永 〈基督敎 信仰治療의 心理學的 考察 ─ 症例 追跡調査를 中心으 로〉 「神經精神醫學」 22(1983) 67-80면 ; 孫鎭旭, 李符永 〈基督敎 敎役者들의 精 神病觀 및 治療概念〉, 「神經精神醫學」 22(1983) 57-66면 ; 金光日 〈기독교 주변 의 信仰治療現象〉, 앞의 책 321-373면.
25. 李竹內 〈公案의 分析心理學的 小考〉 「神經精神醫學」 109(1979) 171-178면 ; 李竹 內 〈禪과 分析心理學的 精神治療에 있어서 基本前提와 態度의 對比〉, 素巖 李東 植 先生 華甲紀念論文集 「道와 人間科學」 서울 三一堂 1981, 67-77면 ; 李符永 〈老子 道德經을 中心으로 한 C. G. Jung의 道概念〉, 같은 論文集 223-239면.

아닌 교육분석을 의미한다. 인간은 자기에 관해서 아는 만큼 남을 알
수 있기 때문이며 자기자신에게 타당하지 않는 심리학을 심리학이라 부
를 수 없기 때문이다. 여기에 "심리학적 방법론"의 어려움과 동시에 매
력이 있다.

10장

종교사회학의
이론적 발전

탈콧 파슨스*

＊ Talcott Parsons 교수(1902-1979)는 인간사회 안에서의 종교의 역할과 기능을 설명하는 데 있어서 미국의 사회학을 대표할 수 있는 학자로 평가된다. 여기에 소개되는 "The Theoretical Development of the Sociology of Religion"(1944) 은 Durkheim, Weber, Malinowski 등의 종교이론을 종합한 고전적인 논문으로 인정되는 것이다. Talcott Parsons, *Essays in Sociological Theory* (New York : Free Press 1954) 속에 10번째의 논문으로 기재된 것을 번역하였다.

이 논문의 목적은 사회학적 이론의 최근 역사에서 가장 의미심장한 한 장을 이룬다고 말할 수 있는 사회제도의 일부로서의 종교현상을 분석하기 위하여 더 포괄적인 개념체계의 구조를 다루던 이론들을 개괄하고자 하는 것이다. 사회학적 종교 이론의 발전이 가지는 의의는 크게 두 가지 면에서 볼 수 있다. 첫째는 종교라는 지극히 중요한 문제를 학문적으로 취급할 수 있는 적합한 이론적 체계의 확립에 있어서 눈에 띄는 진보를 이루었다는 점이고, 둘째는 이와같은 종교사회학적 이론의 성립과정이 사회 이론 전체의 분야에서도 어떻게 이론적 발전이 일어나는가의 과정을 잘 보여 주는 예가 된다는 점이다.

학문적 사고의 전통은 모두 그 발전 단계에 따르는 이론적 서술의 틀을 가지게 된다. 얼마만큼 이 틀이 논리적으로 통합되어 있고 그것이 분명하고 의식적으로 확인되면서 분석되어 있는가의 정도의 차이가 있을 뿐이다. 대체적으로 말하자면 19세기 중엽과 말엽에 이르러 종교에 대한 해석은 두 가지로 분류될 수 있었다. 첫번째 부류는 여러 가지 그리스도교 교파들에 의해 주도되는 신학적 해석으로 교리적 전제에 뿌리를 박은 사고체계를 가지고 있었다. 물론 이러한 사고의 경향은 경험적이거나 분석적이라기보다는 규범적이었고, 자신의 종교적 입장을 확고히 하기 위하여 반대자들의 오류를 밝히는 데 목적을 두고 있었다. 이러한 입장으로부터 종교사회학이나 실증적인 학문에 직접적인 도움이 될 만한 것이 오리라는 것을 기대할 수는 없다.[1] 또 다른 부류에 속하는 것은 광의적인 의미에서 실증적인 사고였다고 하겠다. 실용주의적 경향을 띠는 사고의 흐름들이 종교의 문제들에 관하여 관심을 가져온 것은 오래된 사실이었다. 그러나 현대사회에 대한 고찰에서 종교의 중

---

1. 종교의 신학적 사고는 종교를 연구하는 분석적 윤곽을 제공하는 사회과학보다는 역사적 연구에 훨씬 더 호의적이다.

요성을 과소평가하려는 경향이 짙었고, 계몽된 근대의 문화적 인간 삶에서 종교는 별 의미를 줄 수 없는 "미신"과도 같은 것으로 취급되곤 하였다. 이러한 근대적 사고의 경향 때문에 인간의 행동을 자극하는 원동력을 종교에서보다는 경제나 정치 등 다른 분야에서 찾으려는 노력을 기울이게 된 것이다. 또한 어느 단계에서는 생물학이나 심리학 등을 강조하는 실증주의적 사고의 경향으로 나타나기도 해서 이러한 현상은 사실 19세기 말엽에서부터 오늘날까지도 계속되고 있다고 하겠다.

종교현상에 대한 학문적 연구에 저해가 된 첫번째의 이론적 전제는 아마도 진화의 개념을 인간사회에 적용한 데서 기인할 것이다. 문자를 지니고 있지 않은 사회에 대한 연구가 시작되면서 이러한 소위 원시적 사회생활이 보통 우리가 주술종교라고 분류하는 믿음과 실천을 계속 유지하고 있었다는 것이 밝혀졌다. 따라서 현대 미개사회의 사람들은 역사 이전의 우리 조상들을 보여 주는 살아 있는 표본과 같이 받아들여졌고 사회발전 과정에서 전 단계에 속하는 진화적 의미로 이들을 취급하게 되었다. 이러한 진화적 관점은 사회학적으로 종교의 비교연구를 시도한 학자들이 제시한 최초의 이론으로서 근대사회 인류학의 창시자인 타일러(Tylor)[2]와 스펜서(Spencer)[3]의 저술 속에서 가장 체계화된 예들을 볼 수가 있다. 이들의 연구를 자세히 고찰해보면 학문적 관심의 기초가 들어 있기는 하지만 실증주의적 체계에만 몰두하고 있어서 관찰된 현상 안에 있는 의미를 파악하기에는 너무나 많은 한계성을 지니고 있음을 보게 된다. 실증적 사고체계 안에서는 두 가지의 이론적 해석만이 가능하기 때문이다. 우선 한 가지는 종교현상을 합리적 통제가 불가능한 생물학적이거나 심리학적인 요소가 드러난 것이라고 보는 것이고, 또 한 가지는 주관적 범주 안에서 해석하는 것이다. 일반적으로 이런 해석은 본능이론의 형태로 결론 내려지게 되는데, 본능이론은 종교적 행동의 변수에 상응할 만한 본능적 욕구의 구조 안에 있는 변수를 찾아내어 서로 연결시킬 수가 없기 때문에 학문적으로 심각한 결함을 지니

2. *Primitive Culture.*
3. 특히 *Principles of Sociology* 1권 참조.

고 있다. 곧 이 체계 전체는 사회학적 수준에서는 순환논리의 함정을
피하지 못한다.

진화이론 외에 실증주의에서 나온 또 하나의 관점은 합리주의적 경향
으로서[4] 인간은 항상 이성적이고 합리적으로 자기에게 알려진 모든 지
식의 빛 안에서 행동하리라는 전제에서 모든 인간행위를 취급하는 것이
다. 이런 관점은 역시 타일러나 스펜서가 가지고 있던 것으로서, 원시
적인 주술종교적 개념들을 지식의 집약이 결여되고 기술과 관찰의 기회
가 제한되어 있던 원시적인 환경에서 이루어진 잘못된 합리화라고 본
것이다. 그들은 원시인들도 그들 나름대로 합리적으로 사고하고 언제나
그 합리성에 따라 행동한 것이라고 전제한 것이다. 원시인들은 육체로
부터 분리될 수 있는 영혼에 대한 신앙을 지니고 있었기 때문에 의례적
실천을 고수하고 있었다고 합리적으로 해석하였다. 결국 이러한 실증주
의적 사고유형의 기초적 전제는 종교적 신앙에 적용될 수 있는 비판적
인 규범은 경험적 타당성뿐이라는 것이었다. 따라서 그들은 계몽된 현
대인은 그와 같은 신앙을 고수할 수 없을 것이고 결국 과학적 지식이
발전함과 동시에 종교적 실천들도 자연히 사라지고 말 것이라는 입장을
지니고 있었다.

오늘날 이런 이론들을 살펴보면 그 부적합성이 뚜렷이 나타나지만 이
러한 체계화의 시도는 이 분야의 발전을 자극하는 시발점의 역할을 한
것이 사실이다. 이들은 인간의 행동에 대한 분석을 그가 행동하고 있는
환경의 특수조건 안에서 가지는 행동자의 방향설정이라는 주관적인 관
점에서 시도를 한 것이다. 전체적으로 보면 이런 관점의 경험적 부적
합성을 단도직입적으로 공격하며 반(反)이성적 심리학이라는 매개체를
통하여 인간행동을 자극하는 더 근본적인 힘을 보여 주려는 시도는 성
공하지 못하였다. 오히려 학문적으로 더욱 결실을 맺을 수 있던 방법은
합리적 실증주의라는 기초적 사상체계를 받아들이면서 그 안에서 구체
적으로 더 세련된 방법을 발전시키고 현상과 가설 사이의 차이들을 분
석하여 이론을 정립해가는 것이었다. 따라서 여기서는 분석적인 세련을

4. 필자의 *The Structure of Social Action* 2장과 3장 참조.

가져온 가장 중요한 단계들을 몇 가지 소개하여 그들이 종합되면서 어떻게 훨씬 더 포괄적인 분석적 체계가 가능하게 되었는가를 말하려고 한다. 이 작업은 네 명의 중요한 이론가들이 공헌한 바를 설명함으로써 가장 손쉽게 이루어질 수 있다고 본다. 서로에게 별 영향을 주지 않으면서 독자적으로 이론을 확립해 간 이들 네 명의 학자는 빠레또(Pareto), 말리놉스키(Malinowski), 뒤르껨(Durkheina), 막스 베버(Max Weber)이다.

사회제도를 취급하기 위한 빠레또의 분석체계가 지닌 가장 큰 의의는 그의 근본적인 전제에서 시작된다.[5] 그 역시 그보다 앞선 실증주의자들과 마찬가지로 환경에 대한 행위자의 태도를 인식의 한 형태로 보는 데서 출발하였다. 거기에다 "논리-실험적"(logico-experimental) 규범이라는 용어를 써서 경험적이고 학문적인 타당성을 기준으로 하여 행동의 분류를 시도하였는데 바로 이 점에서 그는 실증주의적 전통과 결별하였다. 곧 빠레또의 지성적 경향이 철학적이라기보다는 경험적이었기 때문에 논리-실험적 기준에 맞아들어가지 않는 두 가지의 행동 형태를 구별해야 될 필요성을 발견한 것이다. 그 중 한 가지는 전통적 실증주의자들에게도 알려진 것으로서, 본질적으로는 분석이 가능하지만 그 해결을 논리-실험적 방법으로 얻지 못하는 경우인데, 이것은 연구가의 무지의 결과일 수도 있고 사실에 대한 필요한 지식의 결여나 추리상의 오류 등에 의한 것일 수도 있다. 이런 면에서 인식적 유형에 문제가 있을 때를 빠레또는 유사학문적(pseudo-scientific) 이론이라고 정의하였다.[6] 그러나 한편 논리-실험적 규범에 본질적으로 응할 수 없기 때문에 이 규범을 쓰면 실패할 수밖에 없는 경험을 초월하는 이론들을 인간행동의 분석 안에서 볼 수 있다는 것이다. 이런 이론들은 과학적 실험 과정에 의하여는 테스트될 수 없는 사고의 바탕이 되는 전제들과 명제들을 포함하고 있다. 예를 들어 신(神)의 속성이란 실험적 관찰만으로는 파악될

<hr />

5. *The Mind and Society.* 또한 필자의 *The Structure of Social Action* 5-7장과, *Journal of Social Philosophy*에 나오는 "Pareto's Central Analytical Scheme" 참조.

6. *The Structure of Social Action* 200면 이하, 241면 이하 참조.

수 없는 것이다. 따라서 이와같은 명제들은 논리-실험적 방법으로는 증명될 수도 증명되지 않을 수도 없는 것들이다. 한 마디로 빠레또가 기여한 학문적 공헌은 무엇보다도 이 두 가지 종류의 인식의 구별을 선명하게 하였고 논리-실험적 규범을 초월하는 두번째의 인식적 요소들이 인간행위의 체계 안에서 중요한 역할을 한다는 것을 보여 준 것이라고 하겠다. 그리고 이러한 역할이 제일 크게 나타난 것은 종교사상과 신학적·형이상학적 분야에서였다.

빠레또는 여기서 멈추지 않았다. 처음부터 그는 행동의 인식적 요소들을 사회제도의 다른 요소들, 특히 감정적 요소들과의 기능적인 사회관계 안에서 취급하려 하였다. 따라서 그는 초기 실증주의의 합리적 편견을 벗어 버리고, 인간은 항상 합리적인 결론에 따라 행동한다는 가설만을 가지고는 종교적·주술적 개념의 의미를 제대로 이해할 수 없다는 것을 보여 주었다. 빠레또의 입장은 그 핵심에서는 심리학적인 것으로서, 비논리적 개념들을 본능의 단순한 표현으로 환원시키려는 것이었다고 때로는 비판을 받기도 하였다. 그러나 그의 저술을 면밀하게 분석해 보면 그에 대한 이러한 해석이 정당화될 수 없음이 확실하다. 그는 인식적으로는 추리할 수 없는 더 궁극적인 성격의 문제에 대하여는 개방된 상태로 놓아두고 있다. 그는 인간의 감정들을 다루는 방법에 있어서도 모든 감정은 생물학적 본능의 욕구에서만 나온다는 가설에 대하여는 상당히 비판적인 태도를 취하고 있음을 알 수 있다. 곧 문화적 변수에 상관하지 않는 결정요인이 있다는 견해를 그는 분명히 배척하고 있다.

빠레또는 종교적 행위 안에는 이성적이고 실용적인 행동에서와는 다른 감정의 표현과 태도들이 포함되고 있고 이들은 특별히 중요시되어야 할 요소들이라는 것을 지적하는 데서 그쳤다고 하는 것이 아마도 그에 대한 가장 적절한 표현이 될 것이다. 그는 이런 요소들의 성격을 분석하는 데까지는 별로 깊이 들어가지를 않았다. 그러나 합리적인 해설로는 맞지 않으나 효과를 지니는 비실험적 요소를 기능적으로 필요한 하나의 범주로 소개함으로써 종교현상을 실증적 해석체계 안에서만 해석하려던 폐쇄된 근본 입장을 깨뜨렸다. 그는 새로운 통합이 이루어지기 위해서 필요했던 분석적인 안목을 넓히는 데 성공했던 것이다.

초기 실증주의적 이론은 행위자와 인류의 사회생활에 공통되는 죽음이나 꿈 등과 같이 특정한 종류의 환경과의 관계를 분석하는 데 치중하고 있었다. 이런 관심은 물론 건전한 것이다. 그러나 그들이 지닌 문제는 환경과 행위자와의 관계를 너무나 좁은 안목에서 실험적 문제를 해결하는 방법으로 보려 한 것이었다. 곧 행위자의 결정은 언제나 자신의 지식체계 안에서 합리적인 과정을 밟으리라는 입장에서 해석하였다. 위에 설명한 바와 같이 빠레또는 인식적으로만 이런 문제를 설명하려는 것이 부적합함을 명백히 지적하였는데, 훨씬 더 포괄적으로 행위와 구체적 환경과의 세밀한 해석을 시도한 학자는 말리놉스키였다.[7] 말리놉스키 역시 인간이 이성적 지식과 기술로써 실천적 환경에 적응하려 한다는 고전적 접근방법을 그의 연구의 시발점으로 했다는 점에서는 그 전과의 연속성을 지니고 있다. 그러나 그는 모든 사실들을 이런 틀 속에 실증적으로 넣으려고 하지 않고 상당한 경우에 합리적 지식과 기술만으로는 전체적 현실에 적응할 수 없다는 이유를 여러 가지로 보여 주었다.

이러한 관점은 근본적으로 실험적 관찰의 폭을 넓혀 주어서, 예를 들어 트로브리안(Trobriand) 섬 사람들의 밭농사, 배 만들기, 바다낚시 등의 인간행위가 논리적 개념과 실천만을 가지고 행해지는 것이 아니라 실제로는 두 가지의 분명히 다른 체계를 포괄하고 있다는 것을 밝혀냈다. 한편으로 토착민들은 농토의 알맞은 사용과 식물의 성장과정에 대한 건전한 실험적 지식을 놀랄 만큼 많이 소유하고 있었다. 그들은 그가 지닌 지식에 따라 합리적으로 행동하고 있었고 특별히 인간이 신중하고 열심한 노력을 기울일 때 좋은 결과가 온다는 것을 잘 알고 있었다. 보통 사람들이 모두 알고 있는 기술적 과정을 잘못해서 오는 실패를 초자연적인 것으로 돌리려는 경향은 보이지 않았다. 그러나 이러한 합리적 지식과 기술체계와 함께 나란히 서로 혼동되지 않으면서도 공존

7. Bronislaw Malinowski의 "Magic, Science, and Religion" (ed. by Robert Redfield, The Free Press) 참조.

하는 주술적 믿음과 실천의 체계가 있었다. 우리의 실험적 관찰이나 경험을 초월한다는 점에서 초자연적이라고 해야 할 힘과 존재들이 인간사에 간섭할 수 있다는 이 믿음들은 특히 성스러움을 지닌 존재들과 연결되어 있었다. 따라서 이런 실천들은 합리적인 기술이 아니라 초자연적 힘과 존재의 세계로 향하는 특수한 방향 감각을 지닌 의례들이었다. 트로브리안 섬 사람들이 주술의 바른 실천이 성공적인 결과를 내는 데 필수적이라고 믿고 있는 것은 사실이다. 그러나 이런 주술적 신앙은 합리적 기술의 결과 안에서는 불확실한 영역에만 적용되기 때문에 행위자의 합리적 이해와 통제를 넘는 환경 속에서만 적용되는 요소들이라는 것을 분명히 한 것이 말리놉스키의 가장 중요한 통찰의 하나였다고 하겠다.

원시적 주술의 분석에 이렇게 접근함으로써 말리놉스키는 원시인은 초자연적인 성스러움의 세계와 실용적이고 합리적인 것을 혼동하고 있다는 레비-브륄(Lévy-Bruhl)[8]의 관점과, 주술은 동일한 기능을 목적으로 하는 본질적으로 원시과학이었다는 프레이저(Frazer)[9]의 고전적 이론을 논박할 수 있었다.

말리놉스키는 주술과 같은 의례를 실천하게 하는 기능적 필요성을 이해하기 위하여 그의 이론을 더욱 발전시켰다. 그는 결과를 성공적으로 이끌기 위한 감정의 중요성을 강조한 것이다. 주어진 환경 속에서 기술적 수준만으로는 불확실성이 강한 데다가 거기서 기인하는 강한 감정적 불안이 결합되었을 때 긴장상태가 형성되고 행위자는 갈등을 경험하게 된다. 이러한 상태는 나쁜 기후나 곡식의 전염병과 같이 통제할 수 없는 원인 때문에 억울한 실패가 왔을 때뿐 아니라 보통 일반적인 노력의 결과라고 보기에는 엄청나게 기대를 넘는 행운이 찾아왔을 때에도 일어나게 된다는 것을 관찰할 필요가 있다. 따라서 이렇게 형성된 긴장과 갈등을 해소시켜 줄 수 있는 심리적 기능을 지닌 방안이 없다면 신뢰도와 노력을 유지해서 좋은 결과를 가져오게 할 수가 없을 것이다. 이 속에서 주술은 중요한 긍정적 기능을 가지고 있다는 것이다. 말리놉스키

8. *Primitive Mentality.*
9. *The Golden Bough.*

의 이러한 해석은 원시적인 지식상태에만 주술이 필요하다고 했던 그 전의 해석과는 상당히 다른 것이 분명하다. 곧 감정적으로 중요한 의미를 지닌 목표를 추구하는 중에 불확실성의 요소가 존재할 때에는 주술이나 그것이 아니더라도 무언가 기능적으로 이와 유사한 현상이 일어날 수 있다는 것을 보여준 것이다.[10]

주술의 경우에 초자연적 존재는 성공적인 추수나 낚시 등 실제적인 목표를 달성하는 행위 안에 간섭하게 된다. 그러나 말리놉스키는 또 한 면에서 환경은 비슷하지만 실제적 목표를 추구하지 않는 주술행위들이 있음에 주의를 환기시킨다. 그 대표적인 예는 죽음의 경우이다. 사실 트로브리안 섬 사람들도 죽음에 대해서는 인간이 아무것도 할 수 없음을 잘 깨닫고 있다. 어떤 의례 행사도 죽은 이를 삶으로 불러오지는 않을 것이다. 그러나 바로 이 점 때문에 감정적 적응의 문제는 그만큼 더 심각성을 띤다. 실용적으로나 감정적으로나 한 인간이 지닌 의의가 그의 죽음으로 확대되기 때문에 이 사건에 대한 생존자의 적응은 중요한 과정을 겪어 나가게 된다. 가까운 이의 죽음은 예리하게 상반되는 감정적 반응을 불러일으키기 때문에 그냥 놓아두면 공동체에 치명적인 행위나 태도를 가질 수 있다는 것이다. 따라서 이런 강한 감정들을 표현할 수 있는 규제된 행동의 유형이 필요하고, 이러한 감정의 표현이 사회의 지속적인 우애와 기능에 도움이 되게 해야 한다. 어떤 사회에서도 죽음을 당해서 하는 행위가 실용적인 시체의 처리나 다른 실제적 적응만으로 국한되어 있는 예는 없다. 거기에는 언제나 어떤 종류의 특별한 의례가 따르기 마련이고, 말리놉스키가 보여 준 바와 같이 이와같은 의례를 원시인이 죽음에 대하여 무지하기 때문에 이렇게 행동하는 것이라고 설명하는 것은 적합하지 않은 것이다.

말리놉스키는 주술적이거나 종교적인 의례적 실천과 초자연적 힘에

10. 예를 들어 근대의학의 발전에도 불구하고 의학계에서 이와 비슷한 상황의 고전적 예를 볼 수 있다. 환자를 치료하는 과정을 잘 살펴보면, 치료 과정에 주술적인 요소가 나타난다고 할 수는 없지만 일정한 증상과 치유와의 가능성을 강조하는 신앙의 일종을 볼 수 있다. 그 효과는 질병을 치료하는 데 성공적인 낙관적 편견을 만들기 위한 것으로 상당한 기능적 의의를 지니고 있다고 하겠다.

대한 믿음을 합리적 기술과 과학적 지식의 원시적이고 부적합한 형태로 단순히 취급해서는 안된다는 것을 아주 분명히 보여 주었다. 그들은 질적으로 다르고 행위체계 안에서 확실히 다른 기능적 의의를 지니고 있다. 이 차이점의 성격을 분명히 하고 기능적 문제를 좀더 체계화하여 말리놉스키보다도 더 발전시킨 학자는 뒤르껭(Durkheim)이었다.[11] 말리놉스키는 어느 한 환경과 그 속에서 이루어지는 행위와의 관계 속에서 기능의 문제를 다룬 데 비하여 뒤르껭은 초자연적 존재와 의례적 대상 및 행위에 나타나는 특별한 태도의 문제 전반에 관심을 가지고 있었다. 이 연구의 결과를 그는 성(聖)과 속(俗)의 기본적 구별로 요약하였다. 종교의 의례 속에서 형성되는 태도는 실용적 의미가 있는 대상과 그들에 대한 합리적 사용에서 보이는 태도와는 정반대되는 것으로, 뒤르껭은 성(聖)은 경외에 찬 특별한 태도로 대해지며 이런 존경은 도덕적 의무감이나 권위에 대한 존경스런 태도와도 일치하는 것이라고 보았다. 뒤르껭이 성의 개념에 부여하는 중요성은 말리놉스키가 두 가지 체계가 혼동된 것이 아니라 본질적으로 분리되어 취급된다는 사실을 지적한 점을 확인할 뿐만 아니라 그 이상으로 종교현상은 실험적 문제를 다루는 것과 같은 방법으로 논리적 과정으로만 취급하려는 옛날의 접근방법이 얼마나 부적당한 것인가를 잘 보여 주는 것이다. 만일 논리-실험적 입장으로만 접근한다면 뒤르껭이 주장했던 바의 성·속의 근본적 구별을 모호하게 할 수밖에 없을 것이기 때문이다.

그러나 종교 안에서 가지는 성스러움의 중심적 의미는 경외의 태도가 과연 어디서부터 나오는 것인가의 원천적인 문제를 제기한다. 예를 들어 스펜서는 이것이 죽은 자의 영혼이 산 자에게 나타난다는 믿음과 그들과의 접촉에서 올지도 모르는 위험에서 나온 생각이라고 하였다. 다른 설명으로 막스 뮐러와 자연주의 학파는 모든 성스러운 것들은 끝에는 그 내재한 두려운 성격 때문에 경외되는 것으로 자연의 일정한 현상이 인격화되는 데서 나온 것이라고 설명하려 하였다. 뒤르껭은 완전히

11. *The Elementary Forms of the Religious Life.* 또한 *The Structure of Social Action* 11장 참조.

새로운 사고의 문을 열어서 이런 수준에서 문제의 답을 찾을 수는 없다고 하였다. 성스럽다고 여겨지는 사물들이 존경을 받게 되는 공통된 본질적 성품을 그 사물 안에서 찾을 수는 없다. 지극히 고귀한 것에서 우스운 것에 이르기까지 거의 모든 것이 어느 사회에서는 거룩한 것으로 취급된 적이 있기 때문이다. 따라서 성(聖)의 원천은 그 사물 안에 내재한 것이 아니라 다른 성격의 것인 것이다. 곧 성스러운 대상과 존재는 상징들일 뿐이다. 그래서 문제의 핵심은 이러한 상징들이 상징하는 바를 밝히는 것으로, 상징 자체의 내적 성품이 아니라 그것이 상징하는 바가 무엇인가 알아야 한다는 것이다.

여기서 뒤르껭은 성스러운 사물들에 대한 존경의 태도는 도덕적 권위에 대한 존경의 태도와 동일하다는 그의 통찰의 의미를 깨닫게 되었다. 만일 성스러운 사물들이 상징들이라면, 그들이 상징하는 바의 본질적 성품은 도덕적 존경을 불러일으키는 존재일 것이다. 이러한 과정을 통해 뒤르껭은 사회는 언제나 종교적 존경의 참된 대상이라는 그의 유명한 명제에 도달하게 된다. 그의 결론을 그대로의 형태로 받아들일 수 없는 것은 분명하지만, 한 사회의 종교적 상징체계와 그 사회의 성원들이 지니는 공통된 도덕적 감정에 의하여 공인된 규범과의 밀접한 관계를 밝힌 뒤르껭의 통찰이 지니는 근본적 중요성은 의심할 여지가 없다. 그의 초기 저서에서[12] 뒤르껭은 도덕적으로 인정된 규범이 제도의 통합에 지니는 기능적 의의에 대하여 잘 설명한 바 있다. 이런 배경 속에서 그가 보여 주려던 통합이란 종교의 가장 중요한 기능적 의의를 제시한 것이라고 하겠다. 만일 도덕적 규범과 그것을 유지하는 감정이 그와 같이 중요하다면, 외부적 강압의 과정 이외에 그들을 지속시킬 수 있는 방안이 무엇인가 하는 문제가 일어난다. 그리고 종교적 의례야말로 그 사회의 제도적 통합을 위하여 가장 본질적인 감정을 표현하고 확인하는 방법으로서 중요성을 지닌다고 보았다. 이것은 말리놉스키가 장례식의 의의를 심각한 감정적 충격 속에서 공동체의 유대를 강화하기 위한 방

12. 특히 *De la division du travail*과 *Le Suicide* 참조. 또한 *The Structure of Social Action* 8장과 10장 참조.

법으로 설명하던 것과 밀접하게 연결되는 것이다. 뒤르껭은 말리놉스키보다도 더 예민하게 종교와 사회구조와의 특별한 관계의 일면을 설명하였으며, 더우기 개인의 긴장이나 갈등의 구체적 상황에서뿐 아니라 훨씬 추상화하여 사회 전체에 그것을 적용시켜서 종교를 사회적 기능이라는 안목 속에서 보려고 하였던 것이다.

가장 눈에 띄는 이론적 발전의 하나는 종교와 연관된 인식적 유형들이 초기 실증주의에서와 같이 본질적으로 주어진 논리적 규범으로 취급되지 않고 오히려 행동의 사회체계의 다른 다양한 요소들과의 기능적 관계 안에서 보여지도록 하였다는 점이다. 빠레또는 일반적인 용어를 쓰면서 감정과의 이러한 상호 의존을 보여 주었다. 말리놉스키는 불확실성과 죽음과 같은 인간적 상태의 특수한 경우들과 종교와의 밀접한 관계를 밝히는 데 기여하였다. 그는 빠레또가 감정적인 요소에 두었던 중요성을 반격하지는 않았다. 그러나 이러한 점들은 특별한 환경과의 관계를 통해서 특별히 구성된 행위의 형태 안에서 의의를 가진다는 것을 보여 주었다. 말리놉스키도 이런 요소들이 사회 성원간의 유대에 영향을 미친다는 사실을 알고는 있었으나, 이면에 분석적인 연구를 시도하여 그의 중심적 사상을 형성한 학자는 뒤르껭이었다. 분명한 사실은 종교적 개념들이 사회학적으로 취급될 수 있는 방법은 위에 언급한 네가지 요소 전체와의 상호 의존 속에서만 가능하다는 것이다.

그러나 아직도 사회학적 종교 이론 안에는 해결되지 않은 중대한 문제들이 남아 있었다. 특히 말리놉스키나 뒤르껭은 종교적 요소들과 각기 다른 사회의 사회적 구조 안에서 발견되는 변수와의 관계에 대한 문제를 전혀 취급하지 않았던 것이다. 둘 다 이미 주어진 하나의 사회제도 안에서 종교의 기능을 분석하는 데 관심을 두었기 때문에, 비교적인 연구나 변동적인 요소를 다루지 않았던 것이다. 또한 뒤르껭의 상징성에 대한 해석은 그 이상의 분석적인 연구가 나오지 않는다면 종교적 사고에서 사회마다 다른 독특한 유형들, 곧 사회 고유의 변수들은 이차적인 중요성만을 가진다고 결론 내리게 할 위험을 지니고 있었다. 사실 뒤르껭의 사고체계 안에서 종교적 유형은 사회의 상징적 표현으로 해석됨과 동시에 사회의 가장 근원적인 성격이 도덕적이고 종교적인 감정의 유형들로 정의되는 순환논법적인 경향을 볼 수 있다.

막스 베버(Max Weber)는 매우 다른 각도에서 접근을 시도했다. 프로테스탄티즘과 자본주의와의 관계에 대한 그의 연구에서 볼 수 있듯이[13] 그는 다른 위대한 문화권과 서구를 가장 뚜렷이 구별하는 것이 근대 서구의 사회체계라는 점에서 시작했다. 칼빈주의의 인식적 유형과 서구 사회의 근본적이고 제도화된 태도 사이의 합류점을 설득력있게 확립한 후에, 그는 이 자료를 가능한 한 광범위한 비교적 안목에서 체계적으로 설명하려고 하였다. 그래서 특히 중국, 인도, 고대 유대 사회의 종교와 사회 구조에 대한 연구를 시도한 것이다.[14] 이런 연구의 결과로 그는 한편으로는 환경적 요소들의 중요성을 계속해서 강조하면서도, 종교사상의 수준에서 보이는 놀랄 만한 유형적 변수들이 단순히 사회 구조나 경제 상태와 같은 다른 요소에 기인한 것이라고 축소시키거나 환원시킬 수 없다는 결론을 내렸다.[15] 다른 사회적 요소들은 오히려 종교사상의 위대한 운동이 관심을 가지게 되는 문제들을 제기하는 역할을 담당했다는 것이다. 따라서 각 사회의 독특한 인식적 유형들은 이렇게 제기되고 서술된 문제들과의 씨름 속에서 이루어진 지적 노력의 축적된 전통의 결과로서만이 이해될 수 있는 것이다.

이 논문의 본래 목적을 달성하기 위해서는 종교적 사상들의 독자적인 의미라는 베버의 관점보다도 행동체계에서 가지는 종교사상들의 기능적 관계에 대한 그의 설명을 좀더 살펴보아야 하겠다. 빠레또와 말리놉스키의 분석을 계승하여 베버는 실험적인 인과(因果)의 문제를 다루는 인간 행위와 "의미의 문제"(problem of meaning)를 다루는 인간 행위 사이에 근본적인 차이가 있음을 분명히 하였다. 사고로 인한 급작스런 죽

---

13. *The Protestant Ethic and the Spirit of Capitalism.*
14. *Gesammelte Aufsätze zur Religionswissenschaft.* 또한 *The Structure of Social Action* 14장, 15장, 17장 참조.
15. 특히 인도에서 브라만 계급의 상승이 확립되는 데 사회 권력의 균형이 어떠한 역할을 했는가를 설명하는 부분과, 예언운동에서 종교적 문제를 정의하는 데 이스라엘 백성이 지녔던 지위에 대한 Weber의 설명을 참조.

음과 같은 경우에 어떻게(how) 그런 일이 일어났는가의 문제는 실험적 원인의 설명으로 충분히 해명될 수 있는 것이지만, 왜(why) 그런 일이 일어나야만 했는가의 문제는 감정적일 뿐 아니라 인식적으로도 갈등을 남기게 된다. 죽음과 같은 경험에 대한 감정적 적응을 위하여 종교의 기능적 역할이 필요한 것과 마찬가지로 왜 그랬는가를 알아서 그 내포된 의미를 이해하려는 인식적인 기능의 역할도 필요한 것이다. 어떤 환경이나 사회에 존재하는 정상적인 인간적 관심 및 기대와 실제로 무엇이 일어나는가의 사이에 존재하는 차이는 인간실존의 본질 속에 타고난 것이라는 것을 베버는 보여 주려 하였다. 일반적으로 이러한 성격의 문제들은 악의 문제, 고통의 의미 등과 같은 것으로 알려져 있는 것으로 질서의 문제들과 항상 연결되어 제기된다. 그러나 비교적 자료들의 연구를 통하여 베버는 이런 문제들에 대한 전체적인 답을 찾으려는 합리적 노력 속에서 인간 조건에 대한 정의가 여러 가지 다른 방향에서 이루어졌음을 보여 주었다. 그리고 이런 문제들을 다루는 방법에서의 차이가 곧 종교체계들 사이의 가장 중요한 변수를 구성한다는 것이다.

예를 들어 업보와 윤회의 힌두 철학과 그리스도교의 은총론 사이에 있는 차이는 단순히 이론적인 것만이 아니다. 말리놉스키와 뒤르껭의 작업과 직접적으로 연결시키면서 베버는 얼마나 밀접하게 교리상의 이런 차이가 일상생활의 다양한 면에 대한 실천적 태도와 연결되어 있는 것인가를 보여 주었다. 만일 우리가 궁극적인 문제에 대한 답을 이해할 필요가 있다고 한다면, 일상생활의 가치와 목표를 이해하는 것도 마찬가지로 중요한 것이라고 하겠다. 그리고 인간 행위 안에서 이 두 가지 수준을 통합하려는 경향은 본래적인 듯하다. 베버의 분석에서 가장 놀라운 특징은 아마도 세속적 생활에서 사회적으로 시인된 가치와 종교적 목표 안에 있는 변수들과가 얼마나 정확하게 서로 부합하는가를 보여 준 것이라고 하겠다.

베버의 비교적이고 역동적인 연구가 위에 언급한 다른 학자들의 노력의 결과로 발전된 개념적 체계를 직접적으로 통합한 것이라는 것은 손쉽게 알 수 있다. 그러나 베버의 종교적 개념이 지닌 긍정적 의미론을 초기의 단순한 합리주의적 실증주의와 혼동해서는 안된다. 종교적 교리의 영향은 행위자가 확신에 이르러서 합리적인 방법으로 그에 따라 행동하게 되는 것을 말하는 것은 아니다. 개인적인 수준에서 교리란 인간이 대면해야 되는 환경과의 관계에서 감정적 욕구 등의 다른 요소들이 행위의 방향을 결정하기에 충분치 못할 때에 행동체계 안에 결정할 수 있는 일정한 구조를 소개하는 일을 한다. 말리놉스키와 뒤르껭의 이론에서는 일정한 종류의 느낌과 감정적 반응들은 사회제도를 기능하게 하는 데 본질적 요소를 이룬다는 것이 알려졌다. 그러나 감정적 요소들은 고립되어서는 설 수 없고 인식적 유형들과 통합되어야 할 필요가 있다. 인식론적 이론이 없이는 조화를 이룬 사회체계의 구조 속에서 행동을 전체로 묶을 수가 없기 때문이다. 이런 이유 때문에 행동의 구조에 대한 기능적 분석에 있어서 상황은 주관적으로 정의되어져야 하고 행동이 가지는 목표와 가치는 이러한 정의들 곧 "의미"와 합치되어야만 한다.

　학문적 개념체계가 여기서 그 발전의 완성 단계에 이르렀다고 하는 말은 물론 안전한 것이 못된다. 계속적인 변화는 과학의 성격 안에 내재한 것이다. 그러나 상대적 정도의 개념적 통합이 이제 이루어졌고, 지금까지 이 논문에서 개괄한 노력의 축적된 결과들이 사회체계 안에서의 종교의 역할에 대한 대부분의 중요한 면들을 포괄하는 대체적으로 잘 통합된 분석체계를 구성했다고 말할 수 있다. 가까운 장래에 이러한 분석적 체계가 급격하게 다른 구조의 변화로 대치될 것 같지는 않지만 눈에 띄는 세련과 수정은 기대할 수 있다. 그리고 이러한 이론적 체계의 확립은 처음으로 종교사회학을 다른 사회과학 및 심리학과 동등한 수준에 서게 하여 대규모로 경험적 연구와 이론적 분석을 결합하는 일을 가능하게 하였다.

　우리가 되돌아보면 타일러와 스펜서의 체계는 오늘날의 사회학자, 인류학자, 심리학자에게는 너무나도 단순하고 부적당한 것같이 보인다. 그러나 이론적 발전은 그들의 노력을 완전히 배척하고 나온 것이라기보다는 그들의 이론적 전제들을 배제하고 사실들을 직접 연구함으로써 나온 것이라는 것을 주목할 필요가 있다. 초기의 체계가 지녔던 문제들을 제기하고, 이런 문제들을 실험적 관찰의 결과에 의하여 체계적으로 수정해 나갔다. 따라서 말리놉스키는 주술을 합리적인 기술과 연결시키려는 시도를 전부 포기한 것은 아니었다. 주술을 원시과학 및 기술과 동일시하는 데 동의할 수 없었던 그는 합리적 기술의 본질과 기능이라는 확립된 해석을 시발점으로 보유하면서 이들과 연관되면서도 차이를 지닌 특별한 형태를 찾았던 것이다. 이런 과정에서 감정적 요소의 역할과 연결되는 심리적 이론의 새로운 발전이 핵심적 역할을 담당했다는 것도 주목해야 한다. 그러나 말리놉스키의 이론체계를 성공시킨 요인은 심리학적인 종교이론으로 다른 것을 대치한 데서가 아니라 더 넓은 체계 안에서 심리적 탐구의 결과를 수용한 데서 이루어졌다.

이러한 발전이 이루어지기 위해서는 초기 실증주의 안에 있던 철학적 교리주의적 요소들이 극복되어야 했다. 스펜서의 이론 속에 있던 한계성은 인식적 유형이 인간행동에 의의를 가지려면 과학적 유형 안에 동화될 수 있어야만 한다는 전제에 있었다. 그러나 빠레또는 과학적 규범에서 벗어난 유형들이 모두 유사학문적인 것이 아님을 분명히 보여 주었다. 말리놉스키는 인간행위의 조건 안에 있을 수밖에 없는 불확실성과 갈등의 요소들을 비과학적인 개념들과의 기능적 관계 안에서 보여 주었다. 뒤르껭은 인식적 유형 안에 있는 인과율과는 구별되는 상징성의 관계적 중요성에 주목하였다. 마지막으로 베버는 사회 행동 안에 있는 비실험적 인식적 유형의 다양한 역할들을 그의 의미의 문제에 대한 이론과 상응하는 인식적 구조로써(과학 유형 안에 동화되는 것을 배제하면서) 통합하였다.[16] 종교의 인식적 유형들을 과학적 유형들과 분리하여 취급하게 된 이런 모든 구별은 종교현상을 있는 그대로 학문적으로 이해하기 위해서 긍정적 의의를 지닌다. 과학적 범주들과 마찬가지로 이런 사회학적 이론들이 효과적이라는 것을 보여 줌으로써만이 학문적으로 인정될 수 있다. 또한 이러한 종교적 인식과 과학적 인식 사이의 구별을 제대로 못하는 것은 인간생활의 중대한 윤곽을 이해하지 못하게

16. *American Sociological Review* (1938)에 나오는 필자의 "The Role of Ideas in Social Action"에서 이 문제에 대한 일반적인 분석적 토론을 참조.

되는 원인이 된다.[17] 물론 이런 상태가 어떠한 철학적 의의를 지니고 있는 것인가는 사회과학자가 결정해야 될 일은 아니다. 오직 한 가지 안전한 예언을 이 수준에서 할 수 있다면, 새로운 철학적 종합은 이런 구별을 긍정적으로 중시할 필요가 있을 것이며 모든 인간적 사고와 문제를 한 가지 종류로 보려고 하던 옛날의 실증적 개념은 이제 더 이상 주장될 수 없다는 것이다. 만일 이런 구별이 초극될 수 있다면 서구의 사상사에서 볼 수 있듯이 종교적 개념을 과학 속에 집어넣는 형태로는 될 수 없을 것이며, 반대로 종교 안에 과학을 흡수하려고 해도 안될 것이다. 종교적 인식 유형과 과학적 인식 유형을 구별하는 것이 학문적 유용성을 가지고 있다는 사실만으로도 위와 같은 혼동이나 흡수를 심각하게 고려할 수는 없다는 것을 알 수 있다고 하겠다.

17. 모든 사실에 대한 취급과 실험적 탐구는 개념적 체계 안에서 이루어진다. 과학적으로 이러한 개념적 체계를 인정하는 기준은 그 유용성에 있는 것이나 과학적 탐구의 목적을 획득하기 위하여 도움이 되면 족하다. 따라서 과학적 이론의 개념적 구조는 인위적인 것이며 동시에 상대적인 것이다. 그것은 구체적 사실의 문제들 안에서 확인되어야 하고 논리적 정확성과 다른 고도로 복합적인 개념구조 안에서 모순이 없어야 한다. 사회행동의 이론은 이제 고도로 발전된 이론적 구조가 이루어져서, 구조적으로 핵심적인 요소들이 많은 발전을 거듭하면서 이제는 가볍게 배격될 수 없는 것이 되었다.

11장

인류학에서의
종교연구

조 옥라*

＊ 趙玉羅 교수는 서강대학교 인류학 교수로, 박사논문으로 "Social Stratification
in a Korean Peasant Village"(State University of New York at Stony Brook
1979)가 있다. 그 외에도 〈현대 농민과 양반〉(「震壇學報」 52호 [1980] 79-95
면)과 〈경제적 측면에서 본 한국의 전통적 생활양식 연구〉(「현상과 인식」 20호
[1982] 202-222면) 등의 논문이 있다.

1. 서론
2. 대표적 인류학자들의 종교연구
    1) 타일러
    2) 말리놉스키
    3) 에반스 – 프리챠드
    4) 기어츠
    5) 터너
    6) 레비 – 스트로스
3. 결론

1. 서 론

전세계 지역에 널리 퍼져 있는 다양한 문화들을 주 연구대상으로 하고 있는 인류학에서 종교는 매우 중요한 연구영역으로서 많은 학자들의 관심을 끌어왔다. 종교연구가 이렇게 인류학에서 중요한 이유는 역사적으로나 지역적으로 매우 다양한 문화 유형을 보여 주는 대부분의 사회에서 초자연에 대한 믿음의 유형이 발견되기 때문이다. 왜 이러한 믿음의 형태가 인류사회에서 보편적인가를 설명하기 위한 노력이 인류학적 종교연구의 시작이다.

단순한 기술을 지닌 수렵 채집 사회에서부터 고도의 물질문명이 발달된 산업사회에까지 인간들은 그들의 주변사물과 인간관계, 자연현상들이 자의적이며 우연적인 것들로 이루어졌다고 간주하기보다는 눈에 보이지 않는 끈으로 서로 연결되어 인간들의 삶에 영향을 미치며, 그 영향력 뒤에는 초자연적 존재가 있다고 받아들이고 있다.

이러한 인정은 인간들이 자신들을 둘러싸고 있는 자연물, 동식물, 그리고 인간들 상호간의 관계를 파악하려는 노력의 일부이다. 인간이 체계적으로 이해할 수 있으며 예측가능한 영역은 제한되어 있고, 불확실한 상황에 부딪치는 인간의 무력성은 크기 때문에 초자연적인 존재에 대한 믿음으로써 논리적 사고와 실제상의 이해력 사이에의 괴리를 메워 간다. 초자연적 존재의 힘과 능력에 대한 믿음이 궁극적으로는 인간의 죽음과 영혼의 문제에까지도 관계되며, 대부분 인간 삶의 수수께끼들을 풀어 갈 수 있도록 도와 준다고 볼 수 있다.

믿음을 구체화시키고, 의례화시키는 방식은 사회마다 문화마다 다르다. 이러한 방식은 개인적·집단적 차원에서 이루어지며, 현실적이고 실제적인 사회기능을 또한 수행한다.

종교현상의 다양성은 각 사회의 제반 조건들과 연관되어 있다. 각 특수한 종교 형태는 그들 사회의 생태학적 조건, 그리고 사회·경제적 특징들에서 기인된다. 따라서 종교연구는 종교가 그 안에서 기능을 발휘하고 있는 사회의 제반 제도들에 대한 이해를 요구한다. 즉 생물체로서의 인간의 한계성과 집단으로서 사회·문화의 적응성을 나타내 주는 종교에 대한 연구는 심리적인 측면과 사회적 측면에서의 접근을 동시에 요구한다고 볼 수 있다.

이상과 같은 관점에서 인류학자들은 다른 종교연구가보다 종교현상을 포괄적이며 총체적으로 접근하려는 경향이 높다. 궁극적으로 인류문화의 보편성과 특정문화의 특수성을 파악하려는 인류학에서 종교는 하나의 문화현상이다. 다른 문화요소와 마찬가지로 종교는 일정한 사회적 기능을 발휘하면서 인간의 심리적 욕구를 충족시키며, 또한 종교 자체로서 세계를 이해하고 체계화시키려는 인간의 인식체계(cognitive structure)와도 밀접한 관계가 있다고 본다.

인류학자들은 복잡하고 다양한 종교현상들을 설명하기 위하여 타일러가 내린 종교의 정의인 영적 존재에 대한 믿음체계(Belief in spiritual beings)를 일반적으로 받아들이고 있다.[1] 이 정의가 너무 포괄적이기 때문에 아무것도 설명해 주지 못한다는 비난에도 불구하고, 이 정의는 여러 차원의 사회의 종교현상에 적용하는 데에는 유용하다. 이렇게 포괄적인 전제를 갖고 각 지역에서 발견되는 종교를 분석·접근할 때 다음과 같은 공통점들을 지니고 있다.

첫째, 인류학자들은 일차적 자료, 즉 연구가 자신이 직접 수집한 자료를 중점적으로 분석하면서 종교에 관한 이론을 정립하려고 한다.

다른 분야에 관심을 갖고 있는 인류학자들과 같이 종교연구가들은 조사대상 지역에 장기간 체류하면서 연구대상 주민들의 전 생활권 내에서 종교관행들이 어떻게 이루어지고 있으며, 이러한 종교행사에 참여하고 있는 믿는 자들의 태도 등에 관한 각종의 자료를 수집한다. 이때 인류학자들이 주의를 기울이는 대상은 광신자도 냉담자도 아닌 일반 주민의 평범한 믿음 형태와 실천이다.

1. E. Tylor, *Primitive Culture*, London: John Murray 1873.

따라서 종교관행에서 종교주례자나 교리뿐만 아니라 종교관행이 이루어지는 생활의 장에 특별한 관심을 기울이고 있다. 종교현상이 분리될 수 있는 현상으로 간주하기보다는 사회 제반 체계와 밀접한 상호관계를 지니고 있다는 전제 아래 종교현상 자체뿐 아니라 일반적인 사회현상에 대하여서도 관찰을 게을리하지 않는다.

이때 연구자는 종교를 믿고 직접 종교행사에 참여하는 입장에서 자료를 수집한다. 자료들은 종교행사, 참여자, 그리고 사회·경제적 배경, 실제 행하여질 때의 상황들에 관한 자세한 기술들이다. 이러한 자료들은 일견 산만하고, 작은 일까지도 포함한 자세한 한 뭉치의 이야기거리들로 보여지기 쉽다.

둘째, 그러나 인류학적 연구는 이렇게 단순한 보고서로 그쳐지지는 않는다. 현지 자료는 끊임없이 종교현상의 총체성과 본질을 추구하는 분석의 대상이다.

인류학자들의 이론적 작업은 기록된 잡다한 자료들을 재정리하여, 산만해 보이는 기록들을 꿰매는 것이다. 이때 연구자의 이론적인 관점에 따라 강조되는 영역이 달라질 수 있다. 종교의 믿음 체계 자체에 관심을 갖고 있는 연구자는 어떠한 방식에 따라 믿음의 요소들이 체계화되고 있느냐라는 믿음의 "유형"에 초점을 맞추어 제반 자료들을 재정리할 수 있을 것이다. 이러한 경우 믿음을 상징화하는 방식에서 사용되는 여러 도구, 장식물, 동식물, 인물들이 연결되어지는 논리에 주의를 기울일 것이다.

또 한편에서는 종교 실천자의 입장에서 왜 이러한 종교적 믿음을 갖게 되고, 어떠한 경우에 더 의존하게 되고, 종교행사 중에 각 성원이 하는 역할의 내용은 무엇이며, 궁극적으로 사회가 이러한 종교의 존재로서 얻어지는 혜택은 무엇인가에 대한 해답을 얻기 위하여 자료들을 재정리할 수도 있다.

셋째, 원칙적으로 인류학자들이 현지에서 체류하면서 조사연구를 할 때 일정한 가설을 갖고 들어가는 것은 바람직하게 생각되지는 않는다. 이는 특정한 가설로 인하여 관찰할 수 있는 영역을 제한할 수 있기 때문이다. 특히 연구자가 자란 문화적 환경과는 전혀 다른 사회에 들어가서 생소한 문화 규범들을 일상생활을 영위하는 가운데서 체득해 갈 때, 가설이 확고하면 그 가설을 정당화하기 위한 자료들을 선별적으로 수집할 위험성이 크기 때문이다.

인류학에서는 가능한 가치판단이 유보된 채, 충실하게 조사 대상 문화에 자신을 몰두시킬 수 있을 때 좋은 자료 수집을 할 수 있다고 본다. 그러나 이러한 방법에는 너무 특정 현지인의 증언에 무조건적으로 의존한 자료를 모을 가능성도 있다. 연구자가 얼마나 그 문화 속에 몰입하든지 관찰자의 역할은 순수한 참여자와 다른 관점을 요구한다.

흔히 질문에 대한 현지 주민의 답이나 상황 설명은 개별적이며 개인적 차원에서 나온 것이기 때문에, 사실이 왜곡될 수도 있으며 전체적 윤곽이나 체계를 그린다는 것이 힘들다. 실제 관찰된 내용에 대한 해석이 현지 주민의 것과 다를 수도 있다. 이러한 차이는 문화 속에 젖어 있는 사람들에게는 너무 익숙하여 특별한 뜻이 없는 것들이 연구자에게는 중요하게 간주될 수 있기 때문에 나온다.

인류학자들의 작업은 객관적으로 현지 주민들의 종교에 관한 현상들을 충실하게 관찰·제시한 후, 그러한 종교현상들의 의미를 자체의 체계에 대한 이론 정립과 사회적 기능을 통하여 파악하는 데 있다. 궁극적으로 이러한 작업이 종교에 대한 일반적 이해를 높이는 데 기여하고, 종교와 사회에 대한 보편적 관계 및 특정 연구 대상 사회의 종교현상이 지닌 특수성을 제시할 수 있다고 믿는다.

네째, 인류학에서의 종교연구 경향은 변천을 겪어 왔다. 초기 이론가들은 종교 유형을 인류사회의 발전 단계를 제시해 주는 틀로서 보고, 종교의 기원을 밝히려는 진화론적 연구분석에 치중하였다. 그러나 인류학에서 사회의 발전 과정의 분석틀로서 다양한 지역의 다양한 문화현상들을 모두 포괄하여 설명하려는 방법에 대한 비판이 제기되어 종교연구의 방향이 일부 수정되었다.

종교의 기원문제보다는 종교의 사회적 기능 그리고 종교와 사회변동과의 관계들을 분석하는 학자들이 늘게 되었다. 이러한 접근방식은 동시대적(synchronic)이며 구조기능적 이론들의 발달과 함께 이루어졌다. 더 나아가 최근의 많은 종교연구자들은 종교현상 그 내부의 논리와 체계를 추구하면서, 어떻게 종교현상 속에서 상징들이 구조화되고 강조되어 왔느냐는 등의 질문들을 갖고 분석하고 있다.

이러한 종교연구의 다양한 관점과 방법들은 대표적인 종교 인류학자들의 연구들을 통하여 파악될 수 있다.

2. 대표적 인류학자들의 종교연구

1) 타일러(Edward B. Tylor, 1832—1917)

초기 인류학자인 타일러는 다양한 문화 속에서 발견되는 종교 형태를 보편적으로 설명하려는 시도를 했다. 그는 어느 사회에서나 인간들은 영적 존재를 인정하고 있다는 사실에 주목하여, 종교의 가장 기본적인 요소를 영적 존재에 대한 믿음이라고 「원시문화」(*Primitive Culture*, 1873)에서 정의 내렸다.

그가 사용한 자료는 그러나 자신이 직접 관찰하거나 참여하면서 수집한 것이 아니라 선교사나 여행자들의 보고들에 의존한 것들이다. 이는 유럽인들의 편견이 개입되었을 가능성이 높음을 뜻한다.

타일러는 이러한 자료들 속에서 종교의 기원과 발달을 규명하고자 했다. 우선 그는 영혼에 관한 관념이 인간의 이상한 심리상태와 꿈이나 환상을 해석하는 과정을 통하여 얻어졌다고 했다. 이러한 관념이 동물과 식물들에게 확대되었으며, 자연세계에 영적 존재를 인정하는 정령신앙과 세계에서 일어나는 현상에 영혼들이 작용한다는 믿음 형태로 발달되었다고 분석했다. 이러한 믿음 형태는 영혼에 대한 인간의 지적 관심에서 파생된 것으로 본 것이다.

한편 인간의 지적 수준이 미발달 상태이기 때문에 신의 존재를 불확실한 사고적 연결로써 단순화한 것이 바로 정령신앙이라는 타일러의 관점은 19세기 진화론자들의 테두리에서 이해될 수 있다.

타일러에게는 사회의 발전은 곧 그 사회성원의 지적 능력의 발전이라는 전제가 깔려 있다. 그는 인간의 지능이 발달되고, 지식이 축적되면 인식의 수준이나 범위가 발전하고, 궁극적으로 이러한 발전이 종교 유형의 변화에도 투영된다고 본다. 따라서 종교 형태는 정령신앙(精靈神仰) → 다신교(多神敎) → 이신교(二神敎) → 일신교(一神敎)로 발달되어 온 것이라고 주장했다.

종교의 가장 기본적이고 단순한 측면에서부터 종교의 원형을 분석하고, 그것을 기초로 하여 종교발달 과정을 기술한 타일러의 종교연구 방법은 현대에 채택되기에는 많은 결점을 지니고 있다.

첫째, 그의 연구분석은 종교현상이 갖고 있는 복잡한 요소들을 수용하지 못한다. 실제 조사된 단순사회들에서는 최고신(High God)의 개념이 존재하는 사회들도 있으며, 실제 종교 내부에는 상호 모순되는 다양한 요소들이 결합되어 특정 종교 형태를 이루기 때문에 타일러의 분석은 종교를 지나치게 단순하게 보았다고 지적된다.

둘째, 종교현상을 인간의 지적 관심의 결과로만 보는 시각은 종교가 형성되는 데에 필연적인 사회적 요건이나 감정적 몰입의 중요성을 간과하고 있다. 더구나 그가 의미하는 인간의 지적 능력이 단순·원시문화에서 현대보다 뒤떨어지리라는 가정은 현대학자들에 의하여 부인되었다.

세째, 그의 연구 관점은 유럽 문화 중심적이다. 특히 그의 종교 형태의 발달 도식은 서구의 그리스도교를 중심으로 다른 사회에서 보고된 종교현상들을 해석한 것이다. 즉 서구 종교를 가장 발달된 종교 유형으로 간주하고 다른 종교 형태를 덜 발달된 것으로 도식화한 것이라는 비난을 받고 있다.

2) 말리놉스키(Bronislaw K. Malinowski, 1884—1942)

영국에서 훈련받은 폴란드 태생 말리놉스키는 인류학적 현지조사를 최초로 수행하였으며, 많은 저서와 논문을 통하여 인류학이 학문으로서 정착하는 데 크게 공헌했다.

그는 뉴질랜드 북동부에 위치한 트로브리안(Trobriand) 군도에서 약 26 개월 동안 면밀한 조사를 했다. 그는 현지어를 체득, 사용하면서 체계적 자료수집을 한 최초의 인류학자이다.

방대한 자료들을 분석하면서 그는 일상생활 속에서 트로브리안인들을 지배하는 동기나 목적을 밝히려고 하였다.[2] 즉 그는 문화현상과 사회제도들의 심리적 기능을 추구했다. 이러한 관점 때문에 그의 이론은 심리적 기능주의로 분류된다.

종교현상에 관한 자료들의 분석에도 그의 기능주의적 관점이 두드러진다. 그는 트로브리안인들의 종교적 관행, 의례 그리고 초자연에 대한 믿음 유형들을 개인적 심리와 사회적 기능과 연결시켜 분석했다.

그가 종교연구에서 이루어 놓은 공헌은 주술과 종교를 개념적으로 분리시킨 점이다. 그에 따르면 주술(magic)은 차후에 따라오리라 예상되는 특정한 목적을 달성하기 위한 수단적 행위들로 이루어진 실제적 행위인 데 반하여, 종교는 그 존재 자체가 종교적 목적을 달성할 수 있는 자족적인 행위체이다. 그러나 종교나 주술 모두가 교리(doctrine)나 철학 같은 지적 의견의 집합체일 뿐 아니라 인간의 이성과 감정으로 이루어진 실용적인 태도로서 특별한 유형의 행위체라고 했다. 따라서 그는 종교나 주술은 사회적 현상이자 개인적·심리적 경험으로 이루어져 있다고 간주했다.

하나의 의례에는 종교적 내용, 주술적 의미, 과학적 지식이 동시에 존재하고 사용된다. 이들은 인간의 한계성과 예측 불가능한 자연 변화에 직면하는 인간의 심리적 불안감을 해소시키며 동시에 초자연적 존재에 대한 경외감을 표시하기 위한 것들로 보았다.

이러한 전제 아래 이루어진 그의 트로브리안인의 종교현상에 대한 보고와 분석을 간략하게 살펴보겠다.

트로브리안인들은 대표적인 초자연적 존재로서 죽은 사람의 영혼을 믿는다. 이 사자(死者)의 영혼들은 세 종류로 나누어서 분류되는데, 그 중 가장 중심적인 영혼은 발로마(Baloma)로서 투마(Tuma)라는 트로브리안 군도에서 북서쪽으로 수십 마일 떨어진 곳에 있는 작은 섬에 산다고 보았다. 사람이 죽은 후에는 발로마가 되어 투마 섬에 간다고 믿는다. 그러나 투마 섬으로 가기 전 마을 주변을 배회할 수도 있으며 이러한 영혼은 코시(Kosi)라고 불리운다. 발로마와 코시 간의 체계적인 관

2. B. Malinowski, *Magic, Science, and Religion, and Other Essays*, Boston : Beacon Press 1948; Paperback판 Garden City, N.Y.: Doubleday 1954.

계는 불분명한 채로 주민들에게 받아들여진다. 또 하나 주목되는 영혼은 물루쿠아우시(Mulukuausi)로서 위험한 여성 귀신으로 생존자들에게 공격을 가할 수도 있기 때문에 두려움의 대상이 된다.

말리놉스키의 서술에 따르면 트로브리안인들은 살아 있는 사람이 투마 섬을 방문하는 것도 가능하며, 반대로 발로마가 영혼들의 연례 축제인 밀라말라(Milamala)에 마을을 정기적으로 방문한다고 믿는다. 실제 투마 섬을 방문하여서 죽은 친구나 친척을 방문했다고 주장하는 사람도 있으며, 그는 그러한 주장으로 주위에서 명성을 얻으며, 경우에 따라서는 특별한 물질적 보상까지도 얻을 수 있다.

매년 수확기에 두 주 동안 계속되는 밀라말라 축제는 매우 복잡한 사회적·주술적·종교적 현상이다. 여러 부락들 사이에 방문이 이루어지며, 함께 모여 춤을 추는 전 축제 동안 방문한 발로마에게 음식이 제공된다. 축제 동안 이 영혼은 관행들이 어떻게 잘 지켜지는가를 면밀하게 관찰한 후 관습적 규칙을 위반할 경우 또는 대우를 신통하게 받지 못했을 경우 마을에 벌이나 재앙을 내릴 수 있다. 특히 농사일들은 이 영혼에 대한 대우와 밀접하게 연관되어 있다고 믿는다. 축제가 끝날 무렵 발로마는 의도적으로 의례에 따라 마을에서 축출된다.

공식적 방문 기간뿐만 아니라 발로마는 수시로 마을을 방문하여 인간들의 일상생활에 영향을 줄 수 있다고 믿어져 주술에서 매우 중요한 부분을 차지한다.

주술은 트로브리안인들의 생활에 지대한 역할을 한다. 모든 경제적 활동들은 주술과 연결되어 있다. 경작, 사냥, 낚시, 항해 과정 등 모두가 주술적 과정을 수반하고 있다. 예를 들면 가장 중요한 곡식이자 교환품인 얌(일종의 고구마)을 경작할 때 복잡한 일련의 의례들로 이루어진 정원 주술(garden magic)을 한다. 주술가는 경작을 할 때 휴식, 일의 양, 그리고 동시에 마을 사람들이 일정한 노동을 하도록 지시한다. 그 과정마다 주술적 의례가 뒤따르는데, 주문을 외는 부분이 주술의 핵심이다. 주문(spell)은 자주 씨족의 조상 이름이나 영웅 이름을 언급함으로써 발로마 영혼에게 직접 호소를 하는 것이다.

이 발로마들은 모계 혈통을 따라 전승되는 것이며 그 지역의 특정 신화와 연결되어 있다.

트로브리안인들은 이렇게 지역과 관련된 조상의 영혼들이 어업이나 경작에 매우 우호적이길 기대한다. 그러나 잘못하여 영혼이 화가 나면 해를 미칠 수도 있다고 생각하여 대우를 잘 하도록 주의깊게 의례중에 이들의 이름을 인용한다.

발로마 영혼들은 투마 섬에서 마치 살아 있는 사람과 마찬가지로 생활의 주기를 갖고 있다. 늙어 죽으면 껍질이 벗겨져 바다로 나가며, 그 껍질이 밀려와 바닷가에 나온 여성에게 들어가 임신이 되어 재생(reincarnation)을 한다고 설명된다.

이상과 같은 발로마 영혼에 대한 믿음 체계는 트로브리안인들의 생활 주기, 경제활동 등에 준거들을 제공해 준다. 동시에 주술적 의례들은 인간이 불안한 장래에 좀더 나은 결과를 얻고자 하는 노력의 일환이라고 보여진다. 결국 이러한 믿음 체계는 인간의 심리적 욕구를 충족시키며, 동기를 유발하는 종교적 기능을 나타낸다고 말리놉스키는 보았다.

이러한 분석과 함께 트로브리안 군도의 신화에 대한 연구에서 말리놉스키는 종교적 현상 안에 좀더 강한 공리적 측면을 강조했다.

트로브리안 군도의 기원 신화는 토지 소유와 마을 조직과 관련되어 있다. 하위 씨족(subclan)의 조상들은 지하세계에서 구멍을 통하여 지상으로 올라왔는데, 현재 마을은 그 구멍 근처에서 세워졌으며 그 주변 토지는 그 하위 씨족에 속하게 됐다.

이 신화는 계속 반복해서 이야기되어지며 주민생활의 주요한 부분을 차지한다. 이를 통하여 토지에 대한 하위 씨족의 권리가 정당화되며, 씨족 성원들 간에 자신들의 독자적·사회적·의례적 위치를 재확인하게 된다. 말리놉스키는 이 신화가 동일한 조상을 가진 후손들의 친족 유대와 지역적 결속감을 강화시키는 기능을 한다고 했다.

트로브리안인들이 갖고 있는 또 다른 기원 신화는 네 씨족의 출현을 설명한다. 오부쿨라(Obukula)라는 구멍에서 올라온 네 개 씨족들이 한 음식금기 때문에 씨족들 간에 서열이 생기게 되었다고 한다. 이 신화는 씨족들간의 등급과 서열을 주장하는 근거이다.

따라서 말리놉스키는 신화는 전통을 강화하는 데 기능적으로 작용하며 원래의 사실에 보다 초자연적인 성격을 부여함으로써 그 가치를 확장시킨다고 했다.

이상의 분석을 통하여 그는 종교가 문화적이며 사회적 현상으로서 복잡한 믿음 체계를 갖고 사회적 목표를 수행하면서 인간의 심리적 욕구를 충족시키고 있다고 본 것이다.

그의 이러한 연구방법은 지나치게 개인의 심리상태에 비중을 둔 분석이라는 비판을 믿는다. 그러나 종교에 미치는 인간 심리의 중요성은 후대의 학자들에게 계승되고 있다. 또한 문화현상들을 동기나 욕구충족의 기능들에만 치중하여, 문화 자체의 구조에는 분석이 거의 안 되어 있는데, 이러한 측면은 후대의 인류학자들에 의하여 보충된다.

3) 에반스 – 프리챠드(E. E. Evans-Pritchard, 1902—1973)

에반스-프리챠드는 영국의 인류학자로서 레드클리프-브라운의 영향을 강하게 받았다. 말리놉스키의 기능주의적 분석에 비하여 사회구조에 역점을 두고 사회현상과 문화현상들 상호간의 관계를 분석했다.

그의 종교연구는 아프리카 동부의 누어(Nuer)[3]족에 대한 연구와 아프리카 중앙 수단과 자이레 국경 북부와 남부에 걸쳐 거주하는 아잔디(Azande)[4]족에 대한 분석을 통하여 이루어졌다.

그는 종교연구가 그 사회와 문화를 나타내는 총체성(totality)을 제시할 수 있다고 봤다. 따라서 그 사회의 사회구조에 대한 지식이 없이 특정 종교현상을 분석할 수 없다고 한다. 종교적 의례는 인간의 출생, 성년, 결혼 그리고 죽음을 확인하고 설명하면서 다른 사회적 사실들과 기능적인 관계를 지닌다고 했다. 즉, 상호의존하는 체계 내에서 한 부분

3. Evans-Pritchard, *Nuer Religion*, New York: Oxford University Press 1956.
4. Evans-Pritchard, *Witchcraft, Oracles and Magic among the Azande*, New York: Oxford University Press 1937.

과 다른 부분들을 연결시켜 주며, 종교의 믿음 체계는 그 자체가 다른 제도적 체계들과의 관계 속에서만 의미를 지닌다. 그러므로 궁극적으로 종교는 사회현상이며, 인간의 지성(intelligence)과 함께 조화되어 본능적인 충동에서 나왔지만, 인간과 사회의 생존 가능성을 높여 주는 것이라고 본 것이다.

이러한 그의 종교에 대한 관점은 누어족의 영혼(spirit)에 대한 기술에서 잘 나타나 있다.

아프리카 동부의 유목민인 누어족에게는 신이란 매우 막연하게 존재한다. 다차원의 여러 영혼들이 존재하면서, 모든 것을 창조한 최고신(High God)도 인정한다. 이러한 영적 존재들은 하늘에 있으며 마치 공기나 바람같이 어디에나 존재한다. 사람이 바보스럽고 무기력한 데 비하여 이러한 존재들은 자유스럽고 수많은 능력을 지녀 다양하게 자신을 드러낸다고 본다.

인간이 영적 존재를 정확하게 그려 낸다는 것은 불가능한 일인데, 이는 사람과 신 사이에 엄청난 차이가 있기 때문이라고 한다. 바람이나 공기 같다는 표현 외에는 신이나 영혼에 대하여 설명하지 못한다. 이런 존재는 특정 결과나 효과와 관련시키거나 상징이나 은유들(metaphors)을 사용하여야만이 표현될 수 있다고 누어족은 보고 있다.

영혼들은 여러 차원의 상황에서 다른 효과와 관계를 맺을 수 있다. 이러한 것들은 각기 개인들의 체험에 의해서만 영혼의 경험을 이야기할 수 있을 뿐이지 영혼이나 신 자체의 설명을 하지 못한다. 따라서 이러한 관념과 체험은 애매모호하며 때로는 서로 모순되기도 한다. 그래서 영적 존재(spirit) 자체는 신비한 것으로 사고로 알 수 있는 것이 아니라 상상과 연관되어 특정 상황에 대한 반응으로 경험되는 직관적 파악이다.

많은 경우에 영적 존재는 사람들 사이의 일반적 관계에서 보는 것과는 전혀 다르며, 인간 눈에 보이게 나타나는 것은 영적 존재의 물질적 상징체일 뿐이다.

누어인들의 이러한 사고방식은 희생의식에 포함된 복잡한 의미에서도 볼 수 있으며, 영적 존재들에 대한 그들의 복잡한 태도들에도 나타나 있다. 누어인들의 의식에는 의례적 정(淨)과 부정(不淨)의 개념은 없다. 비록 신과 영적 존재에 대한 인간의 의존성을 인정하지만 의식 자체보다는 거기에 참여하는 사람의 의도와 성실성에 더 관심을 둔다. 즉, 의식에서 사용되는 희생물이나 주문들은 그 자체로 뜻이 있는 것이 아니라 그것으로써 의도하고자 하는 바가 더 중요하다는 뜻이다.

이러한 에반스-프리챠드의 누어족의 믿음 체계에 대한 기술은 누어인들이 주변의 자연이나 사회관계에서 경험하는 상황들을 영적 존재를 통하여 설명하고 있음을 보여 준다.

아잔디족의 마술(witchcraft)에 대한 분석은 이렇게 믿음 체계가 사회현상임을 더욱 분명하게 보여 주고 있다. 아잔디인들은 모든 불행한 사태는 마귀에 의하여 이루어진다고 믿고 있다. 특히 예상치 못한 일이나 도저히 일상적인 지식으로 설명할 수 없는 불행한 사건은 모두 마귀탓으로 돌린다.

마술은 아잔디인의 모든 일상생활에서 일어날 수 있다. 이들이 채택되는 방식은 인과론적 설명이 불충분한 영역을 메워 준다. 예를 들자면 항상 사냥터에 가서 사냥한 후 무사히 돌아오는데 어느날 길목에서 넘어져 다리를 심하게 다쳤다고 한다면, 부주의했었기 때문이라는 설명은 불충분하게 여겨진다. 왜냐하면 수년 동안 변함없이 다녔는데 무슨 특별한 일도 하지 않고 다쳤다는 것을 그저 막연히 운이 나빴다고 치부하기에는 미흡하다. 아잔디인들이 채택하고 있는 마술은 바로 이 논리적인 설명이 그친 다음의 설명을 해 주고 보복의 가능성을 제시해, 심리적 보상을 믿게 해 주는 것이다.

이러한 목적을 위해 아잔디인들은 신탁(oracle)에 의존한다. 다리가 셋 달린 비비는 나무판(rubbing board)에 여러 주문과 약초를 놓고 마귀를 찾아낸 후 주술(magic)에 의하여 상징적이며 의례적인 복수를 한다. 일의 성격이 심각한 경우에는 닭(fowl)에다 예상되는 마귀 이름을 댄 후 독약을 먹여 죽는 닭에 지명된 마귀를 찾아내기도 한다.

마귀는 대체로 평소 사회관계를 밀접하게 하고 있는 주위 사람들 중에서 지목되는 것이 보통이며, 특별히 성공적인 경쟁자가 마귀로 판명될 가능성도 높다.

이러한 마술은 하나의 가치체계로서 대부분 일상생활에서 논리적 설명이 부족한 부분에 채택되어 심리적 안정감을 주는 데 기여한다. 동시에 평소 갈등적 처지에 있는 사회적 관계를 지닌 사람들 간의 문제와 불만을 이러한 마술로써 투사시켜 궁극적으로 긴장과 불만의 소지를 해소시킬 수 있다.

이러한 아잔디인의 마술에서 에반스-프리챠드는 기능적으로 볼 때 마술은 분명히 사회적 현상이라고 지적한다. 마술을 통하여 사회관계를 원활히 하고, 사회구조가 유지될 수 있는 가치체계를 형성하고 있음을 보여 줌으로써 종교적 현상이 그 사회의 문화와 사회구조의 총체성을 나타내 준다는 자신의 전제를 재확인한다.

그의 종교연구는 지나치게 구조 기능적 측면을 강조하여 사회구조로 모든 것을 환원시키는 경향이 있지만, 가능한 한 포괄적으로 종교를 제시하고자 했다는 면에서는 비교적 종합적인 종교연구 방법론을 제시했다고 보겠다.

4) 기어츠(Cliffard Geertz, 1926—)

미국의 인류학자 기어츠는 종교의 문화적 측면을 강조했다.[5] 종교를 문화체계로 보면서 상징들로 이루어진 종교는 인간들에게 강력하고, 광범위하며 지속적인 성향과 동기를 형성하고, 존재의 일반적 질서에 대한 개념들을 만든다고 하였다. 그리고 이러한 개념들은 참으로 유일하고 고유한 것으로서 성향과 동기를 형성할 정도로 강한 실재성을 부여하는 것이라고 정의 내렸다.

그에게 있어서 종교는 상징들의 체계(system of symbols)로서 가장

5. Clifford Geertz, "Religion as a Cultural System", Michael Banton 편 *Anthropological Approaches to the Study of Religion*, London : Tavistock Publications 1965.

큰 기능은 특정한 생활방식과 특정한 형이상학을 기본적으로 동일시하
도록 하는 것이다. 이렇게 동일시되면서 생활방식과 형이상학은 서로
다른 편의 권위에 의존하여 유지될 수 있다고 본다.

종교적 믿음과 실천을 통하여 각 집단의 공유된 의식(ethos)이 지적
으로 표현된다. 이때 세계관이 기술하는 사건들의 실제적 상황에 이상
적으로 적합한 생활양식이 제시된다. 그와같은 생활양식을 수용하게 하
는 데 특별히 잘 맞는 사건들의 실제적인 상황을 강화시키는 이미지로
서 세계관이 제시되는 과정을 통하여 감정적으로 설득력을 갖게 된다.

종교적 상징을 통해 인간적 차원이 더 넓은 차원들과 연결될 수 있다
고 본다. 이때 종교적 체험은 일상적인 감정과는 다른 것이다. 인간을
일상적인 현실 세계로부터 벗어나 현실 세계의 모든 결핍된 점을 보충
하고 완성시킬 수 있는 더 넓은 영역으로 인도한다.

이러한 과정은 강한 감정이나 성향, 동기 등을 유발시키지 않으면 거
의 불가능하다. 실재를 더욱 실재적으로 느끼게 하면서 특정 방향으로
서의 생활양식과 가치체계를 형성해 가는 것이다.

따라서 기어츠는 종교의 인류학적 연구는 종교 전체를 이루는 상징
내부에서 의미하는 것들의 체계를 분석하는 것과 이러한 체계들을 사회
구조적 과정과 심리적 과정들과 연결시키는 두 가지 작업이 필요하다고
주장한다.

그의 종교연구의 대표적인 예로서 인도네시아의 발리(Bali) 섬 주민
이 전승하고 있는 마을극의 분석을 들 수 있는데, 그는 이 예들에서 종
교적이며 추상적인 의미들이 어떻게 극화되고 감정을 어떤 특정 방향으
로 실체화하는지를 잘 보여 주고 있다.

이 극은 랑다(Rangda)라는 여성 신과 바롱(Barong)이란 남성 신과의
투쟁과정을 극화한 것인데 주로 죽음의 절(temple of a death) 축제 때
에 공연한다.

마녀같이 소름끼치는 존재인 랑다의 역은 남자가 분장하는데, 괴이한
모습으로 이빨이 삐져 나오고, 엉클어진 머리에는 더러운 것들이 묻어
있어 관객들에게 최대한의 두려움을 주도록 묘사된다. 여기에 반하여

바롱은 역시 괴물이지만 양개털 코트를 입고 그 위를 꽃과 번쩍이는 여러 장신구로 치장한 익살맞은 존재로, 두 남자에 의하여 연기된다.

전체 연극의 흐름에서 이 두 괴물의 만남은 강력한 적의와 가벼운 코메디로서 표현된다. 공포와 비명은 랑다의 출현이다. 붉은 혀를 내밀고, 춤을 출 때마다 비명같은 웃음 소리를 지르면서 긴 손톱이 있는 하얀 손을 뻗친다. 미친 듯이 날뛰는 랑다가 바롱과 부딪칠 때 연극은 그 절정에 다다른다.

극의 내용은 강력한 바롱과 그 지지자들에 의하여 죽음의 절로 몰리는 랑다가 자신의 작은 악마들과 함께 강력한 반격을 하여 바롱을 마을까지 밀어붙인다. 여기서 마을 사람들도 합세하여 다시 랑다를 죽음의 절로 미는데, 힘에 부친 랑다는 잡히지 않고 숨어 버린다. 랑다를 찾으려는 광란의 시도가 이루어지며, 숨어 버린 랑다는 그대로 잠적해 버려 분노에 찬 마을 사람들은 모두 지쳐 정신을 잃어버린다. 이때 절의 사제들이 성수(聖水)를 부어 이들을 깨움으로써 연극이 끝난다.

이 극은 관람할 만한 장관일 뿐 아니라 참여하는 의례이다. 실제 역을 맡은 배우와 관객들 사이를 구별짓는 인위적 거리는 없다. 극에서 묘사되는 사건들이 도저히 예측할 수 없는 세계 속으로 들어가면서, 랑다와 바롱의 전면적인 접전이 해결이 없이 끝나게 될 때 모든 참여자들은 상상만이 아니라 실제로 그 속에 있다.

많은 사람이 그 직접적인 역은 다르지만 극에 참여한다. 70여 명이 참여하기도 한다. 기어츠는 이 극이 마치 높은 수준의 미사(mass)와도 같이 이러한 랑다와 바롱의 세계에 근접하게 한다고 지적한다.

이 의례 속으로 군중이 들어가게 되는 것은 랑다와 바롱의 접전중 부하 마귀들에게서 심리적인 영향을 받아 일종의 몰아지경(trance)으로 떨어지는 때이다. 군중 트란스는 발리인들을 그들이 일상적으로 살고 있는 세계에서부터 나와 랑다와 바롱이 살고 있는 가장 특이한 세계에 투사하도록 한다. 여기서 그들은 이러한 세계가 실제로 존재한다는 것을 체험한다.

의례가 구현하는 종교적 관점에 깔려 있는 권위를 받아들이는 것은

의례 자체에 실제로 참여하면서 이루어진다. 성향과 동기들을 유발하고
세계관인 세계질서의 이미지를 정의 내리면서, 공연과정을 통해 종교적
믿음을 위한 모델과 종교적 믿음의 모델이 동일하다는 것을 체험하게
한다.

기어츠는 이러한 분석에서 더 나아가 종교는 세계질서를 기술할 뿐
아니라 세계를 형성한다고 한다. 종교가 갖는 중요성은 개인이나 집단
에게 세계와 자기자신의 분명한 개념 및 그 사이의 관계에 대한 일반적
자료를 제공해 주는 데 있다. 이 개념들은 형이상학적 맥락을 뛰어넘어
서 각자가 경험하는 지적·감정적·윤리적인 문제들에 의미들을 부여해
주는 방식으로 일반적 사고의 틀을 제공한다. 이러한 의미에서 종교의
사회적 기능이 발휘된다고 보았다.

기어츠의 종교연구는 문화를 인지체계[6]로 보는 미국 인류학의 전통을
계승하고 있다. 그는 종교가 개인과 집단에 부여하는 감정, 심리, 사회
적 기능을 구체적으로 잘 제시해 주고 있다. 그러나 특정 종교 유형과
사회구조와의 동태적(動態的) 관계에는 전혀 고려가 없는 점에서 사회
관계를 중시하는 영국의 인류학과는 차이가 난다.

5) 터너(Victor Turner, 1920—)

터너는 영국 사회 인류학의 전통에서 구조기능주의를 보완하는 연구
를 주로 했다. 그의 종교연구는 사회적 갈등의 문제와 그 해결책에 관
한 연구를 하면서 이러한 갈등이 상징화되고 공식화되는 시기에 관심을
갖게 되면서 시작되었다.

그는 종교의례에서 사용되는 상징물들과 그 상징들이 복합적으로 연
결되는 체계에 분석을 집중시켰다.[7] 이 상징체계의 분석에서 레비-스트

---

6. C. Geertz, "Ideology as a Cultural System", D. Apter 편 *Ideology of Discontent*,
   New York : The Free Press 1964.
7. V. Turner, "Colour Classification in Ndembu Ritual", Banton 편, *Anthropolo-
   gical Approaches to the Study of Religion*, London : Tavistock Pub. 1966.

로스 등이 제시한 이분적 분류가 모호하게 작용하는 다른 종류의 분류 방식을 채택하는 방계 상징주의(lateral symbolism)를 제시했다.

터너의 의례연구는 아프리카의 뎀부(Ndembu)족에서 관찰된 자료를 중심으로 체계화되었다. 뎀부 사회의 의례에는 세 가지 종류의 색깔 분류가 중요하다. 흰 색, 붉은 색, 검은 색은 모두 세 종류의 강이 지니는 수수께끼와 연결되어 있다. 소년과 소녀들의 성년식과 장례식이 혼합된 의례에서 이 세 강에 대한 주의와 지식이 전수된다. 주례의 교훈가가 신참자들에게 각기의 강이 무엇을 의미하는지를 가르쳐 준다.

각기의 강은 중충적 상징으로 가치관, 윤리적 사고, 사회규범, 그리고 생리적 과정과 현상까지도 의미한다. 이러한 것들은 다양하게 조합되어 뎀부인들이 실재라고 여기는 것들을 뒷받침해 주거나 형성하는 힘들로 간주된다. 흰 강은 남자의 정액과 어머니의 젖을 동시에 의미한다. 정액은 남성적 생명력, 물에 의하여 정제된 피로서, 흰 강은 신의 강으로 기술된다. 소녀의 성년식에는 뮤디(mudyi)나무의 수액이 하얗기 때문에 흰 강과 유사한 상징을 나타낸다. 붉은 강은 여성의 월경, 출산의 피, 무기에 의한 피 등을 의미한다. 붉은 색은 다산(多産), 생명력과 동시에 위험을 의미하기 때문에 애매모호한 범주이다. 검은 강은 흰 색과 붉은 색을 모두 부정한다. 이것은 인간의 분비물 중의 일부로 죽음·불임·부정(不淨)을 뜻한다.

성년식의 소년 소녀는 어린이도 성인도 아닌 변천적 시기에 속한다고 간주되기 때문에 그들의 의례적 매몰과 새로운 삶의 시작은 이와같은 세 색깔의 강을 배합한 상징주의로써 행하여진다. 성년식 동안에는 부분적으로 또는 완전히 문화적으로 정의되고 체계가 잡힌 상황에서 벗어난 상태이기 때문에 사회적으로 보이지 않는다고 간주된다. 이 변천의 시기에 신참자들은 초인간적 힘과 존재와 가까와지며, 인간의 시작과 자연적 힘의 시작을 접하게 된다.

세 강의 신비는 의례에 사용되는 의상, 가면, 약, 장신구 등의 색깔에 의하여 표현되며, 세 색깔의 조합에 따라 신참자는 의례 속으로 유도되어 그들의 사회, 그들의 세계 그리고 그러한 것들을 가능하게 만들고 유지하는 힘들에 대하여 명상을 하게 된다. 전통으로부터 부여된 권위를 지닌 주례자(instructor)에 전적으로 복종하면서 그들은 의례 과정에서 본 것과 이야기들은 신비한 힘에 꽉 차게 되고, 이러한 힘이 그들에게 새로운 직책들을 (이 세계에서나 다음 세상에서) 성공적으로 수행할 수 있는 능력을 수여한다고 믿는다.

세 색깔의 상징은 의례에서뿐만 아니라 사회적·윤리적 생활에서조차도 광범위하게 사용된다. 검은 색은 죽음에 대한 관념과 밀접히 연결된다. 죽음은 넴부인들에게는 한 발전 단계의 끝일 뿐이다. 죽은 후에도 발전은 계속된다고 간주된다. 그래서 다른 차원에서의 동경을 유발하기도 하며, 성적 욕구, 매력과 연결되는 측면도 있다. 또한 한 상태의 끝이기 때문에 결혼의 안정과 평화를 상징하기도 한다. 그러나 일반적으로는 바람직하지 못한 사회적 행위들을 의미한다.

이러한 검은 색은 개념적으로는 흰 색으로 대표되는 상징과 대립적이다. 따라서 의례나 일상생활에서의 상징은 압도적으로 흰 색과 붉은 색의 조합으로 이루어진다.

흰 색의 상징은 기존의 사회관계를 의미한다. 조화·연속·순수·명백하고 공식적이며 적합하고 정당한 것들과 오염되지 않은 것들을 나타내 주어 긍정적이다. 여기에 반하여 붉은 색은 나쁘게도 좋게도 사용된다. 살인, 동물의 도살, 노동의 고통을 의미하여, 여자는 애기를 낳고 남자는 죽이는 생활 자체를 뜻한다.

모계사회의 넴부에서는 실제 상속과 성공에 경쟁을 하는 모계쪽은 붉은 색이며 조화로운 인간관계를 맺는 부계쪽은 흰 색으로 나타난다.

흰 색과 붉은 색은 직접 생활이나 행동에 연관되어 있으며 어떤 힘을 갖고 있다고 간주된다. 검은 색은 위 두 색에 비하여 표면적이거나 공식적이지 못한 것으로 대비된다. 죽음, 움직이는 것들을 없애버리는 것, 잘 알지 못하는 것들은 모두 개인적이며 비밀스러워서 많은 의혹을 불러일으키기 쉽다는 측면을 나타내 준다.

넴부인들은 자신들이 중요시하는 대상을 더욱 뚜렷하게 하거나 힘을 발휘되도록 하는 물품이나 행동을 상징으로 간주한다. 세 색깔로 구별

조 옥라 327

되는 범주는 이미 의도되어진 방향으로 상징들을 조작하여, 불행이나 위험한 힘, 파괴하는 힘들을 배치하거나 모으는 데 전략적이라고 터너는 보았다.[8]

이상과 같은 터너의 뎀부 부족의 상징에 대한 기술과 분석은 종교현상에서 간과되기 쉬운 색깔, 사회적 범주화 등의 분야를 부각시켜 주었다는 점에서 주목된다.

그의 상징주의는 생활주기의 위기적 상황에서 갈등을 완화시키는 기제로서 상징물들의 조합과 분류가 어떻게 기여할 수 있는지를 잘 제시해 주고 있다. 그러나 이러한 위기에서 인간 내면의 강한 체험 등에는 별로 관심을 두지 않고 있어 역시 그의 상징주의 분석은 구조 기능주의의 틀 속에서 크게 벗어나지 않는다.

6) 레비 – 스트로스 (Claude Lévi-Strauss, 1908—)

종교의례에서 신화는 되풀이되어 언급된다. 신화는 의례를 정당화하고 구현시키기도 하며, 의례는 신화를 재해석하여 변형시키기도 한다. 따라서 종교의례와 신화는 매우 밀접한 관계를 맺고 있다. 의례 자체의 상징구조를 분석하는 것과 같이 신화도 그 자체로서 분석되어 종교적 주제들이 어떻게 조직되어 있는지를 밝혀 주고 있다.

신화에 대한 분석은 프랑스의 구조주의 인류학자 레비-스트로스에 의하여 광범위하게 이루어졌다. 그의 신화 분석은 그가 추구하는 인간 사고의 심층 구조를 밝히려는 목적과 연결되어 신화 속에 나타나는 인간의 자유로운 사고방식이 작용하는 논리에 집중되어 있다.[9] 그의 논리적 해석방식은 한편 인간이 안고 있는 존재론적인 질문을 어떻게 해결해 가는지 보여 주고 있다. 이는 종교가 제시하는 세계관의 체계화 과정과 인간이 본질적으로 지닌 문제들에 대한 의례화되고 형식화된 해답을 만

---

8. V. Turner, *The Ritual Process*, Chicago: Aldine 1969.
9. Claude Lévi-Strauss, *Structural Anthropology*, New York: Basic Books 1963.

들어 가는 과정을 밝혀 준다는 의미에서 종교연구에 시사하는 바가 크다고 하겠다.

레비-스트로스는 인간이 사회를 형성하고 문화를 이룩하는 데 수많은 모순을 해결해야 한다고 보았다. 가장 기본적인 의문은 인간의 출현이며, 어떻게 동물과 인간은 분리될 수 있으며, 인간이 사는 사회와 자연은 어떻게 다른 것이며, 여성과 남성의 차이는, 그리고 사회조직의 시작인 결혼은 근친금혼(incest taboo)에서 맺어지는데, 최초의 가족에도 이러한 금기조항이 해당되는가 하는 수수께끼들이다. 그는 신화에서 가장 자유스럽게 이러한 의문들이 모두 노출되고 재조정되어 사회의 기반을 설득력있게 설명해 준다고 보았다.

세계의 광범위한 지역에서 발견되는 초기 신화는 인간과 동물 사이, 신과 인간 사이에 구분이 없는 혼란의 시기와 관련이 있다. 그 혼란의 상태를 나타내는 데 채택되는 동물이나 신, 인간관계의 성격은 다르지만, 모두 근원적인 혼란을 특정 질서로서 대체시켰는가를 설명한다. 여기서 채용되는 다양성은 신화를 지닌 민족들의 민족지적(民族誌的) 기준에 의하며, 설명하는 과정은 신화 내부적 기준에 의한다고 볼 수 있다.[10]

이러한 신화의 구체적인 성격을 레비-스트로스는 첫째, 시간적 차원에 있어서 과거·현재·미래의 분리가 전혀 없는 전체성, 둘째, 문화적 부호의 다양성, 세째, 천체 현상, 달력, 생물학적 현상, 신학적·식물학적·사회학적 현상 같은 것들을 동시에 설명해 줄 수 있는 일정한 관계의 체계에 있다고 했다. 결국 신화는 모든 현상을 동시에 설명하려고 하며, 그것들은 공간적이고 시간적인 차원, 자연적이고 문화적인 차원에서, 정적이고 동적인 차원에서 그리고 우주론적이고 분류적인 차원에서 기도된다. 여기서 연속과 불연속을 중재할 수 있는 무엇이 존재하며, 그러한 논리들은 바로 이원적 대립(binary opposition)의 체계를 통해 분석될 수 있다고 레비-스트로스는 보았다.

10. 레비-스트로스 〈신화학과 집합표상〉, 강 신표 편 「레비-스트로스의 인류학과 한국학」 한국정신문화연구원 1983, 66-67면.

그가 해놓은 가장 간단한 분석 예를 북아메리카 북서해안의 살리쉬 (Salish) 인디안의 신화에서 볼 수 있다. 이 부족에는 세 가지 유형의 여성에 대한 신화가 있다. 첫째 유형은 우물여성으로서 우물 속에 살며 언제든지 인간을 위해 요리된 음식을 제공하는 부인들이다. 둘째 유형 은 이리여인이며 협잡꾼이 연어의 정액으로 만들어냈는데 날음식인 어 백(魚白)을 생산하는 요정이다. 세째는 협잡꾼이 임의로 없앨 수도 있 고, 자신의 신체 속으로 주입시키거나 배출할 수 있는 마녀들이다.

레비-스트로스는 이 이야기에서 괸 물과 흐르는 물, 지상의 물과 천 상의 물, 날음식과 익힌 음식, 음식으로부터 만들어진 여인과 음식을 만드는 여인, 결혼한 여인과 결혼하지 않은 여인, 언어학적 여인과 비 언어학적 여인이라는 6 개의 대립을 지적한다.

왜 이러한 신화가 존재하는가는 논리적이기보다 경험적 사실에 의하 여 설명한다. 즉 그 부족이 외부 부족들과의 복잡한 상호결혼 체계와 부족들 간에 음식이 교환되는 시장권에 의해 결합되어 있기 때문인 것 이다.

따라서 그는 신화연구에 경험적 추론과 선험적 추론이 모두 요구된다 고 했다. 경험적 추론은 신화를 지닌 사회에 관한 민족지적 자료와 유 사한 주제를 지닌 신화에 대한 정보를 통해 얻어질 수 있다. 선험적 추 론은 경험적 사실을 확대하여 다른 우주론적 연상에서 유추할 수 있다.

경험적 사실들에 관한 자료는 신화가 채택하는 변수들과 변형들을 인 지하는 데 도움을 준다. 신화가 궁극적으로 하는 일은 사회학적 자료들 로부터 선험적 추론을 추론해낼 수 있는 여러 가지 선택적 가능성을 의 식적 차원으로 표현해 내는 것이라고 레비-스트로스는 주장한다.

그래서 그는 신화들에 있는 모든 변수들을 해체한 후, 변수들 간의 대립과 중재의 범주로 나누고, 이러한 변수들이 지닌 의미와 대립적 범 주의 의미를 규명하는 방식으로 신화를 분석한다.

그의 연구는 매우 독창적인 신화 접근으로 신화가 제시하는 문화적 풍부성을 부각시켰다는 점에서 높이 평가된다. 그러나 이원적 대립과 중재로서 신화의 각 요소를 해체한 후 조합하여 마치 오케스트라 악보

를 만들듯이 배치하는 방법은 검증되기 힘든 이론적 전제와 방법론으로
간주되기도 한다.

3. 결 론

이상에서 설명된 종교 인류학자들은 접근방식에 있어서 분명한 차이점들이 있지만 완전히 서로 배타적이라고 볼 수는 없다.

타일러의 이론은 현재까지도 초자연적 존재에 대한 믿음 형태가 종교의 가장 기본적 요소임을 지적했다는 점에서 계승되고 있다. 무엇인가 신비한 존재를 인정하고, 그 힘에 의존하거나, 그 힘을 조정함으로써 인간들은 자신의 욕구를 충족시키고 있다. 타일러가 이러한 믿음의 실체를 인간의 지적 호기심의 결과로서만 지적한 것은 그가 인간을 이성적 존재로서만 단순하게 강조했다고 볼 수 있다. 그는 알 수 없는 상태를 그대로 받아들이는 체험적 상태들도 종교에 매우 중요한 요소를 이루고 있음을 간과했다고 하겠다.

인간의 다양한 심리적이고 감정적 욕구들에 대한 분석은 말리놉스키에 의하여 어느 정도 보충된다. 즉 그는 지적 호기심 이전에 인간이 본질적으로 느끼는 불안감과 두려움이 종교에 필수적인 부분임을 잘 지적했다. 그의 분석은 여기서 더 나아가 이러한 심리적 욕구충족뿐만 아니라 그러한 작용이 전체 사회에 기여한 기능적 측면도 지적했다. 종교적 의례와 주술에 내포된 기술적인 기여, 사회 구성 논리의 작용 등과의 연결은 모두 여기에 해당된다. 그래서 프랑스 인류학자 오제[11]는 그가 문화의 손상을 입히지 않고 기능적 측면을 성공적으로 설명한 최초의 인류학자라고 주장한 것이다.

여기에 비하여 에반스-프리챠드는 철저하게 종교가 갖는 사회적 기능의 중요성에 충실했다. 그에 따르면 믿음의 체계는 분명히 사회적 현상이다. 믿음 체계는 전체 사회의 각 부분을 의미하고, 또 연결시켜 주며, 사회관계의 부조화에 의하여 야기될지도 모르는 잠재적 갈등 요소

---

11. Marc Augé, *The Anthropological Circle*, University Cambridge Press 1979.

들을 해소시키는 데 그 기능을 발휘한다. 이러한 측면에서 뒤르껭[12]의 영향을 볼 수 있다. 그러나 그는 뒤르껭과는 달리 믿음이 구현되는 데 있어 체험이 지닌 중요성을 간과하지는 않았다.

종교의례가 유발하는 정서적·감정적 측면에 대한 분석은 미국의 인류학자 기어츠에 의하여 중점적으로 이루어졌다. 물론 그는 종교적 감정의 유발을 가능하게 하는 사회적 조건과 그 사회적 기능을 간과하지는 않았지만, 있는 것 중의 일부를 더욱 현실감있게 느끼도록 하는 과정이 종교에서 필수적임을 의례 분석을 통하여 강조했다. 이 과정에서는 상징물의 설정과 조작이 큰 비중을 차지한다.

의례에 사용되는 상징물 자체에 대한 분석은 구조기능주의에 갈등의 분석을 첨가하려는 터너의 종교연구에서 잘 나타나 있다. 그는 생활의 위기를 극복하기 위한 통과의례 등에서 사용되는 상징물들이 의미하고자 하는 것들을 분석했다. 여기서 상징물들이 결합되어 갈등적 상황이 설명되고 새로운 상황과 지위가 부여되는 방식에 주목하여 종교의례의 갈등 해소 기능을 지적했다. 이러한 기능은 상징적 범주가 사회적 범주, 윤리의식과 연결되어 확대해석됨으로써 가능하게 된다고 본다.

구조주의적 분석을 시도한 레비-스트로스는 위의 학자들과는 달리 종교 내에 있는 의례를 뒷받침해 주는 논리체계에 관심을 집중하면서 보편성의 규명에 주의를 기울였다. 인간 사고의 심층구조를 규명하는 데 주된 관심이 있는 그는 인간의 사고가 가장 자유스럽게 발휘되는 영역이기 때문에 신화를 분석한다고 했다. 신화에 대한 그의 이론은 신화에 내재한 보편적 논리를 이분적 대립과 중재로써 파악하면서 이루어져 있다. 전세계 여러 사회에서 기능을 발휘하는 신화들을 비교하여, 비슷한 요소와 주제를 지닌 신화들을 선정하여 문화 접촉과 역사, 그리고 생태적인 조건까지도 일부 설명하려고 한다. 신화가 기능을 발휘할 때 갖는 현재성은 인간이 직면하고 있는 여러 근원적인 문제들에 얽힌 내용들을 나열하고 거기에 가능한 해결 방안들을 여럿 제시해 주는 것이라고 했

---

12. Emile Durkheim, *The Elementary Forms of the Religious Life*, New York: Free Press 1954(초판 1915).

다. 이는 역사가 있는 사회에서 역사가 갖는 의미와 역사가 없는 사회에서 신화가 하는 기능을 동일한 차원에서 본 것이다. 그가 하는 신화분석은 신화에 포함된 모든 요소들을 하나씩 해체한 후 다시 재구성하여 신화가 갖는 논리와, 신화가 사회에 제시하는 특수한 메시지(message)를 규명하려는 것이다.

이러한 인류학자들의 종교연구들은 각기 다른 이론적 관점에 따른 다양한 차이에도 불구하고 인간이 사회를 형성하고 문화를 유지하는 데 있어 종교현상이 지닌 보편적 기능에는 어느 정도 동의하고 있다. 이는 종교를 분리된 체계로 보기보다는 제도적인 차원에서 간주하는 것을 의미한다.

결국 종교는 사피로[13]가 지적하듯이 초자연에 대한 문화적인 정의를 내리고, 문화적으로 유형화된 상호작용을 가능하게 하는 제도인 것이다. 이러한 정의와 상호작용은 각 사회의 사회관계와 밀접하게 연관되어 있으며 현상적인 자연세계와 사회의 질서를 포함하여 경험적 사실에 대한 재확인과 강조가 내포되어 있기 마련이다.

종교라는 제도를 통하여 권위적 형태의 관념 자체가 형성되어 인간이 원하는 것들을 노출시키며, 피할 수 없는 고통이나 위기를 감당할 수 있도록 한다. 이러한 과정에서 사회유대와 사회질서가 이루어지는 근원으로서의 감정을 재확인하고 강화함으로써 사회질서를 재창조하는 것이다. 이러한 측면이 기존의 사회질서에 정당성을 부과할 수도 있고, 여러 신흥 종교에서 보듯이 갈등과 소외를 느끼는 사람들에게 새로운 가치와 세계관을 제시하는 혁신 운동을 뒷받침해 줄 수도 있다.

종교가 일정한 사회적 기능을 가지는 한 사회의 구성방식에 따라, 역사적·생태학적 조건에 따라 그 구체적인 형태에서 다를 수 있으며, 여기서 각 사회의 종교적 특수성이 기인된다고 볼 수 있다.

13. Sapiro, in *Anthropological Approaches to the Study of Religion* (Banton 편)
     London : Tavistock Pub. 1966.

결론적으로 인류학적 종교연구는 종교현상을 분리된 체계로서보다는 사회와 문화체계 속에 함몰된(embedded) 것으로 본다. 각 종교현상들은 그 종교가 실제 기능을 발휘하고 있는 사회적 조건들과 총체적으로 연결시켜 분석된다. 따라서 인류학자들의 종교연구는 각기 해당 사회의 사회구조를 파악한 후 개인과 사회에 기여하는 종교의 심리적이며 사회적 기능을 분석하는 방식을 취한다. 이러한 개별 사회에 바탕을 둔 종교 분석을 기초로 해서 궁극적으로는 종교에 대한 보편적 이론을 수립하려고 한다.

12장

성사적(聖事的) 상징으로서의 종교

윌프레드 캔트웰 스미스*

---

* Wilfred Cantwell Smith의 이 논문은 *The New Encyclopaedia Britannica*에 기재된 "Religion as Symbolism"이라는 논문의 번역으로, 자신의 종교연구 방향을 대표하는 글을 보내 달라는 편저자의 청탁에 이 글과 편지를 보내며 자신은 "Religion as Sacrament"로 제목을 삼으려고 했는데 백과사전 편집실에서 "sacrament"를 "symbolism"으로 바꾸기로 하였다고 전해 왔다. 곧, 그의 "상징"이란 "성사적 상징"의 의미를 지니므로 위와 같이 번역하였다.

인간의 삶에는 눈에 보이는 그 이상의 무엇이 있다. 곧 자신을 초월하고, 이웃을 초월하고, 우리를 둘러싸고 있는 세상을 초월하는 무엇이 있다. 우리의 존재가 유래한 과거 속에도 그 무엇이 있고 특히 지금 이 순간에도 무엇인가가 더 있다고 느끼고 있는데, 그 무엇은 아마도 무한성을 지니고 있는 듯하다. 인간과 인간 사이를 묶어 주는 관계 속에도 우리를 초월하는 그 이상이 존재하고 있다. 우리는 모두 어떤 일에 더 깊이 파고들면 들수록 항상 더 깊은 신비를 발견하게 되고, 그 안에서 보람과 헌신을 체험할 수 있던 경험을 가지고 있다. 바로 그 "이상의 무엇"이라는 것이 인간의 종교에 적어도 하나의 기초를 제공하는 것이라고 하겠다. 우리 인간은 외적 수준이나 관습적 규범에 피상적으로 따르는 데서는 만족하지 못하고 우리의 제한된 안목을 초월하는 실재를 상정하여 왔다. 그리고 지상에서의 인류 역사의 대부분을 이러한 초월적 규범에 기준하여 우리의 개인 삶과 문화생활을 영위하여 왔던 것이다.

그러나 우리가 눈으로 볼 수 없는 것을 어떻게 제시할 수 있는가? 모든 공간 너머의 세계를 향해 어떻게 갈 수 있는가? 언어뿐만이 아니라 인간의 사고의 능력을 초월하는 것을 어떻게 말하고 생각할 수 있는가? 만질 수 없는 것을 어떻게 느끼기까지 하는가? 이러한 것을 할 수 있는 천부적이고 특징적인 인간의 능력은 특히 상징과 연결되어 표현을 찾게 된다. 이러한 상징적 표현은 수세기 동안 증명되어 온 것으로서, 이루려는 목적에 어느 때는 더 적합하게 어느 때는 덜 적합하게 나타났으나 그래도 인간에게 불가결하고 보편적인 현상임에는 틀림이 없다. 이러한 상징들은 표면에 나타난 표상 밑에 간직되어 있는 풍부한 의식(意識)을 표현할 뿐만 아니라 그러한 의식을 키우고 전달하며 이끌어내는 힘이 있는 것이다. 곧 상징들은 나타내는 성격이 있을 뿐만 아니라 자극하는 힘이 있어서 감정과 의식적인 사고와 무의식적인 마음까지를 불러일으키는 능력을 소유하기 때문에 인간성의 가장 깊은 면을 상징 안에 부어넣을 수도 있고 그를 통해 인격을 더 고귀하게 이끌 수도 있다. 종교적 상징을 포함하여 모든 상징을 사용할 수 없다면 인간은 그만큼 인간 이하로 격하될 수밖에 없을 것이다.

　다양한 유형의 것들이 이런 상징으로 사용되었다. 곧 탈(mas), 하늘, 예식과정, 침묵, 성적(性的) 사랑이나 엄격한 고행, 꾸란(Qur'ān), 역사적 인물 또는 이성(理性) 등이다. 상징의 종류는 참으로 다양해서 공동체들마다 각기 다른 것을 자기들의 상징으로 선택하였고 그러한 선택의 성공도 역시 다양했다. 그러나 보이는 세계 안에서 어떤 사물을 지적하여 보이지 않는 초월의 상징으로 성별(聖別)하였다는 현상은 실제로 보편적인 것이다. 일본의 신도(神道)에서는 도리이(Torii, 鳥居)라고 불리는 열려 있는 문의 모양을 세워서 거룩한 장소와 속된 장소의 경계를 표시하였다. 이 문을 지나면 심리적으로도 또 상징적으로 일상적인 세속을 떠나 신전의 거룩한 공간으로 들어가는 것이다. 의식을 끝내고 이 문을 지나 나오게 되면 다시 일상사의 세계 속으로 되돌아오는 것인데 전과는 달리 새로와진 인간으로서 돌아오는 것이다. 실질적으로 모든 민족들은 외부 사람들이 보기에는 별다르지 않은 공간을 거룩한 공간으로 분리하여 놓고 그 안에 신전이나 교회나 성소(聖所)를 지어서 실재의 또 다른 면을 힘있게 표현하도록 하고 있다.

　시간도 마찬가지이다. 유대인들은 이레마다 하루를 구별하여 엿새는 지상 세계의 모든 불완전함과 고통과 기껏해야 지나가는 성공들을 나타낼 뿐인 데 비하여 안식일은 초월자의 범할 수 없는 영광을 창조적으로 나타내게 한다. 그리고 안식일을 통해 다른 엿새도 신(神)의 손길을 벗어날 수 없게 한 것이 모든 민족에게는 축제 시간이 있어서 주마다 혹은 계절적으로 축제를 지냄으로써 매일의 삶이 극복되어 시간을 초월하는 거룩함을 경험하며 삶의 활기를 얻게 하였다. 곧 이러한 순간들을 통하여 진리와 의미와 가치를 확인하고 배양하며 결국은 새롭게 되어 통상적인 세계로 돌아가는 것이다.

상상적 비전이나 예민성 혹은 희망이라는 인간의 독특한 능력을 통하여 우리는 지금이 어떠하다는 것을 알 뿐만 아니라 무엇이 되어야 한다는 것을 느낄 수 있다. 그리고 지금의 우리 상태가 인간과 세상에 대한 궁극적 진리가 아님을 느낀다. 예를 들어 사회 정의와 조화, 인간의 의로움과 건강·기쁨이라는 이상을 오늘날 우리가 볼 수 있는 싸움과 고독, 악과 빈곤, 고통 등의 현실에 대비하여 보면서, 우리의 이상이 현실이라는 진리에 대한 비이성적인 꿈이요 상상에 불과한 것이라고 생각하지를 않는다. 오히려 정반대로 이러한 이상들이 현재의 불완전한 세계를 심판해야 할 규범이 되어야 하며 이런 이상이야말로 진리로서 경험적 현실이 잘못된 것이라고 확신한다. 이런 이상들 역시 상징적으로 인류 역사 안에서 확인되어 왔던 것이다. 이런 확인은 보통 이 세상 밖에 있는 더 완전한 이상세계를 그림으로써 강화되곤 하였다. 어떤 때는 유토피아(utopia)가 과거에 있었다고 보고(그리이스와 인도의 예), 어떤 때에는 미래에 있을 것으로 보기도 한다(천년왕국, 장차 오실 정의의 왕, 세속적 발전 이념, 내세 등). 또 지리적으로 밖의 어느 곳을 설정하기도 해서 먼 곳(중세 에이레의 서쪽 바다 끝에 있는 축복의 섬)이거나, 하늘 높이(천국)이거나, 시간을 초월하는 장소(낙원)이거나, 이 우주를 넘는 형이상학적 이상세계를 상징하기도 한다.

　이러한 이상세계가 어떻게 상징화되고 표현되었든간에 인간 생활의 도덕성이 파악되고 확인되었던 것이다. 인간은 이익이 되고 손해가 되는 것을 인식할 뿐만 아니라 더 좋고 나쁜 것을 자각하고 있고 어떤 힘에 의하여 더 나은 것을 추구하도록 영감을 받는다. 곧 그는 어느 행동이 올바르고 그른가를 알아 왔고 그것을 중시하였다. 거의 대부분의 경우에 도덕성(道德性)은 종교적 체계의 필수적 부분을 이루어 왔으며 때로 도덕성이 종교체계와 분리된 경우가 있을 때에도 그것은 어느 종교의 형태가 부패되어 주어진 상징의 의미와 합치되지 않을 때 일어나는 특이한 현상에 불과하였다.

　인간의 종교생활의 모습을 그 외부적 형태로 볼 때에 지상적인 자료들을 선택하여 그 이상을 상징하게 되었다면, 종교학도의 사명은 이러한 자료들을 그 자체로 연구할 뿐만 아니라 인간의 삶 속에서 그들이 가지는 역할을 고려해야 한다는 것을 강조하고자 한다. 우리의 관심사는 우선적으로 교리와 경전, 기도와 종교의식, 제도 등에 대한 것이 아니라 오히려 이들이 인간에게 무엇을 하는가이다. 아프리카 부족 춤의 세부적 묘사가 아니라 이 춤을 통해서 신앙인에게 무엇이 일어나는가가 우리의 연구 주제이고, 카스트 제도 자체가 아니라 그 제도 안팎에서 인도인들이 어떠한 종류의 사람들이 되는가이다. 마찬가지로 시나이산의 사건 자체보다도 이 사건을 거듭 이야기하는 데서 수세기 동안 유대인과 그리스도인의 삶 속에서 이 사건이 어떤 역할을 했는가이다. 꾸란 그 자체보다 꾸란이 무슬림들에게 가지는 의미는 무엇인가이다.

좀더 깊이 설명을 하기 위하여 불상(佛像)의 예를 들기로 한다. 특히 불상의 오른쪽 손의 자세에 대해 고찰해 보기로 하자. 불교 세계에서 쓰이는 여러 가지 형식화된 상징적 자세들 중에서 "두려움이 없는 자세"(abhaya mudra)는 오른팔을 조금 올리고 손은 똑바로 올리면서 손바닥을 밖으로 보이고 있는 모습이다. 능력과 권위와 축복을 주는 이러한 자세는 보편적인 의의를 지니고 있는 것인데, 불교의 경우에는 석가모니의 생애에서 일어난 사건과 연결되어 있다. 야생 코끼리 한 마리가 석가모니 일행을 향해 뛰어왔을 때, 석가모니는 그의 손을 이렇게 펴 들고 그 코끼리를 온유하게 만들었다고 한다. 이 손 모양[手印]은 예술적 표현을 통하여 위험 속에서 두려움이 없는 부처의 마음과 그의 제자들에게도 이렇게 두려움을 제거할 수 있는 신뢰의 마음을 일으키어 모든 위험을 극복할 수 있다는 불교인들의 확신을 말해 주고 있다.

불상의 이러한 자세는 불자들에게 두려움을 극복한 남의 생애에서의 어떤 사건을 말해 주는 데서 그치지 않고 자신의 삶 속에서 이러한 변화를 가져 오게 한다. 다시 말해서 상징들은 표상할 뿐만 아니라 힘을 주어 활성화시키는 성격을 가진다. 위의 이야기에서의 화난 동물은 하나의 상징으로 받아들여질 수도 있어서 삶의 압박과 폭력을 표시하게 되고 부처에 대한 믿음은 그것을 견디어 나갈 수 있는 내적 힘을 주는 것이다. 예를 들어 인간적 정욕이 일어날 때 이러한 신심은 그 욕구를 조용하게 거절할 수 있는 힘을 준다. 불자들의 종교생활에 있어서의 이점을 이해한다는 것은 따라서 일본의 천황이나 타이랜드의 상인이나 중국의 농부가 가까운 사찰에 가서 이러한 불상의 손 모습을 명상하고 자신의 두려움을 극복하고 인격체로서 치유되어 그의 삶이 변화되는 역사를 아는 것이다. 그리스도인의 삶 속에서 이와 병행될 만한 것은 그리스도가 폭풍우를 잠잠케 하는 이야기이다. 이 이야기에서 나오는 "잠잠해지라"라는 그의 말은 그 장면이 고딕 성당의 색유리창에 나타나는 대로 수세기 동안 신앙인들을 위하여 그리스도의 능력의 상징이 되어 왔다. 곧 그리스도가 삶 속에서 통제할 능력을 지녔을 뿐만 아니라 그에 대한 그들의 신앙이 그들 자신들의 삶 속에 가지고 있는 능력을 보게 하여 폭풍우를 잠잠케 하는 평화를 거기서 발견하였던 것이다.

여러 상징 중에서도 특별한 종류의 상징에 속하는 것은 이론적인 개념화로서, 지적 상징은 특히 서양세계에서 발전되었다. 최근의 몇몇 철학자들은 개념은 볼 수 있는 현상 세계에만 쓰여져야 한다고 주장하였다. 곧 초월적 질서에 상징적인 개념들을 사용하는 것은 비합법적이라는 것이다. 그러나 이러한 엄격한 규정은 자연과학 이외의 예술이나 다른 인간적 추구 방면에 적용하게 되면 무효가 된다는 것을 알 수 있다. 이러한 엄격성은 대상화될 수 있는 세계의 객관적 면에 대해서는(그것도 원자 폭탄이나 생태학의 윤리적 문제가 일어날 때까지이지만) 가능하다. 그러나 독특한 형태를 지니는 인간의 삶을 다룰 때에는 이러한 고집은 몰이해를 가져올 뿐임이 분명해진다.

인간역사에서 가장 위대한 힘을 지닌 상징은 말할 것도 없이 "신"(God)이라는 개념이다. 다른 종교적이고 인간적인 상징들이 그렇듯이 이 개념 역시 다른 사람들과 공동체들과 시대에 따라 다른 것을 의미하고 있었다는 것을 알 수 있다. 그럼에도 불구하고 이 개념이 수억의 사람들의 생활과 수천의 공동체의 생활 속에서 초월에 대한 잠재적 가능성을 일깨우고 깊게 하고 종합하며 활성화시켜서 영광, 질서, 의미, 소망, 경외, 덕, 책임, 통교, 순수성, 보람, 쇄신 들의 모든 가치를 표현하고 있다고 말하는 것은 지나친 단순화라 할 수 없을 것이다. 개인적으로나 사회적으로 도달할 수 있는 가장 높고 가장 깊으며 포괄적인 것을 사람들은 신이라는 이 개념을 통해 조직하였고 초점을 맞추었으며 키워 나갔던 것이다. [신과 신에 대한 인간의 개념을 구별한다면, 신의 개념은 일종의 성사(sacrament)로서 신이 인간에게 들어오는 길이었다고도 말할 수도 있을 것이다. 최근에 와서 신의 개념이 많은 이들을 위해 상징으로서의 효력을 잃게 된 것에 대하여는 뒤에 언급하겠다.]

이러한 개념화의 작업은 사실 세계 모든 곳에서 발견되고 긴 역사를 지닌 것이지만 특별히 신의 개념은 근동지방에서 가장 강력하고 특징적으로 발전되었으며, 그곳에서 시작되어 지구의 반을 차지하는 지역의 문화 속에 침투하였던 이슬람교와 유대교 및 그리스도교 전통에서 가장 뛰어난다. 인도 문화권의 경우에는 많은 면에서 비슷하면서도 섬세한 차이를 볼 수 있다. 동아시아 문화권의 경우에는 상징적 개념을 풍부하게 사용하면서도 신의 개념을 발전시키기보다는 다른 종교적·문화적 유형을 형성하려는 경향을 띠었다.

신의 개념과 같이 중대한 상징은 그 안에 모든 것을 포용하는 것처럼 보일지 모르지만 결국에는 그것도 고립되어 의미를 지니는 것이 아니라 다른 이념과 실천과 가치 등의 전체 체계 안에서 상징구조를 형성하는 중요한 일부로서의 의의를 가진다. 물론 불상의 오른손 모습이나 안식일의 예식적 거룩함과 같은 작은 상징들 역시 수천만 사람들의 삶에 의의를 지닌 것은 사실이지만 역시 불교나 그리스도교라는 전체적 상징구조의 유형 안에서 그 각기의 의미와 힘을 가지게 되는 것이다.

그리고 이들 위대한 종교체계들도 각기 긴 역사를 지니고 발전되어 온 제도 자체로서만 연구되어져서는 안되며 오히려 그 구조 안에 살고 있는 인간들에게 어떻게 신앙을 체험하게 해 주었는가를 알려주는 틀로서 보여져야만 한다. 불자들을 이해하기 위하여는 불교라고 불리는 구조를 쳐다보아서는 안되며 가능한 한 이 우주를 불자들의 눈을 통해 보도록 하여야 한다. 곧 상징들 그 자체를 파악하기보다는 상징들이 이끌어 주는 그 방향을 할 수 있는 만큼 파악하려는 것이다. 그러한 전체적 상징구조가 그에 따라서 살고 있는 신앙인들에게 어떻게 석양을 보게 하며, 이혼과 재산, 암의 발생과 공직에의 선출을 보게 하는가를 이해하는 것이 필요하다.

힌두 공동체의 종교역사는 부분적으로는 전통적 예식이나 개념의 발전사이고 힌두 사회를 형성하는 사회적 구조의 역사이다. 그러나 그보다 더 큰 의미를 지닌 역사는 비록 분별하기는 어렵지만 믿는 이들의 인내와 조용한 인간성 및 삶에는 살 만한 가치가 있고 죽음에는 죽을 가치가 있으며 목표는 추구할 가치가 있는 것으로서 지금이 영원 속에 포착된다는 힌두인의 신앙의 역사인 것이다. 불교의 상징들은 불자들의 마음속에 자신의 운을 자만할 것이 못되고 이웃의 운을 시기할 것도 아니며, 지식은 부유보다 중요하고, 지혜는 지식보다 중요하다는 사실, 또 세상은 약탈할 것이 아니라 자비로운 마음으로 받아들여져야 할 것이고, 이웃을 수단으로 써서는 안되며, 고통으로 실망해서도 안된다는 자각을 거의 무의식적으로 새롭게 하였던 것이다. 이슬람교의 법, 신학, 건축 등은 무슬림들이 구체화시키고 키웠던 모든 좋은 것의 상징들이 되어서 용기와 침착, 질서와 정의의 확립, 인내, 겸허, 공동체의 참여 등 이슬람의 구조가 전통적으로 추구하던 것을 가능케 하였다. 그리스도교의 상징들은 그리스도인들에게 인간의 고통이 구속적인 힘을 지닌다는 것을 포함한 여러 가지 것들에 대한 형태와 내용을 제공하였다.

물론 종교적 상징들이 다른 상징들과 마찬가지로 악하고 파괴적인 목적으로 사용되어지기도 하였다. 때로는 인간의 덕을 향한 능력뿐만 아니라 사악성도 이러한 상징 체계로 표현되고 힘을 얻기도 하였다. 상징 체계들을 통하여 인간은 자유를 찾고, 즉각적으로 주어진 것을 초월할 수 있는 가능성과 환경에 반응을 보이는 단순한 생물체로서의 존재를 뛰어넘을 수 있는 능력을 발견할 수 있다. 때로는 이런 능력을 파괴적으로 사용하여 상징 안에 있는 모호성의 희생이 되기도 하였다. 종교적 신앙만큼 효과적으로 한 사회를 공동체로 바꾼 것은 아무것도 없다. 공통된 상징들을 나눈다는 것은 가장 강력한 사회적 결합을 가져오기 때문이다. 그러나 동시에 서로 다른 종교공동체들 사이에 놓여 있는 것과 같이 큰 간격을 가진 것도 별로 없고, 상징이 다른 집단 사이에서 일어나는 증오보다 더 강렬한 것도 없다.

종교적 상징들은 인간 이상의 수준으로 사람을 높이는 것이 아니라 오직 인간 수준으로 사람을 올리는 것이다.

인류의 역사에 대하여 마지막으로 한마디 하려는 것은 종교역사가 때로는 그 상징들의 역사로 잘못 이해되어 왔는데 이것은 피상적인 파악이다. 같은 상징들도 시간의 차이에 따라, 사람에 따라, 또는 같은 사람의 삶의 과정 안에서까지도 그 의미가 변하는 것을 볼 수 있다. 또한 지속적이고 보편적인 목표나 통찰들도 놀라울이만큼 다양한 상징화로 표현되어 왔다. 종교의 참된 역사는 더욱 깊이 인격적인 것이어야 한다. 여기서 인격적이라는 말은 개인주의적이라는 뜻이 아니라 사회적이기도 하다는 뜻으로, 특히 종교적 세계에서 인격적이란 개인 및 사회 모두를 포용한다. 따라서 아직 쓰여지지 않은 참된 종교의 역사란 깊이와 얕음, 풍부함과 빈약함, 순수성과 비성실성, 찬란한 지혜와 공허한 무지 등 인간들과 그들의 사회들이 자기들 구조 안에서 가지고 있는 상징들에 대하여 보인 응답의 역사이어야 한다. 또한 그러한 역사는 언제 어떻게 새로운 상징들이 형성되었고 소홀히 되었거나 응답할 수 없는 상태에 이르렀는가를 이야기하여야 할 것이다. 오늘에 와서는 그들이 상징들의 다원성(plurality)을 어떻게 성공적으로 받아들이는가 혹은 실패하는가의 이야기이기도 하다.

인간의 신앙이란 어떤 의미로는 그의 종교적 상징들이 그에게 가지는 의미이다. 혹은 좀더 깊이 고찰하여 보면 그 상징들의 빛 안에서 삶과 우주가 그에게 가진 의미를 말한다. 종교적 상징들은 그들 고유의 의미를 지닌 것이 아니라 세상과 인간생활의 의미를 여러 가지 방법으로 투명하게 하는 데 있다. 이런 과정을 상징들이 수행함에 있어서도 시대와 장소에 따라 다양한 효과를 내었고, 혹 다른 각도에서 말한다면 인간이 상징으로 하여금 이런 일을 수행하도록 하는 데에도 상당한 차이가 있었음을 볼 수 있다. 어떻게 하여 새로운 상징들이나 상징들의 유형이 나타나게 되는 것인가 하는 문제는 너무나도 복잡하고 여러 가지 이론(異論)이 있는 문제이기 때문에 여기서 다룰 수는 없다. 그러나 일단 상징이 형성된 후에 그것이 어떻게 발전되고 수세기를 거쳐 (때로는 급격하게) 재해석되며, 상징 그 자체들을 초월하는 실재를 가리키게 되어 있는 것이 어떻게 하여 그 종교체계 안에서 그 자체를 지키고 고수하는 것으로 고착되어 버리고 좁아지기도 하는가 하는 문제들은 역사적 연구로 밝힐 수 있는 것이다. 또한 어떻게 상징들을 없애려는 성상파괴운동 (iconoclastic movement)이 일어나서 문자 그대로 성상들을 부수거나 혹은 개념이나 규범들을 상징적으로 공격하여 신앙의 더 높은 단계에 이르게 하려 하기도 하며, 때로는 오해로 인하여 이런 일을 수행하게 되는 것인가도 알아볼 수가 있다. 무엇보다도 슬픈 일은 상징들이 초월적 비전을 제공하여 공동체를 도울 수 있는 힘을 상실하게 되어 그 사회는 병들게 되고 인간의 삶은 의미를 잃게 되는 때이다. 이런 상태에 이르게 되면 인간은 서로에게서 소외될 뿐만 아니라 자기자신들과 그들이 살고 있는 세상으로부터도 소외되는 것이다.

근대 서양의 역사 속에서는 인간의 삶이 근본적으로 또 자연적으로는 세속적인 것이며 종교는 부차적으로 첨가된 것으로서 정상적인 세속적 삶에다가 여기저기 땜질을 한 정도라고 상상하는 비정상적인 사고의 경향이 일어났었다. 이제는 이러한 견해가 틀린 것이라는 것이 분명해지고 있다. 오히려 다양한 종교체계들은 인간이 될 수 있는 다양한 길을 표현하여 왔다고 보아야 하겠다. 인류의 종교역사를 살펴온 역사가로서 결론지을 수밖에 없는 말은 인간은 삶에서 의미를 발견하여 왔고 그러한 의미를 때로는 기괴하고 때로는 지고(至高)한 상징적 방법들을 통하여 표현하여 왔다는 사실이며, 바로 이 점이야말로 인간이라는 존재를 특징짓는 특성이라는 것이다.

13장

결   론

종교학적 연구와
동양적 시각

김 승혜

우리는 본서의 1부에서 지난 약 100년 동안의 현대 종교학의 흐름을 종교현상학자들과 종교역사학자들을 중심으로 하여 고찰하였고, Ⅱ부에서는 종교학의 인접 학문인 사회과학분야에서 이루어진 종교연구에 대한 태도와 이론을 소개하였다. 그런데 먼저 눈에 띄는 사실은 현대종교연구의 시작은 물론이요 대표적인 이론을 내놓은 학자들이 모두 서양인이라는 것이다.[1] 힌두교와 불교를 비롯한 동양에서 발전되어 온 종교전통들이 종교학적 연구의 중요한 대상이 된 것은 사실이지만 역시 대부분 서구적인 시각에서 고찰되어 왔다. 이러한 지역적인 제한성은 종교학이라는 학문이 참으로 보편성을 지니고 있는가의 문제를 제기하게 하는데, 특히 요사이에 와서 모든 이해는 객체와 주체의 관점의 만남과 결합으로 이루진다는 해석학적 원리가 분명해지면서 이러한 시각의 편협성은 더욱 심각한 문제로 대두하게 된다.

종교학적 이해가 사료의 객관적 연구와 더불어 연구가의 주관적 통찰을 포괄한다는 것은 크리스텐센, 반 델 레에우, 요아킴 바흐 등에 의하여 이미 지적된 것이다. 이들은 주관의 부정적인 면을 인정하여 연구가의 개인적 판단을 보류하는 자기부정적 훈련이 필요하다는 것을 주장함과 동시에 주관성의 긍정적 면을 중요시하여 남의 종교체험을 공감할 수 있는 능력이 종교이해에 필수적이라고 보았던 것이다. 루돌프 옷토가 그의 「성스러움의 의미」 머리말에서 "색맹이 색깔을 논할 수 있겠는가?"라고 반문하면서 성스러움을 체험해 보지 못한 사람은 읽기를 중

1. 종교학의 서양적 성격("westernness")에 대한 자각은 오늘날 활약하고 있는 서구 학자들 사이에서도 점점 뚜렷해지고 있다. John B. Carman, "Bangalore Revisited", Frank Whaling 편 *The World's Religious Traditions : Current Perspectives in Religious Studies*, Edinburgh: T. & T. Clark 1984, 232, 235-6면; Frank Whaling 편 *Contemporary Approaches to the Study of Religion*, Mouton 1983, 서문 vii 참조.

지하라고 권고한 것은 자기 삶 속에서 종교성을 체험하지 못한 사람은 종교를 제대로 이해할 수 없다는 입장을 언명한 가장 단적인 예일 것이다. 그런데 이러한 주관성의 개입은 종교적 이해에서뿐만 아니라 다른 모든 분야에도 적용되는 것으로 우리가 어떤 것을 이해하게 될 때마다 해석의 과정이 일어나는 것이다.

일반적인 인간의 이해의 과정을 설명하는 해석학적 문제를 밝힌 대표적 현대 학자들로 우리는 가다머와 리꾀르를 들 수 있다.[2] 한스-게오르크 가다머(Hans-Georg Gadamer)는 이해하고 해석한다는 것은 세상을 경험하는 인간체험의 한 중요한 부분으로서 해석적 현상이란 방법론에 불과한 것이 아니라 앎과 진리에의 추구라고 보았다. 그는 현대 학문이 주장해온 역사적 객관성은 필요한 것이긴 하지만, 그것만으로는 한계성을 지니고 있음을 지적하였다. 과거를 과거의 입장에서만 본다는 것은 가능하지 않을 뿐만 아니라 현대인에게 소외를 경험케 하였고 결실없는 메마른 과학성의 추구에 그치게 하였다는 것이다. 곧 철학, 예술, 역사 분야에서의 진리추구는 객관성 이상의 그 무엇이 필요한 것으로서, 가다머에 의하면 현재 우리가 처한 역사적 환경과 조건이야말로 결실있는 질문을 던질 수 있는 계기가 된다고 한다. 다시 말해서 우리 존재의 역사적 한계성과 특수성이야말로 그것을 통해서 우리가 진리를 향한 대화를 열 수 있는 계기가 된다는 것이다. 먼 것을 가까이 가져와 옛날과 지금 사이에 다리를 놓는 재해석의 과정을 통하여 전통은 계승되며, 과거와 현재를 포용하는 만남 속에 창조적 이해가 이루어지는 것이다. 가다머는 해석적 사고의 보편성을 네 가지 과정으로 요약하였다. 곧 나의 역사적 환경이라는 편견내지는 구체적 오늘의 지평선, 텍스트 내용을

2. 解釋學에 대한 이론은 Schleiermacher에서부터 Dilthey와 Heidegger를 거쳐 Gadamer의 *Wahrheit und Methode* (1960)와 *Philosophical Hermeneutics* (1966), Ricoeur의 *Interpretation Theory* (1976), *Conflicts of Interpretation* (1974), *The Rule of Metaphor* (1977) 등에서 종합되었다고 보겠다. Ursula King은 종교의 역사적·현상적 연구에 대한 역사적 개관을 끝내며 해석학과 현상학과 종교역사학의 밀접한 관계 안에서 종교연구의 새로운 활로를 제시하고 있다 (*Contemporary Approaches to the Study of Religion* 152면 참조).

경청하여 그 내용의 도전을 받아들여 얻게 되는 역사적 안목, 오늘의 지평선과 역사적 지평선과의 융합으로 이루어지는 보다 더 보편적인 이해, 다시 이렇게 획득한 이해를 오늘의 지평선으로 하여 새로운 과정을 시작하기 위하여 던지게 되는 질문 등으로 그침없이 계속되는 이해의 과정을 말했다.

가다머의 두 지평선, 혹은 두 시각의 만남을 통한 이해라는 해석학적 이론을 종교학적 연구에 적용하여 보면, 동일한 전통 안에서 재해석을 통한 전승의 문제를 다루기에는 유용하지만, 상이한 전통들의 비교연구에서는 남의 전통을 변질시킬 가능성을 포함하는 문제가 있다. 여기에 뽈 리꾀르(Paul Ricoeur)의 현상학적 해석학이 제시한 "설명"(erklären)의 필요성이 대두한다. 리꾀르는 이해를 두 가지로 분류하여 객관적 연구가 되기 이전의 이해(verstehen[1])는 주관적 상상에 의한 단순한 파악에 불과한데, 이러한 이해 속에 있는 선입관과 오해, 또 텍스트 안에 있을 수 있는 왜곡과 착각을 치료하기 위하여는 문헌학적 연구와 문학적 분석 등을 통한 설명을 거쳐야 한다고 보았다. 이러한 객관적 설명의 과정을 통해서 우리의 편견의 투사나 원하는 바를 찾으려는 주관성을 정화시켰을 때 비로소 참된 이해(verstehen[2])에 도달하게 된다는 것이다.

이러한 해석학적 이론들은 객관성과 주관성을 포괄하는 인간의 이해 과정을 설명하려 하였고, 사료에 대한 비판적 연구에 못지않게 연구가의 시각이 해석과정에서 차지하는 역할의 중요성을 밝히고 있다. 이러한 사실은 종교학적 연구를 동양적 시각에서 하게 될 때 새로운 해석이 나올 수 있다는 가능성을 시사하는 것이다. 따라서 종교학이 서구인의 시각에서뿐만 아니라 동양인의 시각에서 종교현상을 이해하고 해석하게 될 때에 종교학은 보편성을 지닌 인문학이라는 주장에 더 가까이 갈 것은 물론, 방법론적 기로에 서 있는 오늘날의 종교학계에 새로운 활기를 불어넣게 될 것이다.

그러면 이제 지난 100년 동안에 발전된 종교학적 연구방법이 오늘날 어떠한 평가를 받고 있는가를 먼저 고찰하여 보고자 한다. 네델란드의 종교학자 바르덴부르크(Waardenburg)는 네델란드 학파의 역사를 개괄한 후에, 어떠한 형이상학적인 전제도 없이 종교현상을 나타난 그대로 믿는 자의 입장에서 본다는 종교현상학의 근본적 태도에 대해서는 회의가 일어나지 않았으나, 감정이입의 한계성과 다양한 사료들을 일반화시키는 유형론(typology) 및 이상화(idealization)에 대하여는 의문이 제기되고 있다는 사실을 지적하였다. 특히 충분한 역사적 설명이 없이 세계 각처의 여러 전통의 자료에서부터 종교적 공통성만을 찾으려고 하는 유형화의 경향은 각 종교전통 및 구체적인 종교현상의 독특성을 있는 그대로 연구하는 데 오히려 방해가 되었다는 것이다.

따라서 오늘날의 종교학계 안에서는 인간현상인 종교의 연구에 알맞는 세련된 접근방법의 모색이 절실히 요청되고 있다. 이러한 요청에서 나온 몇 가지 최근의 동향을 살펴보면, 첫째로는 전문화의 필요성이 인식되어 각 종교전통에 대한 깊은 지식과 분석에 치중하는 종교사학적 연구가 중시되고 있다. 둘째로는 종교학자가 연구하는 그 종교신앙을 지닌 사람 및 공동체들과의 대화와 공동작업이 바람직한 것으로 대두되고 있어서, 그런 대화를 가능케 하는 연구기관이 설치되고 특정 종교의 학자와 일반 종교학자가 공저(共著)로 내는 저서들이 나오기 시작하고 있다.[3] 또한 대화의 보조수단이 되는 슬라이드, 필름, 사진, 종교미술과 음악 등에 대한 연구가 관심을 끌고 있고, 문화 전반에 대한 이해 안에서 종교현상을 파악하려는 노력이 시도되고 있다. 세째로 종교사회학과 종교심리학에 대한 관심이 다시 일어나서 학문들 간의 공동연구의 필요성이 역설되고 있다. 그런데 이러한 공동연구가 이상적이기는 하지만 지적으로나 인간적으로나 대화할 수 있는 준비가 된 학자들로 구성되어야 한다는 어려움이 있고 끝에 가서 이 결과를 누가 종합할 것인가의 문제가 남는다. 물론 사회과학에서는 사회의 성격이나 인간심리 등

---

3. 카나다 McGill 대학교의 the Institut of Islamic Studies나 미국 Harvard 대학교의 the Center for the Study of World Religion 등이 대화를 중시하는 대표적 연구기관이라 하겠다. 일본 나고야에 있는 南山대학교 종교문화 연구소에서 이런 경향을 보여주는 서적들이 편집되어 나오고 있다.

을 파악하기 위한 하나의 요소로서 종교를 연구하는 반면에, 종교학에서는 종교현상 그 자체가 종교학의 주제이기 때문에 종교연구의 다양한 결과가 종합되어야만 한다면 그것은 종교학자의 임무가 될 수밖에 없다. 그러나 그렇지 않아도 방대한 사료를 다루어야 하는 종교학자가 사회과학에서 이루어지는 모든 연구를 제대로 파악하여 종합한다는 일이 손쉬운 작업은 아니다. 그러나 새로운 형태의 종교현상학이 개발되어야 한다는 요사이의 주장은 우리가 위에서 언급한 종교역사적인 사료에 대한 전문적 지식과 살아있는 공동체와의 대화 및 사회 과학에서 이루어 놓은 연구 결과를 어떻게 종합하고 해석하느냐의 문제일 것이다. 이제 우리는 고전적 종교현상학자들이 했던 것같이 자기가 연구하는 전통을 재체험하고 그것을 묘사하는 일로만 그칠 수는 없다. 또한 우리는 모든 주관적 편견에서 자유롭게 될 수 있는 완전히 객관적 방법론이란 실질적으로 불가능할 뿐만 아니라 인문과학의 특성을 제거하는 오류를 범하게 될 뿐이라는 것도 알고 있다. 우리가 연구하려는 사료의 성격에 따라서 융통성있는 다양한 접근방법을 찾아야 된다는 실제적인 결론을 내릴 수는 있으나, 여기서 말하는 융통성이란 기초적인 종교학적 연구의 원칙과 전문적 지식을 바탕으로 하고 그 학문적 틀 안에서의 융통성을 말한다. 따라서 우리는 여기서 종교학 연구에 필수적으로 갖추어져야만 할 세 가지의 원칙을 먼저 제시한 후에, 이 원칙에 기초를 두고 동양적 시각에서 이루어져야 될 앞으로의 종교학적 연구들의 구체적 예들을 제시하고자 한다.

종교학적 연구에서 가장 우선적이고 중요한 원칙은 연구가가 서 있는 자신의 근본적 입장(standpoint)을 뚜렷이 해야 된다는 것이다. 종교학이 취하는 입장이란 학문적 객관성과 보편성을 추구하는 입장으로서 인간의 종교현상을 나타난 그대로 이해하려는 것이다. 따라서 종교 공동체들이 지니고 있는 시(詩)·자서전·음악·미술·제도·성인(聖人)들·의례·경전·신학적 체계 등을 믿는 자의 입장에서 파악하기 위하여 자신의 철학적이거나 종교적 확신에 근거한 가치판단을 보류해야 한다. 다시 말해서 한 특정 종교의 신학적 입장에서 다른 종교를 심판하는 것은 종교학이 아니다. 예를 들어 그리스도교의 입장에서 타종교를 우상숭배요 불신앙으로 보거나, 불교의 입장에서 윤회설의 우월성을 주장하거나, 힌두교의 불이론(不二論)의 입장에서 인격신의 개념을 낮은 것으로 평가하거나, 민중종교의 입장에 서서 숫자적으로 우세하기 때문에 그 전통의 규범으로 간주되어야 한다는 등의 주장은 모두가 넓은 의미에서의 신학적 판단이 될 수는 있으나 종교학적 입장에서는 이런 결론이 나올 수 없는 것이다. 이와 마찬가지로 사회과학의 환원주의적인 (reductionistic) 해석으로 종교공동체 자신들이 부정하는 결론을 고집하려는 태도로 종교학에서는 받아들일 수 없다. 종교학은 종교를 사회의 부수적 현상이나 심리적 환상으로 돌리려는 위험을 극복하여야 하며, 종교현상을 종교체험에서 나오는 표현으로 이해하여 그 안에 전제되는 초월성 혹은 궁극성에 대한 믿는 자들의 신앙을 존중한다. 신앙의 대상자 자체가 종교학적 연구의 대상이 될 수는 없으나 신앙공동체가 믿는 바의 실재 자체에 대해서는 개방된 태도를 취함으로써 종교현상을 나타난 그대로 연구하려는 입장을 고수한다. 이 점은 종교학적 연구에서 가장 중요한 요소로서 이러한 입장에 관한 한 어떠한 타협도 있을 수가 없다. [4]

종교학적 연구의 둘째 원칙은 종교연구의 접근 방법에 대한 것으로서 자료의 연구에 기초를 둔 실증적(empirical) 학문이어야 된다는 것이다. 그러기 위해서 넓은 의미에서의 사료의 역사학적 연구가 우선되어야 한다. 그 공동체의 역사적 기원, 발전, 사회적 조건, 심리적 차원에 이르기까지 모든 과거와 현재의 역사적 총체를 정확하게 파악해야 한다. 여기서는 학문 간의 협조가 이루어질 수 있고, 정확한 분석과 비판성이 요구된다. 그 다음에 오는 사료의 해석은 그 공동체의 용어와 세계관의 윤곽 속에서 이루어져야 한다. 이러한 해석은 깊이있는 분석에 기초를 둔 현상학적 작업을 말하는 것으로서, 각 공동체의 복합성을 인식하여

---

4. 물론 한 사람이 종교학적 입장과 신학적 입장을 때에 따라 가지는 것은 가능하지만 (van der Leeuw의 경우와 같이), 이럴 때 그는 자신의 연구 입장을 먼저 밝힌 후에 연구 내용을 서술해야 될 것이다.

야 하며 내부학자들과의 대화가 필요하게 된다. 사료의 정확한 해석으로 의미가 파악된 후에 비교연구를 통한 공통성내지 보편성을 찾기 위한 노력으로서 이론화가 이루어지게 된다.[5] 종교학이란 경험적 연구에 의하여 인간의 내면과 가치를 다루는 학문이기 때문에 믿는 자의 신앙의 근사치에 도달할 수 있을 뿐이다. 그리고 이렇게 획득한 근사치 역시 계속적인 연구를 통해 수정되어야 한다는 개방성이 요구되는 인문학이라는 특성을 지닌다. 따라서 종교학적 연구에는 정확성과 더불어 연구가의 예민성이 필요하며 연구하려는 자료(data)에 알맞는 방법을 택할 수 있는 직관력을 가져야 한다.[6] 예를 들어 한국의 무속신앙을 종교학적으로 연구하려면, 그에 대한 포괄적인 역사적 연구(사료연구, 인류학적 조사, 사회적 기능, 심리적 필요성 등) 위에 시베리아, 중국, 일본 등 외국의 무속신앙과의 비교연구 및 이에 따른 무속신앙의 의미파악과 이론적 정립이 이루어져야 한다. 각 단계의 필요한 사료와 방법론을 적용하고 활용할 수 있는 준비와 통찰력이 필요한 것이다. 아직도 한국 무속신앙에 대한 포괄적인 종교학적 체계화가 이루어지지 못하고 있는 것은 이러한 준비가 갖추어지지 못한 탓일 것이다.

종교학적 연구의 세째 원칙은 종교체계 전체를 살아 있는 상징으로 보아 표현 자체를 절대화하기보다는 그러한 상징을 통하여 진리를 추구하는 인간현상으로 이해하는 것이다.[7] 실재는 모든 개념보다 앞선 것이며, 종교체계란 궁극적 실재를 체험한 인간의 표현에서 형성된 것이므로, 인간으로서는 아무도 회피할 수 없는 진리에의 접근을 종교학은 현상학적으로 시도한다는 말이다.[8] 사실 모든 세계 대종교공동체들은 공

---

5. 本書 12장과, W. C. Smith, *Religious Diversity* (1976) 102-114면 참조.
6. Ninian Smart는 인간적 자질이 종교연구에 가지는 중요성을 더 구체적으로 설명하여, 연구가의 지향(intentions)과 다른 이의 종교적 의미를 잘 묘사할 수 있는 자질(personal qualities)과 인격주의적(personalistic) 접근이 종교학적 방법론에 필수적임을 밝히고 있다 : "Scientific Phenomenology and W. C. Smith's Misgivings", *The World's Religious Traditions*, 267-268면.
7. 이에 대한 이론적 근거는 本書 12장 참조.
8. 여기에 이해(understanding)와 평가(evaluation)에 대한 최근의 논의의 핵심이 있

통적으로 "실재는 인간의 표현을 초월한다"고 고백하고 있다. 세계 삼
대 유일신교라고 불리는 유대교, 그리스도교, 이슬람교에서 하느님은
인간이 기도할 수 있는 대상이며 계시를 주시는 말씀의 하느님으로서
인격적으로 표현되나, 동시에 인간이 이해할 수 없는 초월성을 지니는
절대 존재이다. 그러기에 제2 이사야는 하느님의 생각은 인간의 생각과
같지 않고 하느님의 길은 인간의 길과 같지 않다고 선포하였던 것이다:
"야훼의 말씀이시다. '하늘이 땅에서 아득하듯이 나의 길은 너희 길보
다 높다. 나의 생각은 너희 생각보다 높다'"(55,9). 초대교회는 이방인
고르넬리오의 집안 위에 내리는 성령을 보며 하느님이 하시는 일의 초
월성을 인정하고 복음의 보편성을 받아들였던 것이다. 이슬람교의 전통
은 하느님(알라)이 절대성을 지닌 분이라는 것을 강조하기 위하여 자연
법칙까지도 부정하면서 아무것에도 매이지 않는 신의 초월성을 증언하
였다. 힌두교나 불교에서는 절대실재가 인간 안에 내재한다고 파악되지
만, 인간의 이성적 논리로는 포착될 수 없으며 오직 깨달음으로만 체험
될 수 있다. "네티-네티"(neti-neti)나 "공"(空) 등 부정적 표현이나 상
징을 통해 실재가 표현되곤 한 것도 진리의 초월성을 강조한 것이었다.
중국의 도교나 유교에서도 도(道, 天道)는 내재적이나 동시에 초월적인
것으로서 태극(太極) 내지 무극(無極)으로 표현되곤 하였다. 이러한 세
계 대종교들뿐만 아니라 문자가 없는 원시종교 전통들에서도 상당수의
경우에 초월적 존재로 인식되는 최고신의 개념이 발견되어서 상징을 초
월하는 실재에 대한 인류의 신앙을 표현하고 있다.

　그렇기 때문에 진리는 각 종교의 상징 체계를 통해 찾아질 수 있음과
동시에 그 너머에 있으며, 최고의 상징 체계라 할지라도 대화를 통해
서로에게서 배울 수 있는 것이다. 이러한 대화와 학문적 연구를 통한
진리에의 현상학적 추구는 크리스텐센이 말한 것처럼 우리를 종교적으
로 자라게 하고 인간적으로 성숙되게 한다. 한마디로 종교학이란 인간

　는 것이며, 이 둘의 관계에 대한 계속적인 연구가 요구되고 있는 것이다 : John
　B. Carman, "Bangalore Revisited", *The World's Religious Traditions*, 234,
　237-238면.

의 진리에의 체험을 연구함으로써 그 진리에 가까이 가는 학문적 추구이기 때문에 남을 이해하는 개방적 자세를 가지게 하고, 인간 표현의 다양성을 인식케 하며, 초월을 향한 인간의 고귀한 발자취를 보게 하는 것이다.

우리가 언급한 위의 세 가지 종교학적 원칙, 곧 남의 신앙을 존중하면서 학문적 객관성을 유지하는 기본적 입장, 자료의 역사적이고 비판적인 분석을 통한 해석과 비교연구를 거친 이론적 체계화의 연구과정, 진리에의 현상학적 접근이라는 테두리를 가지고 끝으로 동양적 시각에서 앞으로 이루어져야 될 종교학적 연구의 몇 가지 구체적 예를 들어보기로 하겠다. 우선 동양의 전통적 종교들에 대한 종교학적 분석과 해석에 동양인 학자들이 좀더 적극적으로 참여해야 되리라 본다. 그리고 무속신앙, 신도(神道), 도교(道敎) 등의 민족종교들에 대한 포괄적인 종교학적 체계화가 성립되는 과정에서도 예전과 같이 엘리아데 등 서양의 어느 학자가 제시한 이론이나 범주에 자료를 맞추려고 하기보다는 사료연구와 조사에 근거를 두고 그 연구 결과로부터 체계화가 이루어질 수 있는 길을 모색해야 할 것이다. 이런 일을 하기 위해서는 그 문화 안에서 살고 그 체취를 아는 동양인 학자보다 더 적합한 사람은 없을 것이다. 힌두교나 불교의 철학적 연구는 서양학자들에 의하여 이미 상당한 수준에 올라와 있지만, 각기의 전통 안에 있는 복합성의 문제, 다른 종교들과의 습합(習合)의 문제들이 역시 그 문화 안에 살고 있는 연구가들의 작업을 기다리고 있다.

동아시아 문화권에서 일종의 전통사상을 이루어 왔던 유교연구는 철학적인 해석은 상당히 발전되어 있으나 종교학적인 연구는 아직 미비해서 유교체계 전체에 대한 종교학적 분석이 이루어지지 않았다. 유교적 가족제도, 관료제도 등에 대한 사회학적 해석이 단편적으로 되어 있을 뿐이다. 더우기 유교의 현세중심적이고 인간관계에 따른 예(禮)의 실천을 통하여 인간 안에 천도(天道)를 실현한다는 독특한 종교성 때문에 그 안에 살아보지 않은 사람으로서 그 체계의 종교적 특성을 파악하는 일을 어렵게 한다. 따라서 동아시아인에 의하여 이루어져야 될 종교학사의 한 장으로서 유교의 종교학적 해석은 하나의 과제로 남아 있다고 하겠다. 또한 그리스도교나 이슬람교의 경우에서처럼 정통사상만이 유일한 종교로 강요되지 않았던 동양사회에서 종교의 다원성의 문제는 각기의 전통을 연구할 뿐 아니라 각 시대와 각 사회마다의 종교현상에 대한 전체적인 연구를 요청하게 된다. 예를 들어 한국 고려사회의 종교학적 연구를 제대로 하려면 불교, 유교, 무속, 도교적 영향 등을 따로따로 볼 뿐만 아니라 이 모든 요소가 어떠한 관계 안에서 공존하였으며 고려인들에게 어떠한 신앙생활을 하게 했는가를 포괄적으로 고찰하여야 한다.

또 한 가지 동양인의 시각에서 이루어져야 할 종교학적 연구는 그리스도교와 이슬람교, 유대교 등 서양이나 중동에서 발전된 종교전통들을 동양적 시각에서 고찰하고 새롭게 서술하는 것이다. 예를 들어 그리스도교사를 종교학적 관점에서 한국 독자들을 위하여 쓸 때 외국 저자의 것을 번역하는 데 그치지 않고, (물론 어느 교파적 입장에서 쓰는 것도 아니고) 우리의 시각을 가지고 종교학적 보편성을 견지하면서 쓸 수는 없을까 하는 점이다. 이러한 그리스도교사는 사실 한국인 독자에게 도움이 될 뿐만 아니라 서양인 독자들을 위해서도 새로운 면을 보게 할 수 있다.

그리고 이와같은 구체적 연구를 통해서 깊이있는 분석이 이루어지고 연구가의 독특한 시각에서 나온 해석에 의하여 그 사료 자체에서 얻어진 체계화가 이루어질 때, 우리 안에서도 새로운 종교학적 이론이 나올 것이고, 종교학은 보편적 학문이라는 이상에 더 가까와질 것이다. 최초로 종교학의 성립을 주장한 막스 뮐러가 종교의 객관적 연구는 인간의 사상과 체험의 최고봉을 연구하는 것이기 때문에 가장 중요하고 자랑스러운 일이라고 자부하였던 것을 이제 우리는 실현시키는 단계에 와 있는 것이다. 동서양의 만남이 문화의 외부적 면에서 상당히 진전되고 있는 오늘의 시점에서, 인간 문화의 바탕이 되고 모든 인간 가치의 궁극적 기초가 되어온 인류의 종교에 대한 이해가 동양적 시각에 의하여서도 이루어질 때에 동서의 만남은 그만큼 심화될 것이다. 결국 인간의

종교적 자질을 포괄적으로 연구함으로써 인간을 이해하려는 것이 종교
학의 목표이기 때문에 동양과 서양의 시각의 종합은 종교학적 인간이해
를 그만큼 넓고 깊게 해 줄 것이다.

참 고 문 헌

Ⅰ. 종교학 분야

1. 종교학 소개서 및 사전류

U. **Bianchi,** C. J. **Bleeker** and A. **Bausani,** *Problems and Methods of the History of Religions,* Leiden 1972.

Walter H. **Capps,** *Ways of Understanding Religion,* New York : Macmillan 1972.

Jan **de Vries,** *Perspectives in the History of Religions,* tr. by Kees W **Bolle,** Harcourt : Brace & World 1967.

Mircea **Eliade** and Joseph **Kitagawa** (ed.), *The History of Religions : Essays in Methodology,* The University of Chicago Press 1959 [엘리아데 外(編) 이 은봉 역 「종교학 입문」 성균관대학교 출판부 1982].

Eric E. **Sharpe,** *Comparative Religion : A History,* New York : Charles Scribner's Sons 1975.

Jacques **Waardenburg,** *Classical Approaches to the Study of Religion,* the Hague / Paris : Mouton 1973.

Frank **Whaling** (ed.), *Contemporary Approach to the Study of Religion,* 2 vols., Berlin/New York/Amsterdam, Mouton 1983.

_____, *The World's Religious Traditions : Current Perspectives in Religious Studies* (Essays in honour of Wilfred Cantwell Smith), Edinburgh : T. & T. Clark 1984.

콤스톡(Richard **Comstock**) 저, 윤 원철 역 「종교학 : 방법론의 제문제와 원시종교」 전망사 1984.

스트렝(Frederick **Streng**) 저, 정 진홍 역 「종교학 입문」 (현대신서 43) 대한기독교서회 1973.

岸本英夫 저, 박 인재 역 「宗敎學」 김영사 1983.

이 은봉 「종교세계의 초대」 지학사 1985.

정 진홍 「종교학 서설」 전망사 1980.

황 선명 「종교학 개론」 종로서적 1982.

小口偉一, 堀一郎 監修 「宗教學辭典」 東京大學出版會 1973.

S. G. F. **Brandon** (ed.), *Dictionary of Comparative Religion*, New. York: Charles Schribner's Sons 1970.

James **Hastings** (ed.), *Encyclopedia of Religion and Ethics (ERE)*, 12 vols., Edinburgh: T. & T. Clark; New York: Charles Scribner's Sons 1908–22 and indes., 1926(reprinted in 1955).

Die Religion in Geschichte und Gegenwart (RGG): Handwörterbuch für Theologie und Religionswissenschaft (3rd edition) 6 vols., Tübingen 1957–62.

2. 저자별

Pierre D. **Chantepie de la Saussaye,** *Lehrbuch der Religionsgeschichte* 1887 [*Manual of the Science of Religion*, tr. by Beatrice S. Colyer-Forgusson, London / New York: Longmans, Green & Co. 1891].

Mariasusai **Dhavamony,** *Phenomenology of Religion*, Rome : Gregorian University Press 1973.

Mircea **Eliade,** *Yoga: Immortality and Freedom*, New York / London : Routledge and Kegan Paul 1958.

_____, *Patanjali and Yoga*, New York: Funk & Wagnalls 1969.

_____, *Shamanism: Archaic Techniques of Ecstasy*, tr. by Willard R. Trask, Princeton University Press 1964.

_____, *Cosmos and History: The Myth of the Eternal Return*, New York 1954 [정 진홍 역 「宇宙와 歷史 — 영원회귀의 신화」(현대사 상총서 VII) 현대사상사 1976].

_____, *The Sacred and the Profane: The Nature of Religion*, New York: Harper and Row 1961 [이 동화 역 「聖과 俗 : 종교의 본질」 학민사 1983].

_____, *Patterns in Comparative Religion*, New York: Merdian Books 1963 [이 은봉 역 「종교형태론」 형설출판사 1979].

_____, *The Quest: History and Meaning in Religion*, The University of Chicago Press 1969.

_____, *Images and Symbols*, London: Sheed and Ward 1961.

_____, *Myths, Dreams and Mysteries*, New York: Harper and Row 1967.

_____, "Methodological Remarks on the Study of Religious Symbolism", in M. Eliade and J. Kitagawa (ed.), *The History of Religions: Essays in Methodology*, The University of Chicago Press 1959.

K. A. H. **Hidding,** *Mens en Godsdienst: Levende Godsdiensten phenomenologisch Belicht*, 1954.

W. Brede **Kristensen,** *The Meaning of Religion. Lectures in the Phenomenology of Religion*, tr. by John B. Carman, The Hague: Martinus Nijhoff 1960.

_____, *Inleiding tot de Godsdienstgeschiedenis* (宗敎史입문), Arnhem: Van Loghum Slaterus 1955.

Friedrich Max **Müller,** "Plea for a Science of Religion", in *Classical Approaches to the Study of Religion* Vol. I. ed. by Jacque Waardenburg, Mouton 1973.

Rudolf **Otto,** *Das Heilige. Über das Irrationale in der Idee des Göttlichen und sein Verhältnis zum Rationalen*, München: Breslau 1917 [*The Idea of the Holy: An inquiry into the non-rational factor in the idea of the divine and its relation to the rational*, tr. by John W. Harvey, Oxford University Press 1923].

_____, *West-östliche Mystik: Vergleich und Unterscheidung zur Wesendeutung*, 1926 [*Mysticism East and West: A Compartive Analysis of the Nature of Mysticism*, tr. by B. L. Bracey *and* R. C. Payne, New York: Macmillan 1932].

_____, *Die Gnadenreligion Indiens und das Christentum: Vergleich und Unterscheidung*, München 1930 [*India's Religion of Grace and Christianity Compared and Contrasted*, tr. by Frank Hugh Foster, SCM and Macmillan 1930.].

_____, *The Kingdom of God and the Son of Man*, tr. by Floyd V.

Filson and B. L. Lee, London: Lutterworth 1938.

Rafael **Pettazzoni,** *Essays on the History of Religion,* Leiden: E. J. Brill 1954.

Ninian **Smart,** "Beyond Eliade: The Future of Theory in Religion", *Numen* 25, Fasc. 2, August 1978.

Wilfred Cantwell **Smith,** *Modern Islam in India: A Social Analysis,* Lahore: Minerva 1943.

————, *Islam in Modern History,* Princeton: Princeton University Press 1957.

————, *The Faith of Other Men,* New York: New American Library 1963.

————, *The Meaning and End of Religion: A New Approach to the Religioius Traditions of Mankind,* New York: Macmillan 1963.

————, *Questions of Religious Truth,* New York: Charles Scribner's Sons 1969.

————, *Religious Diversity,* ed. by Willard G. Oxtoby, New York: Harper and Row 1976.

————, *Faith and Belief,* Princeton: Princeton University Press 1979.

————, *Toward a World Theology,* Philadelphia: Westminster 1981.

————, "Comperative Religion: Whither and Why?", in *The History of Religions,* ed. by M. Eliade and J. Kitagawa, Chicago: The University of Chicago Press 1959.

————, "A Human View of Truth", *Truth and Dialogue in World Religions: Conflicting Truth-Claims,* ed. by John Hick, Philadelphia: The Westminster Press 1974.

————, "Religion as Symbolism", in *The New Encyclopedia Britannica,* Propaedia 498–500, 15th edition, Chicago 1975.

————, "Methodology and the Study of Religion: Some Misgivings", in *Methodological Issues in Religious Studies,* ed. by Robert D. Baird, 1975.

Cornelius P. **Tiele,** *Elements of the Science of Religion,* 2 vols., New York: Scribner's and Sons 1897.

Th. P. **van Baaren** and H. J. W. **Drijvers,** *Religion, Culture and Methodology,* The Hague 1973.

Gerardus **van der Leeuw,** *Phänomenologie der Religion,* Tübingen: S. C. B. Mohr 1933 [English translation by J. E. Turner: *Religion in Essence and Manifestation: A Study in Phenomenology,* London : Allen & Unwin 1938].

Joachim **Wach,** *Sociology of Religions,* London : Kegan Paul 1947.

_____, *The Comparative Study of Religions,* ed. by Joseph M. Kitagawa, New York : Columbia University Press 1958.

_____, *Types of Religious Experience: Christian and Non-Christian,* The University of Chicago Press 1951.

_____, *Understanding and Believing: Essays by Joachim Wach,* ed. by Joseph M. Kitagawa, Harper and Row 1968.

Charles M. **Wood,** *Theory and Religious Understanding: A Critique of the Hermeneutics of Joachim Wach,* AAR Dissertation Series No. 12, American Academy of Religion 1975.

II. 사회과학 분야

Michael **Banton** (ed.), *Anthropological Approaches to the Study of Religion* London : Tavistock Publications 1966.

Peter L. **Berger** and Thomas **Luckmann,** *The Social Construction of Reality,* New York: Doubleday & Co. 1966.

V. Gordon **Childe,** *Magic, Craftsmanship and Science,* Liverpool : University Press 1950.

Mary **Douglas,** *Purity and Danger,* London: Routledge & Kegan Paul 1966.

Emile **Durkheim,** *Les formes élémentaires de la vie religieuse: Le système totémique en Australie,* Paris : Alcan 1912 [*The Elementary Forms of the Religious Life: A Study in Religious Sociology,* tr. by Joseph W. Swain, New York : The Free Press 1954].

_____, "L'Individualisme et les intellectuels", *Revue Bleue*, 4e ser. 10, 1898.

E. E. **Evans-Pritchard**, *Theories of Primitive Religions*, New York: Oxford University Press 1965.

James **Frazer**, *The Golden Bough. A Study in Comparative Religion*, London / New York: Macmillan 1890 [김 상일 역 「황금의 가지」 (세계사상교양전집 6권) 을유문화사 1975].

Sigmund **Freud**, *Die Zukunft einer Illusion*, Leipzig / Wien / Zürich: Int. Ps. 1927 [*The Future of an Illusion*, tr. by W. D. Dobson-Scott, New York: Doubleday Anchor Books 1928].

_____, *Totem und Tabu: Einige Übereinstimmungen in Seelenleben der Wilden und der Neurotiker*, Leipzig / Wien: Heller 1913 [*Totem and Taboo*, tr. by A. A. Brill, London: Routledge and Kegan Paul 1919].

_____, *Der Mann Moses und die monotheistische Religion*, Amsterdam: Allert de Lange 1937 [*Moses and Monotheism*, tr. by Katherine Jones, New York: Vintage Books 1939].

Eric **Fromm**, *Psychoanalysis and Religion*, New Haven: Yale University Press 1971.

N. D. **Fustel de Coulanges**, *La cité antique*, Paris: Durand 1864 [*The Ancient City*, tr. by Willard Small, Boston: Lee and Shepard 1874; Garden City: Doubleday 1956].

Clifford **Geertz**, *The Interpretation of Cultures*, New York: Basic Books 1973.

H. H. **Gerth**, C. W. **Mills** (ed.), *From Max Weber: Essays in Sociology*, New York: Oxford University Press 1958.

William **James**, *The Varieties of Religious Experience*, New York / London: Longmans, Green & Co. 1902 [〈제임스〉, 「세계사상대전집」 47권, 대양서적 1975 (일부 번역됨)].

C. G. **Jung**, *Die Beziehungen zwischen dem Ich und Unbewußten*, Zürich: Rascher Paperback 1963 ["The Relations between the Ego and the Unconscious", in *Collected Works*, Vol. 7: *Two Essays of Analytical Psychology*].

_____, *Analytical Psychology. Its Theory and Practice*, London : Routledge & Kegan Paul 1969.

_____, *Man and His Symbol*, London : Aldus Books 1964 [이 부영 外 역 「인간과 무의식의 상징」 집문당 1983].

_____, *Psychologie und Religion*, Zürich : Rascher Verlag 1963 [이 은 봉 역 「종교와 심리학」 경문사 1980].

_____, *Psychologie und Alchemie*, Zürich : Rascher Verlag 1944.

Clyde **Kluckholm**, "Myth and Rituals: A General Theory", *Harvard Theological Review* (Jan. 1942).

Weston **La Barre**, *The Ghost Dance: The Origins of Religion*, New York : Doubleday 1970.

W. **Lessa** and E. **Vogt**, *Reader in Comparative Religion*, 4th edition, New York : Harper & Row 1979.

Claude **Lévi-Strauss**, *The Savage Mind*, London : Weiden and Nicolson 1966.

Bronislaw **Malinowski**, *Magic, Science and Religion, and Other Essays*, New York : Doubleday Anchor 1948.

Robert R. **Marett**, *Faith, Hope and Charity in Primitive Religion*, Oxford : Clarendon Press 1932.

_____, *Sacrament of Simple Folk*, Oxford : Clarendon Press 1933.

Ernesto de **Martino**, *Il Mondo Magico*, Firenze : Giulio Einaudi 1948.

Karl **Marx**, *Early Writings*, New York : McGraw-Hill 1964.

Talcott **Parsons**, *Theories of Society*, Glencoe, Ill. : Free Press 1961.

_____, *The Structure of Social Action*, Glencoe : Free Press 1949.

_____, "The Role of Ideas in Social Action", *American Sociological Review*, 1938.

Alfred R. **Radcliffe-Brown**, *Structure and Function in Primitive Society*, New York : The Free Press 1952.

Paul **Radin**, *Primitive Religion: Its Nature and Origin*, London : Hamish Hamilton 1938.

D. M. **Rasmussen**, *Symbol and Interpretation*, The Hague : Martinus Nijhoff 1974.

C. H. **Ratschow**, *Magic und Religion*, Gütersloh : Bertelsmann 1947.

S. J. **Tambiah**, *World Conqueror and World Renouncer: A Study of Buddhism and Polity in Tailand against a Historical Background*, Cambridge University Press 1976.

C. **Thompson**, *Psychoanalysis: Evolution and Development*, New York: Grove Press 1950.

Victor **Turner**, *The Forest of Symbols*, Ihaca: Cornell University Press 1967.

Arnold L. **van Gennep**, *Les rites de passage*, Paris: Emile Nourry 1909 [*The Rite of Passage*, tr. by M. B. Virzedom and G. L. Caffee, London: Routledge and Kegan Paul 1960].

Max **Weber**, *The Theory of Social and Economic Organization*, tr. by A. M. Henderson and T. Parsons, London: W. Hodge 1947.

_____, *The Protestant Ethic and the Spirit of Capitalism*, tr. by T. Parsons, New York: Scribner's Sons 1958.

오 경환 「종교사회학」 서광사 1979.

이 부영 「분석심리학 ― C. G. Jung의 人間心性論」 일조각 1982.

한국사회과학연구소 편 「현대 사회과학 방법론」 민음사 1977.

한 상복, 이 문웅, 김 광억 공저 「인류문화학」 한국방송통신대학 1983.

Ⅲ. 종교철학과 종교 일반이론 분야

Peter L. **Berger** (ed.), *The Other Side of God: A Polarity in World Religions*, Doubleday Anchor Press 1981.

Richard **Crouter**, "Hegel and Schleiermacher at Berlin", *Journal of Academy of Religion* 48 (March 1980).

Wilhelm **Dilthey**, *Pattern and Meaning in History* ed. by H. P. Rickman, New York: Harper and Row 1962.

Herbert **Fingarette**, *The Self in Transformation*, New York: Harper and Row 1965.

Hans-Georg **Gadamer**, *Wahrheit und Methode*, J. C. B. Mohr 1960.

_____, *Philosophical Hermeneutics*, Univ. of California Press 1976.

Georg Wilhelm Friedrich **Hegel**, *Phänomenologie des Geistes*, Leipzig: Dürr 1907 [임 석진 역 「精神現象學」 분도출판사 1980].

Paul **Ricoeur**, *Interpretation Theory: Discourse and the Surplus Meaning*, Texas Christian University Press 1976.

_____, *Conflicts of Interpretation: Essays in Hermeneutics*, ed. by Don Ihde, Evanston: Northwestern University Press 1974.

_____, *Metaphor: Zur Hermeneutik religiöser Sprache*, München: Kaiser Verlag 1974.

Friedrich **Schleiermacher**, *Über die Religion: Reden an die Gebildeten unter ihren Verächtern*, Berlin: Johann Friedrich 1799. [*On Religion: Speeches to Its Cultured Despisers*, Harper and Brothers 1958] [대양서적의 「세계사상대전집」에 부분적으로 번역됨].

_____, *Der christliche Glaube*, Berlin: gedruckt und verlegt 1821-22 [*The Christian Faith*, Fortress Press 1928].

Sinha, *Studies in Phenomenology*, The Hague: Martinus Nijhoff 1969.

Paul **Tillich**, *Systematic Theology*, Vol. 1, Chicago: University of Chicago Press 1951.

_____, "The Problem of Theological Method", *Journal of Religion* 27(1947).

A. J. 벨린조니 저, 정 진홍 역 「종교란 무엇인가」 중앙일보사 1978.

존 H. 힉 저, 황 필호 역 「종교철학 개론」 종로서적 1980.

신 귀현 〈현상학적 환원과 그 철학적 의의〉 「현상학이란 무엇인가」 심설당 1983.

황 필호 「분석철학과 종교」 종로서적 1984.

종교학적 특수용어

anima	정령(精靈)
animism	정령숭배
archetype	원형(原型)
belief	신념, 믿음
the believer	믿는 자, 신자
black magic	흑주술(黑呪術)
chronos	속(俗)의 시간
contagious magic	감염주술(感染呪術)
cult	의식(儀式), 숭배, 종파
cumulative tradition	축적적 전통(蓄積的傳統)
deism	이신론(理神論)
deus ōtiōsus	멀어진 신
divination	점술(占術)
eidetic vision	형상직관(形相直觀)
empathy	감정이입(感情移入)
epochē	판단중지
faith	신앙
fetishism	서물숭배(庶物崇拜)
hierophany	성현(聖顯)
the holy (das Heilige)	성스러움, 거룩함
homo religiosus	종교적 인간
imitative magic	모방주술(模倣呪術)
kairos	성(聖)의 시간

kratophany	역현(力顯)
magic	주술(呪術)
mana	마나
mysterium tremendum et fascinans	두렵고 매혹적인 신비
numen	누멘
the numinous (das Numinöse)	누멘적인 것
oracle	신탁(神託)
polytheism	다신교(多神敎)
power	힘
pseudo-religion	유사종교
reductionism	환원주의(還元主義)
rites	의례(儀禮)
the rites of passage	통과의례(通過儀禮)
ritual	의식(儀式)
shaman	무(巫)
the sky god	천신(天神)
sympathetic understanding	공감적(共感的) 이해
taboo	금기(禁忌)
theophany	신현(神顯)
totemism	토템신앙
Urmonotheismus	원(原)유일신론
white magic	백주술(白呪術)

종교학 관계 인명의 표준 음역

Robert **Bellah**　　　　　　　　로버트 벨라

Peter L. **Berger**　　　　　　　피터 버거

John B. **Carman**　　　　　　　존 칼만

Pierre D. **Chantepie de la Saussaye** 삐에르 샹뜨삐 드 라 쏘쌔이

Marcus Tullius **Cicero**　　　　마르쿠스 툴리우스 키케로

Robert H. **Codrington**　　　　로버트 코드링톤

Charles **de Brosses**　　　　　샤를르 드 브로쓰

Mary **Douglas**　　　　　　　　메어리 더글라스

Emile **Durkheim**　　　　　　　에밀 뒤르껭

Mircea **Eliade**　　　　　　　　멀치아 엘리아데

E. E. **Evans-Pritchard**　　　　에반스-프리챠드

James G. **Frazer**　　　　　　제임스 프레이저

Sigmund **Freud**　　　　　　　지그문트 프로이드

Hans-Georg **Gadamer**　　　　한스-게오로그 가다머

Clifford **Geertz**　　　　　　　클리퍼드 기어츠

Edmund **Husserl**　　　　　　　에드문트 훗설

William **James**　　　　　　　　윌리암 제임스

Carl Gustav **Jung**　　　　　　칼 구스타브 융

Joseph **Kitagawa**　　　　　　죠셉 기다가와

Hendrik **Kraemer**　　　　　　헨드릭 크레머

W. Brede **Kristensen**　　　　브레데 크리스텐센

Lucius C. F. **Lactantius**　　　루시우스 락탄시우스

Claude **Lévi-Strauss**　　　　클로드 레비-스트로스

Bronislaw K. **Malinowski**	브로니슬라브 말리놉스키
Robert R. **Marett**	로버트 마레트
F. Max **Müller**	막스 뮐러
Rudolf **Otto**	루돌프 옷토
Talcott **Parsons**	탈콧 파슨스
Raffaelo **Pettazzoni**	라파엘로 뻬따쪼니
Alfred R. **Radcliffe-Brown**	알프레드 레드클리프-브라운
Paul **Ricoeur**	뽈 리꾀르
Friedrich **Schleiermacher**	프리드리히 슐라이어마허
Wilhelm **Schmidt**	빌헬름 슈미트
Wilfred Cantwell **Smith**	윌프레드 캔트웰 스미스
Nathan **Söderblom**	나탄 쐬더블롬
Cornelius P. **Tiele**	코르넬리우스 틸레
Paul **Tillich**	폴(파울) 틸리히
Victor **Turner**	빅터 터너
Edward B. **Tylor**	에드워드 타일러
Evelyn **Underhill**	에벌린 언더힐
Gerardus **van der Leeuw**	게라르두스 반 델 레에우
Arnold L. **van Gennep**	아놀트 반 게넵
Marcus **Varro**	마르쿠스 바로
Joachim **Wach**	요아킴 바흐
Max **Weber**	막스 베버
Xenophanes	크세노파네스

색 인

가다머, 한스-게오르크 352 353
감정이입 59 61 174 354
개성화 → 자기실현 264 274 275 285
거룩함 → 성스러움 47 108 161 340
경외감 48 49 63 106 128 132 137 161
경전 22 27 29 42 75 102 175 206 208
    224 285 342 355
계몽주의(계몽사상) 16 24 29 64 84
    86 89 90 98 100 124 223 224 225
    226 234 236 259
계시 18 21 26 29 70 97 128 129 139
    140 141 150 164 166 240 358
공(空) 53 358
공간 70 73 122 123 140 148 152 181
    186 209 277
공감 19 61
괴테 21 29 82 83 89 169
교리(교조) 40 60 66 85 90 92 100
    113 123 128 130 131 139 147 172
    175 206 208 215 217 223 272 291
    303 304 305 311 316 342
교의 → 도그마 276 280 284
교회 20 28 63 84 98 112 234 246 271
    340 358
구원 52 63 64 101 109 110 139
구조주의 328 333
꾸란(Qur'an) 215 340 342
궁극적 관심 17 18
궁극적 실재(궁극성) 18 32 66 103
    107 119 120 121 124 129 130 137
    138 140 150 166 173 187 190 233

귀신 30 31 112 317
  귀신관 282
  귀신론 285 286
그리스도교 16 17 20 24 25 26 29 34
    35 40 47 49 50 66 86 92 98 99 100
    101 104 107 108 110 111 113 118
    128 134 135 136 150 153 160 161
    162 163 165 175 176 177 205 207
    208 223 224 233 235 236 237 238
    239 246 247 259 271 275 279 280
    283 284 287 291 303 315 344 345
    356 358 360
금기 48 167 238 280 318 329
기능주의 316 319 325 328 333
기다가와 64
기도 56 61 66 133 147 207 217 342
    358
기어츠 322 323 324 325 333

나낙(Nanak) 27
낭만주의 20 24 33 85 88 98
네델란드 학파 23 54 59 63 151 174
    354
네티-네티(neti-neti) 358
누멘 50 52 53 65 75 100 103 106 107
    108 109 112 124 125 126 128 129
    132 135 136 137 139 286
누멘적인 것 50 51 52 106 138 276
누어(Nuer)족 41 319 320 321

다라시코(Dara Shikoh) 27

376

다신교 30 314
대화 26 27 46 63 74 76 96 211 213 273
    352 354 355 357 358
뎀부 326 327 328
도(道) 123 129 285 358
도교 17 27 275 285 358 359 360
도그마 → 교의 276 280 283
도덕률 82 90 109 110
도리이(Torii, 鳥居) 340
뒤르껭, 에밀 36 39 40 41 48 225 226
    227 238 239 241 243 294 299 300
    301 303 304 305 333
딜타이, 빌헬름 209

라마누자 101 145 171
락탄시우스 17
레비-스트로스 325 328 329 330 333
리그 베다 22
리쾨르, 뽈 352 353

마나 30 31 32 48 125
마니교 27 135
마레트, 로버트 30 31 102 132 133
마르크스, 칼 98 103 224 237 238 239
마수디(Masudi) 26
만다라 285
말리놉스키 42 121 129 134 294 296
    297 298 299 300 301 302 303 304
    305 315 317 318 319 332
매혹 51 52 53 99 106 107 126
멜라네시아(Melanesia) 30 31 134
무속신앙 → 샤마니즘 17 285 286
    357 359 360
무슬람 76 134 342 345
무의식 36 37 75 90 224 225 226 230
    241 244 254 256 258 259 260 261
    262 263 264 265 266 267 268 269
    270 271 272 273 275 277 278 279
    280 281 282 283 285 286 287 340
무함마드 128 129 215
뮐러, 막스 20 21 22 23 44 45 59 299
    360
민간신앙 42 282 285
민중종교 24 356
믿음 15 41 148 149 210 230 271 292
    297 299 309 310 311 314 316 318
    319 320 321 323 325 332 333 342
밀교 25 135 275 285

바가바드 기타 102 171
바흐, 요아킴 59 63 64 65 66 67 68 93
    115 209 351
반 게넵 133
반 델 레에우 49 58 59 60 61 62 63 64
    73 143 146 147 149 150 151 155
    165 168 169 175 176 177 351
발로(Marcus Varro) 25
발로마 316 317 318
버거, 피터 229
범신론 92
베버, 막스 36 39 40 140 211 226 227
    239 248 294 302 303 305
뻬따쪼니, 라파엘로 72 73 74 77
벨라, 로버트 221
분트, 빌헬름 102 107
불교 17 22 26 27 53 128 136 150 205
    207 208 211 233 247 275 285 342
    344 345 351 356 358 359 360
불멸 16 87 90
불이론 27 356
불상 207 342 343 344
비교연구 20 21 37 49 56 66 74 76 77
    122 125 152 155 159 174 175 282
    292 353 357 359
비교종교학 49 68 145 212
빌헬름, 리챠드 275 285

상징(주의) 16 37 41 50 56 63 66 75
    78 112 127 128 130 131 139 175
    183 197 198 199 200 201 210 214
    225 227 228 230 234 235 237 238
    239 241 242 243 245 246 247 248
    261 262 267 273 274 275 277 282
    283 285 287 300 301 305 313 320
    321 322 323 325 326 327 328 333
    337 339 340 341 342 343 344 345
    346 347 357 358
상징체계 16 37 197 199 200 201 228
    243 300 322 325 345 358
샤라스타니(Sharastani) 26
샤를르 드 브로쓰 30
샤마니즘 → 무속신앙 67 69 282
샹뜨삐 드 라 쏘쎄이 23 45 46 146
    165
샹카라 27 101
서물숭배 30 32
선(禪) 223 224 273 284
성(聖) 70 71 186 187 188 189 190
    191 192 195 197 299 300 340
성과 속 47 69 70 71 186 188 189 190
    192 197 199 299
    성속의 변증법 190 199
성년식 133 326
성사(聖事) 111 112 135 136 152 153
    176 337 344
성스러움 → 거룩함 46 47 48 49 50
    52 53 54 59 62 64 68 69 70 71 93 95
    96 99 101 102 104 105 106 107 108
    109 110 112 113 125 126 164
성현 70 179 188 189 190 191 192 193
    194 195 196 197 198 199 200 201
    성현의 변증법 71 189 190 191 197
세속화 134 137 223 232 234
    세속성 160 169 170 171
소승불교 28

속(俗) 47 70 71 186 187 188 190 191
    299 340
쐬더블롬, 나탄 47 48 49 54 59 102
순례 27 41 75 132
뮐러, 막스 83 103 109
슈미트, 빌헬름 32
슐라이어마허, 프리드리히 33 34 35
    49 51 79 81 83 84 85 86 87 88 89 90
    91 92 98 100 103 159 227 236
스미스, 윌프레드 캔트웰 18 72 74
    75 76 77 78 203 206 207 208 209
    210 211 212 213 214 215 216 217
    246 337
스피노자 84 92
시간 55 58 69 70 71 73 122 123 140
    148 152 161 167 181 186 199 200
    209 277 329 340 341 346
시크교 27
신 17 18 25 30 31 33 38 47 48 50 53 56
    70 89 90 91 97 99 106 107 119 126
    128 133 134 135 137 162 163 171
    173 194 205 211 215 226 271 273
    275 278 279 280 283 294 314 320
    321 323 326 329 340 343 344 358
    신관 47 101 237
신념체계 41
신도(神道) 340 359
신령 52 128 137 173 282
신비 52 53 54 97 105 106 109 110 123
    125 126 131 166 167 187 198 199
    229 320 326 327 332 339
    신비가 97 101 105 123 134 137 273
    신비감 51 96 126
    신비사상 85 101 102
    신비주의 85
신앙 15 18 20 25 30 32 34 35 42 44 54
    55 57 58 62 75 76 77 82 83 87 88 98
    99 101 102 108 112 113 128 130

135 139 153 154 155 156 160 166
170 172 173 181 205 206 207 208
209 211 217 224 239 243 246 247
248 271 276 280 286 293 297 343
344 345 346 347 354 356 357 358
359 360
신화 16 24 25 37 61 66 68 71 85 122
123 128 129 130 139 164 200 206
208 223 228 237 242 244 248 258
260 265 270 271 272 274 282 318
319 328 329 330 333 334
신흥종교 287 334

아니마(아니무스) 30 265 266
아니미즘 → 정령신앙 30
아리스토텔레스 26 216
아우구스티누스 25 137 247
알베루니(Alberuni) 26
양심 277 278
에반스-프리챠드 41 319 321 322 332
에큐메니즘 113
에포케 → 판단중지(보류) 61 150
151 192 206
엑스타시 69
엑카르트 101 122 284
엘리아데 47 54 59 68 69 70 71 179
181 182 183 184 185 186 187 188
190 191 192 193 194 195 196 197
198 199 200 201 210 359
영혼 39 90 91 135 153 231 238 260
293 299 309 314 316 317 318 320
오렌다 125
오시리스 → 밀교 25
옷토, 루돌프 35 47 49 50 51 52 53 54
59 62 64 66 68 69 70 71 79 93 95 96
97 98 99 100 101 102 103 104 105
106 107 108 109 110 111 112 113
124 126 138 276 351

외디프스 콤플렉스(갈등) 36 238
280
요가 37 68 69 273
용수 26
우파니샤드 27 102
움마 128
원시종교 29 30 31 77 102 124 125
129 132 134 135 153 155 161 163
167 168 170 172 279 282 358
원유일신론 32
원형 37 68 69 196 197 258 263 264
265 267 271 273 275 277 278 280
282 285 315
유교 17 27 29 286 358 359 360
유대교 16 24 25 26 111 112 118 259
279 344 358 360
유일신 17 27 30 32 237 358
유토피아 341
윤리 35 38 40 47 84 89 90 91 100 106
107 108 124 238 239 241 248 277
278 325 326 327 333 343
윤회 303 356
융, 칼 36 37 68 254 256 257 258 259
260 261 262 264 265 266 267 268
269 270 271 272 273 274 275 276
277 278 279 280 282 283 284 285
287
은총(론) 101 107 126 135 228 303
의례 41 48 65 66 129 132 133 134 136
139 172 173 200 206 208 244 297
298 299 300 309 316 317 318 319
321 324 325 326 327 328 332 333
355
의미론 212 215 217
이슬람교 16 22 26 27 74 75 102 113
128 136 156 215 344 345 358 360
이신론 29 31 90
이집트 종교 25 44 54 56

자기부정(자아부정) 135 160 351
자기실현 → 개성화 34 260 263 265
  266 267 269 273 284 285
자기원형 267 271 277 280 285
자본주의 40 302
자아(의식) 38 82 84 87 89 213 225
  247 258 263 264 265 266 267 268
  282
자연신학 25
자연종교 25 141
쟈이나교 22 27
전혀 다른 것 → 절대타자 53 103
절대자 34 107 279
  절대신 17
  절대실재 39 156 358
절대적 의존감정 35 51 89
절대타자 → 전혀 다른 것 51 52 188
정령숭배(신앙) 30 32 49 314
제사 28 56 61 90 132 147 152 155 157
  194
제임스, 윌리암 35 38 39 51 65 118
  119 137 229
조로아스터교 44 47 48 135
종교
  종교사학 26 43 58 73 74 77 107
    117 152 159 354
  종교사회학 39 65 148 226 289 291
    304 354
  종교심리학 36 105 119 148 354
  종교인류학 41
  종교철학 20 45 46 57 86 87 89 131
    146 148
  종교현상학 43 46 47 54 55 56 57
    58 59 60 62 63 71 73 74 77 143
    145 146 147 148 149 150 151
    152 162 163 164 166 169 171
    172 173 174 177 354 355
  종교감정 22 34 35 51 161 333

종교경험 181 184 191 192 196 197
종교공동체 40 65 66 86 113 123
  128 138 139 140 345 355 356
종교기원론 29 31 32 36
종교성 16 18 22 47 51 54 55 76 108
  352
종교의례 41 69 70 71 75 76 138
  161 237 319 325 328 332 333
종교의 본질 29 33 57 86 101 158
  172 243
종교의식 17 25 26 36 48 66 104
  122 123 131 132 148 157 175
  225 342
종교의 정의 17 25 118
종교적 인간(homo religiosus) → 호
  모 렐리기오수스 16 38 53 63
  134 191 210 235 248 276 279
종교체험(경험) 19 24 33 34 35 37
  38 39 41 50 51 52 57 59 65 66 67
  70 71 75 100 103 104 105 106
  107 108 109 117 118 119 120
  121 122 124 125 126 127 128
  129 130 131 132 135 136 137
  138 140 149 157 171 175 176
  208 243 266 269 270 276 277
  279 287 323 351 356
  종교체험의 특성 38
  종교체험의 표현 122 127 135
    162
  종교표상 181 184 265 267 273 280
    282
  종교학적 연구 349 351 353 355
    356 357 359 360
종말론 111 112 131
종파 275 276 279 280
죄(죄의식) 17 36 53 106 107 109 131
  233 238
주술(주술론) 31 32 40 42 49 121 126

167 170 292 293 295 297 298 305
　　316 317 318 321 332
죽음　16 30 48 54 56 112 139 176 199
　　231 233 242 259 296 298 301 302
　　303 309 319 323 324 326 327 345
직관　35 54 56 68 91 100 107 151 158
　　159 162 169 175 268 320 357
진화론(진화이론)　29 45 54 57 107
　　152 153 164 165 167 174 293 312
진화주의　103 107
집단적 무의식　37 258 263 278
집단적 흥분　225 226 241
집합적 표상　39 225 241

참여적 관찰자　206
천도(天道)　53 359
천신　30
초월(자)　17 19 38 41 48 50 51 52 53
　　58 75 76 108 111 122 125 130 158
　　163 187 190 340 343 359
　초월성　356 358
　초월적 실재　76 210 347
　초월적 힘　30 31 102 125
초자연　30 31 44 170 267 296 297 298
　　299 309 316 319 332 334
최고신　31 32 315 320 358
추링가(churinga)　128
축적적 전통　18 75 208 209 217 302

카리스마　40 111 112 139 140 226
카비르(kabir)　27
칸트　33 50 82 89 90 91 98 99 100 103
　　109
크레머, 헨드릭　63 151 161 162 163
　　169 171
크리스텐센, 브레데　45 54 55 56 57
　　58 59 63 64 143 146 151 152 153
　　154 155 158 159 160 161 162 163

164 165 168 169 171 175 176 211
　　351 358
크세노파네스　24
키에르케고르　98 137 236
키케로　17 25

타바리(Tabari)　26
타일러, 에드워드　30 292 293 304
　　310 314 315 322
터너, 빅터　41 325 326 328 333
토템(신앙)　39 128 238 280
통과의례　133 333
통찰력　33 55 58 68 159 163 357
트로브리안　42 296 297 298 315 316
　　317 318
트뢸취, 에른스트　98 100 101 110
　　111
틸레, 코르넬리우스　23 44 45 46 54
　　164 165
틸리히, 폴　119 131 234 240 246 247
　　284

파슨스, 탈콧　134 226 227 228 229
　　242 289
판단중지(보류) → 에포케　61 63 149
　　168 192 206
페르시아 종교　25 26 102
페르조나(persona)　264 265
포이에르바흐　103 237
프레이저, 제임스　31 42 68 297
프로이드　36 37 103 224 225 226 227
　　230 238 239 241 242 254 256 258
　　259 260 261 262 272 273 278 279
　　280 286
프롬, 에리히　254 259 279 280
플라톤　69 71 84 230
피조물 감정　51 53 103 106
피히테　83 84 89

하일러 133
하지(Hajj) 75 76
합리성 19 24 33 40 41 49 50 52 108
　160 224 293
합리주의 33 36 40 85 87 88 89 90 98
　99 108 161 175 233 234 236 237
　281 293 304
해석학 58 59 62 64 65 67 68 121 195
　201 209 351 352 353
헤겔 33 34 45 238
헤로도토스 25
헤르더 82 89
현상학 46 47 48 56 57 58 59 60 61 62
　63 64 68 73 74 75 107 109 117 131
　146 148 150 151 152 154 158 159
　162 163 164 165 168 169 170 172
　173 174 177 254 273 274 279 353
　356 357 358 359
형태론 179 200 201
호교론 15 26 27 28 91 100 160 227
　236
호모 렐리기오수스(homo religiosus)
　→ 종교적 인간 192 193 199
환상 36 82 85 96 102 103 105 113 125

135 139 192 224 231 233 237 238
244 260 271 273 274 279 280 283
285 314 356
환원 171 192 199 200 201 243 259
261 295 302 322
환원주의 32 40 43 67 107 171 236
237 238 239 240 241 243 246 247
356
훗설, 에드문드 59 103 254
흥조 16
희랍신 25
히딩 161 163 166 167 168 177
히에로파니 → 성현 70 71
힌두교 16 22 27 28 37 48 49 53 101
102 113 118 123 135 136 171 351
356 358 359
힘 30 31 36 38 42 48 63 70 75 81 82 98
102 106 107 111 112 120 124 125
126 131 132 133 134 138 139 151
157 170 172 173 225 227 233 236
244 265 266 267 276 293 297 298
309 326 327 328 332 339 340 341
343 344 345 347